Jörn Ranisch

le petit mort

Sex & Drugs & Mukoviszidose
Die Geschichte eines Grufties

Der Autor:

Als ich Mitte der 80er Jahre auf Grund meines Gesundheitszustandes den Anschluss an die Jugendcliquen meiner Altersgruppe verlor, begann mein Interesse an alternativen Jugendkulturen zu erwachen. Es war die Zeit der Neuen Deutschen Welle, des Wave, und vor allem wurde es die Zeit, in der PUNK auch im Osten Einzug hielt. Hypnotisch wurde ich hineingezogen in den Bann des „Andersseins“. Im Lehrlingsinternat abseits des Einflusses meiner Eltern begann mein Weg in die Gruftieszene … Ein Leben am Rande der Gesellschaft, ein Leben voller Spaß, voller Risiko und immer in Schwarz … Ich wurde einer von denen, vor denen Eltern ihre Kinder warnen!

20 Jahre als Gruftie unter Punks, Skinheads und anderen unangepassten Jugendlichen. Eine Zeit der Freiheit und der eigenen Verwirklichung, abseits kommerzorientierter Spießbürgerlichkeit und Doppelmoral. Ich bin Pfeffi, der kleine, schwarze Mann, der lebt, wie es ihm gefällt!

www.schwarze-kunst.de.vu *oder zukünftig* www.yoran-nesh.de

Originalausgabe

Herausgeber:
Archiv der Jugendkulturen e.V.
Fidicinstraße 3
10965 Berlin
Tel.: 030 / 694 29 34
Fax: 030 / 691 30 16
www.jugendkulturen.de

Vertrieb für den Buchhandel: Bugrim (www.bugrim.de)
Auslieferung Schweiz: Kaktus (www.kaktus.net)
Privatkunden und Mailorder: www.jugendkulturen.de

Lektorat: Klaus Farin
Layout: Conny Agel, Jörn Ranisch
Druck: fgb · freiburger graphische betriebe

Die Deutsche Bibliothek – CIP-Einheitsaufnahme
Der Titeldatensatz für diese Publikation ist bei
der Deutschen Bibliothek erhältlich
ISBN 978-3-94021-338-9
ISSN 1439-4316 (Archiv der Jugendkulturen)

Yoran Nesh   Jörn Ranisch   Pfeffi

**meinen Eltern und deren ewiger*
*wärmenden und fürsorglichen Liebe gewidmet**

3. Oktober 1990

Mein Zimmer ca. 87/88

666
665
DER SATANISCHE
SITZPLAZ

Amtstraßen Terrorgruftie

August 1998

Friedrichshagen 2006

in Bimbo-Town

Mel & ich, 1994

Schwarzfahrt 1991

© Silke Baer

Mein Drehchen 1989

Filmszene 1995

gritt
Axel
Felix

die Genlieferanten
Rosi & Alfred

Fenris

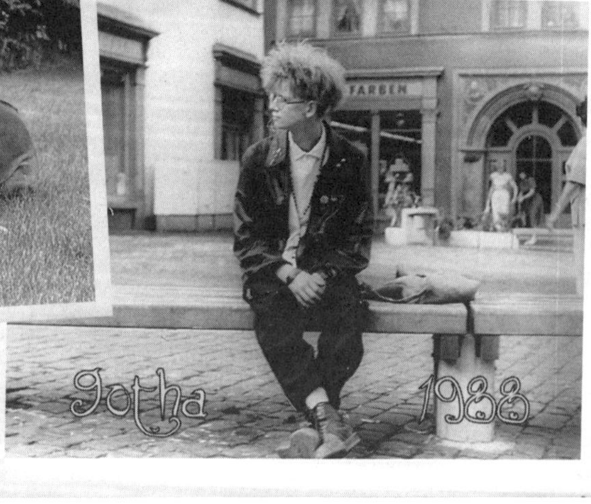
FARBEN
Gotha 1988

FUJIFILM
SIGMA
FUCKPARADE
1999

Fuckparade

Gritt & Jörn

Januar 1988

MIT 30 JAHREN

Mel & Ruby,
Insel 94

GRUFTIS
GEGEN
FASCHISMUS

Ruby WGT 1994

der erste Joint

© Silke Baer

Kloster Chorin 2004

The Cure
live beim Zillo 98

Berlin, Weissensee

Kultur

Neue Presse EXPRESS

Kaftan, Kreuze, Kerzen: „The cure“ in concert

Grufties feierten britische Kultband

„The cure“ überzog die Riesenbühne mit Farbspielen, Ornament-Projektionen und waberndem Nebel

exp Leipzig - Der Tag der Grufties! 10 000 kamen am Sonnabend. Bleich geschminkte Gesichter, bläulich-düster gerandete Augen, tätowierte Fledermäuse, schwarze Umhänge, schwarze Tüllphantasien, schwarze Hemden, Hosen, Stiefel.

Robert Smith zelebriert seine „schwarze“ Messe in rock. Robert Smith ist „The cure“, Frontmann mit klagender, brüchiger Stimme. Ein düsterer Hauch von Jenseits weht von der Bühne, schwermütig klirren die Gitarren, monoton hämmern die Akkorde.Manchmal kam eine rätselhafte Heiterkeit über die eisig-jammernde Melancholie.

„The cure“ auf „Prayer Tour“. Alles klingt wie von Platte. Die alten und die neueren Songs, „The cure“ spielt vor allem ihre Topseller. Fast zweieinhalb Stunden lang.

Auf der Festwiese des Leipziger Zentralstadions brennen die Altarkerzen, leuchten Feuerzeuge, sprühen Wunderkerzen Funken. „The cure“ hüllen sich in ein morbides Farbenspiel: grabesblau und flammenrot, Schattenrisse eines Kreuz-Waldes und Trockeneis-Nebel.

Der Sound fegt kompakt über die verzückten Fans, Wasserfontänen kühlen die Trance mäßig, Blaulicht rotiert rastlos: Viele kippen einfach um.

Randale gibt es mit angereisten Skins vor dem Stadion. Die Polizei kommt zu spät, wirkt zaghaft und überfordert.

Robert Smith, exzentrischer Geist mit gebroc
Stimme: Gründer und Chef von „The cure“ in

Lehrlingswohnheim
1986 - 1988

auf dem Kurs der Hauptaufgabe
in ihrer Einheit von

Mel, Quadri & Ruby, Teufelssee 1998

Norwegen 1999

Gedanken zu einem Bild

Dieses Foto entstand am Tag der deutschen Einheit. Standort: Spar-Markt, gegenüber der bauhof GmbH. Am Mittwoch hatte man frisch renoviert, am Donnerstag dann dies.
In schwarzer Schrift „Deutschland", in roter „verrecke" und ein Blitz. Was hat der Zeitgenosse wohl damit für eine „Botschaft" vermitteln wollen?
Zunächst scheint er mit diesem Deutschland, wie es heute ist, nicht viel im Sinn zu haben. Hat die Schnauze voll, könnte man auch sagen. Denn jemandem das Verrecken zu wünschen, ist ja schon allerhand. Aber warum wünscht er diesem Deutschland – ohnmächtig wie es sich heute in manchen Situationen darstellt – den Todesstoß? Und was soll der Blitz? Blitzartig also andere Verhältnisse? Welche?
Geben wir diesem Deutschland eine Chance, mag's manchem auch schwer fallen. Was ist ein Jahr? G. H.

Ein Film über das Gute und das Böse wird derzeit an der Marienkriche in Salzwedel gedreht. Foto: Schmidt

Laienschauspieler an Marienkirche

„Gossics" drehen Stummfilm

Salzwedel (sts). Ein Hauch von Hollywood lag gestern gleich neben der Salzwedeler Marienkirche. Vier schwarzgekleidete Laienschauspieler agierten auf Anweisung ihres „Regisseurs" Achim Bartl.

Die Jugendlichen brauchten sich für das Stück kaum zu verkleiden: Sie sind sogenannte „Gossics", den bekannteren „Grufties" verwandt. Der Film, so erläuterten sie, werde ebenfalls für „Gossics" gedreht. Während des Drehs wird dabei viel improvisiert. So weiß noch niemand genau, wie lang der Film wird. Fest steht aber, daß es ein Stummfilm wird, der später mit Musik unterlegt werden soll. Die Handlung – es geht um den Kampf des Guten gegen das Böse – beginnt im vergangenen Jahrhundert und endet in der heutigen Zeit. Der Titel des Laienstücks soll „Vision of eternity" (Visionen der Ewigkeit") heißen.

Prähistorische Vorgeschichte

Wie alles losging oder: Bevor es begann …
(passende Hintergrundmusik: Ode an die Freude oder Carmina Burana)

Ich stehe in einer langen Warteschlange, ich brauche einen Job. Mir ist langweilig geworden, so als Energiebündel in einem Haufen freier Energie nur so herumzuschweben. Also steh ich hier eine halbe Ewigkeit und warte, bis ich dran bin.

Als es so weit ist, trete ich ein und grüße freundlich.

Im höllisch heißen Raum steht ein großer Schreibtisch, dahinter sitzt ein Typ, von dem ich nicht recht weiß, was ich von ihm halten soll, denn er sieht aus wie das Kind von *Grace Jones* und *Marilyn Manson,* nur halt selbst erwachsen. Wobei sein Alter schwer zu schätzen ist.

Er trägt einen eleganten schwarzen Anzug, hat seine dunklen Haare zum Zopf nach hinten gebunden, sein Gesicht ziert ein Zickenbart und seine Augen sind von einer scheiß dunklen Sonnenbrille verdeckt. Er raucht eine Zigarre. Seine Hände stecken in Lederhandschuhen, darüber ein fetter Siegelring. Ein Dandy, aber er nickt mir freundlich zu.

Ich setze mich und er fragt, was ich will, er spricht Enochian, das ist die hier übliche Sprache. Ich mach ihm klar, dass ich ein Leben will, er lacht, weil das hier alle wollen. Dann fragt er mich, ob ich genaue Vorstellungen hätte.

Ich weiß nicht so genau, ich dachte, er hätte da was im Angebot, sage ich ihm.

Hinter seinem Rücken steht ein Bücherregal, es ist angefüllt mit Büchern, aber beim genaueren Hinsehen stelle ich fest, es ist ein und dasselbe zigmal vorhanden.

Ich versuche, den Autor zu entziffern: „SHEMAPHORASH …" Weiter komme ich nicht, denn er grinst und sagt, versuche es gar nicht, es haben schon andere vor dir versucht, die 72 Buchstaben zu lesen, ganz andere … Dann lacht er diabolisch fies.

Mhm, ich gucke ihn an, er scheint gute Laune zu haben; dann sagt er, das sei das Buch der Wahrheit, er habe es geschrieben, finde aber keinen Verleger, denn mit der Wahrheit ist es so, niemand will die Wahrheit über sich wissen, deshalb haben die Menschen die Lüge erfunden! Nur wenn andere ebenfalls lügen, dann regen sich alle auf. Die Wahrheit scheint nichts für die Menschen zu sein, fügt er hinzu.

„Also, wohin soll denn die Reise gehen?", fragt er mich. Ich zucke mit den Schultern.

„Gut, dann dreh mal zuerst hier am Zeitenrad." Dabei zeigt er auf eine Art „Glücksrad".

Ich schaue und sehe jede Menge Zeitepochen aufgemalt, dann drehe ich kräftig und das Rad rattert los, schwungvoll dreht es sich ein paarmal und dann *klack, klack, klack* Mittelalter *klack* Steinzeit *klack* … es bleibt stehen und ich lese: 1969!

Wow, ich denke sofort an Woodstock, an Hunderte und Tausende Hippiemädchen, die alle „Make Love not War" rufen oder „Wer zwei Mal mit derselben pennt, gehört schon zum Establishment!" Ich bin ganz begeistert und nicke zustimmend.

Der Kerl schaut mich mit der bekloppten schwarzen Brille an; ich wüsste zu gerne, was der denkt, doch er zeigt jetzt auf die andere Seite und schiebt mir einen Dartpfeil zu.

Ich kapiere, ich soll mit dem Pfeil auf einen Globus zielen und den Ort meiner Inkarnation selbst bestimmen. Oh, verdammt, hoffentlich treffe ich die Staaten, obwohl, ich denke nach, nach Vietnam will ich wegen der Yankees 1969 ganz und gar nicht …

„Pass auf, dass du nicht auf das Wasser triffst", rät er.

„Warum, was wäre dann?" frage ich ihn.

„Dann musst du Christ werden, um nicht abzusaufen ... Aber dafür wirst du dein ganzes Leben beten müssen und Pickel haben, und am Ende kreuzigen sie dich doch oder du kommst in die Hölle zurück", lacht er fies.

Ich muss auch lachen und werfe dabei meinen Pfeil, der Globus dreht sich …

Der Meister guckt, schüttelt den Kopf und sieht mich vorwurfsvoll an. „Du Trottel", sagt er dann, „es ist 1969 und du landest in Deutschland, in Ostdeutschland! Und dann noch in Mecklenburg-Vorpommern!"

Ach, du Scheiße!!! denke ich bei mir, wo doch schon dieser Bismarck gesagt hat, dass in Mecklenburg alles erst 50 Jahre später beginnt …

„Kann ich noch mal?"

„Sieh zu, dass du rauskommst", faucht er mich etwas gereizt an, „ich bin doch nicht der Weihnachtsmann!"

An der Türschwelle fällt mir noch etwas ein: „Ähm … bin ich Mann oder Frau?"

„Ah ja", knurrt er mürrisch: „Kopf oder Zahl?"

„Kopf?" frage ich vorsichtig. Seine Münze schnellt bereits durch die Luft.

„Männlich!"

Ich versuche noch schnell den Namen des Buches zu lesen, was da im Regal einstaubt. „Shemaphor …"

„Raus jetzt!!!" brüllt mich das doofe Tier an …

Geknickt mit hängendem Kopf trottel ich los zum „Check-In" des Lebens …

PHOTOGRAPHIE BY YORAN NESH

Kindheit

Warme Zeiten im Kalten Krieg
(passende Musik dazu: 70er Jahre Softsex-Filmmusik)

Gleißendes Licht trifft mich, wärmt aber nicht. Eben war es noch warm, aber dann hat irgendwer den Stöpsel aus meiner Badewanne gezogen und das mich schön umgebende Fruchtwasser lief einfach raus, spülte mich mit sich ... hinaus in das Licht eines Kreissaales.

Hektische Griffe, lautes Gerede, und am Ende hat mir die Hebamme noch eine geklatscht. So etwas nennt man nun menschenwürdige Geburt! Ich hatte einen Staatsakt erwartet, und nun so was. Enttäuscht brüllte ich meinen Unmut heraus und verlangte, dass man mich zurückbringe. Stattdessen schenkte man mir einen Kurzaufenthalt auf den weichen Brüsten einer lieblich duftenden Frau, meiner Mutter, wie sich augenblicklich herausstellte.

Sie haben mir später erzählt, es sei am Sonntagabend eines 2. Novembers gewesen, so gegen 18.50 Uhr. Das ist die Zeit, zu der im Fernsehen der Sandmann beginnt, vielleicht erklärt das, warum ich so gern schlafe bzw. einen besonderen Bezug zu Betten habe.

Ah ja, und es waren die wilden Sechziger, also die letzten zwei Monate jedenfalls. Und wenn man an einem 2.11. Geburtstag hat, dann gehört man zum Sternbild „Skorpion". Was das heißt, weiß ich nicht so genau, allerdings wurde ich mehr als einmal gefragt, was ich denn für ein Sternzeichen sei. Immer, wenn ich es sage, guckt man mich komisch an und sagt: „Ach soooo, das erklärt alles." Was auch immer DAS nun heißen mag … möglicherweise sind ja Skorpion-Geborene eine diskriminierte Minderheit?!

Also ich wurde eingepackt und nach Hause geschafft. Als einziger Sohn. Sohn, nicht Kind. Meine Schwester war schon seit zwei Jahren da und ihres Zeichens Kronprinzessin, was sie auch unbedingt bleiben wollte. Deshalb wartete diese nun auf den Tag X, den Tag, an dem sie sich meiner entledigen würde ...

Schon als ich noch so ganz klein war und meine Zähne zu wachsen begannen, wuchs auch der Wunsch zu beißen. Es erwachte der Vampir in mir und den lebte ich ungeniert aus. Am liebsten an meiner Schwester. Ich biss alles und am liebsten sie. Unsere Genlieferanten rieten Gritt (so heißt das Schwesterchen), nicht lange zu fackeln oder zu heulen, sondern zum Gegenangriff überzugehen.

Na ja, sie hatten ihr wohl das Wort „Verhältnismäßigkeit" nicht ausreichend erklärt.

So trug es sich zu, dass ich in einem Moment des Verlangens nach Fleisch herzhaft in meine Schwester biss, diese schüttelte sich los, und statt wie sonst üblich loszuplärren, griff sie seitlich zur Wand. Dort hing ein Bild. Es war nicht schön, irgendeine 70er Jahre moderne sozialistische Kunst, aber es war aus Gips.

Licht, gleißendes Licht … dann lange tiefes Schwarz.

Als ich doch wieder erwachte, lag ich im Arm meiner Mutter, die die langsam wachsende Beule an meinem Kopf zu kühlen versuchte. Wenn Menschen wie Katzen neun Leben hätten, dann wäre in dem Moment mein 1. abgestrichen …

Meine Schwester versuchte es trickreich weiter, so ungefähr meine gesamte Kindheit lang. Im Sommer versuchsweises Ersäufen in der Ostsee, im Winter Kopf in den Schnee stecken und warten, bis der Bruder blau angelaufen ist. Sie ließ mich langsam leiden.

Wenn ich dann, erschöpft, durchnässt und unterkühlt, wehrlos war, durfte ich mich hinten auf ihre Skier stellen und meine Arme um ihren Bauch schlingen, und sie übernahm jegliche Führung. Zu Hause sah es dann immer ganz so aus, als ob sie sich sorgvoll um ihren kleinen Bruder gekümmert hätte.

Na ja, vielleicht sollte ich hier mal anmerken, dass meine Genlieferanten etwas unkonzentriert bei meiner Herstellung gewesen sein müssen, denn mit meinen Genen ist nicht alles so vollkommen, wie es im Anatomiebuch steht. Es ist wohl eines beim Datentransfer beschädigt worden. Heraus kam ich, mit einer völlig überflüssigen Stoffwechselkrankheit: *Mukoviszidose*.

Braucht kein Mensch so was! Hab ich aber trotzdem. Was ne ganze Menge blöder Umstände zur Folge hat. Zum einen war ich größere Zeitabschnitte, meist Wochen, Monate, einmal ein ganzes Jahr, nicht zu Hause, sondern im Krankenhaus. Zum anderen eben auch, dass ich nicht wirklich behaupten kann, mein heutiges Erscheinungsbild wäre das eines maskulinen Prototyps. Eher so die light Edition oder wohl ultra-light.

So war nicht nur meine Schwester zu Kindertagen erheblich größer und kräftiger als ich, sondern auch jegliche KlassenkameradInnen und jeder Arsch von einem Bub auf der Straße. Das klingt ärgerlich, ist es auch, denn es bringt jede verdammte Menge Stress mit sich. Denn jeder, aber auch jeder Popel versucht sich an dir mit seiner körperlichen Überlegenheit. Ich war also als Sparringspartner für Straßenkids und Pioniere vorgemerkt.

Allerdings, und das will ich fairerweise hier erzählen, immer nur bis zu dem Moment, bis meine große Schwester davon erfuhr. Ist sie also zufällig mal dazu gestoßen, dann gab's auf die Fresse, aber satt! Nur diesmal lachte ich dann, frech wie Rotz.

Das sah dann zum Beispiel so aus: Ich denke, ich war so ca. 8. Klasse, also knappe 14 Jahre alt, was bei mir bedeutete: 1,50 käsehoch und um die 35 Kilos leicht. Nicht wirklich der klassische Teenie, eher so Unterstufe.

Aber meine Mitschüler waren ja ganz normal entwickelte sozialistische Jugendliche. Und mit denen war ich eines Abends unterwegs. Wir kamen von irgendeiner schulischen Veranstaltung, Elternversammlung oder so was Ähnliches. Es war schon leicht schummerig bis angedunkelt und wir waren so 10 bis 12 Kids.

Plötzlich stellten sich uns zwei sichtlich angetrunkene halbstarke Asis in den Weg.

Alle wichen peinlich berührt aus, nur der Kräftigste aus unserer Klasse hatte Pech. Den packten die beiden sich und schubsten ihn rum. Alle Mädchen kreischten auf, alle Jungs liefen weg, die Mädchen und ich natürlich auch.

Auf der panischen Flucht schoss es mir in den Kopf, dass es voll gemein war, unseren René allein mit den zwei Ärschen zurückzulassen. Ich blieb stehen, um zu gucken.

Aus der Ferne hörte ich ein paar Mitschülerinnen jammern. Die Jungs waren wohl gänzlich weg. Plötzlich zog mich irgendwer nach hinten, ich drehte mich um, vor mir stand meine Schwester.

„Was ist n hier los?"

„Die verhauen René", antwortete ich. Der wurde mittlerweile von einem der Typen an eine Häuserwand gepresst und gewürgt. Wortlos ging Gritt auf die Szene zu und zog erst den einen weg, um dann den anderen filmreif umzuboxen. Der Erste glotzte meine Schwester an und sagte so was wie: „Ey Olle, spinnst du?", dann sackte er auch zu Boden.

Nun wollte sich wiederum der andere auf meine Schwester stürzen. Ich riss meine angsterfüllten Augen auf, kreischte „Gritt!!!", nahm einen Mauerstein, der auf dem Boden lag, und stürmte los. Wer mir den Stein entriss, weiß ich nicht, jedenfalls lagen die beiden Idioten schon im Dreck, als ich ankam. Meine Schwester meinte bloß, „ey Jörn, sei doch nicht so panisch …"

René rappelte sich hoch und wir drei ließen die beiden liegen. Meine Schwester war die Heldin! Für die nächste Zeit hatte ich Ruhe, denn jeder fürchtete sich, mir etwas zu tun und es danach mit ihr zu tun zu bekommen.

Es ist cool, so eine große Schwester zu haben, kann man schon mal hier und da den Affen machen. Nur wenn die große Schwester genervt ist vom kleinen Bruder, dann ist das uncool. Ich bin nämlich ab und zu von ihr überwältigt worden, dann rollte sie mich wie n Sushi in einen Teppich ein oder sperrte mich in die große Betttruhe meiner Eltern, setzte sich obendrauf und las ein Buch.

Richtig fies ist es, wenn eine große Schwester schwanger ist und damit „out of control". Meine Gritt war so 20, als sie in diesem

Zustand war. Ein guter Freund von mir kommentierte das mit dem Satz: „die schööööne Schwester"…

An mein Leid dachte keiner.

Denn Grittchen sah gern fern, am liebsten Liebesfilme, welche des Nachts kamen. Allerdings wurde sie oft frühzeitig von der Müdigkeit gepackt und ging schlafen. Nicht jedoch, ohne mich zu instruieren, dass ich sie gefälligst zu 22 Uhr irgendwas zu wecken hätte! An sich kein großes Ding, Wecker stellen, Schwester sanft ansprechen, „hey, Film fängt an" usw. Ganz easy, eigentlich. Nur sobald sie wach wurde, war sie so was von zickig, dass sie nach mir trat, und im Rausch ihres Wahns trat sie überall hin. Ok, denkt man sich, dann eben nicht, und bei der nächsten Gelegenheit ließ ich sie einfach schlafen. Am folgenden Morgen wünschte ich, sie möge ewig bei Morpheus weilen, denn wenn sie wach wurde und bemerkte, dass es nicht nur ihr, sondern ganz allgemein dämmerte, dann klatschte es … in mein Gesicht, weil sie ihren verdammten Scheißfilm nicht gesehen hatte!

Ich dagegen war harmlos in meinen Gemeinheiten. Als mein Schwager bei der Armee war und lange nichts von ihm zu hören war, ermutigte ich meine Schwester mit solchen Sprüchen wie: „Sei froh, wenn er vielleicht gefallen ist, bekommst du das Mutterverdienstkreuz." Sie war „not amused". Schwangere verstehen einfach keinen Spaß.

Als ich ihr den Song „Geschwisterliebe" von den *Ärzten* vorspielte, flippte sie ganz aus und kloppte mit der Faust auf meinen West-Stereokassettenrecorder! Ich zerschlug zum Ausgleich ihr spießiges, frisch gebasteltes Adventsgesteck. Wir waren ganz normale Geschwister, liebevoll familiär vereint.

Es gibt natürlich mehr Leute als meine Schwester in meiner Familie, meinen Vater zum Beispiel. Über den will ich auch kurz was erzählen, hat er mich doch in meiner Frühphase geistig-sozialer Entwicklung prima verprägt.

Wir lebten ja in einer Kleinstadt im Großraum Stralsund/Greifswald, in Grimmen. Eigentlich ist das Wort Stadt dafür unpassend, aber Grimmer sind stolz auf ihr Stadtrecht und dass sie seit den Neunzigern sogar Kreisstadt von Nordvorpommern sind.

Mein Vater jedenfalls gehörte zu den oberen 10-100 Bürgern Grimmens, wir waren „High Society", das heißt auf ostdeutsch: Wir hatten „Beziehungen"! Er, der gute Alfred, war nämlich Betriebsteilleiter einer Ziegelei, kurz Chef einer Ziegelbude. Das jedoch hatte er sich redlich verdient. Denn er konnte alles.

Geboren wurde er nämlich als 2. Sohn einer Kriegswitwe, welche nach dem Krieg sich und ihre Söhne als Maurerin durchbrachte. Da lag nichts näher, als dass Alfred auch mal den löblichen Beruf eines Bauarbeiters erlernte. Schnell erkannte er jedoch, dass es sich am untersten Glied der Hierarchie schlecht lebte, und so machte er erst seinen Meister, später wurde er dann Lehrausbilder und Gewerkschaftsvorsitzender seiner Firma. Am Ende übernahm er den Laden und wurde Big Boss Alfred.

Zu allem Überfluss hat er noch seinen Ingenieur gemacht. Glanzkarriere quasi. A sozialistischer Way of Life! Das Politbüro kam persönlich zum Händedruck, samt den Tagesnachrichten. Da darf man als Sohnemann schon mal stolz gucken.

Zu Hause war der Vater dadurch seltener oder ungeregelter als andere Väter, weil mein Boss der Erste sein musste, der auf der Arbeit war, und der Letzte, der gehen konnte.

Wenn er dann mal da war, spielte der den „Erzieher", den großen Diktator, denn sein Wort war Gesetz. Das kannte er so von der Arbeit, von früher und überhaupt. Übertrat ich seine Gesetze, gab es Ärger, sprich, mich traf die Faust der Arbeiterklasse als Handschlag auf den Arsch der Jugend. Im Osten war der Generationenpakt noch fühlbar.

Wenn er mal nicht herumbrüllte, sondern geplante Erholung anstand, dann tourte er mit uns Kindern und seiner Frau, also dem Muttertier, im sektbeigen Trabbi durch die DDR. Das war stets erlebnis- und lehrreich, bis zu dem Augenblick, wo mein Paps sich irgendwo verfuhr. Dann war natürlich die Mutti schuld, obwohl dieselbige lange Jahre keine Fahrerlaubnis besaß und selbst dann auch nicht fuhr.

Bei einer solchen Wochenend-Rundfahrt saßen Gritt und ich hinten, lauschten vergnügt den angesagten 80er-Jahre-Popklängen im Radio und plötzlich schoss es mir bei *Culture Club* durch den Kopf:

„Ich will auch mal schwul werden, wenn ich groß bin", platzte ich heraus. Mein Vater riss die Augen auf und das Lenkrad herum, wir schleuderten auf der Straße entlang. Sein erster Fast-Herzinfarkt.

Gritt und ich erklärten, dass *Boy George* aber total cool ist und schwul und irgendwie … Mein Vater wollte davon nie wieder etwas hören, schließlich hätte ich Seemann oder wenigstens Handballer werden sollen. Was Solides! Kein schwuler Popstar, wie dieser *Boy* oder schlimmer noch der Sänger von *Hot Chocolate*. Den hasste er nämlich wie die Personifizierung des Klassenfeindes. Er mochte Männer wie *Charles Bronson*, Männer, wie er selbst einer war. Er war ein toller Vater, wenn er da war.

Meine Mutter war eher so die graue Maus vom Dorf. Ist aber in ihrer Kindheit in die Stadt übergesiedelt und griff sich dort den stadtbekannten Ali – bzw. ließ sich greifen. Wie sie das angestellt hat, weiß ich nicht, jedenfalls wusste sie, wie sie ihn halten konnte. Wurde mit 17 schwanger, mit 18 verheiratete Mutter und saß mit Anfang 20 mit zwei Kindern in einem von ihrem Mann gebauten Haus. Tagsüber verdingte sie sich in einer Schneiderei und abends war sie unsere Mutti. Was sie nachts war, weiß ich nicht, ich schlief gewöhnlich. Perfekt! A sozialistischer Way of Life, Part 2.

Über meine Mutter kann ich nicht so viel sagen, denn sie stand während meiner Frühzeit immer im Schatten des Vaters; sie war eben nicht so charismatisch, dafür aber super lieb. Später in den Jahren der Rekapitalisierung des Ostens hatte sie einen Schreibwarenladen. Aber der ist im Zuge des Aufbaus Ost einem Miethai aus Hamburg zum Opfer gefallen. Umsonst war das alles aber sicher nicht, denn meine Ma hat sich dadurch zu einer sehr respektablen Geschäftsfrau gemausert und ist heute der subversive Mittelpunkt der Familie, die Zentrale quasi.

Als ich noch kleiner war als sie, versuchte sie mich zu erziehen. Wenn das nicht ganz klappte, bediente sie sich einiger Hilfsmittel. Die da wären: Teppichklopfer, Kelle oder Latschen. Weil ich aber den Einsatz technischer Geräte zur Durchsetzung pädagogischer Ziele verachtete, sägte ich Muttis Kelle einfach an! Damit war ihr Durchsetzungspotential bei mir erschöpft.

Es war ja auch unendlich peinlich, wenn man mit seinen Kumpels vom Angeln kam und die Mutter wutentbrannt die Tür aufriss, um uns allen entgegen zu meckern: „Soll ich euch verwichsen, warum kommt ihr erst jetzt?“

Ok, es war zwei Stunden später als vereinbart und es war schon dunkel und ich war erst 12. Aber Mutti, solche Wörter aus deinem Munde? Als ich mit 4 Jahren das erste Mal das Wort „F-O-T-Z-E“ nuschelte, hatte sie mir schließlich dafür eine geknallt.

Abschließend möchte ich betonen, dass sie, wie wohl die meisten Mamas, immer toll für mich gekocht hat. Sie macht den weltbesten Entenbraten mit Rotkohl! Aber auch ihr Grünkohl, ihr Eisbein, ihr Rippenbraten oder ihr Hühnerfrikassee sind geschmacklich äußerst wertvoll! Mein absolutes Lieblingsessen ist und bleibt jedoch „Schwarzsauer“, eine süß-saure Suppe, mit Geflügelfleisch und Trockenobst in Mehlklößen. Das Besondere und „Schwarze“ daran ist aber, dass ein guter Liter frisches Schweine- oder Gänseblut in die Suppe gegossen und untergerührt wird. Das ergibt dann eine dunkle Farbe und einen herrlichen Geschmack! Seit dem zarten Alter von 4 Jahren kann ich davon nicht genug bekommen. Ich durfte ja meine Schwester nicht mehr beißen …

Meine Kumpels waren die Kinder der Straße. Am liebsten spielte ich mit den Jungs von der Ecke, den Gardas. Das waren drei Bengel in meinem Alter aus einer Familie mit zehn Kindern. So gab es jede Menge großer Brüder, hinter denen wir uns verstecken konnten, wenn's brenzlig wurde. Und das wurde es schon ab und an, denn es gab immer Stunk mit den Knaben aus den „Blöcken“. Die mochten uns Kids nicht, deren Eltern ein Häuschen hatten.

An den Gardas war noch etwas anders. Sie waren aus dem Westen in die DDR übergesiedelt. So etwas hatte im Kalten Krieg Seltenheitswert. Der Vater war Lehrer mit Berufsverbot in der BRD, weil er Kommunist war. Mir war das egal, ich mochte die Leute, und Kommunisten waren die Guten. Jedenfalls sah es für mich als Jungpionier so aus.

An der anderen Ecke der Straße wohnten die Schuhmachers, und deren Sohn ging mit mir in eine Klasse. Zusammen mit den Gardas und ihrem schwarzen Dackel Moritz waren wir eine Bande. Da wir allesamt in der „Vorstadt“ wohnten, war der Weg in die Freiheit kurz. Wir mussten nur ein paar hundert Meter über den großen, zum Teil verwilderten Sportplatz laufen, dann eines der Löcher im Maschendraht finden, und schon waren wir draußen. Hinter der Stadt, da begann das wahre Leben eines kleinen Abenteurers.

Nur der Weg in die Freiheit war nicht einfach zu gehen, denn das Überqueren und dann das „Entweichen“ in wilde Freiheiten, das war nicht im Sinne sozialistischer Ordnung. Deshalb gab es Herrn Haller. Der war Hausmeister oder so was auf dem Sportplatz. Das nahm er sehr ernst, und deshalb hatte er nicht nur einen fiesen Schäferhund, sondern auch ein Moped. Mit beidem jagte er uns abwechselnd über seinen Platz.

Einmal hatte er tatsächlich ein Luftgewehr dabei und schoss damit auf Tomi, den Größten von uns. So einen zu allem entschlossenen Mann braucht der Staat!

Wir ließen uns allerdings nie lange beeindrucken und suchten trotzdem unseren Ausweg, und wenn wir ihn gefunden hatten, dann stürmten wir ein Maisfeld, tobten im Wald, angelten an Tümpeln Stichlinge oder steckten unseren guten Moritz in Kaninchenbaue. Manchmal zündeten wir ein bisschen was an oder folterten einen Frosch. Wir waren ausgelassene Kinder in einer Welt, die keine Fragen stellte.

Dass ich manchmal Läuse hatte, fand nur meine Schwester blöd, weil sie sich dann ebenso der Haarwaschprozedur unterziehen musste wie ich.

Ich mochte die Jungs der einfachen Familien mehr als die verwöhnten Angeber aus besseren Verhältnissen. Wir stiegen in fremde Gärten ein und klauten Möhren, Zwiebeln oder Obst und teilten alles gerecht in unseren geheimen Verstecken oder hinter dem Sportplatz auf. Dass ich wegen meiner blöden Husterei selbst im Hochsommer immer ne olle Pudelmütze aufhatte oder dass ich kleiner war und nicht so schnell laufen konnte, das hat keine Rolle gespielt. Auch nicht, wenn wir uns balgten oder „schießen“ spielten.

Wir waren echte Freunde.

Ich wär' so gern noch mal ein Kind
Ich wär' so gern noch mal ein Kind
die Ärzte

Als wir so 12, 13 Jahre alt waren und uns langsam für die Tonbänder und Kassetten der größeren Brüder zu interessieren begannen, war es das Tollste, in einem der Zimmer der Großen zu stöbern, wenn der gerade nicht zu Hause war. Wir hörten da Rockmusik, nicht so den üblichen Schlagermüll, den ich bei meinen Eltern ertragen musste.

Zunächst waren es *AC/DC, Slade* oder *Udo Lindenberg*, später brach dann die Neue Deutsche Welle auch über die DDR herein und schenkte uns so herrliche Poesie wie „Hurra, Hurra, wir fahren an den FKK". Meine Pubertät schrie nach Ausbruch!

Meine allererste Schallplatte allerdings bekam ich schon einige Jahre zuvor. Ich liebte nämlich, seit ich so 6 Jahre alt war, *Nina Hagen* und sang unaufhörlich „Du hast den Farbfilm vergessen"; so schenkte man mir eine Single mit *Ninas* liebreizender Stimme zum Weihnachtsfeste 1978.

Na ja, damals konnte noch keiner wissen, was aus der Berliner Göre später mal wurde. Denn hätten meine Eltern das geahnt, dann hätte ich *Peter Maffay* oder den *Thomaner Chor* geschenkt bekommen. Warum ich das weiß? Als meine Eltern mal wieder mit uns auf der „DDR, mein Heimatland"-Entdeckungstour waren, trafen wir auf Außerirdische. Meinten meine Eltern. Richtig ist, wir waren in Cottbus und dort sah ich meine ersten Punx oder was man im Osten so um 1982 für Punker hielt. Es waren ein paar lustige Kids im wavigen angepunkten Outfit. Sprich, deren Haare waren auf eigentümliche Weise zu Stachel- und Strubbelfrisuren gestaltet und ihre Sachen mit allerlei Krimskrams wie z. B. Sicherheitsnadeln verziert. Besonders abscheulich fand meine Mutter, dass sich sogar Mädchen sooo zeigten, und damit waren zwei Girls gemeint, die jeweils einen ihrer Stiefel getauscht hatten, so dass jetzt jede einen roten und einen weißen Stiefel trug. Wie abscheulich! Und dann noch die Löcher in den Strumpfhosen … „Schämen sollten sie sich!" schimpfte meine Mutter. Götterdämmerung im kleinkarierten Alltag eines norddeutschen Weltbildes.

Ich fand das spannend, spannender als alles andere, was ich bisher kannte, selbst die kleinen Titten meiner Banknachbarin in der Schule waren gewöhnlicher …

Geraume Zeit später sah ich dann noch einmal in Berlin auf dem Alexanderplatz einen Typen, der sich am Kopf ein Schachbrettmuster rasiert hatte. Als Gürtel trug er eine Stahlkette, die er mit einem Schloss zusammenhielt. Ich war begeistert! Unsere Begleiter sagten, dass man solche Leute P-U-N-K-E-R nennt. Jetzt hatte ich ein Wort dafür, das heilige Wort: „Punker"!

In der DDR gab es eine Zeitung, in der es um „vormilitärische Ausbildungsinteressen" ging. Diese hieß *S + T* (*Sport & Technik*). Eines Tages veröffentlichte sie einen Artikel über verwahrloste Jugendliche in den kapitalistischen Ländern, natürlich nur, um zu warnen und zu mahnen und zu zeigen: So etwas gäbe es ja zum Glück nur im Westen!

Der Artikel hieß: *„PUNK – die Mode aus dem Müll."*

Das war MEIN Artikel! Ich heftete ihn selbstverständlich an meine Zimmerwand und betete ihn an. Nicht nur, dass da eine Menge Informationen über Punk und Punks schwarz auf grau standen, es waren Fotos von wilden Typen dabei, und sogar *Johnny Rotten* von den *Sex Pistols* war in seiner ganzen Schönheit abgebildet. Anarchy in G.D.R.!

Jetzt wusste ich, was ich wollte, was ich bin: Ich bin ein Punk! Basta! Egal, was meine spießigen Alten auch sagen mochten. Ein bisschen Rebellion darf man doch wohl mal …

Nein, man durfte nicht! Wie ich schnell merken sollte.

„Ohrring raus, sonst knallt es!"
Vater

Erst einmal musste das Mitsurfen auf der Neuen Deutschen Welle ausreichen, das hieß, ab jetzt speckige Jeans, passende Jacke, Buttons, eine silberne Halskette mit Sternanhänger und ne Sicherheitsnadel am Revers. Ah ja, die Haare: Vokuhila, besser als Kinderpony allemal und man konnte sie schon mal schnell verzauseln, fertig war der Punk der Zukunft.

Später las ich noch ein Buch, das der Verlag Neues Leben mit demselben Ziel wie die *S + T* veröffentlichte. Nur diesmal ging es nicht um Punk allein, sondern um die Geschichte der „westlichen" Jugendkulturen im Allgemeinen. In dem Buch wurden Jugendsubkulturen vorgestellt: „die Rebellion der Betrogenen: Rocker, Popper, Punks und Hippies". Mich faszinierte dies alles, aber am meisten waren es die Punks, die es mir angetan hatten. In „my dirty old town" Grimmen gab es nur entweder dämliche Schweineheavys oder man war Stino, also stinknormal und damit langweiliger als ein alter Fisch.

Ich beredete meine Mutter, mir eine schwarze Weste zu nähen. Sie steppte freiwillig ein Spinnennetz auf den Rücken. Das war wohl ihre künstlerische Freiheit. Eine Kocharbeitshose wurde schwarz gefärbt und langsam kam ich der Sache schon näher. An den Füßen trug ich Turnschuhe, das war im Osten nicht so einfach, welche zu bekommen, erst recht nicht, wenn man Knöchelturnschuhe haben wollte. So hatte ich mit 15 bereits mein erstes komplettes Outfit in Schwarz, außer den Schuhen, die waren weiß.

Dann sah ich *IC* (das war ein DDR-Sänger der 80er Jahre) im TV. Seine Art, sich zu kleiden, gefiel mir. Seine Frisur noch mehr, seine Platten waren schlichtweg Müll.

Als meine Eltern nach Hause kamen, fragte ich prompt: „Kann ich mir nicht ne Dauerwelle legen lassen?" Mein Vater hatte wohl das Gespräch über *Boy George* noch nicht vergessen und blickte zornig. Sein „Du spinnst wohl?" zertrümmerte alle meine Hoffnungen auf Punk oder wenigstens auf ein bisschen „New Romantic".

Am Morgen danach war alles anders. Meine Mutter kam auf mich zu und sagte, dass sie mit Papi noch mal darüber gesprochen hätte, nachts … Sie gab mir 50 Ostmark für den Frisör. Was auch immer in der Nacht in meinen Vater gefahren ist, es war gut!

Ich lief also zu einer Frisörin meiner Wahl. Salon Regina. Setzte mich keck auf den Stuhl und sie legte eifrig den Umhang um mich, dachte wohl an den gewöhnlichen Rundhaarschnitt, den man so üblicherweise an Kinderköpfen verbrach. Schließlich war ich ja nur so 1,50 m groß und mit einer Kindervisage ausgestattet.

Ich sprach aber nun: „Eine Dauerwelle, bitte." Zuerst glaubte die gute Frau wohl an ein akustisches Problem, dann an einen Scherz. Als ich es wiederholte, fiel sie vom Glauben ab und flüchtete in den Aufenthaltsraum. Aufgeregt folgten ihr auffällig unauffällig alle Kolleginnen des Ladens. Es vergingen ein paar Minuten in absoluter Stille. Dann lugten alle Damen abwechselnd aus der Tür, glotzten mich kurz an und zogen sich dann kichernd zurück. Ich wartete geduldig.

Nach noch ein paar Minuten kam sie dann zurück. Ich erklärte kurz, um was es mir eigentlich ging. Sie wollte meinen Personalausweis sehen, ob ich wirklich schon in dieser fahrlässigen Weise entscheidungsfähig sei. Ich war es.

Nach anderthalb Stunden war sie fertig: Voilà! So sollte es sein, wieder strömten die Frisörinnen zusammen, aber jetzt versammelten sie sich um mich herum und ihre Gesichter blickten gar nicht mehr so dümmlich-dörflich.

Meine Eltern staunten auch, jeder, der mich sah und erkannte, staunte.

Am nächsten Tag, morgens in der Schule, ging ein Raunen über den Schulhof und es bildeten sich Gassen, um mich durchzulassen. Ich trug zu meiner Frisur noch einen 50er-Jahre-Mantel aus der Jugendzeit meines Vaters. Den hatte ich mir heimlich gekrallt. Dass er etwas zu groß war, machte das Ganze erst perfekt.

Seit dem Tag war ich der Durchgeknallte von Grimmen. Und ruckzuck hatte ich auch schon mein erstes eigenes Mädchen im Arm, die Sille! Eine aus der 8. Klasse. Na klappte doch, mein Plan ging also auf.

Musikalisch hörte ich zu der Zeit bereits *Billy Idol* (den ich damals für Punk hielt, nachdem ich ihn im Westfernsehen sah), *Cyndi Lauper* oder *Depeche Mode*, natürlich auch *Nena* und was das Radio so ausspuckte. Ich zog mir alles rein, denn ich war DJ. Ohne Quatsch! Ich belegte einen Lehrgang dafür. Im Amtsdeutsch Ost hieß das allerdings nicht DJ, sondern „Schallplattenunterhalter".

Dieser neue Status brachte mir etwas Freiraum. Einige Mitschüler zollten mir von nun an Respekt und hielten mir die „Schmeißfliegen" aus den unteren oder anderen Klassen vom Leib. Selbst einige Lehrer nickten anerkennend dem neuen Jörn zu. Andere fanden das Ganze eher obskur oder albern.

„Der Ranisch kennt Laute, die gibt's nicht mal im Tierreich."
Schuldirektor

Bei meinen Lehrern war ich nicht wirklich beliebt, weil ich einerseits als „kranker" Schüler immer mit Rücksicht zu behandeln war, andererseits aber selbst rücksichtslos war. Was jedenfalls das Stören im Unterricht anging, denn ich befolgte meine persönliche Regel: „Wenn du nicht zu sehen bist, dann sollte man dich hören!" strikt. So guckte auch der eine oder andere weg, wenn mir mal meine Klassenkameraden ihre Meinung sagten. Oder sie sagten sie selbst mit deutlichen Worten, bisweilen auch mit Ohrfeigen.

„Kleiner, kranker Molch …"
Mitschülerin

Mein Chemielehrer war der härteste Brocken. Er gab mir fiese Spitznamen, schlechte Zensuren und beobachtete mich durch seine scheiß dunkle Spiegelbrille. Kuno war der Einzige, der mich bezwang, alle anderen, die das versuchten, lernten das Wort „Nervenzusammenbruch" kennen und fühlen.

So ließ es sich jedenfalls auskommen in Grimmen, Mitte der 80er Jahre.

Mein einziges Problem sah so aus: Ich war stets mit meiner Schwester in der Disco. Was ja an sich nichts Merkwürdiges ist. Aber wenn du als erwachender Mann dann von anderen erwachenden Männern zum Tanzen aufgefordert wirst, dann stimmt da etwas nicht. Falls du nicht vorsätzlich in ein rosarotes Etablissement eingekehrt bist. War ich aber nicht, und dass ich schwul werden wollte, das hatte ich in Anbetracht der aufkommenden AIDS-Kontroverse und der mit „schwul sein" einhergehenden Handlungs- und Liebesweise aufgegeben. Oder meine Hormone haben das für mich entschieden, kann auch sein.

Infolgedessen wollte ich auch nicht mit Männern tanzen. Die auch nicht wirklich mit mir. Aber sie fühlten sich von mir angezogen. Als sie dann aber meine Stimmlage hörten, kam es zu Irritationen.

Diese klärte allerdings meine Schwester, diesmal auf eine charmantere Art und Weise als der altbekannten Methode.

Irgendwann mit 15, 16 unterschrieb ich einen Lehrausbildungsvertrag, wie jeder andere auch. Ich sollte Kartograf werden. Das war knapp am Ziel vorbei, denn mein Berufswunsch war Fotograf oder Buchillustrator. Irgendwas mit Kunst oder einem kreativem Betätigungsfeld.

Man sagte mir, meine Ausbildungsstätte sei in Schwerin, was so zwei Stunden Fahrt von Grimmen bedeutet hätte, … Hätte! Denn ein paar Wochen vor Beginn der Lehre benachrichtigte man uns, dass die Berufsschule im nahen Schwerin längst geschlossen sei. Die einzige Schule, die eine Ausbildung zum Kartografen anbot, war in Gotha, das hieß 500 km Entfernung, bis nach Thüringen.

Es stand der Abschied von meiner Heimat bevor, einer Heimat, zu der ich mich nie sehne, die ich aber doch liebe.

★

Haaalt! Bevor das ganz hier im Pathos versinkt und nach miefigem Heimatroman zu riechen beginnt, noch eine kurze Anmerkung: Zwischen dem Ende der Schule und dem Beginn der Lehre in Thüringen lagen immerhin noch ein paar Wochen Ferien, die letzten Sommerferien! In diese Zeit hinein hatten wir unsere Abschlussklassenfahrt in die UdSSR geplant. Meine Eltern schenkten mir ebenfalls eine Kurzreise, welche mich hätte nach Polen bringen sollen, es stand also noch Einiges aus.

Eines Morgens ging es also los, Richtung Sowjetunion. Zuerst nach Leningrad, das heute wieder Petersburg heißt, dann später nach Riga, der heutigen Hauptstadt von Lettland, das gehörte aber zu der Zeit alles zur UdSSR. Wir waren ja noch im Kalten Krieg, hinter dem Eisernen Vorhang. Wobei ich nie behaupten kann, als Kind übermäßig gefroren zu haben, geschweige denn im Gefängnis saß. Unsere damaligen Türen hatten eher das Problem, nur aus Presspappe zu sein.

Aber all das war nicht mein Problem, als ich mich in das russische Flugzeug setzte, meine Mutter neben mich. Sie kam als Vertreterin des Elternaktives mit.

In Leningrad wurden wir von einer Kirche in den nächsten Dom gezerrt, weiter in irgendeine gottverdammte Kapelle, aber alle hatten goldene Kuppeln, ein bisschen Eremitage und zwischendurch noch der Park für die Opfer der Belagerung Leningrads durch die deutsche Wehrmacht. Um genau zu sein, ich kann mich nur noch an wirklich mieses Essen erinnern und dass ich 1 Kilo Backpflaumen kaufte, weil es Backpflaumen in der DDR selten gab. Blöderweise salzen die Russen ihre Backpflaumen, es wurde also nichts mit köstlich naschen, ich rannte einfach so mit einem Kilo Trockenpflaumen in Russland rum.

Im Hotel begann dann das Schicksal seinen Lauf zu nehmen. Ich mit meinem ewigen Husten und Gespucke rotzte natürlich aus dem Fenster des zigsten Stockwerkes, in dem wir waren. Später kippten wir Wasser oder Getränkereste raus, irgendwem ist sein Glas hinterhergefallen. Und weil es so schön geklirrt hatte, flog gleich das nächste usw.

Wir verließen Leningrad in Richtung Riga per Transsibirischer Eisenbahn. Jedenfalls sah das Ding so aus, wie ein ICE von heute jedenfalls nicht. Besonders hervorzuheben wäre da das Klo oder was die Russen als solches bezeichnen. Nämlich ein Loch im Boden mit einem Haltegriff seitlich. Da entspann dich mal; wenn die Bahn ruckelt oder plötzlich bremst, dann knallst du mit dem Kopf gegen die Toilettenwand. Also wartest du, bis der Zug hält. Wenn der Zug dann aber plötzlich anfährt, fällst du mit deinem nackten Arsch in das beschissene Loch, und komm da mal wieder raus…

In der Sowjetunion, da treffen sich die UFOs schon
Und planen Weltvereinigung …
Nina Hagen

In Riga ging es weiter mit dem Wasser und den Gläsern und den Kirchen und den Sehenswürdigkeiten. Wir Jungs fanden allerdings unsere Mädchen sehenswürdiger, und so versuchten wir abends die eine oder andere abzufüllen, was auch gelang.

Wir begrapschten das Mädchen fröhlich, sabbernd, zankten uns kurz um den einen oder anderen Körperteil und hielten ihn fest, küssten, leckten ihn ab. Das Mädchen ließ alles mit sich machen, schnurrte ab und zu oder zierte sich künstlich. Das alles im Beisein ihrer Zimmerkollegin, die uns allen ungeniert zuglotzte. Als ich sie fragte, ob sie auch wollte, zog sie jedoch ängstlich ihre Bettdecke bis zum Hals. Na ja, so Buben sind wie junge Hunde. Eigentlich war das eher jämmerlich, und deshalb wollten wir auch Helden sein und brannten uns zu diesem Zwecke Zigarettenkippen auf den Handrücken aus, die wir zuvor mit einer Rasierklinge aufgeschnitten hatten. Die Zeit wurde gestoppt. Weil das immer noch nicht cool war, warfen wir weiter irgendwas aus dem Fenster, vor allem die Teller, die unter den Blumentöpfen zum Wasserauffangen standen. Als der erste Blumentopf aus dem 17. Stock auf ein geparktes Auto traf, wurde mir mulmig. Ich zog mich zurück. Später wurden groteske Dinge erzählt, es sei ein TV-Gerät geworfen worden und der Längste aus unserer Gruppe hätte die Sprinkleranlagen im Hotelflur demoliert.

Am Tag der Abreise holten wir unsere Verpflegungsbeutel für die Rückfahrt, denn die war per Bahn und dauerte etwa zwei Tage. Bei den beiden Mädchen, wo diese Verpflegung deponiert war, waren noch alle Untertassen unter den Blumentöpfen. Jetzt kamen auch der Lange und Jörg, wir waren zu sechst. Die Mädchen guckten nur schüchtern, sagten aber nix, als der Lange begann, die Untertassen einzusammeln und aus dem Fenster des 21. Stocks zu segeln; Jörg und ich segelten schließlich mit. Zugegeben, es sah schick aus, wie es im gegenüberliegenden Haus in eine Scheibe crashte. Als wir hinter uns das Türschloss knacken hörten, war nichts mehr schick.

Wir wurden eingeschlossen. Ein paar Minuten später klopfte es an die Tür, eine kräftige autoritäre Stimme rief: „Militzia!" Die Tür wurde geöffnet. Der Mann in Zivil brüllte: „Dokumenta! Dokumenta!" Hinter ihm erschienen mehrere Polizisten und eine Frau, die sich als Hotelaufsicht herausstellte.

Leider klang „Jörg" und „Jörn" mit russischem Akzent gesprochen nicht sehr unterschiedlich. So kam es, dass anstelle von Jörg nun ich in russisches Gewahrsam genommen wurde.

Wir wurden in einen Keller gebracht und verhört, also der Lange und ich. KGB-mäßig! Man brachte unsere Lehrerin, meine Mutter und eine weitere mitreisende Mutter, die daheim in Grimmen Russisch-Lehrerin war, zu uns in den Keller. Schnellverfahren! Meine Mutter kippte um. Die andere Mutter versuchte, sie mit einem Mittel, das der KGB-Offizier ihr reichte, wiederzubeleben. Alles war laut und aufgeregt, meine Lehrerin Frau Bäcker war bleich. Wenn wir den Zug nicht schaffen würden, erklärte sie uns immer wieder, würden alle Plätze verfallen, und einfach so einen nächsten Zug nehmen, das ging damals nicht. So was musste Wochen vorhergebucht werden. Also die beiden Jungs allein hierlassen? Im KGB-Keller?! 5 Jahre Haft in Sibirien?

Der Russe schrie unterdessen die gute, zitternde Lebenshelferin meiner Mutter an: „Norsu, norsuu!!!" Das sollte bedeuten, sie möge das Ammoniak, das in der Ampulle war, meiner Mama unter die Nase halten, nicht in ihren Mund flößen.

Scheiße! Da hatte ich jetzt wirklich meinen ersten Scheiß gebaut im Leben!

Meine Mutter schlug die Augen wieder auf und lebte weiter, wir wurden zu einer Geldstrafe verurteilt und zum Zug geschickt. Das war haarscharf! Ich wäre nicht gern in Sibirien gelandet, und das war tatsächlich knapp, denn als Ausländer bei den Sowjets, zumal als Deutscher, sollte man nicht wegen Vandalismus auffallen.

Wieder daheim in der DDR wussten alle schon Bescheid. So ein Telefon ist eben schneller als die Transsibirische Eisenbahn. Meine Reise nach Polen war natürlich gestrichen, nicht nur wegen meiner Eltern, nein, mir war offiziell verboten worden, das Land zu verlassen. Ich durfte von nun an also nicht mal mehr im Ostblock Urlaub machen, ich galt als kriminell.

Na ja, ich hatte ja dann doch demnächst eine Reise zu machen, die nach Gotha. Für zwei Jahre zur Lehrausbildung.

★

Gotha, zwischen Weimar und Eisenach, eine schöne stolze Stadt am Rande des Thüringer Waldes. Fast 50.000 Einwohner. Historischer Altstadtkern mit dem Schloss Friedenstein, dem Wasserspiel, das hinab in die Stadt zum Hauptmarkt mit dem Rathausplatz führt. Neumarkt, Orangerie, Stadtpark, Museen. Es gab moderne Neubaugebiete, die im Zuge des Wohnungsbauprogramms der DDR hochgezogen wurden, nicht so die grauen 60er-Jahre-Blöcke wie üblich.

Ich stand ganz oben auf dem Berg, vor dem Schloss Friedenstein, und blickte in das Tal vor mir, in dem die Stadt eingebettet ist. Die Sonne schien mir ins Gesicht und ich hatte plötzlich den Eindruck, als läge mir die Stadt zu Füßen. Das Gefühl der Melancholie oder Heimweh, das mich beschlich, als meine Eltern mich allein hier zurückließen, fiel ab. Neugier erfasste mich, irgendwie roch es mit einem Mal nach Abenteuer. Ich stieg die langen Stufen hinab zum Hauptmarkt, sah mir meine neue Heimat an und dachte so bei mir: „Gotha, ich rocke dich!“ Hier gab es mehrspurige Straßen, wow! Und es standen Häuser mit über sechs Stockwerken da. Und es fuhr eine Straßenbahn … urbanes Großstadtfeeling erfasste mich!

Und dann das Krasseste, ich traute meinen Augen kaum: Ich sah zwei Mädchen ganz in Schwarz gekleidet. Sie hatten heftig hochstehende Haare, große schwarze Augen und trugen fette Christenkreuze an dicken Ketten (so was hatte ich nur mal auf einem *Madonna*-Bild gesehen). Ich war in einer Stadt gelandet, in der es Punks zu geben schien! Woooow! „Ok, ich bleibe für länger“, dachte ich mir. Dass ich damals keine Punks erspähte, sondern Grufties bzw. Gothics, wie man heute sagt, wusste ich erst viel später.

Ich ging zurück auf mein Zimmer. Dieses Zimmer war vielleicht knapp 3,00 m breit und ungefähr 5,00 m lang. Es beherbergte 4 Kleiderschränke, 2 durchgelegene Doppelstockbetten und einen wackeligen Tisch mit Stühlen dazu. Wir waren also zu viert auf ca. 15 m^2. Halleluja!

Ich hatte das Bett links unten, denn ich schlafe nicht gern im Doppelstockbett oben, nachdem ich da mal rausgefallen bin. Über mir war ein Typ, nicht sehr groß, sportlich, irgendwie nett. Matthias aus Leipzig, Durchschnittstyp. Auf der anderen Seite oben war Mario aus Halle. Er war kleiner als ich (was ich wohlwollend erkannte), dafür aber eher stämmig, kräftig, dunkler Typ, total behaart. Unten saß Thorsten, „Torti“, der Kunde war der Freak schlechthin. Hoch aufgeschossen, dabei klapperdürr, und er steckte in Klamotten aus der Altkleidersammlung. 70er-Jahre-Oberhemd mit Kragenecken zum Wegsegeln, und seine Cordhose hieß noch Manchester und hatte einen Schlag, dass Torti bestimmt umfiel, wenn der Wind sich darin verfangen würde.

Wir beschnupperten uns, das heißt, wir erzählten, wer wir so sind und was wir so treiben und sammeln. Das mit dem Sammeln war insofern komisch, als dass uns Mario erzählte, er würde „Gemälde" sammeln. Wir staunten anerkennend. Auf die Frage, wie viele er denn hätte, antwortete er allerdings: „Eines". Ah ja! Und sonst so? Mario sammelte noch mehr. Er ist der einzige Mensch, den ich bisher kenne, der ernsthaft die Etiketten von Softdrinks wie Cola & Brause sammelt. Und außerdem befanden sich in seinen Sammelalben die Papierbildchen von Schmelzkäseverpackungen ...

Damit war er aber nicht der Sammelkönig, der war Torti! Denn Torti sammelte Abfallprodukte, jawohl! Er behauptete, er hätte zu Hause eine Sau und die müsse er füttern. Zu diesem Zweck lagerte er jede alte angebissene Stulle oder jedes trockene Brötchen in unserem Zimmer zwischen. Es gesellten sich noch eine Menge alter Flaschen und Gläser dazu. Das ganze Ensemble sackte Thorsten jeden Donnerstagabend grinsend ein. Er gab das nie in Gotha beim Altstoffhändler ab, er karrte das durch die halbe Republik, im Rucksack. Ich möchte gar nicht wissen, wie der wirklich zu Hause gelebt hat. Erst viel später stellte sich heraus, dass seine „feiste Sau" ein profanes Meerschwein war.

Jedenfalls mussten wir, und nun nimmt das Schicksal seinen Lauf, uns noch in der gesamten Gruppe der Kartografenschulklasse vorstellen.

So fanden wir vier Jungs uns ebenfalls in der Aula ein, in der bereits unsere 16 MitschülerInnen nebst Heimleiterin und Gruppenleiterin auf uns warteten. Die Gruppenleiterin hieß Fräulein Koch. Und an dieser Stelle möchte ich mal etwas zu Protokoll geben: Es wurde immer fies über Fräulein Koch geredet, sie sei lesbisch und ne frigide Kuh usw. Sollte es so sein, dass Frau Koch tatsächlich homosexuelle Neigungen hatte, so war es wirklich bösartig, was da so gesprochen wurde. Es täte mir leid. Allerdings waren wir damals wohl nicht wirklich „aufgeklärt" und Homosexualität war noch nicht alltäglich. Sollte Frau Koch jedoch keine derartigen Gefühle verspürt haben, frage ich mich auch, warum man so geschmacklos gekleidet sein kann. Denn burschikos ist untertrieben, sie war, sagen wir mal, der maskuline Typ. Die Heimleiterin dagegen war der Gouvernantentypus.

Streng, mit schwarz gefärbtem Haar und resolutem Auftreten, dabei durchaus gutaussehend.

Wir Jungs saßen vorn und sollten uns zuerst vorstellen, das ging auch einigermaßen gut über die Bühne, nur dass Thorsten haargenau dasselbe sagte wie Matthias. Er hatte nur Namen und Ort ausgetauscht. Alle drei Jungs vor mir hatten also angegeben, dass sie Sport als Hobby hätten, ich sagte als Erstes ebenfalls, Sport sei mein Hobby. Dann klärte ich das auf und behauptete: „Sport ist Mord!" Ich wollte nur etwas „Lockerheit" in diesen Vorstellungskrampf bringen. Die Klasse kicherte verhalten, Frau Oberheimleiterin guckte pikiert, Frl. Koch glotzte bedeppert. Nun sollte sich das erste Mädchen vorstellen. Sie kam bis zu „Yvonne aus Schwerin". Als sie ansetzte „meine Hobbys sind ..." zu sagen, unterbrach ich sie lautstark mit dem Wort: „Sport"! Alle lachten, außer Yvonne, die wurde rötlich. Denn sie wollte gerade sagen, dass ihr Lieblingshobby der „Reitsport" sei.

Ich weiß auch nicht, was mich geritten hat, jedenfalls setzte sich das so fort. Ich kommentierte jede Vorstellung, meist mit dem Wort „Sport", bevor sie beginnen konnten, sich ernsthaft vorzustellen. Die Heimführerin versuchte, das Schiff mit überschnappenden Kommandos zu retten, Fräulein Koch war platt. Das Schiff versank im Chaos, spätestens, als ein etwas korpulenteres Mädchen von ihrer Liebe zum „Schwimmsport" berichten wollte. Denn ich fragte, wie sie bei dem Gewicht schwimmt und ob sie eher an Tauchen gedacht hatte ...

Aus all dem Gelächter und Stimmengewirr hörten wir alle überdeutlich Katharina aus Dresden wiehern: „Du bischt joa a rischtja **P f e f f i e e e**!"

So lieber Leser, jetzt weißt du, wie ich zu diesem bekloppten Namen gekommen bin, denn Pfeffi hängt mir seit nunmehr 20 Jahren nach ... Es gibt zig Leute, besonders in der schwarzen Szene, die kennen mich nur als „Pfeffi" ...

Am Ende des Tages hatte ich Ausgehverbot von der Gouvernante bekommen.

Ich war angekommen. Nur, was ich vorher nicht wissen konnte: Man hatte mich erwartet; es käme ein kranker Junge mit krimineller Energie. Die Nachrichtendienste der DDR hatten wohl von meinen

Unannehmlichkeiten in der Sowjetunion Bericht erstattet. Als Berufsschüler an der „Lehranstalt für Geodäsie und Kartographie zu Gotha" gehörte man unweigerlich zum Ministerium des Innern. Es wurde ein Höchstmaß an Disziplin und Vorbildfunktion erwartet. Das wusste ich doch nicht, als ich in Russland war. In Gotha selbst war das nicht von Vorteil. Man wurde scheel angesehen, wenn man erzählte, dass man Kartografie lernte. Die ortsansässigen Jugendlichen meinten dann: „Ach, von der Kommunistenschule am Schlossberg?" Und dann wurde man stehen gelassen oder bekam was auf's Maul.

„Mann, Alter, bist du dürre, soll ich dich abstechen?"
Jugendlicher Passant mit Messer

Die Berufsschule und auch das Lehrlingswohnheim waren das erste Haus unterm Schloss Friedenstein, deshalb auch die Adresse „Am Schlossberg 1". Nach kurzer Zeit lernten wir vier aus dem Ersten (Lehrjahr) die aus dem Zweiten kennen, denn sie waren unsere Zimmernachbarn. Die Großen sozusagen. Uns trennte nur eine einfache Gipskartonwand und die war an der Zimmerdecke sogar stellenweise offen. Die Großen waren cooler als wir Anfänger. Sie „überfielen" uns nachts des Öfteren und warfen Stinkbomben (bei denen ich aus dem Fenster kotzen musste, weil mir übel wurde, und von der Gouvernante deshalb für betrunken gehalten wurde), oder es flogen Schneebälle, Wassereimer, Kondome usw. in unser 15 m^2 Luxusappartement.

Sie waren ebenfalls zu viert und in ähnlicher Konstellation wie wir. Drei Jungs waren eher so locker, Karsten aus Radebeul, Ingo aus Biederitz (Magdeburg) und Uwe aus Salzwedel. Woher Toralf kam, weiß ich nicht mehr, aber er passte zu Torti wie die Faust aufs Auge. Wir hatten erheblichen Spaß zusammen.

Einmal warfen wir eine aufgeschnittene Spülmittelflasche ins oberste Becken des Gothaer Wasserspiels. Das barocke Wasserspiel ist eine Ansammlung von Brunnen, die sich vom Schloss bis hinab in die Stadt fortsetzt. Schick eigentlich, aber mit Schaum war es noch viel hübscher. Gothas Hauptmarkt sah am nächsten Morgen aus, als hätte es geschneit. Allerdings war es nicht Winter. Die Kinder fanden es lustig, wir auch, die Leute von der Kriminalpolizei nicht.

Nach solchen Streichen saßen wir alle noch in unserem Zimmer und quatschten. Uwe saß oft mit auf meinem Bett und wir redeten manchmal allein weiter. Es entstand eine Freundschaft, die zeitweise Züge von Liebe annahm. Ich hatte nie vorher einen Freund so geliebt wie ihn, später auch nicht mehr. Nein, es hatte nichts Homoerotisches, es war Freundschaft, wie ich sie bei anderen Männern niemals fühlte, er war mein Seelenbruder, mein Gruftiebruder: „Uwe Underground".

Er war größer als ich, aber auch nicht kräftig, eher ein Hänfling, mit Chromgestellbrille, die er hasste. Seine Haare waren zu der Zeit irgendwie, einen Schnitt konnte man es nicht nennen, verwühlt vielleicht. Nicht sportlich kurz, aber eben auch nicht länger als man(n) 1986 seine Haare trug. Er war leger gekleidet, was man so Mitte der Achtziger anhatte, Karottenjeans, Shirt, Tennissocken in Stiefeln, weite Bundfaltenjacke in grauem Flanell.

Karsten hatte entweder gelbe Pullover vom Polenmarkt oder weiße Oberhemden zu Ostjeans an. Ingo dagegen mag Westverwandte gehabt haben, er sah immer schicki aus, im angesagten Look. Er stand auf *Depeche Mode*, Karsten auf *Prince*.

Bei den Jungs aus meinem Zimmer war das anders. Matthias fand alles gut, was im Radio gespielt wurde oder wonach man in der Disco Weibern auf den Arsch gucken konnte. Er machte sich nichts aus eitler Mode, ein Durchschnittstyp eben, ohne dass das was heißen soll. Er war echt ok. Mario stand tatsächlich auf *Heino* und auf *Elvis.* Er hatte so einen kleinen nationalen Tick, nicht der krasse Rassist, nein, im Gegenteil. Er achtete die Russen, weil die angeblich zäh sind und wissen, wie man die eigene Heimat verteidigt. Jedenfalls sang er ab und an einen alten *Heino*-Song und ich sang mit, da ich diese ollen Kamellen von den Schallplatten meiner Eltern her kannte.

Von Thorsten und Toralf spreche ich besser nicht. Thorsten hätte eh nur gesagt, er hört, was alle hören oder was Matthias hört.

Uwe und ich hörten zunächst *die Ärzte*. Ich kannte die nur vom Namen, hatte vielleicht mal „Zu spät" im Radio gehört, mehr aber nicht. *Nena* kannte ich besser. Aber Uwe hatte eine Kassette, ich denke, es war „debil" von *Bela, Farin* und *Sahnie.*

In Gotha konnte man noch etwas, was ich zu Hause nie richtig konnte, jedenfalls nicht so einfach. Es gab Westfernsehen und das sogar in Farbe ohne „Schnee“ auf dem Bildschirm und ohne verrauschte Töne. Dort sah ich dann all die Stars, die ich sonst nur gehört hatte.

Blöderweise war das Sehen der Medien des Klassenfeindes nicht erwünscht. Auch nicht das Hören. Und so gingen Kontrollen, sprich die Gouvernante und Fräulein Koch (die Kochi genannt wurde) in Begleitung des Berufsschuldirektors, durch unsere Zimmer, während wir artig auf der Schulbank saßen oder unserer kartographischen Tätigkeit nachgingen. Sie kontrollierten, welchen Sender wir an unseren Kassettenrecordern eingestellt hatten. Stellten sie fest, es war ein Feindsender, zogen sie das corpus delicti ein. Ähnlich erging es Postern aus Westzeitungen wie der *Bravo* zum Beispiel, hatte man eines erfolgreich für viel Geld auf dem Schwarzmarkt erworben und dann stolz über sein Bett angepinnt, so rissen sie es einfach ab und nahmen es mit sich mit. Peinlich war es nur, als sie mal ein vermeintliches kapitalistisches Druckerzeugnis von der Wand rissen, aber dabei doch ein Volkskunstkollektiv der DDR zerknittert hatten. Mir entwendete man auf diese grobe Weise von mir angefertigte Zeichnungen von meinen Traumfrisuren. Ich zeichnete nämlich unentwegt Punks. Und alles, was ich damit in Verbindung sah.

Wir versuchten also immer wieder das Westfernsehen einzuschalten, organisierten dazu auch einen Aufpasser, meistens so einen Trottel wie Torti. Wenn der jedoch zu spät reagierte, weil er selbst mitguckte, wurden wir erwischt und es gab eine Woche TV-Verbot! Wie zu Hause bei Muttern.

Ich sah mir also all die schrillen Typen an, die ich zu sehen bekam: *Boy George, Depeche Mode, Billy Idol*, und irgendwann gab es *The Cure* bei Formel eins. (Das war mal ne Musiksendung, kein Autorennen.)

Ich besorgte mir irgendwo einen *Billy-Idol*-Button, den ich an fingerlosen Lederhandschuhen befestigte. Dann ließ ich mir meine Haare am Hinterkopf und den Seiten länger wachsen. Ich hatte ja noch immer diese Dauerwellen-Lockenpracht auf der Rübe, mit seitlichem und hinterem Fassonschnitt. Mit etwas längerem Haar und einer Portion Haarschaum darin verteilt, konnte ich mir nun einen

Pseudo-Iro formen. Nur das Haupthaar, gelockt wie eh und je, ließ sich partout nicht aufstellen.

Mein Look sah an guten Tagen etwa so aus: Ich hatte mir zwischenzeitlich knöchelhohe schwarze Lederschnürschuhe gekauft, dazu trug ich jetzt eine Anzughose aus dem Bestand eines vor Urzeiten verstorbenen Urgroßvaters. Die Hose war hochwasserlang umgeschlagen und natürlich schwarz. Ich hatte mindestens 3 cm große knallrote Knöpfe angenäht, an denen befestigte ich ebenfalls knallrote breite Hosenträger. Obenrum schwarzes Langarmshirt oder Pullover. Dazu Perlenketten aus Plastik um den Hals und Plastikarmreifen. Kajal an den Augen. Bekloppter ging es nicht. Aber das war mein Style!

Ich begann langsam, aber sicher, all meine Klamotten in Schwarz umzufärben. Uwe auch. Wir machten das wechselseitig, ohne Konkurrenz, hörten *Ärzte* und quatschten über alles. Wirklich alles.

Ich hatte auch eine Kette, ein Lederband mit Peace-Symbol, eigentlich ganz Hippie-like. Dass das jemals Stein des Anstoßes in einem Land des Friedens sein würde, hätte ich mir nicht träumen lassen. Im Übrigen würde ich so gern mal einige Protagonisten meines Lebens wiedersehen, um ein paar Fragen zu stellen. So zum Beispiel den bereits erwähnten Schuldirektor Holtzweg. Der sah mich mit dieser Kette und sagte, ich solle sie abnehmen. Ich war erstaunt und versuchte zu erklären, dass es doch ein Symbol des Friedens und der Abrüstung sei. Herr Oberfeldmarschall Holtzweg erwiderte aber, das wäre ein Zeichen des Klassenfeindes und somit nicht geeignet, um ehrliche Friedensabsichten zu signalisieren. Er nahm mir mein selbst gebasteltes Schmuckstück ab.

Da er die Kette im Erzieherzimmer auf den Tisch legte, beschloss ich, sie mir wiederzuholen. Zu diesem Zweck schickte ich „Agent Torti“ ins Rennen. Der Heini raffte natürlich nichts und stand blöd vor der Gouvernante und stammelte, sie möge doch mal in unser Zimmer kommen. „Da is was“, sagte er zu ihr. Sie wollte natürlich wissen, was, er wusste es auch nicht. Grinste infantil die Hausherrin an, aber die folgte ihm in Richtung unseres Zimmers. Ich schlüpfte in den Erzieheraufenthaltsraum und holte mir zurück, was ch schon meines war.

Die gute Frau guckte Torti etwas unsicher an, als die beiden in unserem Zimmer herumstanden. Auf ihre Frage, was denn nun sei, konnte der Arme ja nichts sagen, es blieb ihm nur, die Achseln zu zucken und weiter zu grinsen. Ich ging unschuldig an den Beiden vorbei ins Zimmer. Die Alte zog kopfschüttelnd ab.

So etwa war der Alltag im Lehrlingswohnheim. Im Winter fiel die Heizung aus. Es wurde barbarisch kalt. Wir durften nach Hause fahren. Bevor wir aber losfuhren, beklauten Mario und ich noch den Adventsstrauß im Schaukasten. An dem bammelte Fondant unschuldig und einsam. Ich aß das Zeug einfach zu gern, und Mundraub, das wusste ich schon damals, wird nicht bestraft.

Also wieder so ein Agent-Torti-Einsatz. Mario, den wir mittlerweile Artur nannten, knackte das Schloss, ich sammelte die bunten Süßigkeiten vom Tannenzweig, Schloss wieder zu und Torti zugewinkt, der diesmal die Aufgabe hatte, kein Erziehungspersonal aus dem Zimmer zu lassen. Wie er das anstellte, war seine Sorge, grinsen konnte er ja immer blöd genug.

Unsere Beute war so steinhart, dass wir jetzt wussten, die Deko hing da schon ein paar Weihnachten. So what! Habe ich das Zeug halt gelutscht.

Ich wurde für eine Zeit lang krank, nicht von der alten Süßware, sondern meine Lunge erinnerte mich an das kalte Bett im Wohnheim. Lungenentzündung.

In der Zwischenzeit hätte ich meine militärische „Musterung“ gehabt, die hat man normalerweise in genau dem Alter. Ich konnte und wollte aber nicht mit Lungenentzündung per Reichsbahn durch die DDR reisen, um womöglich in der nächstbesten Schneewehe zu übernachten. Ich ging einfach nicht hin. Mir war eh längst klar, dass ich nicht zum Militär musste und wollte! Meinem Staat war das aber noch lange nicht klar und er vertröstete mich schriftlich auf's nächste Jahr.

Im Frühjahr veröffentlichten *The Cure* eine neue LP, „kiss me, kiss me, kiss me“. Ihre Single „Why can't I be you“ war als Video bei Formel eins und überall zu sehen. Uwe und ich waren begeistert von diesem Sänger. Ich kannte *The Cure* bereits vom Sommer '86, hatte zwei Songs auf Tape. „Boys don't cry" und „In between Days". Aber *Robert Smith* sah ich nun zum ersten Mal. Seine Art, sich zu zeigen, sich zu bewegen, zu kleiden, sein Stil, alles an ihm erschien anbetungswürdig. Seine Frisur und sein Make-up, das war es, war wir wollten … so sein.

„Why can't I be you"??? Die Frage, welche mich bewegte, oder eher: Warum konnte ich nicht so sein wie ICH wollte?

Alles, was ich wirklich will,
ist wirklich frei sein – ein freier Rebell
Nina Hagen

Es war ein komisches Gefühl, wenn du gestylt auf der Straße herumgelaufen bist. Du konntest die Blicke der Spießer auf dir förmlich fühlen. Ihren Abscheu. Im gleichen Maße, in dem ich mich fragte, warum Menschen, die mich nicht kennen, nur allein von meinem Äußeren so abgestoßen von mir waren und so reagierten wie viele, im gleichen Maße wollte ich auch nicht mehr so sein wie sie. Nicht mehr dazugehören.

Ich wollte bei mir sein bzw. bei meinen Freunden oder dem, was ich als Freunde empfand. Es tat weh, ausgestoßen zu werden, nur wegen einer Frisur oder wegen der überwiegend schwarzen Sachen. Trost fand ich nur, wenn ich das *Cure*-Tape hörte, das ich mir besorgt hatte. Es tat so gut, *Robert Smith* zu hören. Er weinte meinen Schmerz, Stunde um Stunde, Tag um Tag, in Form von Musik.

Hiding the Tears in my Eyes
Cause … Boys don't cry
The Cure

In der Berufsschule kam es häufiger zu verbalen Auseinandersetzungen mit den Lehrern. Die aus dem Zweiten, also Uwe und die anderen drei, waren nicht mehr da. Denn seit dem Frühjahr arbeiteten sie bereits an ihren zukünftigen Arbeitsplätzen in ihren Heimatorten. Uwe fehlte mir, Karsten auch, ich war einsam. Es kam zum Streit mit den Jungs in meinem Zimmer. Deshalb gab die Heimleitung mir das verlassene Zimmer der Großen, allerdings nur, bis das neue erste

Lehrjahr anreisen würde. Dort in der Einsamkeit hörte ich unaufhörlich „Wie ein Kind“ von den *Ärzten* oder eben *Cure*.

Einziges Highlight waren meine Reisen nach Salzwedel an den Wochenenden. Das erste Mal fuhren wir in der Gruppe nach Salzwedel. Uwe wurde 18 und gab eine Party. Karsten, der bei allen Siegi hieß, reiste mit, und die brave Yvonne, weil sie mit Karsten ging, Ingo und ich und noch ein paar Mädels aus deren Lehrjahr. Uwe sammelte uns am Bahnhof ein, das musste man zu DDR-Zeiten so machen, denn Salzwedel war so dicht an der Grenze zur BRD, dass jeder, der da ausstieg, pauschal verdächtig war, über die Grenze abhauen zu wollen. Es gab bis zu drei Personalausweiskontrollen, bis man endlich in Salzwedel war. Und häufig wurde man dann noch von umherstreifenden Toniwagen (Polizei-Dienstwagen) abgefangen. Beim ersten Mal war das noch echt aufregend. Wenn man das allerdings ständig erlebte, nervte es langsam und das sagte man dann auch. Natürlich nicht direkt, dann hätten einen die grünen Jungs mitgenommen, aber ein Späßchen konnte man schon mal wagen.

Jedenfalls waren Uwes Eltern sehr nette Leute, obwohl beide Lehrer waren, der Alte sogar Schuldirektor. Ich fuhr sehr oft zu Besuch in die Freiligrathstraße in Salzwedel.

Uwe besuchte auch mich in Grimmen. Das war aber weniger easy als andersrum. Mein Vater war da nicht so unkompliziert. Der traute Uwe nicht, überhaupt, er hasste das ganze Theater. Er wollte nicht, dass ich so bin, wie ich war. Wenn ich nach Hause fuhr, musste ich meine Haare glätten, und so ganz in Schwarz ging das auch nicht, ich musste mich umziehen. Ich hasste das! Ich wollte immer so sein, wie ich mich fühlte, schwarz. Mittlerweile war es nicht mehr so wichtig, Punk zu sein, schwarz war wichtiger geworden. Genauer definieren konnte man ***schwarz*** allerdings nicht, es war einfach so ein Gefühl. Man war es oder man war es nicht, und dann würde man es eh nicht verstehen.

Meine Mutter wollte es verstehen, konnte es aber nicht. Deshalb fragte sie eines Tages vorsichtig, wie ich das nenne, was ich da so treibe. Ich konnte ihr keine befriedigende Antwort geben. „Ich bin *Cure*-Fan, Mutti, das ist alles“, war meine Reaktion. Worauf sie dann leise und lächelnd fragte, ob wir vielleicht so ein paar Jungs wären, die sich möööööögen?! Ich brauchte einen Moment, um zu kapieren, dass mich meine Mutter gerade fragte, ob ich schwul sei …

Ich konnte sie beruhigen, die Tage, an denen ich so wie *Boy George* sein wollte, waren seit Jahren vorbei. Auch das Buchstabieren von *The Cure* half nichts, mich verstand einfach niemand.

Meine Dauerwelle war jetzt fast rausgewachsen und hing mir als kringelige Strähnen im Gesicht, das sah nicht wirklich gut aus. Deshalb griff Uwe, nach langem Beratungsgespräch mit mir, einfach zum Rasierer und sssssssssst, ab war die kostspielige Lockenpracht.

Ich hatte jetzt einen Rundum-Kahlschnitt. Nur vorn so eine Handvoll Haar. Die konnte man allerdings gut toupieren. Und das zeigte mir Uwe jetzt, er hatte herausgefunden, wie man zu einer *Robert-Smith*-Frisur kommen konnte: Toupieren musste man die Loden. So was sagt einem ja keiner. Das war der ganze Trick!

Nun sah das Ganze schon ganz passabel aus. Auf der Straße wurde ich gefragt, ob mein Föhn explodiert sei …

Die Schuhe sind spitz, die Haare sind grün
Streichholzetiketten im Ohr ...
Extrabreit

Im Sommer 1987 spielten *The Cure* in der BRD und in Westberlin. Wir wussten aus gut unterrichteten *Cure*-Kreisen, dass sie in Westberlin an der Mauer spielen würden und dass man das in Ostberlin hören können würde. Ich wollte natürlich dahin. Selbstverständlich ließen meine Eltern das nicht zu. Ich hätte einfach fahren können, allerdings hatte mein Opa an dem Tag Geburtstag und ich hätte im Leben keine passende Ausrede erfinden können, die mein Fernbleiben hätte rechtfertigen können. Also sagte ich, um was es ging, und wurde gezwungen zu bleiben.

Auf der Geburtstagsfeier lief der Fernseher meiner Großeltern, es kam die Aktuelle Kamera (Nachrichten). Es lief ein Bericht, in dem es um Ausschreitungen im Bereich der Berliner Mauer ging. Subversive Kräfte aus dem kapitalistischen Ausland hätten dekadente Jugendliche in der Hauptstadt der DDR zum Betreten der Maueranlagen angestiftet usw. Es wurden Ost-Punker gezeigt, die von VoPos

(Volkspolizisten) gejagt und geknüppelt wurden. Ich wurde bleich. Als dann zu allem Überfluss noch einer der Gäste meiner Großeltern mit einstimmte und eifrig rief: „Bei Adolf wären die alle ins Arbeitslager gekommen“, platze mir der Kragen. Die Situation wäre um ein Haar der in Berlin nahe gekommen, es eskalierte im Wohnzimmer.

Ich sah keinen anderen Ausweg als abzuhauen. Ich konnte es nicht ertragen, dass meine eigene Familie bzw. Verwandten mit solchen faschistoiden Sprüchen hantierten, und das, obwohl ich daneben saß und augenscheinlich genauso aussah wie die angeblichen Asozialen.

Wie ich meinen Eltern erklären sollte, was ich bin, darauf hatte ich immer noch keine Antwort gefunden. Die stand allerdings, man sollte es kaum glauben, dann in der *Bravo*. Während der Deutschland-Tour von *Cure* berichtete die *Bravo* nämlich von dem irren Sänger *Robert Smith*, seinen Konzerten und den treuen Fans, die ihm überallhin nachreisen würden. Unter einem der dazu gehörigen Fotos, auf dem ein paar kreischende schwarze Mädchen zu sehen waren, stand: „Grufties in der ersten Reihe sind die treuesten Fans.“ Jetzt hatte ich, was ich wollte, einen Namen für das Ding. Es war nicht mehr der heilige Name Punk, ich war ein **Gruftie**!!!

Sollen meine Kinder alle Grufties werden
Für immer Punk will ich sein
Die Goldenen Zitronen

Bei der nächsten Gelegenheit ging ich zu meiner Mutti und erzählte es ihr. Endlich, ich hatte doch den Sinn meines tristen Daseins herausgefunden. Mutti guckte genauso verständnislos wie vorher. Was das heißen sollte, wusste sie scheinbar immer noch nicht, so sehr sie sich auch bemühte, sie konnte es nicht nachfühlen, wie auch.

Seit geraumer Zeit fuhren Uwe und ich zu Ingo nach Biederitz. Gemeinsam zogen wir dann nachts los, nach Magdeburg ins Haus des Lehrers (HdL). Dort war der Treffpunkt der Magdeburger Grufties. Man kam aus der gesamten Region. Dort waren wir zu Hause.

Ich sehe sie noch heute, die Ostgrufts von damals. Ines, die Waver-Queen von Magdeburg, Dominique, Stange und die kleine Vampi Smith …

Der Laden war klein, die Türsteher fies, nicht jeder durfte rein. Manchmal waren auch Punks da, einige hatten Gruftiemädchen als Freundinnen, wir gehörten zusammen.

Einige der Schwarzen „schnüffelten", das hieß, sie verrieben Klebstoff oder das Fleckenmittel Nuth in einer Plastiktüte und atmeten die entstehenden Dämpfe ein. Davon ließ ich jedoch die Finger, meine Lunge wäre sicher kollabiert. Uwe und Ingo wollten das auch nicht tun. Wir tanzten eher nach *Cure, PIL* oder *Anne Clark*. Es wurde im Kreis getanzt. Jeder Gruftie hatte einen verzierten Rucksack oder einen schwarzen Turnbeutel, diesen legte man auf einem Haufen ab. Alle Rucksäcke lagen da rum. In den Rucksäcken hatte man ein Plüschtier oder ein ähnliches Maskottchen. Ich hatte so was wie eine Ost-Barbiepuppe, allerdings im selbst gemachten Punkstyle. Außerdem hatte man eine Art Fotoalbum, in das andere Grufties etwas eingeschrieben hatten und ihr Passfoto hinterließen. Es ging natürlich auch um krasses Aussehen, aber das war es nicht allein, was einen zum Gruft machte. Wichtiger war es, einer zu bleiben! Gegen den Willen der Spießer zu widerstehen. Das hatte so erst mal nichts Politisches, es war Rebellion gegen den bürgerlichen Starrsinn, nicht gegen das gesellschaftliche System.

Bitte versteht mein Verhalten als Zeichen der Ablehnung,
mit der ich euch gegenüberstehe.
Und wenn ihr schon dabei seid,
dann betrachtet auch mein Aussehen
als Symbol der Nicht-Identifikation mit euren Werten.
die Ärzte

Als wir wieder einmal in Magdeburg waren, trug sich Folgendes zu: Ich hatte etwas Westgeld, D-Mark. Damit konnte man im Intershop Waren aus dem kapitalistischen Ausland kaufen, Dinge, die es in der DDR gar nicht oder nur schwerlich gab. Dazu gehörte zum Beispiel Textilfärbemittel. Es gab aber auch Haarspray dort, mit welchem man sein Haar einfach „färben" konnte, jedenfalls, bis man sie wieder auswusch. Für mich eine Sensation, heute alltäglich in der Faschingszeit im Supermarkt erhältlich.

Da ich blonde Haare hatte, war ich gewillt, diese rot einzufärben. Also rein in den Shop, das Zeug gekauft und raus. Wir standen in Magdeburg auf dem Boulevard, an irgendeinem Brunnen. Uwe hatte zwar mittlerweile schwarz gefärbte Haare, aber gegen eine rote Strähne hätte er auch nichts gehabt, deshalb sollte er die Ehre“ haben, als Erster gestylt zu werden. Ingo saß auf dem Rande des Brunnens, Uwe postierte sich. Ich zog die kleine Schutzkappe ab und nahm eine Haarsträhne vom guten Uwe. Dann sprühte ich. Es knallte, meine Hand wurde nach hinten gerissen und Uwe schrie auf … Als ich ihm ins Gesicht sah, musste ich zunächst grinsen, dann prusten, aber dann brach es hervor, schallendes Gelächter. Hinter mir Ingo grölte auch, fiel beim Lachen vom Brunnen und kugelte sich am Boden. Ich lag irgendwann neben ihm, laut lachend.

Der arme Uwe torkelte und tastete wie ein Blinder in der Luft rum, nahm dann seine Brille ab, und da war es erst perfekt! Wahrscheinlich hatte diese scheiß Sprühdose Überdruck oder war überlagert, jedenfalls war sie halbwegs explodiert, in Uwes Gesicht. Dieser war knallneonrot im gesamten Gesicht. Außer den Augen, denn als er die Nickelbrille abnahm, waren dort zwei helle Kreise, aus denen uns zwei wütende Augen anblitzten. Uwe konnte irgendwie nicht lachen, wir umso mehr. Er ging zum Brunnen und wusch erst seine Brille ab, denn durch die konnte er absolut nichts mehr sehen, dann sein Gesicht.

Abends waren wir im HdL. An der Bar saßen komische Kerle Sie hatten kurze Haare und breite Rücken mit Specknacken. Sie waren laut und ließen einen nicht an den Tresen. Saß ein Schwarzer auf einem Barhocker, stießen sie ihn oder auch sie einfach rücksichtslos herunter. Niemand sagte etwas dagegen, auch die Punks waren verschüchtert. Die Ordner grinsten dazu, ihre einzige Aufgabe war, das „Schnüffeln“ zu unterbinden.

Es kursierten Wörter wie: „Skins“ oder „Psychobillys“ (gesprochen wie geschrieben). Uns war unheimlich zumute. Man hatte schon gehört, dass so Typen einem die Haare anzünden, um die dann im Klo zu löschen. Deshalb gingen wir. Draußen saßen noch drei so fette Kunden. Sie pöbelten und warfen dann Flaschen nach uns. Wir rannten wie die Kinder davon, hinter uns ihr fieses Gelächter.

Take the Skinheads bowling
Take them bowling …
Camper van Beethoven

Am Bahnhof kamen wir abgehetzt und aufgeregt an, beruhigten uns aber, als wir auf dem Bahnsteig unsere S-Bahn stehen sahen. Wir schlenderten in die Richtung. Plötzlich vernahmen wir Gegröle. Vom gegenüberliegenden Bahnsteig riefen zwei langhaarige Typen aufgebracht bedrohliche Parolen zu uns herüber. Dann kamen sie angerannt, wir blickten uns an und flitzten zur S-Bahn, sprangen hinein. Duckten uns und konnten sie draußen ankommen hören. Sie waren wirklich überaus aggressiv. Die Bahn ruckelte an. Mir fiel ein Stein vom Herzen, Ingo war aschfahl im Gesicht. Wir setzten uns auf die Bänke, die Bahn rollte langsam.

Plötzlich tauchten die beiden Hackfressen an unserem Fenster auf, wir erschraken alle. Der eine holte aus und warf mit aller Gewalt seine volle Bierflasche an das Fenster. Sie zerschellte direkt vor unseren starren Gesichtern. Die Blueser hatten ne totale Meise, Blueser waren eigentlich so was wie heute Hippies, allerdings hatten diese beiden von „Peace" wohl nie etwas gehört.

Man las das ab und zu mal in der Zeitung: Punker vor Straßenbahn gestürzt, oder wie in Magdeburg geschehen, dort wurden Punks von Poppern in die Elbe geworfen.

Am nächsten Tag waren wir wieder in der Innenstadt. Die Sonne schien, alles war wie immer. Wir saßen auf einer Bank auf dem Boulevard. Wir entspannten uns in der Sonne und sahen dann ein paar Punks aus einiger Entfernung auf uns zukommen. Seltsamerweise gingen diese im „Gänsemarsch". Sie riefen etwas Unverständliches. Wir schauten, irgendetwas war komisch, die Punks wurden lauter und ihre Körpersprache sagte uns, dass sie nicht nett waren. Sie teilten sich in zwei Gruppen, um uns einzukreisen. Jetzt hörten wir sie schon deutlicher grölen, mir fiel dabei besonders so ein Kleiner auf, der war vielleicht erst 12 oder 13 Jahre alt, schrie aber hasserfüllt zu uns herüber. Wir beschlossen den Rückzug und gingen auf die Gruppe mit den weniger Leuten zu. Diese blieben stehen. „Wenn ich nicht heute morgen schon gekotzt hätte, würde ich es jetzt tun", klang es uns entgegen. Sie ließen uns an sich vorbeiziehen, warteten auf ihre Truppe. Jetzt hatten wir alle Punks hinter uns, so ca. 20 finstere Gesellen. Als wir an der Hauptstraße ankamen, flogen bereits Flaschen hinter uns her.

Die Ampel zeigte Gelb. „Los“, schrie ich, wir drei stürmten los, über die sechsspurige Straße. Die Ampel schaltete um, als die Punks angerannt kamen. Sie mussten wohl oder übel anhalten, der Verkehr war zu heftig. Wir hörten sie noch wütend aufkreischen.

Vor mir rannte Uwe, als wäre der Teufel hinter ihm her. Ich musste trotz aller Gefahr noch lachen, denn Uwe trug eine so weite Hose, dass sein Schritt auf Grund des Hosenschnittes zwischen seinen Knien war. Dies ließ aber dummerweise keine großen Schritte zu, er musste seine Beine seitlich führen, wie eine Ente auf der Flucht. Wieder am Bahnhof angekommen, trafen wir einen uns aus dem HdL bekannten Gruft. Dieser hatte ein blaues Auge, welches ihn am Vorabend noch nicht zierte. Er hatte die umherstreifenden Punker bereits vor uns getroffen.

Im Hochsommer 1987 hatte ich meinen ersten Urlaub.

In meiner Heimat trieb ich mich auf Flohmärkten rum. In Ahlbeck (Usedom) gab es ein Wochenende, an dem die gesamte Stadt ein Flohmarkt war. Mein Vater hatte einen Stand dort und trödelte mit alten Sachen, antiquarischen Büchern und so Zeugs halt. Ich bekam den Auftrag, sämtliches altes (versilbertes) Messing aufzukaufen. Das war ein toller Job. Ich verdiente etwas Geld dabei und Flohmärkte ließen einem immer irgendwie das Gefühl von Freiheit. Bei dieser Gelegenheit erstand ich Petra. Petra ist ein Perückenhalterkopf, ursprünglich wohl für Frisöre gedacht. Ich zahlte nicht viel dafür und nahm sie mit. Irgendwer auf dem Markt fragte mich, ob das meine Freundin sei. Ich antwortete prompt „ja“ und sie heiße Petra. Zu Hause hab ich Petra ein Permanent-Make-up verpasst, natürlich mit Nitrofarbe, das trägt Petra heute noch.

Ich schaffte Petra also in mein Zimmer, als Kopfhörertragesklavin. Mein Zimmer brauchte dringend ein, wie man heute sagen würde, Update. Mit den Kinderzimmermöbeln ging das so nicht mehr. Also kam Uwe zu mir und gemeinsam machten wir uns ans Werk. Uwe war geübt, denn sein Zimmer sah schon echt cool aus, zumal er auf einem ausgebauten Dachboden hauste.

Wir malten die Silhouette eines Friedhofes um mein Bett, hängten ein *Robert-Smith*-Poster im Rahmen auf, welchem wir zuerst die Glasscheibe so eindrückten, dass sie nicht zerbarst, sondern nur Sprünge aufwies. Es entstand noch ein an die Wand gemaltes Mauerwerk und wir flochten ein riesengroßes Spinnennetz aus gelbgrauem Paketband. Mit großen Lettern war zu lesen: PUNK. Über das *Robert-Smith*-Bild pinselte Uwe kunstgerecht im „Kiss me-Style": „*The Cure*" usw., bis mein Zimmer kultig genug war, um meinen ästhetischen Ansprüchen gerecht zu werden.

Schwarz sein bezieht alles ein, es wird dein Leben, wenn du es zulässt. Und ich wollte es genau sooo!

★

Im September begann das zweite Lehrjahr, alles war anders, öde war es.

Wir waren jetzt zwar die „Großen", aber das war ein schwacher Trost. Mir fehlten die Gespräche mit Uwe, meinem Gruftiebruder. Ich kenne nicht einmal die Gesichter der neuen Nachbarn, geschweige denn deren Namen. Ich musste ja wie vereinbart zurück zu den drei Jungs ins Zimmer. Also meinen Rückzugshort räumen. Ein leidliches Thema. Wir waren nicht mehr so richtig aneinander gewöhnt und stressten uns gegenseitig. Das ging so weit, dass ich Thorsten eines Tages körperlich angriff. Dieser hatte im Streit gewagt, meine „heilige" Tasse anzurühren und tatsächlich damit gedroht, sie auf den Boden zu werfen. Nicht meine Tasse!!! Ich stürzte mich auf ihn, erfolglos, auch wenn er dabei rückwärts in seinen Kleiderschrank fiel. Er konnte mich selbstverständlich schnell abwehren und ruhigstellen. Hatte ja lange Arme, der Lulatsch.

Meine heilige Tasse übrigens ist ein Mysterium. Mein heiliger Gral. Es ist eine einfache Teetasse und sie ist es doch nicht. Es ist das erste Machwerk meiner Schwester, als sie ihre Keramikmalerlehre begonnen hatte. Sie bemalte mir dies Kleinod zeitgenössischer Kunst mit einer Fantasie aus naiver Kunst und Expressionismus, Farbe auf weißem Grund. Ich erhielt dieses Exponat zu meinem 14. Namenstag. Sie begleitet mich Zeit meines Lebens auf allen Pfaden und gibt mir seit nunmehr über 20 Jahren zu trinken, wenn mich dürstet. Sie hat Anteil am gesamten Werken und Schaffen meiner Person. Sollte ich eines Tages hinüberwechseln zu den Ahnen, so wird meine Asche in dieser Tasse beigesetzt. Ausrufungszeichen!

Nicht nur, dass ich ins Lehrlingswohnheim zurück musste, ich musste auch wieder zu Herrn Jahnke zurück in die Ausbildungsgruppe. Herr Jahnke ist der Fiesling meines Lebens! Als wir im ersten Lehrjahr in seiner Gruppe waren, machte er mir schnell sehr deutlich klar, dass er mich nicht leiden können wird, egal, was ich auch tun würde. Er hat mich zum Verzweifeln gebracht, zum Heulen getrieben. Er war ein Arschloch durch und durch. Groß und schlaksig wie der Torti, nur dabei aalglatt, schmierig, nicht so trottelig wie der Lange. Herr Jahnke hatte einen Oberlippenbart und Pomade im Haar, richtig viel Pomade, so dass man befürchten musste, sie könnte herabtropfen. Wir haben ihn ernsthaft nur ein einziges Mal mit frisch gewaschenem Haar erlebt, unglaublich, aber wahr.

Wenn ich angestrengt zeichnete, dann streckte ich die Zunge heraus und bewegte sie wie meinen Stift. Einmal kam dann seine Hand von hinten (ich hatte ihn nicht bemerkt) an meinem Gesicht vorbei und steckte mir meine Zunge zurück in den Mund … Mehr muss ich doch nicht von diesem Typen berichten oder doch?! Der Einzige, der mal anerkennende Worte für ihn fand, das war Mario. Der fand den irgendwie cool, er hatte ihn aber auch nicht als Ausbildungsgruppenleiter. Mario war aber nun am Beginn des zweiten Lehrjahres auch von Herrn Jahnke enttäuscht, denn dieser hatte seinen Schnauzbart abrasiert. Mario fand, dass das seine männliche Autorität zerstörte.

Obwohl, einmal hat selbst mich der Jahnke verblüfft, ein paar Monate später auf unserer Weihnachtsfeier. Wir feierten, wenn man das so nennen will, in einer Kneipe in Tabarz. Das ist ne halbe Stunde mit der Straßenbahn von Gotha weg. Idyllisch im Thüringer Wald gelegen, deshalb fährt man mit der Waldbahn. Wir tranken und aßen und unterhielten uns, wie man das so üblicherweise macht. Als es Zeit wurde, nach Hause zu fahren, weil die letzte Bahn fuhr, schickte sich Herr Jahnke an zu bezahlen.

Er hatte sich wohl etwas in der Zeit vertan, jedenfalls schickte er uns vor, die Bahn aufzuhalten, bis auch er einsteigen würde. Wir taten es, es vergingen ein paar Minuten, die wir wartend in der Bahn verbrachten. Der Fahrer wurde ungeduldig. Die Sekunden tickten. Dann sahen wir Herrn Jahnke aus dem Wirtshaus kommen. Er beeilte sich und wir machten Zeichen. Er wurde schneller, lief schließlich und sprang in die Bahn. Diese fuhr im nächsten Moment los. Der Jahnke grinste überlegen, dann griff er in sein Jackett und fummelte ein volles (!) Bierglas hervor, prostete uns zu und sagte laut: „Dienst ist Dienst und Schnaps ist Schnaps“, dann trank er das Glas genüsslich aus. Alle Anwesenden waren sprachlos.

Am nächsten Morgen tat er, als hätte es den letzten Abend nie gegeben, sah weiter aus wie aus der Dr.-Best-Werbung gespült und war der unnahbare Herr Jahnke.

Es gab also nichts, was mich an dem neuen Lehrjahr hätte reizen können, bis ich im Wohnheim etwas entdeckte, was mein Interesse hervorrief. Sie hieß Anja und wurde von allen „Zwecke“ genannt. War vielleicht 1,55-1,60 m groß und irgendwie süß. Sie trug betont schwarze Klamotten, in Verbindung mit Pink. Hatte dazu eine unpassende Chromgestellbrille und dunkle, gelockte Haare, in denen sie eine Strähne blondiert hatte. Ich schaffte es, ihr Interesse zu wecken, zugegebenerweise nicht ausreichend. Und damit sage ich es schon voraus, es war eine unglückliche Liebschaft. Die einzige Frau, die dauerhaft mit mir gespielt hat. Ich war einfach noch viel zu unerfahren. Sie nicht. Und das war schon der Anfang vom Ende, denn sie sagte nicht „nein“ zu mir, aber auch nicht „ja“. Sie hatte im Wohnheim noch einen zweiten Typen und daheim bei sich in Karl-Marx-Stadt seit Jahren einen Freund. Trotzdem ließ sie sich von mir beflirten, beschenken, becircen und küssen und ein bisschen weiter … aber immer wenn es zu „eng“ wurde, entglitt sie geschickt. Ich hätte sie zu gern als mein Mädchen gehabt, aber sie hatte anderes vor im Leben. C’est la vie.

Seit Sille in der 10. Klasse hatte ich keine Freundin mehr gehabt. Ein-, zweimal mit einer geknutscht, das war alles. Ich war immer zu klein für die Mädchen in meinem Alter. Jetzt war ich mittlerweile zwar 1,70 m groß, aber als Gruftie eher unattraktiv für die Girls. Die standen eher auf so sportliche, kräftige und vor allem gut gekleidete Jungs mit Popperlocke. Jedenfalls nicht auf so düstere, klapperdürre Freaks, wie ich einer war.

Bei Uwe schien das anders, denn der schrieb mir, dass er jetzt ne Freundin hätte. Sie hieß Gabi, war klein und etwas moppelig, mit käsiger Haut. Sie hatte dafür stimmlich ein Organ, mit dem sie Tote hätte erwecken können. Gabi erlernte den Beruf der Frisörin. Uwe zeigte mir später stolz ein Kalenderblatt, es enthielt das Datum, an dem er das allererste Mal Sex hatte. Wir grinsten beide stolz, ich gratulierte von Herzen. So ein Kalenderblatt wollte ich auch. Uwe musste mir versprechen, dass er mir mein persönliches Tageskalenderblatt aushändigte, wenn es mal so weit sein sollte. Er versprach es. Allerdings gab es ja außer der stets entfleuchenden Anja kein Mädchen weit und breit für diese Übungszwecke, und Anja war eben nur die Zwecke, nicht die Übungs-Zwecke …

So ging die Zeit vorwärts. Zu meinem 18. Geburtstag besuchte mich Uwe, nunmehr in Begleitung seiner Freundin. Sie schenkten mir einen *Cure*-Pullover. Das war ein Strickpulli mit spitzem Ausschnitt, in blau. Er wurde weit und schlabberig getragen, genau wie es *Robert Smith* auf den Postern zeigte. Dazu trug man ein schlichtes Schiedsrichterhemd. Das war ein Oberhemd, das man ausschließlich in der SpoWa (Sportwarenfachgeschäft) kaufen konnte. Es war schwarz, logisch, denn es war doch ursprünglich für Schiedsrichter. Wir Grufties kauften bestimmt den gesamten Bestand der DDR weg. Aber was sollte man machen, einfach im Kaufhaus ein schwarzes Hemd kaufen?! Es gab schlichtweg keine. Wir mussten uns echt um unser Outfit bemühen. Der Pullover war auch aus der SpoWa, denn es war ein so genannter Campingpulli. Es gab ihn in Hellgrau, Blau und Gabi hatte ihn in Neongrün. Da ihre Haare weißblond waren, spiegelten sie das Grün wider und sahen aus wie Phosphor-Giftgrün. Wir *Cure*-Fans und Waver sahen uns immer etwas ähnlich, weil halt alle die gleichen Klamotten hatten, falls man nicht nähen konnte. Uwe schneiderte ab und zu etwas selbst, wozu sogar meine Mutter meinte, dass er das gut könne, und sie musste es wissen, war sie doch Schneiderin.

Er bastelte auch Schmuck selbst. Goss aus Blei ein kleines Kreuz und nietete dort eine aus Lötzinn gebogene Schlange drauf, fertig war das *Ärzte*-Kreuz. *Bela B.* trug so ein Kreuz auf Bildern um den Hals, wir jetzt auch. Uwe konnte noch mehr, bog Gabeln zu Armreifen, welche, schwarz angestrichen, mit roten Zinken, ein morbides Accessoire waren. Ich formte aus Brennknete Armreifen in Schlangenform, etwas weniger innovativ, aber durchaus noch akzeptabel.

Scared of what the morning brings
Waiting for tomorrow never comes
The Cure

Es gab immer etwas, worauf ich mich freute, aber das lag stets in der Zukunft, mein Alltag war langweilig.

Zu Silvester war eine Party in Salzwedel geplant. Wir würden Ingo und Ines (die Waver-Queen) einladen und alles würde total fetzig.

So sind wir am 31.12.1987 zu Ines in ein Magdeburger Neubau-Viertel gefahren, holten sie ab und wollten mit der Straßenbahn zum Hauptbahnhof. Wir warteten an der Haltestelle. Es stiegen bereits die ersten Raketen zum Magdeburger Himmel. Dann wurde das Schauspiel jäh von einer Gruppe rennender Heavys unterbrochen. Diese sahen uns jetzt. Ich erschrak, wusste ich doch nur zu gut, dass Metaller nicht freundlich sind. Diese allerdings riefen uns zu: „Haut ab – Skins!!!!“ Hä? Was sollte das bedeuten? Ines schien sehr genau zu wissen, was das hieß, denn sie war auf der Stelle verschwunden, hinter die Haltestelle gehuscht …

Momente später drang das durchdringende Geräusch marschierender Stiefel auf Asphalt an unsere Ohren. Ines begann zu jammern, sie war sichtlich in Panik. Ich war neugierig, wusste ja nicht, was das heißen sollte. Skins!? Die aus dem HdL? Die hatten uns ja nicht verfolgt, ich war naiv genug zu glauben, dass bestimmt nichts passieren würde. Mit Mut hatte es jedenfalls nichts zu tun.

Oh, when the Skins go marching in
Agnostic Front

Es geschah nichts, sie hatten uns nicht bemerkt. Wir kamen unbeschadet zum Bahnhof.

Als wir in den Zug eingestiegen waren, setzten sich zwei Schwarze zu uns ins Abteil. Schwarze, ich mein Schwarze … Wie erklärt man nun den Unterschied zwischen Grufties und Negern? Kurz, es gibt keinen, höchstens, dass Grufties ihren Lippenstift verwischt tragen! Einer der beiden war schon in Silvester-Sektlaune und so quatschten wir solch hochgeistige Sachen wie „Hey, schwarzer Bruder!“, lachten, und die beiden amüsierten sich über meine mal wieder rot gesprühten Haare. In Stendal stiegen sie aus. Der Betrunkenere hatte jetzt selbst einen neonroten Haarschopf. Langsam verschwand sein gesprühter Iro im Dunkel der Silvesternacht … Wir lachten vergnügt und winkten.

Am Bahnhof von Salzwedel erwartete uns Gabi. Die Silvesternacht verbrachten wir alle auf dem Stadtfriedhof. Nachdem uns die Metaller mit Raketen beschossen hatten und Gabi unnötigerweise rief: „Ihr seid alles Idioten“, mussten wir mal wieder flitzen …

Um Mitternacht läuteten die Glocken vom Kirchturm das Jahr 1988 ein. Das Feuerwerk der Salzwedeler Bevölkerung warf bizarre Schatten auf die Gräber, immer wieder leuchteten Steine, Kreuze oder Skulpturen für Bruchteile von Sekunden in den verschiedensten Farbtönen auf. Alles wirkte wie ein *Tim-Burton*-Film.

In dem Jahr sollte ich meine Lehre beenden und dann müsste ich wieder zurück nach Grimmen. Dahin, wo ich hergekommen war, zurück in die Engstirnigkeit norddeutscher Tradition und Lebensart. Keine schönen Aussichten, aber was sollte man tun, ich wusste es nicht und ließ somit alles auf mich zukommen.

Ab Frühsommer musste ich bereits zum praktischen Arbeiten in meinen Heimatbetrieb. Ich wusste, es würde mich dort nicht mehr als vier langweilige Weiber erwarten, die meine Arbeitskollegen sein sollten.

Zwischenzeitlich war ich wieder bei Uwe und Gabi. Gemeinsam gingen wir zur Salzwedeler Rocknacht, einer Konzertnacht, in der in loser Folge Bands à la *Colour* aufspielten. Wir erwarteten die Lokalmatadore

Rosengarten, die einzig „echte" Dark-Wave-Band der DDR. Sie sind auf einer LP, dem PaRocktikum-Sampler, zu hören. Das PaRocktikum wiederum war eine Sendung auf Radio DT64. Lutz Schramm moderierte und legte Indie, Wave und punkige Sounds auf.

Das Schicksal ist nah, schwarze Wolken zieh'n,
schwarze Wolken ziehen
Rosengarten

Dort hatten wir gehört, dass es ausgerechnet in Salzwedel eine für uns interessante Band gäbe. Diese wollten wir hören. Aus Quedlinburg war noch ein Typ angereist, der zwar Glatze hatte, aber behauptete, Death Metaller zu sein, seine alte Lederjacke zeugte auch irgendwie davon. Wir pogten bei Songs wie: „Liese, Liese, lass mich rauf ... und dann lass mich wieder runter". Der Metaller war nett, die uns umkreisenden Besucher, einige Blueser, waren es nicht. Viele von denen sahen wohl zum ersten Mal einen Pogo, jedenfalls kam es zum Tumult. Sie glaubten, wir würden uns prügeln und wollten mitschubsen und -treten. An den Metaller wagten sie sich nicht und so verlief alles einigermaßen glimpflich.

Nach *Rosengarten* versuchten sich weitere Bands im Kulturhaus Salzwedel an diversen Instrumenten. Es traten zum Beispiel die *Herzbuben* auf, die vom Publikum eher belächelt oder ignoriert wurden, später jedoch unter dem Namen *Prinzen* Millionäre wurden.

Mir fiel ein dicker Typ auf. Fast Glatze, Jeans, Arbeitsboots, ein Proto-Ostskinhead. Ich zeigte mit dem Finger auf ihn, während ich mit Uwe abschätzte, ob das Zufall ist oder er ein Skin sein wollte. Das war ein fataler Fehler! Er hatte bemerkt, dass wir über ihn tuschelten. Deshalb kam er an und baute sich vor mir auf. Mit gespielter Lockerheit und mit weichen Knien ging ich mit ihm mit. Nachdem er seine schwere Hand in meinen Nacken fallen ließ und mich mit dem Satz: „Ich hab was mit dir zu bereden" mit sich zog. Oh, oh! Ich suchte hilflos Uwes Blick. Vergeblich, der konnte auch nichts mehr für mich tun. „Ade, du schöne Welt", jammerte ich innerlich, zumal ich einen Button an meiner Lederjacke trug, mit der Aufschrift: „Take the Skinheads bowling". Ich hielt die Hand darüber und fummelte das Ding nervös ab, wobei ich mir die Nadel in den Finger stach. Verkniffen blickte ich in das schwammige Gesicht der Glatze. „Was gab's denn so über mich zu quatschen", brummte er mich in einer einsamen Ecke an. Keck antwortete ich: „Wir haben uns nur gefragt, ob du n Skin bist." Das schmeichelte ihm, denn er kam sich erkannt und ernst genommen vor. Er ließ etwas Luft ab. Ich schmierte ihm Honig ums Maul, dass ich ja Skins und so cool fände. Er entspannte sich zusehends. Nach ein paar Minuten lud er mich auf ein Bier ein und wollte mich seinem Bruder und dessen Kumpels vorstellen. Ich hatte keine Ahnung, was mich erwartete.

So wie hier die Dinge liegen, werden gleich die Fetzen fliegen.
Jetzt gibt's auf's Maul, auf's Maul
Springtoifel

Es tat ihm offensichtlich leid, sein Geld für Cola auszugeben, denn ich wollte kein Bier, er brachte mir aber ein Literglas voll. Dann suchten wir seine Gang. Er schob mich vor sich her, plötzlich verschwinden hätte also nicht geklappt. Irgendwann standen wir vor einer Gruppe Ostrocker. Das heißt, so Motorradfans in Leder und speckigen Jeans, mit langem Haar und wirklich fiesen Gesichtsausdrücken. Das war die „Deutsche Bierunion", wie mir erklärt wurde. Der Skin, der sich nun von mir „Simi" nennen ließ, stellte mir den Oberrocker vor, seines Zeichens großer Bruder vom „kleinen" Skinhead. Der Kerl war gewaltig und sicher auch gewalttätig. Ich bekam doch wieder ein mulmiges Gefühl, zumal die Rocker mich nicht wirklich herzlich ansahen. Der Typ drosch mir seine Pranke in mein zartes Kreuz, so dass ich fast wieder losgehustet hätte. „Weißt du, was das hier ist?" donnerte mir seine Stimme entgegen, und im gleichen Moment schlug er das Revers seiner stinkigen Lederjacke zurück. Ich bekam ein echtes „EK", also ein „Eisernes Kreuz" zu Gesicht. Das war krass, denn in der DDR mit original Nazisymbolen erwischt zu werden, hätte sicher Knast gegeben. Er grinste. „Das haben wir hier alle", protzte er weiter. Ein paar andere Kunden versuchten ebenfalls, ihre Embleme zu zeigen. Einer hatte sich ein Hakenkreuz mit Kugelschreiber in Ermangelung eines „EKs" unter das Revers seiner Jeansjacke gekritzelt. Ich wollte einfach nur noch weg; ich glaube auch, dass der Große längst wusste, dass ich mich unpässlich fühlte. Also setzte er noch einen drauf. „Los, küssen!" sagte er deshalb. „Dann bist du Mitglied in der Deutschen Bierunion, Kleiner." Dies sei das Aufnahmeritual, wurde mir erklärt. Wohl gemerkt, ich sollte das Kreuz küssen, nicht ihn, ich wollte beides nicht. Uweee, jammerte es wieder in mir, aber der war irgendwo in dieser Rock'n'Roll-Hölle.

Ich tat, was man verlangte, trank noch die Cola auf ex und wurde dann entlassen. Mit lautem Gelächter rief der Gangboss mir noch nach: „Der Mitgliedsausweis kommt per Post." Im Hintergrund trällerten unschuldig die *Herzbuben*.

Bei meinem nächsten Besuch in der Stadt gingen wir zum Parkfest. Salzwedel bot für Kleinstadtverhältnisse wirklich viele Möglichkeiten, Kultur, insbesondere Musik zu erleben. So etwas kannte ich nicht einmal von Gotha, geschweige denn aus Grimmen. Wenn da mal alle paar Jahre eine Band hinkam, dann war das *Jörg Hindemith*, weil den sonst niemand anderes buchte. Im Stadtpark von Salzwedel jedoch tobte das Leben, wenn dort solch ein Rockfest angesagt war. Es war im Prinzip wie die Rocknacht, nur Open Air.

Ich traute meinen Augen kaum, als wir den Eingang des Parks erreichten. Bisher gab es nur Uwe und Gabi, na ja und irgendwie mich als „Schwarze" in Salzwedel, doch jetzt standen da mindesten 50 oder mehr schwarz gestylte Jugendliche in kleinen Gruppen verteilt. Ich war irritiert, fassungslos fast. Uwe kannte jeden und jeder kannte ihn. Ich wurde einigen Leuten vorgestellt, natürlich als Pfeffi.

Am nächsten Abend gingen wir ins Hanseat, kurz das Hansa. Das Hansa, das war ein Jugendclub der Stadt Salzwedel, dort spielten zu DDR-Zeiten alle möglichen Bands. Einige hatten kritische Texte zum Realsozialismus im Programm. Dass das Hansa ein Club mit Tradition war, wusste man offensichtlich im ganzen Land. Denn zu bestimmten Bands kamen Fans aus Dresden, Rostock oder Magdeburg, selbst aus Berlin reisten ab und zu Leute zu Konzerten nach Salzwedel ins Hanseat.

Wir waren aber nur zur Disco da, denn, so hieß es, es würde da jetzt auch mal was „Gruftiges" laufen. Lief es auch, es gab kleine

Tanzrunden, in denen *The Cure, Sisters of Mercy* oder *Joy Division* gespielt wurden. Es fanden sich sogar noch ein paar andere dunkle Gestalten außer uns ein. Einige waren mir vom Parkfest noch in Erinnerung geblieben. Andere sah ich erstmals, aber irgendwie war die Stimmung merkwürdig angespannt. Es sollte mit Gabis Ex-Freund zu tun haben, der könne Uwe nicht ausstehen, irgendwas war da. Ich traf Simi, den vermeintlichen Skinhead aus der Rocknacht. Er freute sich und wir lamentierten so herum. Simi sah aus wie Samson aus der Sesamstraße. Er war genau genommen ein Kuschelbär ohne Fell. Ich erzählte ihm aber kurz von der aufgeladenen Stimmung und er versprach, mich nicht aus den Augen zu lassen. Gabi und Uwe drängten darauf zu gehen. Also ging ich mit zum Ausgang. Plötzlich flogen wir alle drei durch die Tür und hinter uns stürzte ein ganzer Pulk von zum Teil schwarzen Gestalten hinaus ins Freie. Ein mir unbekannter Aushilfsgruft im *Kraftwerk*-Outfit (schwarzes Hemd, roter Schlips) machte sich daran, Uwe zu verprügeln. Dessen Brille war weggeflogen und so sah er nichts mehr. Gabi kreischte laut und hysterisch. Ich schickte mich an, den Simi zu holen. Irgendwer hielt mich aber fest, hinderte mich. Ich konnte mich dann doch befreien, und plötzlich stand Simi da. Die Schlägerei vor der Tür nahm ein sofortiges Ende.

Die Zeit ging viel zu schnell ins Land, bald war meine Zeit in Gotha vorbei. Ich überbrückte meine Sehnsüchte und Ängste mit *Nina Hagen, Dead can Dance* und immer wieder mit *The Cure*.

Zum Abschied schenkte mir die Zwecke einen Hamster, denn sie züchtete sie. Den Hamster hat meine Schwester etwas später zu Hause versehentlich für tot gehalten und in eine Mülltonne geworfen, als ich unterwegs war.

Die Abschlussparty zur Lehre war ein heilloses Durcheinander, jeder knutschte mit jedem rum, weil man sich ja eh niemals wiedersehen würde. Am Ende lagen Paarkonstellationen miteinander im Bett, die niemals zuvor Paare waren, und fickten sich halbwund. Ich wäre gern bei der Zwecke gewesen. Ich fragte sie, ob sie meine erste Frau sein wollte, sie wollte nicht. Sie war so betrunken, dass sie mit irgendeinem anderen verschwand.

Eines Tages werd' ich mich rächen
Ich werd' die Herzen aller Mädchen brechen
die Ärzte

Ich landete im Bett mit einer 75-kg-Frau aus meinem Lehrjahr. Um uns herum wurde gestöhnt und was weiß ich alles. Wir fummelten an uns herum, waren bemüht, Sex vorzutäuschen, ein bisschen Lüsternheit war sicher auch dabei. Aber es hatte seine Grenze und das ist ok gewesen so.

Ich fuhr am nächsten Tag nach Hause, nach Grimmen. Ich habe mich geschämt, hatte überall den Geruch dieses Mädchens. Ich dachte, jeder könne mir ansehen, was ich letzte Nacht gemacht hatte … Traurig dachte ich an die Zwecke. „Good bye my Love, good bye" summte ich still zum monotonen Rattern der Gleise.

Im HdL hatte ich ebenfalls ein Mädchen kennengelernt. Da war zunächst nichts, außer Briefe schreiben. Wir verabredeten uns allerdings zum Zelten.

Also trampten Uwe und ich zu einem Campingplatz, irgendwo bei Köthen oder Genthin. Trampen war damals üblich, es war immer aufregend und doch spaßig, jedenfalls so lange es nicht regnete.

Katarina war mit ihrer Freundin angereist, einer kleinen wirklich dicken Kuh. So jedenfalls nannte Uwe sie, denn sie schmachtete ihn an, obwohl sie nicht mal schwarz war. Katarina war eines der typischen Ost-Gruftmädchen. Ich sage nur Schiedsrichterhemd usw. Außerdem roch sie wie wir alle nach Action-Formspray, mit dem sie ihre Haare hochtoupiert hatte. Das einzige brauchbare Haarspray im ganzen Land, wer kannte es nicht.

Das Wochenende war eher so lala. Ein paar Typen dort waren auf Stress aus, zeitgleich luden sie uns zum Saufen ein. Solche Kunden sind mir immer suspekt. Allerdings lachte ich mich wieder mal halb tot über Uwe, als die Stinos uns anschnackten. Sie zeigten auf Uwe, der wieder seine weite Stoffhose anhatte, und riefen aufgeregt: „Eh, guckt mal, da läuft Sindbad." Ich grölte los und muss wohl was gesagt haben, was sie beschwichtigte und dann veranlasste, uns einzuladen.

Mit Katarina ging das nicht sehr weit und das war genauso ok wie das Ding in Gotha. Also blieb ich weiterhin Jungfrau ... Jungmann ... ungefickt auf jeden Fall!

Der Urlaub rückte näher. Geplant war ne Woche bei Uwe in Salzwedel und dann eine Woche Zelten in Zudar/Zicker auf Rügen. Also fuhr ich wieder gen Salzwedel, als mein geplanter Urlaub anstand. Ich nahm mir immer im August frei und hatte zum Ärger meiner KollegInnen das bessere Wetter.

Dieser Urlaub sollte alles, jedenfalls mein ganzes Leben verändern. Denn erstens kommt es anders und zweitens, als man denkt.

Schon am ersten Abend als ich beim Uwe ankam, lernte ich dort Plüschi kennen. Denn Uwes Eltern waren im Urlaub und deshalb hingen ständig Leute in der Wohnung ab. Einige schliefen sogar einfach dort. Plüschi war 15. Sie war sehr klein, aber total niedlich. Ich mochte sofort ihren charmanten Silberblick. Sie schien das zu bemerken und wir kamen uns näher. Irgendwann küsste ich sie. Wir waren plötzlich zusammen.

Sie kam jeden Tag und wir hingen alle gemeinsam ab, faulenzten in den Tag hinein oder färbten Haare bei irgendwem, hörten Musik, kochten Spaghettis. Was man so treibt, wenn man sorglos Urlaub und Ferien miteinander verbringt.

Bei aller Rücksicht, die ich ja nehmen wollte, aber ich wollte mehr, als Plüschi mit ihren 15 Jahren nach ein paar Tagen zulassen konnte. Ich wollte es wissen, ich wollte ran!

Dienstagabend sollte es ins Hansa gehen. Natürlich ging ich mit meiner neuen süßen Maus. Stolz grinste ich zu Uwe, der musste allein gehen, denn Gabi war nicht da. Außerdem überlegte er sowieso schon, ob er sie abschoss. Aber das sollte ja nicht mein Problem sein, dachte ich mir, als ich für die Kleine und mich was zum Trinken von der Bar holen wollte. Diese war etwas separat und es herrschte ein heftiges Gewühle und Gedrängel dort. Es war nicht einfach, sich nen Drink zu organisieren.

Auf einmal stand sie vor mir: Kathleen. Sie grinste mich an, wuschelte frech über meine toupierten Haare und fragte unverblümt: „Wer bist du denn?“ Als ich „Pfeffi“ antwortete, lachte sie fröhlich. Das gefiele ihr, sagte sie dann. Ich war verblüfft über so viel Frechheit in Verbindung mit Sexappeal. Sie trug eine knallenge Jeans, ein geringeltes Top, dazu eine Jeansjacke mit Glitzersteinen und ihre Haare waren lang, etwas aufgewellt und dunkelblond. Ihre Direktheit ließ mich alles vergessen, vor allem Plüschi. Wir schlürften einen Drink, irgendwo in einer dunklen Ecke, küssten uns wild und verlangend. Ihre Hand ertastete meinen Schritt, mein Herz war auf Turbo.

Sie fragte, wo ich schliefe, und sagte im selben Atemzug, dass sie von niemandem heute Nacht vermisst würde … Ihre Küsse wurden feuriger. Wir beschlossen zu gehen. Ich suchte kurz Uwe, erklärte, er würde mich bei sich zu Hause wiedertreffen. Dann wollte ich nur noch raus … wusste ich doch, dass Plüschi auch noch da sein musste. Ich konnte nicht anders, ich musste diese Chance ergreifen, koste es, was es wolle!

Als ich zur Tür eilte, hielt mich ein Typ in alten Jeansklamotten fest. Er war sehr besoffen und faselte irgendwas Unverständliches. Eines war aber klar: Der war verdammt sauer auf mich … warum auch immer. Ich sah den Kerl das erste Mal und der schubste mich rum. Ich bemerkte, wie es um mich herum zum Gemenge kam. Einige Discobesucher versuchten, den sich immer mehr gebärdenden Penner zu beruhigen. Der sah sich dadurch aber nur noch mehr von mir bedroht oder so … der wusste wohl selbst nicht, was ich ihm getan haben sollte.

Ein Arm zog mich nach hinten weg, es war Kathleens Arm, sie fasste mich bei der Hand und zog mich aus dem Hansa. Dann liefen wir los … Einen kurzen Moment später hörten wir Mr. Völligdurchgeknallt hinter uns brüllen: „Halt, bleib stehen! Haaaltt!!!“ Mir wäre im Leben nicht eingefallen, jetzt stehen zu bleiben. Wir rannten umso schneller, er taumelte uns hinterher. Wild schreiend, wutschnaubend. Mein Atem war fast am Ende.

Besonders hasste mich ein Schläger
Wie es ihn an jeder Ecke gibt
die Ärzte

Dieser Arsch gab einfach nicht auf. Kathleen allerdings auch nicht, sie zog mich weiter. Wir kamen über einen Kirchplatz, er war immer noch auf der Suche, wir hörten ihn in einiger Entfernung randalieren und brüllen. Der war ein Psychopath! Ich wusste nicht mehr, wo wir waren. Auf die Frage, wo ich denn nun genau schliefe, sagte ich Uwes

Adresse. Sie kannte sich aus und rannte mit mir an der Hand los, Gassen entlang, über Gartenzäune hinweg durch die Sommernacht. Minuten später lagen wir uns in der Hollywoodschaukel im Garten von Uwes Eltern im Arm. Atemlos küssten wir uns, bis uns Schritte aus der überschäumenden Lust rissen. Uwe. Er hatte sich Sorgen gemacht, grinste jetzt aber nur vorwitzig und schloss die Haustür auf.

Lass uns schmutzig Liebe machen
Alle diese wilden Sachen
die Schröders

Wir handelten kurz aus, wo Kathleen und ich nächtigen würden, dann zog Uwe sich zurück. Kathleen war bereits im Bad verschwunden. Ich war aufgeregt. Sie schlüpfte ins Bett, hatte nur noch ein knappes Hemdchen und ihren Slip an, so viel konnte ich im Halbdunkel erkennen. Ich ging ins Bad, erfrischte mich etwas, machte mir ein paar überflüssige Gedanken über die vielleicht nicht standesgemäße Unterwäsche, denn schwarz gab es nicht, also war ich … egal, ich lächelte in den Spiegel und zwinkerte mir zu. Los, auf, auf, mein Guter! Dann ging ich ins Zimmer und schlüpfte zu der Frau, die mich dort erwartete, unter die Decke.

Das mit dem Ausziehen ging recht schnell, war auch kein Problem, dann zog sie mich sanft auf sich. Ob sie meinen Puls spürte? Ich flüsterte, dass ich es noch nie getan hätte, und sie lächelte mich verständnisvoll an, hauchte mir Küsse entgegen und legte ihre Schenkel um meine Hüften.

Kathleen hat mir in der Nacht alles gezeigt, jedenfalls das Grundlegendste, was Mann wissen sollte, wenn er eine Frau verführen will. Wir trieben es fünffach in der Nacht, das volle Programm, oben, unten, von hinten … alles! Kathleen ließ nicht locker, bis sie mir gezeigt hatte, was es hieß, Sex zu haben.

Am Morgen danach wusste ich es genauer, als mir lieb war, denn meine Eichel brannte wie Feuer und ich lief den gesamten Tag wie *John Wayne* herum. Allerdings durfte ich den Cowboy geben, denn ich war ja jetzt ein Mann! Uwe überreichte mir stolz das versprochene Kalenderblatt. Es war die historische Nacht vom 8.8.1988 zum 9.8.1988.

Kathleen blieb gleich den Rest der Woche, sie schlief wirklich den gesamten Tag, kam nur herunter zum Essen. Wenn sie wieder hoch ging, zog sie mich wortlos lächelnd mit sich. Ich musste noch einmal zeigen, ob ich auch nicht vergessen hatte, was meine bildschöne Lehrerin mir so beigebracht hatte. Sie sah verdammt süß aus, war 16 und begann gerade das Abitur.

Freitagabend musste sie nach Hause, ihre Eltern waren wohl wieder daheim oder Ähnliches. Freitag war auch der Tag, an dem Gabi wieder zu Uwe kam. Er beendete die Beziehung mit ihr. Da es dabei zu hysterischen Anfällen seitens Gabis kam, wartete ich im Garten. Es gesellte sich eine 15-Jährige zu mir, sie war so wie ein paar andere die gesamte Woche vorher einfach so da, zum Abhängen und Musik hören. Sie hieß Corinna. Nach kurzer Zeit gab sie Signale, dass sie nicht ausschließlich zum Musikhören neben mir saß. Es war verrückt, erst scherte sich jahrelang kein Weib um mich und dann wollten gleich drei in einer Woche etwas mit mir anfangen. Ich wusste, es würde ein langer beschwerlicher Weg, um die Frauen dieser Welt zu verstehen.

Samstags fuhren Uwe und ich dann in meine Heimat. Am Bahnhof blieb Kathleen zurück. Sie war sichtlich traurig, dass ich fuhr.

Uwe und ich zelteten eine Woche. Leider war das Ganze schlecht abgesprochen, denn Gritt wollte zeitgleich mit ihrem Freund dort deren beider Urlaub genießen. So schliefen wir Jungs in einem kleinen Zelt, meine Schwester und Axel jedoch im Bungalow meiner Eltern. Axel, ihr Freund, war ein sportlicher Typ, ein bisschen Proll, aber doch nett. Ich kannte ihn bereits aus der Schule, denn er ging zehn Jahre mit Gritt in dieselbe Schulklasse. Jetzt diente er in der Armee in einem Wachregiment in Berlin. Er musste die Fahne schwenken, wenn Erich Honecker einen Staatsgast empfing. Darauf war er stolz. Ansonsten war er ok, ich war ja froh, dass mir jemand freiwillig meine Schwester abnahm.

Ich färbte Uwe die Haare, er wollte einen Rotstich über seine schwarze Pracht bekommen. Aus diesem Grund verteilte ich eine ganze Flasche „Castellani“ über seinem Kopf, das war ein Desinfektionsmittel gegen Fußpilzbefall. Es war scharlachrot und färbte insbesondere

Horn, also Haare oder Nägel extrem rot. Bei Uwe färbte es jedoch in erster Linie die Kopfhaut, und so sah er jetzt aus, als hätte ihm jemand eine Axt über den Kopf gezogen; er war nicht sehr erfreut.

Ich hatte nun längst eine heftig hochtoupierte platinblonde *Cure*-Frisur, an den Seiten und hinten fast Glatze. Meine Klamotten waren schwarz oder sehr punkig, zerrissen, zerfetzt und abgenutzt. Ich hatte auf irgendeinem Trödelmarkt eine schwere Motorradlederjacke erworben. Meine weißen Knöchelturnschuhe hatte ich mit Permanentzeichentusche mit Spinnen und Schriftzügen verziert. Ich war ein Gruftie, wie er im Buche steht, im Buch des Ministeriums für Staatssicherheit, Unterrubrik „Dekadente Jugendliche der DDR".

An dieser Stelle beende ich den Teil Kindheit, denn erstens war ich jetzt 18, zweitens begann ab jetzt mein Arbeitsleben und damit der so genannte „Ernst des Lebens", was eigentlich Tristesse heißen sollte, und drittens und schlussendlich hatte ich ja jetzt Sex gehabt, wer wollte da noch von Kindheit sprechen. Ich war erwachsen geworden!

PHOTOGRAPHIE BY YORAN NESH

Zwischenspiel in Grimmen

Waiting for tomorrow never comes
(Hintergrundsound: The Cure live oder Wagners Nibelungen)

Ich war nun wohl erwachsen genug, um bemerkt zu werden, aber nicht erwachsen genug, um auch als ein solcher respektiert zu werden. So jedenfalls kam ich mir vor, wenn mein soziales Umfeld, sprich mein Erziehungspersonal oder meine Vorgesetzten und Arbeitskollegen mit mir sprachen. Ich sollte arbeiten und leben, wie sie es taten und was sie deshalb auch für mich als richtig erachteten. Weil ich aber nicht nur zum Arbeiten geboren sein wollte, schrieb ich mir ein Zitat aus einem *Ton-Steine-Scherben*-Lied an den Lampenschirm meines Arbeitsplatzes: „Arbeit schmeckt so süß, so süß wie Maschinenöl." Das war „too much" für meine drei bis vier Kolleginnen und ihre kleine zartviolette Usambaraveilchen-Welt.

Dass ich nicht ganz richtig war, das wussten sie ja bereits, sie kannten mich ja schon vom Praktikum her, aber was das heißen sollte, hat keine kapiert oder sie wollten es nicht verstehen. Meine Chefs beäugten mich argwöhnisch, denn in meiner offiziellen Beurteilung meines Ausbildungsbetriebes in Gotha stand: „Jörn fühlt sich einer wenig progressiven Jugendbewegung zugehörig." Dieser Satz in einer Beurteilung hatte tiefe Bedeutung und Folgen. Ich war damit offiziell ein so genannter dekadenter Jugendlicher. Was so was wie Subjekt oder einfach Staatsfeind bedeutete. Davon wusste ich zwar selbst nichts, aber solche Sprüche wie die an meinem Schreibtisch auf der Arbeit waren eben auch nicht geeignet, um eine vertrauenswürdige Erscheinung zu mimen. Infolgedessen distanzierte man sich von mir und suchte eine neue Arbeitskraft, eine staatstreue Seele, die man in der Nichte der Bereichsdirektorin fand. Ich war überflüssig geworden.

„Wenn man dich anfasst, wird einem ja schlecht, so knochig bist du."
Arbeiter in der Mensa

Ursprünglich, so kündigte es damals mein Abteilungsleiter an, war ich nämlich eingestellt worden, um nach meiner Lehre ein Studium zum Kartographieingenieur zu beginnen. Wenn ich das absolviert hätte, dann hätte ich den DZT (Digitaler Zeichentisch) bedienen sollen. Man hatte „Großes" mit mir vor. Und nun das ... Das vielversprechende Talent wurde einfach zum untragbaren Gruftie. So einem jedenfalls gab man doch nicht verantwortungsvolle Aufgaben und demzufolge auch keinen Studienplatz.

Mir sagte man, dass das Sitzen am Computer (der DZT war ein EDV-Arbeitsplatz) volle acht Arbeitsstunden über keinem Menschen mit Brille zugemutet werden dürfe. Ich hatte nach dem ersten Lehrjahr eine Brille anfertigen lassen müssen und die trug ich auch stets. Soweit plausibel, nur warum dann die Schnepfe, die an meiner Stelle eingestellt wurde, ein unübersehbares Kassengestell in ihrem Gesicht herumtrug, das hätte ich zu gern gewusst. Darüber herrschte jedoch vornehmes Schweigen.

Mein Arbeits- und auch sonstiger Alltag war also nicht sonderlich aufregend. Ich war einsam, irgendwo im Nirgendwo. In einer Welt, die weder mich noch ich sie wollte.

Zu Hause hörte ich die *Toten Hosen* „Sie warten nur auf dich" auf und ab, denn genauso erging es mir häufig. Kam ich mit meinem Fahrrad von der Arbeit, musste ich aufpassen, dass ich nicht von irgendeiner Gruppe Stinos bepöbelt oder verfolgt wurde. Ich hasste diese Zeit in meinem Leben, ich hasste alles, was es um mich gab, denn es gab nichts, was mir vertraut war. Ich war allen ein Fremdling. Es kam zu grotesken Situationen. Von der Arbeit her kannte ich einen netten Typen. Er war ein Jahr älter und Geographie-Praktikant in unserem Bereich. Wir gingen ein paarmal gemeinsam ins Kino. Irgendwann wollten wir die wöchentliche ortsübliche Disco rocken. Ein unüberlegtes Unterfangen. Reingekommen bin ich zwar, wenn auch mit den irritierten, abschätzenden Blicken vom OvD (Ordner vom Dienst, Türsteher) aber das war ja nicht alles. Ich wurde von allen Anwesenden beobachtet und taxiert.

Die Diskothek war im „Treffpunkt", dem Kreiskulturhaus von Grimmen. Sie bot Platz für ca. 350 – 500 Leute, ca. 250 – 300 waren vielleicht da, saßen an Tischen vor einer geräumigen Tanzfläche. Die Hits von 1988 schepperten über die Köpfe, es gab entweder Bier oder als einziges antialkoholisches Getränk widerlichen Sanddornsaft. Dieser Saft entzog sich jeglicher Beschreibung durch menschliche Sprache. Er war schlichtweg ungenießbar, aber ich hatte mir einen geholt, da ich Bier nicht mochte.

Nun saß ich da, auf meinem Stuhl, alles glotzte mich unverhohlen an. Üblicherweise wurde bei solchen Tanzveranstaltungen das Licht im Saal nicht gelöscht, lediglich die Tanzfläche war etwas schummerig gehalten. Es war eine große Gruppe Heavys zugegen, klar, ich wusste ja, in Grimmen war man entweder Stino oder Schweineheavy. Diese beäugten mich immer mehr. Ich wusste, wenn ich zum Klo ginge, wäre es das Zeichen für alle, dass es gleich knallt. Also blieb ich sitzen. Dann rutschte einer der Typen von seinem Stuhl. Er ging auf die Knie und krabbelte auf mich zu. Dabei begann er laut zu bellen, wie ein Hund. Ich schluckte und guckte ihn an. Bellend umkrabbelte er meinen Stuhl, dann machte das Hündchen „Männchen". Sah mich an und fragte: „Eh, was bist du denn für einer?" Peinlich genervt, sagte ich leise: „Ich bin n Gruft!" Sein Blick wurde noch fragender. „Und wat hörst du so?" fragte er weiter. Komische Frage, dachte ich, wie sollte ich das nun erklären?! „Gruftmucke", antwortete ich also. Sein Blick blieb dümmlich trüb, so setzte ich „Punk" nach. Ah, das Wort kannte der Mann wohl, jedenfalls begann er zu grinsen und seine Augen blinkerten lustig. Dann stand er auf und lief zu den anderen Metallern und verkündete die frohe Botschaft, zeigte dabei auf mich und ich konnte das Wort „Punker" vernehmen. Kurze Zeit später spürte ich etwas auf meinem Kopf, ich drehte mich um und sah einen dicken Typen, der rauchend hinter mir stand. Er aschte ganz gelassen in meine toupierten Haare und grinste fies. Ich weiß nicht, wie lange er schon damit beschäftigt war, aber er erwartete, dass ich ihn nun „anmachte". Ich begriff, dass sie Schlange standen, um sich mit mir zu prügeln.

Ich wollte so gern weg, weg von zu Hause, wieder zurück nach Gotha oder am liebsten nach Salzwedel zum Uwe. Der hatte, so schrieb er mir, eine neue Freundin. Anette war, genau wie Uwe, Lehrerkind. Ich lernte sie kennen, als ich zu Besuch war. Sie fuhr Moped, genau wie der Uwe, aber sie trank mehr als Uwe und ich zusammen. Sie fuhr selbst dann noch mit ihrem Moped zurück in ihr Dorf, denn sie war nicht direkt aus Salzwedel. Annette war viel cooler als Gabi. Sie war in erster Linie nicht so dumpf, so vulgär. War femininer, hatte einfach Stil. Sie hatte eine raue Stimme, die wie ein Reibeisen klang, das gab ihr Charme. Sie hörte *Phillip Boa and the Voodooclub* und überspielte mir ein Tape, wie das so üblich war unter uns. Platten kaufen ging ja nicht, man bekam höchstens mal was auf dem Schwarzmarkt, dann war es aber sauteuer.

„Ey, Buchenwaldschablone ..."
Arschloch

Auf der Rückfahrt hatte ich wieder das besondere Vergnügen, im D-Zug auf ein paar sportlich unausgelastete Heavys zu treffen. Zur falschen Zeit am falschen Ort.

Ich wollte eigentlich gerade aussteigen, da der Zug bereits in Grimmen einfuhr. Verließ das Abteil, versuchte mich zwischen diese Kunden durchzudrängeln. Sie stießen mich rum, lachten und fragten dann, ob ich sie etwa anmachen wolle. Ein paar Knuffe, nicht wirklich Schläge, steckte ich ein, bis ich zur Tür hinausgesprungen war. Einer war mir gefolgt, den anderen war es das nicht wert. Ich ging den Bahnsteig entlang und der Zug fuhr langsam wieder an, nachdem der Schaffner seine Kelle auf Grün gedreht hatte. Ich war sehr aufgeregt, war ja knapp an einer Schlägerei vorbeigekommen, deshalb atmete ich schnell und begann, wie üblich in solchen Situationen, mich zu verhusten. Ich hörte die Idioten hinter mir aus dem Fenster brüllen, drehte mich deshalb um und musste sehen, dass der Wildeste sich aus dem Fenster lehnte, um mir überdeutlich zu zeigen, dass er mir beim Verlassen des Zuges mein Kruzifix, das bis dato an meinem Rucksack baumelte, abgerissen hatte. Das Schwein lachte höhnisch. Ich hustete. In meinem Mund sammelte sich der zähe Eiter, der in meiner Lunge gor, quittegelb, erstickend. Das Fenster, aus dem das grinsende Gesicht dieses Arschlochs lachte, war auf meiner Höhe. Ich sprang blitzschnell hoch und spuckte ihm all meine Verachtung in seine dumme Fresse. Ich rotzte aus voller Kehle und traf ihn mitten ins Gesicht …

Der Arsch zuckte zurück, konnte aber nicht weg, da seine Kumpane hinter ihm lungerten. Als er realisierte, was geschehen war, knallte ihm vollends die Sicherung durch! Er schäumte buchstäblich über. Er schrie, außer sich vor Wut. Seine Freunde hatten damit zu tun, ihn festzuhalten, denn er schickte sich an, durch das Fenster zu schlüpfen. Ich hoffte inständig, dass sie nicht an die Notbremsc im Zug gehen würden, denn in seinem Zustand war dem alles zuzutrauen. Ich bin mir sicher, der hätte mich erschlagen, so krass ist der abgegangen. Selbst schuld, grinste ich in mich hinein.

Der beginnende Herbst machte mir nicht wirklich Mut, dass alles besser werden würde. Ich weinte nachts in meinem Bett, es gab nichts, rein gar nichts, was mich hier halten konnte, ich wollte immer mehr weg, irgendwo hin. Wo es Freunde für mich gab. Sicher, meine Eltern waren zwar da, aber zwischen mir und meinem Vater wuchsen die Spannungen ebenfalls und meine Schwester wechselte sich ab zwischen Trösten und zynischem Lästern. Meine Mutter wollte verstehen und vermitteln, hilflos. Meine Großeltern waren verständnisvolle liebe Leute, aber ebenso ratlos.

Einziger Lichtblick am Horizont war ein Konzert. Ich hatte ja erwähnt, dass ich meine ersten Punx in Cottbus gesehen hatte. Wir hatten Bekannte dort. Der Schulfreund meines Vaters war dorthin gezogen. Selbiger hatte Frau und Kinder. Der Sohn, Kim, war ein Jahr älter als ich und begann mit 14, 15 Jahren, Gitarre zu spielen und eine Band zu gründen. (Er war nebenbei bemerkt der Einzige, mit wem ich jemals im zarten Alter von 13 ein Oberliga-Fußballspiel besucht hatte, aber das ist eine andere Geschichte.) Kim und dessen bester Freund Chris jedenfalls benannten ihre Band einfach nach dem Wohnviertel, in dem sie lebten. Cottbus-Sandow.

Sandow wurde eine in Ost-Szenekreisen sehr erfolgreiche so genannte „andere" Band. Sie hatten *den* Szenehit der DDR, „Born in the G.D.R.". Kennt jeder Ostpunk/-gruft. Die *anderen Bands* waren junge, neue Acts wie die unvergesslichen *Die Art* aus Leipzig oder *Die Vision* mit ihrem *Cure*-lastigen Wave-Sound. Dazu gehörten aber auch Punkcombos wie *Die Skeptiker, Feeling B.* (die heute teilweise bei *Rammstein* rocken), *Müllstation* und Indierockgruppen wie *Big Savod and the Deep Manko*, *Herbst in Peking* oder *Die Firma*. Natürlich auch die bereits gesehenen *Rosengarten*. Die Liste könnte ich durchaus fortführen. Erwähnen will ich noch kurz *die Anderen*, die wohl als Namenspaten herhalten mussten. Jedenfalls fasste man in der DDR lauter so illustre Musikanten unter diesem Gesamtbegriff zusammen, um sie von herkömmlichen, vom „Kulturministerium der DDR" unterstützten Rockbands unterscheiden zu können.

Sandow gehörte also alsbald zu dieser Ansammlung innovativer Kulturschaffender. Sie spielten in Neubrandenburg, der Stadt der vier Tore und der gähnenden Langeweile. Ich bin mit dem Zug hingezuckelt. Es war ein prächtiger Abend in einem kleinen Jugendclub am Datzeberg. Ich war sehr begeistert von Kim und den Jungs und sang auf der Rückfahrt: „Er ist Anderes als all die andern und er will auch anders sein." Ein Song über das Leben eines Kleinstadtunderdogs, so wie ich einer war. „In Berlin, in Berlin … da ist die Szene", ging es mir sehnsüchtig durch den Kopf, als ich am Bahnhof in Grimmen ausstieg.

Ich war noch etwa zwei- oder dreimal versuchsweise in der Disco im Treffpunkt. Welcher Teufel mich auch immer geritten hatte, da noch einmal hin zu latschen. Jedenfalls erblickte ich in all dem langweiligen Gewühl der Grimmer Eintönigkeit dann doch noch eine Perle norddeutscher Weiblichkeit. Sie erschien klein, war einfach anders gekleidet als die langweiligen Tussen in stoned-washed Jeans um sie herum, ihr Haar war kurz und nach hinten gekämmt. Sie trug einen

Minirock und eine Bluse, allerdings nicht im modisch angesagten Stil. Eher so Sixties-like. Schwer zu beschreiben. Ich war angetan.

Wenn ich ein Mädchen wirklich interessant fand, dann war ich allerdings wie gelähmt und unfähig, etwas zu unternehmen. Außerdem wurde nach wie vor jeder Schritt meinerseits von einer Horde Schlägertypen bewacht. Ich wollte ja nicht vielleicht die kleine Schwester oder gar die Freundin eines dieser Affen angraben.

Zu Hause bekam ich jetzt oft Besuch von einem kleinen Kumpel. Bäckerchen, der Sohn meiner ehemaligen Klassenlehrerin, Frau Bäcker. Er war jetzt bald 14 Jahre alt und begann, sich für Heavy Metal und Rockmusik und all das Zeug zu interessieren. Ich kannte ihn als Kind, wir haben am Strand in Zudar früher gespielt, während seine Eltern meine besuchten. Er war für mich wie ein jüngerer Cousin.

Ich gab ihm den Auftrag, aus der *Bravo* ausgeschnittene Bilder und Poster zu verticken. Er könnte sie sicher in seiner Schulklasse besser loswerden als ich. Ein wenig Kleingeld sollte er dabei verdienen können. Nebenbei erzählte ich ihm von der Disco und von dem Mädchen. Er sagte, er würde sie kennen, ich glaubte es zunächst aber nicht. Konnte ja jeder behaupten.

Ein bis zwei Tage später kam er wieder zum „Abrechnen“. Er grinste und erzählte, er habe die Kleine getroffen und ihr von mir erzählt. Ich blickte skeptisch. Doch klein Bäckerchen machte einen auf cool, lehnte sich zurück und machte mir ein Angebot. Wenn „Er“, der Kleine, mir diese Frau zuführte, dann bekäme er dafür mein *Robert-Smith*-Poster, das aus dem Bilderrahmen. Denn er fand *die Ärzte* und *Cure* nun auch besser als *AC/DC* und *Motörhead*. Ich zögerte, aber was hatte ich zu verlieren, der Bengel schien die Maus tatsächlich zu kennen. Angeblich, und das war der Oberhammer, wäre sie scharf auf mich, hatte mich im Treffpunkt bemerkt. Kaum zu glauben … ich schlug ein!

Am folgenden Sonntagabend waren Gritt und ich allein, wir gerieten in Streit. Ich erzählte ja bereits im Abschnitt „Kindheit“ von der zerstörten Adventsschale und dem Fausthieb auf meinen teuer erstandenen Westrecorder! Sie flüchtete aus dem Haus meiner Eltern zu unseren Großeltern. Ich war zufrieden, allein zu sein. Wusch meine Haare und packte ihre Akustikgitarre, setzte mich vor den

Fernseher und klimperte lauthals krächzend herum. Ich konnte zwar nicht spielen, aber das war egal, ich grölte meinen Alltagsfrust in Form von Singsang heraus. Forte, fortissimo!

Plötzlich klingelte es. Ich stellte Gritts Wanderklampfe ab und öffnete die Tür. Da stand sie. Ich erstarrte und knallte die Tür wieder zu! In meinem Kopf explodierte alles, für einen Bruchteil von Sekunden … Dann öffnete ich wieder und versuchte, betont locker zu sein. Sie lächelte mich unendlich süß an und fragte, ob ich Lust hätte, mal herauszukommen. Hatte man so was schon gehört? War ich im falschen Film, versteckte Kamera?! Ich hatte natürlich Lust, und wie ich Lust hatte … Ich erbat mir einen Moment Zeit, rannte ins Bad und versuchte, meine Haare zu stylen, mich in ausgehfähige Klamotten zu stürzen, und war in vielleicht 5 Minuten wieder bei ihr und ihren zwei Freunden. Einem Pärchen, das sie zu begleiten schien.

Sie hieß Andrea, war 16 und demzufolge in der 10. Klasse, keine 1,60 m groß.

Wir entschieden uns, ins Kino zu gehen. Na klar, macht man wohl so. Abendvorstellung. Sie setzte sich eng zu mir und ließ mein Herz klopfen. Ich weiß nicht mehr, welcher scheiß Film lief. Der Regisseur möge mir dies verzeihen, aber ich verliebte mich im Sekundentakt und mein Bild war rosarot eingefärbt. Der Film sollte einen Oskar bekommen, in der Kategorie „bester Ver-Liebesfilm aller Zeiten“!

Auf dem Rückweg kamen wir am Friedhof vorbei, sie steuerte darauf zu. Zuerst dachte ich, sie wisse, dass Grufties das so tun. Dann wurde mir schnell klar, dass das nichts mit Klischee zu tun hatte. Am Grab ihrer Mutter haben wir uns das erste Mal geküsst.

Drehchen, so nannte ich Andrea, wurde meine erste Liebe. Plötzlich, im tristen Grau des späten Novembers, gab es etwas, was mir Kraft und Hoffnung gab. Es war jemand in mein Leben getreten, für den ich da sein konnte. Alles bekam Licht, war jetzt wärmer, als es mir jemals zuvor erschien. Ich begann zu leben.

Als ich Andrea nach Hause bringen wollte, setzten wir uns noch ein paar Stunden in der Kälte einer Novembernacht in eine Bushaltestelle. Wir hatten ja viel zu erzählen. Sie berichtete mir vom Tod ihrer

Mama, als sie 13 war. Sie war ganz plötzlich tot umgefallen, ließ Andrea und drei ältere Schwestern zurück. Ihr Vater sorgte sich seitdem so gut es ging um sie. Ihr Vater war ihr wichtig. Sie wurde bedrückt, als sie von ihm sprach. Etwas wollte sie sagen, sie wusste nicht wie. Als ich fragte, was der so jobbte, stammelte sie hervor, es sei etwas ganz Schwieriges … „Polizist?“ wollte ich wissen. „Nein, er ist bei der Stasi“, antwortete sie. „Ups“, mehr brachte ich nicht hervor, wusste ich doch, dass es nicht einfach werden würde.

Wir wurden ein richtiges Liebespärchen. Ich stellte sie meinen Eltern vor und sie mochten sie vom ersten Tag an. Jeder mochte das Drehchen, sie war einfach ein liebes Mädchen. Wir waren unzertrennlich und feierten selbstverständlich auch Silvester zusammen. Ich reiste erstmals nicht zu Uwe nach Salzwedel. Das Jahr 1989 begann; wer hätte gedacht, dass es das welthistorisch bedeutendste Jahr nach Beendigung des 2. Weltkrieges 1945 werden sollte. Ich jedenfalls wusste es nicht, als ich mit Andrea in der Neujahrsnacht schlief.

Andrea empfand meine mystische Gruftie-Welt als spannend, sie war auf ihre eigene Art „spirituell“. Der Vater verbot ihr jeglichen Glauben, insbesondere christliche Handlungen, inklusive Symbole. Sie selbst allerdings brauchte irgendeine Vorstellung, in die sie ihre tote Mutter hineininterpretieren konnte. Sie konnte ja ihre Mama nicht einfach abschalten. Ihr Alter hatte sich eine neue Frau genommen, damit war sein Problem geklärt. Seine Töchter hassten diese Frau. Andrea trug heimlich ein Kreuz an einer Kette und malte mit Bleistift unter ihre Starposter Kreuze und das Datum des Todestages der Mutter. Sie vermisste ihre Mutti.

Als Grufties waren wir früher oft nachts auf Friedhöfen unterwegs. Das hatte mehrere Gründe, zum einen war man ungestört, denn das „Stino-Pack“ traute sich da nachts nicht hin, zum anderen suchten wir die Orte der Stille und der Mystik. Wir suchten spirituelle Quellen abseits der Kirche oder einfach fern von der Gesellschaft, denn die wollte uns nicht, also wollten wir auch nicht deren Denken und Handeln übernehmen. Wir suchten etwas Eigenes, überall suchten wir das, in allen Lebensbereichen. Und da wir dies nicht tagsüber in Kaufhäusern oder Shopping-Centern fanden, suchten wir es eben nachts auf Friedhöfen.

Auf diesem Weg konnte Andrea bei ihrer Mama sein, ohne dass sie mit dem Vater Ärger bekam, gesellschaftlicher oder christlicher Norm und Moral verpflichtet war. Sie konnte sich ihre eigene Welt und ihren eigenen Zugang zur toten Mutter erschaffen. Für Drehchen war dies ein Weg der Trauerarbeit.

Ihrem Vater war ich natürlicherweise ein Dorn im geschärften staatssicherheitlichen Auge. Seine Wohnung war für mich tabu, also konnte ich meine kleine Freundin nur von der Wohnungstür abholen und sie dort wieder abliefern. Der Weg dorthin war nicht immer einfach, denn ich musste ja durch Südwest laufen. Das ist ein kleines Wohngebiet in Grimmen, in dem Häuserblöcke aus den 50er, 60er und 70er Jahren ihre wohnungspolitischen Aufgaben erfüllten. Sieht ziemlich scheiße aus!

Mehrfach musste ich Umwege laufen, weil sich mir die eine oder andere Grimmer Schlägergang in den Weg stellte. Da waren die Kinder, die mir lauthals „Struwwelpeter“ nachriefen, noch witzig.

Sie lauschen in der Leitung und man merkt es nicht
Schweine in Zivil … übersieht man nicht
Grobschnitt

Einmal musste ich mich auf Anordnung von Andreas Daddy im Treppenhaus verstecken, weil just in dem Moment, wo ich seine Tochter abholen kam, auch seine Kollegen von der Stasi klingelten. Ich war ihm wohl peinlich, dem Herrn Staatstreu. Aber ich war mal nicht so und wartete, bis mich das Drehchen aus meinem Versteck erlöste.

Uwe besuchte mich mal wieder, er kam mit dem Moped. Er hatte von seiner Brieffreundin aus dem „goldenen“ Westen die soeben erschienene neue LP von *The Cure*, „Disintegration“, geschenkt bekommen. Er schlief und wurde morgens unsanft geweckt. An seinem Bett, so erzählte er mir, stand plötzlich Hanna wie aus dem Nichts. Sie kam aus Göttingen, war auf der Durchfahrt und hatte ihm so mir nichts dir nichts die Platte mitgebracht. Ein Wunder war geschehen. Wir beteten gen

Göttingen. Sie sei nach ein paar Stunden weitergefahren, so erzählte Uwe weiter, habe ihm aber noch etwas anderes dagelassen. Etwas ganz Geheimes. Das war so geheim, dass er es mir ins Ohr flüsterte, und ich musste ihm „hoch und gruftig“ versprechen, es echt niemandem zu sagen. Er erzählte mir, blickte dabei nervös im Zimmer umher, dass Hanna und deren mitreisende Freundin „Rauschgift“ geraucht hätten, „Haschisch“. Und dass er, Uwe … psssst: Er hat das jetzt zu Hause.

Ich glotzte blöd. „Was?“

„Ja, aber psst.“

„Nicht möglich!“

„Doch!“

„Du bist verrückt, Alter!“

Irgendwann hatte ich es kapiert. Uwe hatte Rauschgift. Ich hatte ein ganzes Buch über die Rauschdrogen des Westens gelesen und konnte mir „Haschisch“ gut vorstellen. Ich hatte nicht mal Angst davor, ich war interessiert. Er sagte, es sähe aus wie ein Brühwürfel in Alupapier. Klitzeklein.

Na, wenn das mal kein Geheimnis war, wir taten höchst konspirativ. Er schlug vor, wir könnten ja mal, wenn ich wieder bei ihm sein würde, probieren. Er wollte eh bald eine Party geben, weil er ja demnächst 20 würde.

Ich stellte ihm noch meine Freundin vor, die kannte er ja noch gar nicht, aber sie waren beide distanziert. Irgendwie stand da was zwischen denen, was ich fühlen konnte, ohne es benennen zu können.

Die Gedanken sind frei,
Keiner kann sie erschießen
Hekate

Im Frühjahr gab es weltpolitisch gesehen Stress, denn in China wurden auf dem „Platz des heiligen Friedens“ Studenten erschossen und Soldaten ermordet.

Im Betrieb wurde ich dazu auserkoren, eine Wandzeitung zu gestalten. Ich konnte so was redlich gut, denn in der Schule war ich schon Agitator, also in solchen Sachen geübt. Meine Überlegung war also: Wenn Studenten, also vorwiegend junge gebildete Menschen, etwas gegen bestehende Verhältnisse erwägen und eine Veränderung befürworten, dann könnte daran zunächst nichts verwerflich sein. Wenn aber alte Männer ihre Macht bedroht sehen und nicht verstehen wollen, dass auch sie mal junge und dynamische Menschen waren und also auch mal kluge Köpfe, jetzt aber auf eine neue Generation junger Menschen andere junge Menschen in Panzern hetzten, dann fand ich das kritisch zu betrachten. So in etwa lautete die Essenz meiner Wandzeitung. In der Mitte prangte das große Foto eines an seiner Panzerkanone erhängten und verbrannten chinesischen Soldaten aus der *Jungen Welt*, meiner Tageszeitung. Hier bestätigte sich das Zitat „Soldaten sind Mörder" nicht, was im Umkehrschluss aber auch nicht hieß „Studenten sind Mörder", so wie es gern dargestellt wurde. Diese Wandzeitung wurde alsbald zum „Stein des Anstoßes".

Ich hatte mir dabei die Unterstützung eines Geografie-Praktikanten unseres Bereichs geholt, und wir beide wussten gar nicht so recht, warum sich der Parteichef so maßlos darüber aufregte. Hatte er unser Statement etwa nicht verstanden? Wir wurden angemahnt, umgehend eine neue Wandzeitung zu gestalten. Achselzuckend sahen wir uns an: „Ok"!

Wir brauchten einen Tag, dann hatten wir das Material zusammen. Unser Konzept sah etwa so aus: Wir fühlten uns in unserer ehrlichen Meinung zensiert und hatten das Gefühl, dass die Zensur im Allgemeinen den Zeitgeist bestimmte. Das machten wir an dem Fakt fest, dass das kleine Heftchen *Sputnik* ebenfalls verboten worden war. Das *Sputnik* war ein Magazin aus der UdSSR, es war zwar übersetzt, aber von russischen Autoren, die Glasnost-Perestroika nahe standen, geschrieben worden. Die DDR-Regierenden waren nicht sehr begeistert von Gorbatschows Erneuerungen. Sie kamen einfach nicht hinterher, hinter dem, was da neuerdings im Kreml verzapft wurde. Also konnten sie auch nicht verstehen, was da so im *Sputnik* geschrieben stand, vielleicht wollten sie es auch nicht. Kurzum man zog das *Sputnik* aus dem Verkehr.

Wir schnitten aus zig verschiedenen DDR-Zeitungen den Kopf heraus, also den Titel der Postille. Es gab ja das *Neue Deutschland*, die *Junge Welt*, die *NBI, Für Dich* – lauter so Blätter halt. Wir verteilten deren Kopfzeilen auf der Wandzeitung und fügten zentral in der Mitte die Kopfzeile eines alten *Sputniks* ein. Oben drüber prangte das Wort Zensur mit einem Fragezeichen. Unverblümt hängten wir das Ding auf. Es hing keine Stunde. Ich wurde zur Bereichsdirektorin gebeten, der Herr Parteiboss war auch schon da …

Wir bekamen einen betrieblichen „strengen Verweis“ und Lohn wurde abgezogen. Es wurde mir mit Entlassung gedroht. So etwas gab es im Osten nur in schweren Fällen.

Zu Hause fand ich einen Brief vor. Er war vom Wehrkreiskommando Grimmen. Dann fiel es mir wieder ein, da war ja noch was, stimmt, ich bin im Jahr davor nicht zur Musterung gegangen, wegen einer Prüfung in Gotha, die empfand ich als vorrangiger. Das sah das Militär anders. Ich hätte vielleicht doch mal anrufen sollen. Die Jungs in ihren schmucken Uniformen warten halt nicht gern. Ehrlich gesagt war mir das scheißegal, ich würde eh nicht hingehen. Ich stand nicht auf gemeinsam Duschen und Onanieren nach Zapfenstreich unter der Bettdecke.

Jedenfalls hatte ich da umgehend zu erscheinen, bevor mich die Feldjäger, die Bullen oder sonst irgendein Knüppelkommando dahin zerren würden. Na ja, ich war einsichtig und wollte mal auf nen Sprung vorbeihuschen. Gesagt getan, ich also rein in die gute Stube und ran an die Klappe. Der Hausmeister im Look des Armeegenerals ließ einmal all sein Lametta klimpern, das er sich hübsch angesteckt hatte, dann holte er Luft und brüllte mich an: „Auf SIE, auf Sie, Herr Ranisch, warten wir seit Jahren!!!“ Ich wusste gar nicht, warum der sich so aufregte und wieso ich da bekannt war. Ich war doch gerade das erste Mal dort. „Maaachen Sie sich auf etwas gefasst!“ herrschte er mich weiter an. Unsicher schluckte ich. Hätte ich vielleicht besser salutieren sollen bei meinem Eintritt? Er schubste mich in Richtung einer Tür und rief, immer noch in einem Ton jenseits eines Überschallflugzeugs: „Warten Sie dort, bis man Sie holt.“ Auf dem Gang lungerten noch ein paar Offiziersschüler rum. Diese sahen mich mit geringschätzigen Blicken an, ich war für die ein nutzloser Zivilist. Als ich die Tür öffnete, um einzutreten, hörte ich hinter mir noch den Portier zynisch sagen: „Freu dich auf Schwedt …“

Die Tür fiel ins Schloss. Schwedt? Ich wusste, dort war der Militärknast. Unser Nachbarsjunge war dort, und er sah nicht gut aus, als er wiederkam. Jetzt wurden meine Knie weicher, ich atmete schwer. Scheiße, hatte ich es verpatzt?

Der Raum war lang gestreckt, es stand nur ein langer Tisch mit Stühlen drin. An der Wand allerdings hing ein sehr großer Spiegel, verdächtig groß. Ich wurde also beobachtet? Ich verbrachte drei lange Stunden in dem Raum. Es geschah nichts, ich hörte nur ab und zu Stimmen auf dem Flur. Geschäftiges Treiben würde ich das nicht nennen, aber es waren Leute dort, die wahrscheinlich den Weltfrieden sicherten. Nach etwa drei Stunden also griff ich nach einem der Werbeprospekte der NVA, die dort aufgehäuft lagen. Nur einen kleinen Moment später wurde die Tür jäh aufgerissen. Ich fuhr zusammen, ein paar Militaristen traten ein. Einer stellte sich als Oberst irgendwer vor. Die anderen zwei Schießbudenfiguren waren Deko. Der Mann sprach ruhig, aber sehr resolut. Er ließ keinen Zweifel an dem, was er meinte, und er meinte Schwedt. Ich war den Tränen nah, denn dieser Mann entschied hier über mein Leben, und im Moment hieß das drei Jahre Militärgefängnis … Ich sah sicherlich sehr jämmerlich aus, meinen Blick richtete ich zu Boden – ich war verdammt noch mal mit einem Fuß im Knast, und das nicht mal in dem für Zivilisten. Militärgefängnis würde ich nicht überleben, das stand fest.

Nach einer Weile „Verhör" zogen sie sich zurück, ich weiß nicht mehr, ob der Mann oder einer seiner Kasperköppe nach ner halben Stunde wieder hereinkamen. Jedenfalls wurde mir deutlich gemacht, wenn ich nicht am soundsovielten um soundsoviel Uhr da und da sein würde, dann würden „die da oben in Rostock" nicht noch einmal soo nett sein. Ich konnte wieder gehen und war vorläufig der „Anklage wegen Einmusterungsentzuges" und „Wehrdienstverweigerung" entkommen.

Ich wollte nicht mehr wählen gehen, ich hatte die Schnauze voll, nicht vom Sozialismus und der Idee einer gerechten Welt für alle und überall, aber vom System, das den Alleinvertretungsanspruch linker Ideale für sich beanspruchte.

Ich will nicht werden, was mein Alter ist
Ton Steine Scherben

Diese und andere Vorfälle waren nicht geeignet, um das Verhältnis zwischen meinem Vater und mir zu verbessern. Bei einem Streit, in dem es um notwendige politische Veränderungen ging, zischte er mich deshalb auch an: „Leute wie ihr", und damit meinte er uns Punks, Grufties und andere Querköpfe, „ihr wollt den Kommunismus stürzen!" Dass wir das so nicht wollten, ließ mein Pa nicht gelten. Er sah in uns eine Gefahr, eine, die wir nicht waren. Mir blieb nur zu entgegnen: „Ihr tötet eure besten Leute." Er brach die Diskussion ab, indem er mich kalt „Arschloch" schimpfte. Damit hat er mir sehr weh getan, denn er hielt mich in dem Moment für ein Arschloch.

Und das wollte ich nicht sein, nicht für ihn, er war mein Vater und ich liebte ihn.

Die Wahl 1989 rückte aber immer näher, sie sollte zum 40. Jahrestag der Deutschen Demokratischen Republik ein eindrucksvolles Bild von der Einigkeit der Bürger der DDR mit ihrer Regierung erzeugen. Ohne mich, und selbst meine Schwester weigerte sich zu wählen. Mein Vater war ohnmächtig in dieser Situation. Er war fassungslos, hatte er uns doch immer im Sinne des Sozialismus erzogen. Offensichtlich hatte er nicht bemerkt, dass der Realsozialismus seine revolutionären Ideale längst zu Gunsten von bourgeoiser Lethargie verloren hatte.

Meine Mutter weinte, sie flehte uns an. Für sie war es in mehrfacher Hinsicht schwierig. Sie hatte Angst um ihre Kinder, die sich scheinbar zu Oppositionellen entwickelten, und andererseits wusste sie zu gut, wo der Wurm drin war. Das jedoch konnte sie nicht mit ihrem Mann besprechen, weil der davon nichts hören wollte. Es war fatal. Auf das Drängen und Bitten unserer Eltern gingen Gritt und ich dann doch zur Wahl. Allerdings etwas vorgezogen, nicht am Wahlsonntag.

Das Wählen selbst war in meinem Fall eine Farce. Denn als wir da eintraten, blickten sich zwei auffällig unauffällige Herren an und gesellten sich rein zufällig rechts und links neben mich. Der eine schien ausgerechnet, als ich hinter dem Wahlpult verschwand, technische

Probleme lösen zu müssen und fummelte irgendwas im Hintergrund. Das technische Problem war in Sichtweite bzw. ich war das „technische“ Problem. So what! Ich hatte eh nicht vor, ne Bombe zu legen oder was auch immer die erwartet haben, ich hatte ja schließlich den Besuch im Wehrkreiskommando in guter Erinnerung.

Ich fuhr zu der Party. Uwe hatte das groß aufgezogen und feierte nicht allein, es war eine Gemeinschaftsfeier. Er war aufgeregt, als wir uns stylten, um pünktlich dort anzukommen. Wir hatten uns abgesprochen, das „Rauschgift“ zu konsumieren, nur wie war noch unklar, da wir beide Nichtraucher waren. Kiffen kam also nicht in Frage. Hanna hatte ihm gesagt, man könne das Zeug in Tee aufkochen oder auflösen oder so. Wir überlegten hin und her. Dann kam mir die Idee. Ich öffnete meine Verdauungskapseln, welche ich zu jeder Mahlzeit schlucken musste, und kippte das eigentliche Medikament aus. Dann zerbröselten wir den „Brühwürfel“, so wie Hanna es empfohlen hatte. Das Zeug sah echt so aus, roch aber besser. Wir waren noch aufgeregter, ich fragte hundertmal, ob es auch nicht schief gehen würde. Uwe wusste es selbstverständlich auch nicht. Kichernd erklärten wir nun seinen Eltern am Kaffeetisch, dass er, Bauchschmerzen vom Mittag hätte und ich ihm deshalb eine meiner Kapseln gäbe. Ich selbst muss ja immer das Zeug vor dem Essen einnehmen. „Zur schnelleren Wirkung“, so erklärte ich seiner Mutter weiter, schütteten wir das in unseren Tee. Sie machte sich Sorgen um den „kleinen“ Uwe. Wir wurden leicht rot. Aber schnell umgerührt und den Tee ausgetrunken (und unauffällig die Tasse ausgeleckt), so stürmten wir zur Tür hinaus. Die Party rief nach uns.

Auf der Fete war die Hölle los. Schwarze von hier und dort waren angereist. Die Klötzer Grufts waren gekommen. Mit ihnen Ratte. Eine schräge Gruftbraut mit Ultrahochstehfrisur. Wir hatten Spaß, alle zusammen, tanzten Pogo, und ich hörte, dass man so heftige Leute wie Ratte „Hardcore“ nennen würde. Hardcore war gut, das wollte ich auch sein. Uwe und ich fragten uns grinsend abwechselnd: „Und, merkst du was?“ oder: „Passiert schon was bei dir?“ … Wir lachten uns schief über den Quatsch, denn wir dachten nach dem halben Abend, das Zeug wirkt nicht bei FDJlern oder so.

Wir kamen uns unheimlich cool vor, wir hatten schließlich Drogen aus dem Westen intus. Ich habe noch Simi, den dicken Skinhead, getroffen, der hat mir dann einen überaus aufdringlichen Gruftie vom Hals gehalten. Dieser Unkunde mit dem sehr kontroversen Spitznamen „Adolf" wollte mir ständig erzählen, wie ein Gruftie auszusehen hätte. Das ging so lange, bis Simi ihn auf einem Kohlenhaufen entsorgte.

Zu Hause in Grimmen traf ich mich weiter mit dem kleinem „Bäckerchen". Der hatte seine Jugendweihe und wollte seitdem „Bex" genannt werden. Er mauserte sich zu einen kleinem Nachwuchsgruft. Selbstverständlich hatte ich ihm das *Robert-Smith*-Poster ausgehändigt, das er sich redlich verdient hatte. Wir waren oft zu dritt unterwegs, mit dem Drehchen. So traf es sich, dass wir sie mal gemeinsam nach Hause brachten, um dann zurück zu mir zu schlendern. Es war sehr nebelig. Plötzlich standen ein paar gelangweilte Heavys vor uns. Bex brüllte aus voller Kehle: „Scheiß Heavy Metal!" Wir rannten sofort los, der Pulk der wütenden Metaller hinter uns her. Im Nebel kam es zum regelrechten Versteckspiel. Sie verloren uns immer für Momente, um dann wieder vor uns aus dem Gewaber aufzutauchen. Ich war langsam aus der Puste von dem Schwachsinn und echt sauer auf den Kleinen. Irgendwann verhallten die Schritte der Heavys in der Ferne. Aufatmen. Lachen musste ich trotzdem.

Das Lachen verging mir aber am soundsovielten um soundsoviel Uhr. Denn meine Musterung zur NVA-Tauglichkeit stand ja noch aus. Ich hatte um 7.30 Uhr Termin. Sie ließen mich bis 14.00 Uhr zwischen all den anderen Piepels sitzen, ich war der Letzte, der drankam. Dafür nahmen sich dann aber zwei junge Offiziersschüler umso mehr Zeit für mich. Die beiden begleiteten mich beim Urinieren in ein Glas und zwangen mich dann zum obligatorischen Bückling, ohne Hose. Ich weiß nicht, wie lange die beiden süßen Häschen kein Mädchen mehr in ihrer tristen Kaserne gesehen hatten, jedenfalls fanden sie meinen Arsch wohl auch schnuckelig, und deshalb vergnügten sie sich da ausgiebig. Als ich mich zur Wehr setzen wollte, bekam ich einen freundschaftlichen Faustschlag aufs Maul. Mir wurde unmissverständlich erklärt, sie könnten auch anders. Dass sie „anders" waren, hatte ich ja schon bemerkt. Ich wurde nicht vergewaltigt oder so, aber ich traf später nie wieder einen Mann, der meinen Podex so lange und hingebungsvoll tätschelte.

Als mir der Medizinmann der Militaristen meinen Wehrpass mit dem Urteil „Ausgemustert“ aushändigte, war der Spuk endlich vorbei. Dass er mir noch erklärte, dass ich mich im E-Fall (Ernstfall, das heißt Kriegszustand) zu melden hätte, war mir scheißegal. Ich würde denen doch nicht als Kanonenfutter oder Minensucher in die Hände laufen. An dem Tag habe ich für immer mit der Wehrmacht abgeschlossen. Ich halte es da mit Tucholsky.

Diesen Sommer verbrachten das Drehchen und ich unseren ersten gemeinsamen Urlaub. Wir besuchten natürlich Uwe, der, aus Ungarn kommend, wo er mit Siegi (aus den Tagen des Gothaer Wohnheims) und ein paar anderen hingefahren war, gerade wieder angelandet war. Ich konnte ja nicht mitreisen, man erinnere sich an mein Auslandsreiseverbot.

Die Tage in Salzwedel wurden aber bedrückend, irgendetwas hatte sich verändert. Uwe hatte „null Bock auf gar nichts“, so schien es mir damals, und auch heute noch weiß ich nicht, was es war. Andrea schien ihn zu langweilen und er konnte nicht verstehen, warum ich glücklich war. Er trug auch kaum noch schwarze Sachen, seine Haare waren ungefärbt und auf seinem Plattenteller dudelte unaufhörlich *Foyer des Artes*. Sein intellektuelles Verlangen erwachte und suchte nach Futter. Nach mehr als *Cure* hören und Haare stylen.

Die letzte Woche waren wir in Zudar zum Zelten. Wir hatten unseren ersten Streit. Der kam ganz plötzlich und es war eigentlich banal. Aber sie hatte mich erstmals genervt. Denn als wir grillten, fragte sie mich bestimmt 20-mal, ob ich von ihrem Brötchen abbeißen wollte. Irgendwann rastete ich aus und schrie sie an: „Nein!!!“ Sie weinte und erklärte mich zum Psychopathen.

Und weil ich also Psychopath war, kaufte ich eine Vogelspinne. Und das kam so: Wir besuchten Bergen auf Rügen. Beim Stadtbummel entdeckten wir im Schaufenster einer Zoofachhandlung einen kleinen Plastikbecher mit Deckel. Normalerweise befand sich in so etwas Butter bzw. Margarine, in diesem Becher jedoch fristete eine

Vogelspinne ihr klägliches Dasein. Wir also rein in den Laden. Klingeling. Der Verkäufer grinste doof. Der wusste sofort, was wir wollten. Griff nach dem Becher und hätte wohl am liebsten schnell noch den Preis verändert. Zu spät.

Während wir so mit dem Verhandeln und Fachberatung fortfuhren, ging hinter uns die Tür auf. Ein paar Metaller jumpten in das Geschäft. Als die peilten, was wir kauften, lachten sie uns aus, rieten, das Geld besser zu versaufen. „Na ja, Grufties, war ja klar, alles Psychopathen", war ihre einhellige Meinung.

Dieser Meinung schlossen sich auch meine Eltern an, als ich mit dem Tierchen nach Hause kam. Meine Schwester hatte am selben Tag noch ihren Sohn entbunden. Natürlich nicht, weil ich die Spinne im Gepäck hatte, sondern auf ganz natürliche Weise. Von meinem neuen Kinde erfuhr sie erst bei ihrer Heimkehr.

Im Westfernsehen wurden immer häufiger Berichte von ausreisewilligen DDR-Bürgern gezeigt und selbst das Radio der DDR kam nicht umhin, darüber zu berichten. Die Diskussionen in der Familie wurden härter und auch Drehchen wollte nicht verstehen, das etwas geschehen musste. Sie versuchte immer, ihren Vater zu verteidigen. Ich kam in Bedrängnis. In Grimmen wurde eine Sporthalle zum Forum für die Jugend bereitgestellt. Bei freien Wortmeldungen forderten alle möglichen Kinder und Fast-noch-Kinder mehr, also mehr von allem, für sich selbst. In erster Linie einen Jugendclub. Ich meldete ebenfalls Redebedarf an und forderte, in erster Linie mal etwas für die fast in Armut lebenden Veteranen zu tun. Das hatte man nicht erwartet, schon gar nicht von einem so schrägen Vogel wie mir. Ich wurde vom Radio interviewt. Der Jugendclub wurde versprochen. Ich fühlte Aufbruch. Nach der Veranstaltung gesellte ich mich zu einem Typen, den ich schon von ganz früher her kannte, alle nannten ihn „Kaufi". Er war stadtbekannt, hieß Kaufmann. Er war einer der Ausgestoßenen an unserer Schule. Ausgestoßen deshalb, weil er kein FDJler war, er war Christ. Ich hatte nie etwas mit der Kirche am Arsch, die Kinder, die zur „Jungen Gemeinde" gehörten und dort ihre Freizeit verbrachten, waren mir suspekt.

André, also „Kaufi", war auch so einer, einer von denen. Man sprach nicht viel mit ihnen und in Kaufis Fall wollte niemand etwas mit ihm zu tun haben. Denn Kaufi sah nicht nur verdammt übel aus, er war auch irgendwie total verstört. Ein bisschen „durch den Wind", vielleicht auch „durch den Sturm". Ich wusste von dem eigentlich nur, dass er quasi ein Analphabet war, er musste jedenfalls in der Schule kein Russisch lernen, weil er in Deutsch so schlecht war. Andererseits war er überdurchschnittlich intelligent, so viel war mir bekannt.

Er trug Schnürstiefel und war auch sonst ganz angePUNKt. Wir redeten so über dies und das und bemerkten, dass wir dieselbe Wellenlänge hatten. Wir wollten uns mal treffen. Vielleicht könnten wir ja gemeinsam etwas in Grimmen bewegen, denn das war uns beiden klar: Bewegen musste sich etwas in Grimmen.

Durch die *Junge Welt* erfuhr ich, dass ein großes Konzert in Berlin geplant war: *Phillip Boa* und sein *Voodooclub* waren die Headliner. Das hätten wir kaum für möglich gehalten, *Boa* sollte bei uns spielen dürfen. Ich fuhr natürlich hin. Auf dem Bahnhof in Berlin wurde ich, wie abgesprochen, von den Grufts aus Salzwedel eingesammelt. Wir nahmen die nächste S-Bahn und fuhren in Richtung Seelenbinderhalle, da fand das Konzert statt. Ich erzählte Uwe, was ich im Vorfeld des Konzertes „munkeln" gehört hatte. Angeblich sollten in den Seitenstraßen Panzer stehen. Gemeint war damit ein Aufgebot von Polizei, Armee oder den Kampfgruppen (das waren bewaffnete Arbeiterkampfverbände). Möglich war alles, in den letzten Wochen war die DDR politisch ins Schwanken gekommen, in Leipzig gab es illegale Montagsdemonstrationen. Verheimlichen konnte die Staatsführung das nicht mehr, das Westfernsehen war immer schneller vor Ort. Uns sollte das jetzt egal sein, wir waren eh schon da. Umkehren wäre Unsinn. Außerdem: Wenn schon Internierungslager, dann richtig, mit allen Schwarzen des Landes. Und es waren alle „Schwarzen" der DDR vor Ort, sie waren alle gekommen, ob Punk, ob Skinhead oder Gruftie. Eine Riesenansammlung von Freaks, Zombies, Psychos. Das ganze arbeitsscheue Gesindel, würden andere sagen. „If the Kids are united", wir waren vereint.

Es waren wirklich einige Mannschaftswagen der Bereitschaftspolizei sichtbar aufgefahren. Aber das tat der Sache keinen Abbruch. Überall standen „Schwarze“ rum, einzeln oder in Cliquen. Darunter befand sich auch etwas abseits vom großen Getümmel ein kleines Mädchen. Ich schätze, sie wird so 12, vielleicht 13 Jahre alt gewesen sein. Sie trug einen schwarzen schlabberigen Strickpullover und auf ihrer Schulter saß eine graue Maus. Sie blickte uns traurig nach, wahrscheinlich war sie zu jung, um eine Karte kaufen zu können. Sie war bezaubernd, wie sie dastand, mit ihrem Mäuschen. Ich lächelte ihr zu, sie war verträumt, weltentrückt. So wie wir alle. Sie gehörte zu uns.

Auf dem Vorplatz war die Hölle los, Hunderte und Aberhunderte von Grufts warteten auf den Einlass. Man sah riesige schwarze Iros neben zu Türmen gestylten Haaren oder Stacheln aus der Menge herausragen. Dazwischen ein paar bunte Strubbelstoppel, hier und da nen Igel oder eine Glatze. Alles drängte in die Werner-Seelenbinder-Halle. Zum „Aufwärmen“ heizte *Jingo de Lunch* ein, dann als erster Höhepunkt kam *Die Vision* auf die Bühne. Dem Sänger Geyer hat man immer Verbindungen zum Fußballmilieu nachgesagt, vielleicht waren deshalb so viele Hools und Oi!-Skins dort. Die Musik jedenfalls war klasse. Es war lediglich unangenehm, in die Nähe der Skinheads zu geraten, einige von ihnen guckten sehr aggressiv zu uns herüber. Und seit dem Überfall von „Skinheads“ auf Punx in der Zionskirche in Berlin waren mir Skins und Oi!s unheimlich. Dieser Angriff auf friedliche, feiernde Punker eines Konzertes in der Zionskirche war sogar in der DDR als pro-faschistischer Überfall bewertet worden. Ein einmaliger Ausnahmefall, selbstverständlich, so wurde es im Schauprozess dargestellt.

Als dann die Umbaupause einsetzte, begann sich alles Richtung Bühne zu drängeln. Nach langer Zeit des Wartens kam dann der Moderator des Abends, ich glaube, es war Lutz Schramm vom PaRocktikum, auf die Bühne. Er sagte: „Ich möchte 5 Bands in meinem Leben sehen, seit heute Abend sind es nur noch 4! Hier ist *Phillip Boa and the Voodooclub*, aus der BRD!“

Was dann geschah, ist unbeschreiblich, auch für *Boa* muss es gewirkt haben wie der Olymp. Es hämmerten die ersten Takte von „Diana“ auf uns ein und seine Stimme setzte zum Text ein. Der

Massenpogo, der jedoch dabei abging, den habe ich nie, nie wieder so erfahren, ich glaube, 6.000 Menschen sprangen zeitgleich in die Luft, um sich dann gegenseitig anzurempeln und wieder hochzuspringen. Wer nicht mitgesprungen wäre, wäre unweigerlich zertreten worden. Die Masse wogte von einer Bühnenseite auf die andere. Ich wurde zeitweise ausgehoben, das heißt, ich berührte längst nicht mehr den Boden. So etwas kannte ich nicht, es machte Angst und es machte noch etwas, es machte Spaß. Wir schrieen, sprangen, schubsten, stießen … Die Masse wurde zu einem Ganzen, jeder Gruft war in jedem verhakt, jeder war der andere, Person, Körper – alles wurde aufgelöst im Ganzen. Bei „Containerlove" war mein persönlicher Zenit erreicht. Ich tanzte, was ich tanzen konnte, alles aus mir heraus, jede Wut, jeden Hass, jede Trauer … *Pias* Stimme erlöste mich in diesem Moment. Als *Boa* „Kill your Ideals" anstimmte, „rettete" ich mich auf die Ränge, wie viele andere vor mir schon.

Ich war erschöpft, schweißgetränkt, am Rande des Ertragbaren … Von oben sah das Ganze noch viel krasser aus, ein schwarzes Meer, eine tobende See. Man sah einzelne Iros aus den Tiefen auftauchen, um dann wieder in ihnen zu verschwinden, an einem anderen Ort wieder aufzutauchen, immer im Takt zu „Kill your Ideals". *Boa* stand wie der Steuermann am Bühnenrand und sang wie ein Gott.

Am Ende ging das Licht an, das Konzert war aus. Warum wir nicht bis zu den Knöcheln im Blut standen, ist eigentlich erstaunlich. Ein Wunder wohl, dass es keine ernsthaft Verletzten gab. Dafür hat es beinahe Stress gegeben, ein paar Punx und Skins begannen Rangeleien mit den im FDJ-Hemd aufgereihten Ordnern. *Boa* hatte ein Plektron oder Schlagzeugstöcke von der Bühne geworfen und die wollten sich ein paar Freaks angeln, das jedoch wollten die FDJ-Fuzzis nicht zulassen. Ich wurde unruhig, dachte an die Schützenpanzerwagen, die vielleicht draußen in der Nacht in düsteren Nebenstraßen auf ihren Einsatz warteten. Wir zogen uns zurück, fuhren mit der S-Bahn zum Bahnhof Schönefeld. Von dort wollten die Salzwedeler zurück. Ich blieb in ihrer Nähe, bis auch mein Zug fahren würde.

Wir sammelten uns alle in einer Wartehalle für Reisende, vielleicht so 30 oder auch mehr Schwarze. Die TraPo (Transportpolizei) guckte nervös, reagierte aber nicht, als sie merkten, dass wir friedlich waren. Dafür belagerten uns ein paar Säufertypen. Die fanden uns spannend und setzten sich einfach dazu. Einer von denen, mit einem Gebiss eines Ururgroßopas und einem Sprachfehler dazu, fragte uns: „Kommt ihr mit, Pakete bumsen?"

„Sind wir hier auf der Post?" fragte Fred mürrisch, denn wir wollten alle schlafen. Wir lachten lauthals. Der Typ guckte verdutzt und ging, denn er hatte sagen wollen: „Kommt ihr mit, ein paar Käthen bumsen." Er hätte sich ja deutlicher ausdrücken können, aber so konnten wir sein Angebot nicht annehmen. Zumal ich nicht wissen wollte, wen der jemals „gebumst" hat. Also wenn der Frauen bekam, die aussahen wie er, dann war es besser, auf dem harten Boden des Bahnhofs zu nächtigen. Kichernd schlummerten wir ein.

Zu Hause drehte sich alles um Felix, das Baby meiner Schwester, und die anstehende Hochzeit zwischen Axel und Gritt. Bevor es jedoch so weit war, reiste meine Mutter erstmals in den Westen. Man hatte es ihr problemlos genehmigt, einen Patenonkel zu besuchen. Sie war überaus aufgeregt, hatte vor der Grenzkontrolle Angst. Ich beauftragte sie, mir eine Original *The-Cure*-LP mitzubringen. Sie war eine brave Mutti und brachte mir „Boys don't cry" mit. Sie brachte aber noch etwas anderes mit. Nämlich die Information, dass Erich Honecker am 18. Oktober „abgesetzt" würde. Mein Vater blickte sie zornig an und fragte, ob sie sie nicht alle hätte und woher sie das wissen wollte. Meine Mutter antwortete: „Das stand da in der Zeitung, in *Bild*, jawohl!" Das war too much für meinen Dad, er winkte ab und sagte so was wie: „Das kommt davon, wenn man in den Westen fährt." Am 18.10.1989 hatte meine Schwester Polterabend und *Bild* bekam Recht.

Ich saß bei Papi im Auto und wir wollten etwas für die Party am Abend besorgen. Aus diesem Grund fuhren wir in irgendeinen Ort, wo mein Vater „kalte Platten" bestellt hatte, das Autoradio lief. Dann kamen die Nachrichten. Das muss einer der einschneidendsten Momente im Leben meines Vaters gewesen sein, denn als tatsächlich von der Stimme der Nachrichtentrulla verkündet wurde, dass „Honi" entthront worden war, machte mein Vater eine Vollbremsung, stieg schweigend aus dem Auto und verschwand im Wald. Ich saß allein im Auto, ich war überfordert. Ich weiß nicht, was er da gemacht hat, ich will es auch nicht wissen, aber er tat mir unendlich leid. Ich wusste, er war im tiefsten Innern verletzt, verraten und von *Bild* verkauft.

Ich schämte mich für die letzte Zeit, dafür, dass ich ihm über Monate widersprochen hatte, und konnte ihm sein „Arschloch" erstmals verzeihen. Schweigend fuhren wir weiter, ich wagte nicht, ihn anzublicken, ich glaube, er weinte. Das Radio war aus.

Am Tag der Hochzeit meiner Schwester war alles schon entspannter. Ich hatte mir von meiner Ma einen „*Robert-Smith*-Anzug" schneidern lassen, so einen grauen, wie er ihn auf Postern der 80er Jahre immer anhatte. In einen anderen wäre ich nicht geschlüpft. Andrea war selbstverständlich eingeladen und sie hatte einen kurzen Rock von meiner Mutter geschneidert bekommen. Ihre schwarze Bluse kauften wir unter „besonderen" Umständen. Wir mussten extra bis Rostock fahren, denn in Grimmen gab es weder schwarze Blusen für Frauen noch eine Sonderabteilung für „Pietätskleidung". In Rostock im Kaufhaus wurden wir fündig, in der Abteilung für Trauerbekleidung lag eine Bluse, die einzige, in Größe 52. Drehchen hätte 36 gebraucht. Wir kauften den Fummel trotzdem. Sie krempelte einfach die Ärmel hoch und meine Mutter rettete mit Sicherheitsnadeln das Gröbste. Sie hatte jetzt schwarz gefärbte Haare und sah schon sehr verdächtig nach Gruftie aus.

Nach der Hochzeit wurde sich in Grimmen mokiert, dass der Sohn vom Ranisch in Turnschuhen zum Standesamt gegangen war. Dabei hatte ich sogar die neonfarbenen Schnürsenkel aus den schwarzen Knöchelturnschuhen gezogen. Ich hätte ja auch in hohen Arbeitsschnürstiefeln gehen können, aber das wollte meine Familie partout nicht gestatten. Ich wurde in Grimmen immer „der mit den zwei verschiedenen Schuhen" genannt, weil ich einen neongrünen Schnürsenkel rechts und einen neonroten links in den Schuhen hatte. Die Leute haben mir ewig auf die Füße gestarrt, weil sie es nicht fassen konnten. So wie damals meine Mutter in Cottbus.

Die Hochzeitsfeier jedenfalls fand in so einem Ostkultursaal statt, wo selbstverständlich der Staatsratsvorsitzende der DDR per Bild über jede Feier wachte und mitfeierte. Natürlich war es das Bildnis unseres guten Honi, das da baumelte. Egon-Krenz-Bilder gab es noch nicht, sooo schnell waren sie dann doch nicht, und schon gar nicht in Grimmen. Ich schon. Da bin ich dann also auch gleich ran und wollte den guten Erich in die Mottenkiste legen. Oh, das war wieder so eine eklatante Fehleinschätzung der Situation! Wir einigten uns: Erich bleibt! Die anderen waren in der Überzahl! Und so kam es, dass Erich Honecker noch per Bild Gast auf der Hochzeit von Axel und Gritt sein durfte.

Ist es eigentlich „Ironie des Schicksals", wenn ich verrate, dass ich in meinem Keller noch ein Original Honecker-Bild rumstehen habe? So einen alten Schinken aus irgendeinem Amtszimmer der DDR.

Da nun also meine Mutter schon mal Westluft geschnuppert hatte und nichts allzu Schlechtes über den bösen Klassenfeind berichten konnte, dachte ich, ich könnte das auch mal wagen. Ich war schließlich Rentner: Aufgrund meiner Mukoviszidose, die in der DDR als ernst zu nehmende Behinderung eingeschätzt wurde, hatte ich nicht nur einen Schwerbehinderten-Ausweis, nein, ich bezog auch seit meinem 18. Geburtstag eine kleine Rente. Das waren genau 300 Ost-Mark monatlich zum Gehalt dazu, für damalige Verhältnisse ein schönes Sümmchen. Und als Bürger mit dem Status eines Rentners war es mir gesetzlich gestattet, den Westteil Deutschlands zu besuchen. Ich stellte einen entsprechenden Antrag. Diesmal bekam ich das Formular, denn als ich einen Antrag auf Aufnahme in die SED stellte, haben die mir nicht einmal das notwendige Antragsformular ausgehändigt.

Nachdem ich das Pamphlet ausgefüllt hatte und ein paar schicke Passbildchen von mir machen ließ, latschte ich zum Polizeikommissariat zurück. Die Jungs da guckten leicht irritiert. Sie schoben mir meine unheimlich coolen Gruftstar-Fotos zurück über den Tisch. „So geht das aber nicht, Herr Ranisch", war ihre fachmännische Meinung. Sie sagten, dass sie mich zwar so kennen und so weiter, aber das ich mit den Fotos mit absoluter Sicherheit nicht über die Grenze nach Westberlin käme. Weil ja die braven Grenzsoldaten nicht wissen könnten, wer da so unter dieser Frisur lebte. Ich sollte neue Fotos bringen. Zerknirscht zog ich ab. So etwas hat ne Woche gedauert.

Fotofix-Automaten gab es im ganzen Land nicht. Also Kreuzberg, denn da wollte ich unbedingt mal hin, um die Mauer von hinten zu sehen, musste noch auf mich warten.

Kreuzberg deshalb, weil ich schon verdammt viel gehört hatte von dem Paradies der Punker und Türken, das Einzige, was mich am ganzen goldenen Westen interessiert hätte, waren X-Berg und die Hafenstraße in Hamburg. Ich wollte aber erst mal Westberlin rocken.

Ein paar Tage später überholte mich jedoch die Geschichte.

Ich wurde wie üblich morgens durch meinen RFT-Radiowecker geweckt. Um 5.45 Uhr wurde nicht zurückgeschossen, sondern auf DT64 kamen die Nachrichten. Das war mein alltägliches Weckritual. An diesem Morgen sagte mir die Stimme der freundlichen Nachrichtensprecherin sinngemäß Folgendes: „Seit gestern Nacht ist in Berlin der Grenzübergang zu Westberlin für alle Bürger offen." Mit anderen Worten: Die Mauer war weg!!!

Ich saß im Bett, verwirrt, hätte zu gern die Nachricht noch einmal gehört, aber „zurückspulen" ging ja leider nicht. Tränen liefen über mein Gesicht, *Nina Hagen* fiel mir ein: „Die Mauer muss weg", die Mauer war weg … Was war geschehen, was würde geschehen?

Der Antifaschistische Schutzwall war nicht einfach nur eine blöde Mauer, er sicherte uns hier den Sozialismus, trennte aber andererseits ein ganzes Volk. Ich wusste nicht, was ich denken und fühlen sollte, ich sah mich nicht als Sieger der Geschichte. Ich ahnte, dass wir aber zum Opfer der Zukunft werden könnten.

Auf der Arbeitsstelle sprachen alle durcheinander. Eine junge Kollegin aus der Geologie-Abteilung packte die Sachen und sagte, sie fahre jetzt nach Westberlin. Westberlin, gestern wollte ich noch hin, heute kam es zu uns allen. So hatte ich mir das nicht vorgestellt. In meinem Kopf hämmerte der Satz von meinem Vater, dass wir den Kommunismus stürzen würden. „Nein, verdammt und nochmals nein!" Die Idee des Kommunismus war eine gute Idee, die beste vielleicht, die die Welt je hatte.

Drehchen war auch aufgelöst, war doch das Symbol für diesen Staat ihr Vater. Wenn es ihn nicht mehr gäbe, den Staat, die DDR, was sollte dann aus ihrem Vater werden?

Er wurde Versicherungsvertreter. Aber bis dahin war es noch ein bisschen hin.

In der Zwischenzeit erreichte mich ein Telegramm aus Berlin. Es war vom DDR-Fernsehen, genauer von *ELF99*. Die hatten im September oder Oktober einen Bericht über Punx aus Erfurt gezeigt. Die Punker kamen dabei schlecht weg, ich hatte mich deshalb schriftlich beschwert, dass der Bericht einfach nicht die wahre Seite von Punk beleuchten würde. Ich hatte darunter bemerkt, ich sei Gruftie, und weil ich so mit Punk zu tun hatte, wüsste ich das also auch. Das Telegramm forderte mich auf, unter der angegebenen Nummer anzurufen. Ich tätigte den Anruf von der Arbeit aus, zu Hause hatten wir ja kein Telefon. Ich wurde mit einer Medienstudentin verbunden, die mir erklärte, dass sie gerade ihre Diplomarbeit schreiben würde. Sie würde gern ein Interview mit mir machen. Ich sagte zu und sie kam zum vereinbarten Termin nach Grimmen.

Daniela, so hieß sie, war in meinem Alter. Wir redeten nett miteinander und ich willigte ein, mich für einen Beitrag über Grufties bei *ELF99* filmen und interviewen zu lassen. Sie war ok. Ich konnte am Drehkonzept mitwirken. Wir wollten alle gängigen Klischees zeigen und auflösen. Klischees gab es ja reichlich. Das im Nachhinein Bekloppteste war der weit verbreitete Irrglaube, wir Schwarzen würden Cola mit Spee (Waschpulver) trinken, um berauscht zu werden. Natürlich schliefen Grufties auch bevorzugt in Särgen. Ein jeder erzählte dann: Er selbst oder seine Bekannten hätten jemanden über sich wohnen, der trage schwarze Klamotten und rieche muffig. Außerdem hätten jene „Bekannten“ Schimmelflecke an der Decke, da der böse Gruftie über ihnen seinen Sarg, statt auf den Teppich, auf Erde, die mit Rasen besät wäre, gestellt hätte. Und um nun diesen Rasen zu pflegen, würde der Bösewicht ihn gießen. Dies schnöde Gießwasser sickere aber allmählich in die Wohnstuben der braven Bürger unter der finsteren Gesellschaft. Ohhhhh bööööse, bööööse Grufties! Es war zum Brechen, wie oft ich diese Geschichte hören musste.

Ging man als „Schwarzer“ durch eine Ansammlung Menschen, beispielsweise im Zug, dann hörte man immer hinter sich den Spruch:

„Action Form-Spray“. Das war allerdings kein Klischee, das war Tatsache. Das Zeug erstickte einen fast, und ich brauchte in Spitzenzeiten alle zwei bis drei Tage eine neue Pulle davon.

Überhaupt sah ich mittlerweile für Grimmer Verhältnisse fröhlich furchterregend aus. Meine Haare waren fast weiß, von den Wasserstofftabletten, die man einzeln kaufen konnte. Dafür trug ich meine Fingernägel in schwarz, lackierte sie einfach mit Nitrofarbe an. Meine Augen waren zu großen schwarzen Höhlen geworden, ich half mit angekokelten Weinkorken nach, die malten großflächig ein tiefes Schwarz, besser als das handelsübliche grau. Wir waren kreativ bei der Erfindung der Anti-Ästhetik. Dazu ein blutrotes Hemd und schwarze Hosen und das Paar Ostarbeitsschnürstiefel. Die abgeschnittenen Handschuhe, ein Hundehalsband und der alte Mantel vom Vater komplettierten das Ganze. Um den Hals trug ich einen Rosenkranz, das war so üblich unter Grufts, auch wenn niemand damals christlich war. Ein gewöhnlicher Goth, würde man heute sagen, zu den Zeiten jedoch der Alptraum für einen Vater im Dienste des Staates, wie es Andreas Papa ja noch war. Ja, die ganze kleine Welt in Grimmen nahm Anstoß an meinem Äußeren.

Und während sie den Westen in vollen Plastiktüten importierten, saßen wir auf dem Friedhof und erwarteten die Apokalypse.

Irgendwann fuhren Andrea und ich dann doch noch das Begrüßungsgeld abholen. Mit den 100 D-Mark in der Tasche eroberten wir X-Berg.

Ich setzte mich in der O-Straße in einen Hausaufgang. Wie gern wäre ich einfach dort geblieben. All diese fremden Gerüche. Erstmals sah ich Türken. Aber auch andere Nationen waren dort, es gab einfach Menschen aus aller Herren Länder. Es roch nach Döner, aus den Autos drang der typische orientalische Sound, Sprachen waren zu hören, die ich nie zuvor vernahm. Und zwischendrin immer wieder Punks, einige Grufts. Ich sah Junkies, sah Penner und Säufer, struppige Hunde streiften umher, schmutzige Kinder spielten zwischen Müll und Hundescheiße und wilde Katzen jagten fette Ratten in Hinterhöfen. Die Sonne schien. Kreuzberg, ich war zu Hause.

Bullen kommen durch den Kiez gehetzt
Denn irgendwo ist irgendwas besetzt
Quetschenpaua

Ich verliebte mich in die grauen Wände, an denen zu lesen stand: „Die Häuser gehören uns!“ oder „Bullen raus aus X-Berg“. Jeder Schriftzug, jedes Graffiti hatte eine Bedeutung, war Statement, war Warnung an die Herrschenden, zeugte von Einigkeit und Kraft. Linkspolitische, multikulturelle Lebensart. Was war dagegen Grimmen? Ein Haufen bürgerlicher Spießer, die heute dies, morgen das sagten, immer, was die Obrigkeit hören wollte. Schon Bismarck hat das gewusst, dass es in Mecklenburg ewig dauern würde, eh da was geschieht. Veränderung ist nicht unbedingt eine norddeutsche Tugend.

Nachdem dann auch ich noch dem Konsum frönend mir eine *Dead-can-Dance*-LP gekauft hatte, fuhr ich mit Drehchen zurück. Ich würde wiederkommen, das war klar.

In Grimmen engagierte ich mich in dem Jugendclub, den die Stadt jetzt tatsächlich eröffnete. Ich bemalte zwei Wände. Auf die eine Wand zeichnete ich die Stadtsilhouette von „my Hometown“ Grimmen. Schwarz. Darüber ein riesiges Flammenmeer. Zu lesen stand in den Flammen: „Grimmen brennt vor Langeweile“. Die Auftraggeber waren irritiert.

Dann erhielt ich die Nachricht, dass mein Trabbi da sei. Es ist so, in der DDR musstest du tatsächlich zwischen 10 und 14 Jahren warten, eh du ein Auto kaufen konntest. Nicht jedoch schwerbeschädigte Personen, die wurden bevorzugt beliefert. Ich hatte also Glück. Ich hatte gerade im Frühjahr meine Fahrerlaubnis gemacht und würde jetzt mit 20 Jahren ein eigenes Auto fahren können, die Bank würde es finanzieren. Ich war ein kleiner Held! Jedenfalls fühlte ich mich so, als ich den hellblauen Trabbi abgeholt hatte. Wenn ich gewusst hätte, dass das Scheißteil ein halbes Jahr später für 50 oder 100 Westmark an jeder Ecke zu haben war, ich hätte ne ganze Menge Kohle gespart. C’est la vie.

Daniela kam mit ihrer *Elf99*-TV-Crew. Wir drehten zwei Tage und machten Interviews. Als wir auf dem zentralen Stadtfriedhof von

Grimmen mit Außenaufnahmen begannen, gab es einen Massenauflauf. Neugierig guckte uns halb Grimmen zu. Es mag auch etwas fragwürdig erschienen sein, warum mitten am Tage auf dem Friedhof plötzlich ein Nebel aufstieg, als wollten alle längst Verstorbenen wieder auferstehen. Der Techniker der Crew hatte uns Kunstnebelschwaden versprochen, heraus kam aber eine undurchdringliche weiße Wand.

Die Ausstrahlung des Beitrags war erst im Januar 1990, danach wurde es nicht besser mit den Gerüchten in der Kleinstadt, im Gegenteil. Nur, dass ich ein „**G R U F T I E**“ sei, dass wussten jetzt alle, einschließlich Andreas Papa.

Im Fernsehen sah man immer häufiger Demonstrationen und den Ruf „Wir sind ein Volk!“ Die Arbeiter in meinem Betrieb entfernten das Staatssymbol von ihren Arbeitsgürtelschnallen. Sie nannten mich „Hahn“ oder „Gockel“ wegen der Frisur.

Zum Jahresende wehten die Fahnen in „schwarz-rot-gold“ und alles sah anders aus als noch vor einem Jahr. Der Wind wurde kühler.

In der Silvesternacht riefen die ersten Stimmen bereits „Deutschland, Deutschland über alles“ oder „Deutschland, einig Vaterland“. Es war befremdlich für mich. Deutschland, das klang für mich nach „Deutsches Reich“, nach Nazis und Faschisten. Damit hatte ich nie etwas zu tun, ich hasste die Nazis, Hitler und alles, was damit zusammenhing. Faschisten, so wusste ich, hatten im Krieg Millionen Russen und Kommunisten ermordet. Und Kommunisten waren die Guten, das wusste ich ja, seit ich Jungpionier war. Dass ich in den letzten Monaten und Jahren zuweilen die Grenzen pseudokommunistischer Toleranz zu spüren bekommen hatte, das schrieb ich nicht dem Kommunismus zu, sondern denen, die ihn befahlen. Aus diesem Grund hatte ich mir eine Schuhsohle, die ein Hakenkreuz zertrat, auf den Arm meiner Lederjacke gemalt. „Nazis raus!“ stand da auch noch zu lesen.

Andrea und ich wollten in dem Jugendclub, in dem ich meiner künstlerischen Frustration freien Lauf gelassen hatte, die Silvesternacht verbringen. Irgendwann zog mich plötzlich ein mir unbekannter Typ, der viel größer, älter und verlebter aussah als ich, in eine dunkle Ecke. Er holte aus und schlug mir mit der Handkante an den

Hals, versuchte, meinen Kehlkopf zu treffen. Dabei fluchte er: „Rote Sau!“ Glücklicherweise traf er nicht richtig, ich stürzte nur zu Boden und versuchte zu entkommen. In diesem Moment sprang meine kleine tapfere Freundin den Kerl von hinten an, sie schrie laut und er war sichtlich verwirrt. Einige Leute aus dem Club kamen uns zu Hilfe. Der Mann brüllte immer wieder, er werde mich „Kommunistenschwein“ abstechen, denn es seien Kommunisten gewesen, die ihn jahrelang ins Gefängnis gesteckt hätten. Da er jedoch der Bruder oder Cousin eines der Clubmitglieder war, warf man ihn nicht raus. Andrea und ich beschlossen zu gehen. Üblicherweise traf sich die Stadtjugend zu Mitternacht vor dem großen Kreiskulturhaus „Treffpunkt“, um „anzustoßen“. Das Drehchen hatte sich mit einigen ehemaligen Schulfreundinnen verabredet, folglich suchten wir im Gedränge nach ihren Mädchen.

Plötzlich war sie weg. Ich drehte mich um, suchte sie mit meinem Blick. Nirgends war sie sichtbar. Überall fragte ich, ob irgendwer meine Freundin gesehen hatte. Ich wurde von hier nach dort geschickt, wo auch immer ich ankam, sie war schon wieder fort oder wurde nicht gesehen. Seltsamerweise traf ich jedoch Christiane, eine flüchtige Bekannte, sie suchte ebenfalls, und zwar ihren Freund Alexander. Jener war Schulkamerad von Andrea. Wir wünschten uns ein „Frohes Neues“ und gaben uns den obligatorischen, flüchtigen Kuss. Floskeln halt. Beim dritten oder vierten Mal lachten wir uns an. Wünschten uns aufs Neue „das Beste“ und küssten uns kichernd. Vielleicht war sie etwas in Sektlaune, jedenfalls wurde aus diesen flüchtigen Küssen irgendwann eine handfeste Knutscherei. Als wir uns unbeobachtet fühlten, küssten wir uns richtig. Ich weiß nicht, was mich Andrea vergessen ließ, vielleicht war es, dass sie sexuell schon längere Zeit zurückhaltend war und zunehmend zurückhaltender wurde. Sie mochte sich nicht „richtig“ küssen, und Sex, also so richtig wilden animalischen Sex, hatten wir seit Monaten nicht oder in Wahrheit nie gehabt. Dieses Mädchen jedoch machte alle Anzeichen, unkompliziert mit Lust umgehen zu wollen. Sie hatte sich sogar ihr Schamhaar abrasiert und wollte mehr als nur küssen. Wir zogen uns in mein Auto zurück und fuhren in ein Versteck.

Ich brachte sie später dann zu ihrem Wohnblock und setzte sie ab. Andrea kam mir zurück in meine Gedanken. Was sollte ich ihr sagen und wo war sie? Ich wusste nicht, ob ich mich schämen sollte, ich hatte schließlich das erste Mal jemanden betrogen. Obwohl, das mit Plüschi damals, das war ja auch nicht nett. Und dies hier? Andererseits, ich war erst 20. Ich hatte kaum Erfahrungen mit Frauen. Ein wenig Abenteuer täte mir gut, dachte ich und beschloss erst mal, Andrea zu erwarten, um „operativ" zu entscheiden, ob und wie ich es ihr sagen könnte, sagen wollte ich es ihr jedenfalls.

Andrea klingelte so morgens um 8.00 Uhr bei mir, sie wirkte verstört. Wusste sie es schon, hatte sie mich mit Christiane vielleicht gesehen? Andrea stammelte etwas, blickte zu Boden. Ich hatte eine unheilvolle Ahnung … Sie versuchte mir zu erklären, dass sie… Den Tränen nahe erklärte sie, dass sie Alexander getroffen hätte und … und … und dann sei es passiert. Sie hatte die Nacht mit ihm verbracht, war fremdgegangen. Ich guckte sicher saublöd aus meinem Schlafanzug heraus. „Nun ja", so fuhr ich fort, „du kennst doch Christiane." Sie nickte nachdenklich. „Die Freundin von Alexander?!" Dann klickte es in mir. Ich hatte erst in dem Moment kapiert, dass ich die Freundin von dem Typen gefickt hatte, der meine Freundin verführt hatte. Ich lachte los. Andrea wunderte sich, warum ich zu lachen begann, wenn sie mir erzählte, dass sie mich betrogen hatte. Ich gestand das ganze Dilemma. Dem Drehchen fiel ein Stein vom Herzen, sie hatte Angst, ich würde sie verlassen. Es wurde ein wilder Neujahrsmorgen-Entschuldigungsfick.

Wir trafen uns dann häufig mit Christiane, sie fand, wie viele andere auch, spannend, was da so bei den Grufties lief. Ein kurzes Gastspiel.

Am 15. Januar, dem jährlichen Todestag von Rosa Luxemburg, fand in Grimmen eine Demonstration statt. Ich denke, die ortansässige SED oder das, was noch übrig war, wird dazu aufgerufen haben. Gekommen waren jedenfalls bestimmt 1.000, vielleicht mehr Bürger. Alles so ehemalige Genossen und jüngere überzeugte Linke. Mein Vater ging auch hin. Ich hatte mich mit Kaufi verabredet, wir schlenderten zwischen den Leuten hin und her. Zwei Typen in Schnürstiefeln, ich mit der Lederjacke.

Plötzlich tauchte ein Mann vor mir auf, fragte mich etwas, und als ich mich vorbeugte, um ihn besser zu verstehen, griff er zu, zack, nur eine kurze Handbewegung seinerseits. Ich lag fast auf dem Asphalt, der Mann kniete auf mir: „Sie sind festgenommen", war seine Auskunft auf mein fragendes Gesicht. Ich kapierte gar nichts, als er mich mit sich zog. Als er mit mir auf der anderen Seite der Straße ankam und dabei zufällig meinen Arm verdrehte, den er mir auf den Rücken geklemmt hatte, erblickte er die Zeichnung auf dem Ärmel meiner Lederjacke. Er ließ locker, sein Gesicht wurde rötlich, dann ließ er mich ganz los. Er stammelte irgendwas von „Hakenkreuz" und „Anzeige". Diese Szene wurde natürlich von der gesamten Demonstration beäugt und selbstverständlich auch von zwei eifrigen Vopos (Volkspolizisten). Diese sahen nun, dass ich „frei" war, das konnte nicht sein. In ihrem Verständnis musste ich doch längst geknebelt niedergestreckt daliegen. Also schickten sich die beiden Bullen an, ihrem Chef zur Hilfe zu eilen, und zogen ihre Gummiknüppel tapfer hervor und kamen über die Straße gestürmt. Ich kniff die Augen zusammen. „Halt! Haalt!" hörte ich meinen Peiniger rufen. Ich öffnete die Augen und sah den Zivilkommissar wild mit den Armen fuchtelnd vor den beiden Grünlingen herumspringen. Es schien nicht so einfach, die beiden Polizisten in ihrem Tatendrang zu bremsen. Sie rafften gar nichts, schauten deppert drein. „Ein Missverständnis", jammerte der Obercop fast schon. Enttäuscht versteckten die beiden ihre Knüppel hinterm Rücken. Ich dürfe gehen, wurde mir nach kurzer Entschuldigung gesagt. Mir war die Lust zum Bekennen „marxistischer Grundsätze" verloren gegangen, ich ging nach Hause. Zurück in der Demo blieb mein armer Vater, den natürlich alle möglichen Menschen musterten, schließlich wusste jeder, wer ich und er waren. „Ein wunderschöner Beginn für einen Jahresanfang", zischte ich vor mich her.

Andrea zog mit ihrem Vater um in ein anderes Neubaugebiet, etwas näher in die Nähe meiner Eltern. Zufälligerweise wohnte da auch selbige Christiane.

Uwe kam mal wieder zu Besuch und wir verabredeten uns, zu viert etwas zu unternehmen. Ich war erfreut, dass Uwe wieder schön schwarz gefärbte Haare trug und auch sonst ziemlich gruftig daherkam. Christiane schien das auch zu gefallen. Sie machte ihm schöne Augen, worauf er jedoch nicht einstieg. Wir gingen aber trotzdem mit, als uns Christiane nachts einlud, bei ihr Nudeln zu kochen. Ihre Eltern waren verreist. Wir saßen da so rum, als plötzlich das Türschloss knackte und ein junger Typ eintrat. Ich erkannte ihren älteren Bruder, der mir aus frühen Schultagen in Erinnerung war. Der Kerl stutzte, seine Augen wurden rot. Er fing fürchterlich an, herumzuschreien und seine kleine Schwester zu schubsen, uns zu beschimpfen und insbesondere Uwe zu bedrängen. Wir wollten gehen. Als wir auf der Treppe waren, flog uns Christiane hinterher. Ihr Bruder verfolgte uns unter lautstarkem Gebrüll. An der Tür bekam er das Mädchen wieder zu fassen. Er warf sie durch die geschlossene Eingangstür. Das Glas der Tür splitterte. Uwe versuchte, ihn zu beruhigen, dies jedoch hatte zur Folge, dass er ihm ins Gesicht schlug und dann versuchte, Uwe den Kehlkopf zu verdrehen. Er schrie unablässig: „Ich kann Karate und dies ist mein Todesgriff.“ Das Drehchen und ich waren starr vor Schreck! Irgendwann hatte er uns alle vier aus dem Hausflur gedrängt. Uwes Brille war kaputt und sein Auge blutete vom zerborstenen Brillenglas. Wir fuhren in ein Krankenhaus.

Der Beginn des Jahres war von den politischen Veränderungen geprägt. Einige konnte man dann sogar in Songs wie „My Home is everywhere“ von *Die Vision* oder bei *Herbst in Pekings* „Immortality“ vernehmen. In dem Song geht es um den ehemaligen rumänischen Diktator Ceauşescu. Ich kann mich noch sehr gut an die Bilder seiner Erschießung erinnern. Allerdings auch an die Bilder hungernder, verwahrloster Kinder. Es war erschütternd und zutiefst einschneidend in meinen Erinnerungen.

Der gesamte Ostblock erzitterte von den politischen Vorgängen, es war eine historische Zeit. Helmut Kohl ging auf DDR-Tour und versprach den Menschen eine goldene Zukunft. Die Menschen hofften und wählten, nämlich den Zickensack Lothar de Maizière, der aussah wie die Personifizierung der DDR neben der Kohlschen Abrissbirne.

Am allerwitzigsten war jedoch der Typ von der DSU, dieser Diestel, der in Halle verkündete: „Hier steht der neue Bundeskanzler."

Überhaupt nahm sich jeder, der sich „gesamt-deutsch" fühlte, besonders wichtig, alle anderen waren pauschal verdächtig, „IM" der Stasi gewesen zu sein. Lustigerweise waren besonders viele der neuen CDU-Funktionäre später auf den Gehaltslisten des Ministeriums für Staatssicherheit zu finden.

Helmut verkündete auch in Greifswald seine Zukunftsvisionen. Ein paar Tage nach der Veranstaltung trafen wir bei Kaufi ein Opfer der begeisterten Menge. Der etwas dickliche Typ, Anfang 20 etwa und seines Zeichens Mathematik-Student, berichtete von der Kundgebung des Kanzlers. Er erzählte uns, dass auch Freunde der Republikaner anwesend waren und dem „Deutschland einig Vaterland" zustimmten. Als dann ein paar Greifswalder Studenten Einwände gegen eine vorzeitige Übernahme der DDR durch die BRD anmerken wollten, kam es wohl zu Pogromen gegen alles, was linker aussah als Helmut selbst. Der Typ sah etwas lädiert aus, also glaubten wir auch, was er zu berichten hatte. Es war nicht das erste Mal, dass man von Übergriffen durch national motivierte Mitbürger hörte.

Und wenn er abends in der Kneipe seine Meinung sagt …
Ein dreckiger scheiß Faschist
Die Firma

Ich selbst ging mit meiner Mutter in die Stadt zum Einkaufen. Sie entfernte sich ein paar Meter, um einen Brief in den Postkasten zu stecken, als ein ca. 50-jähriger Mann mich mit dem Spruch „Bei Adolf hätte man dich vergast" grüßte. Ich guckte anteilnahmslos, meine Mutter jedoch, sie hatte das mitbekommen, ging auf den Kerl los, als hätte sie sich ne ganze Linie Kokain reingezogen. Bevor es zum Massenauflauf kam, zog er es vor, sich zu verziehen, sonst hätte sie ihn wohl k. o. geschlagen. Da kennt sie nix, wenn einer ihre Kinder vergasen will, dann gibt's schon mal ne Ansage.

Der Ton wurde allgemein schärfer im Land.

Wir trafen uns nun fast täglich beim guten Kaufi, seine Eltern hatten ihn faktisch allein zurück gelassen in einer 4-Zimmer-Altbauwohnung. Sein Alter hatte eine Anstellung als Domorganist in Greifswald bekommen. Kaufis Eltern waren so verkappte christliche Künstler, sie musizierten gemeinsam mit den Kindern und lobpreisten den Herrn. Ich habe das mal mitgehört, es war grausam und bestimmt keinem Gott gefällig. Jedenfalls waren sie einfach weg, und Kaufi, der ja diese heftige Legasthenie hatte und auch sonst nicht wirklich wie ein souveräner Mann wirkte, hockte in der verlassenen Riesenbude. Er wirkte buchstäblich etwas verloren dort.

Über ihm lebte lediglich eine sehr alte Dame, die war aber glücklicherweise halb taub und so konnten wir ungestört unserem Punk oder *Cure* frönen. Kaufi war froh, wenn wir da waren, er war einsam.

Er hatte aber ein paar Kumpels, Otto & Motzke zum Beispiel. Otto war so ein „Ich werd mal Musiker in einer Kleinstadt und spiel in zig Bands"-Typ. Ich mochte ihn, er war zwar eigentlich Stino, vielleicht in Jeansoptik, aber er war kein Proll. Eher ein zurückhaltender Mensch, angenehm im Umgang. Motzke war sein Schulkamerad, vom Typ „Mit dem spielt sonst keiner außer Otto". Motzke war groß und kräftig gebaut, immer dümmlich am Grinsen, er hatte ne fiese dicke Brille und sah irgendwie uncool aus. Aber Motzke war eigentlich nett, auch kein Angeber, nicht der Hellste vielleicht.

Zu viert fassten wir den unglaublich absurden Entschluss, eine Band zu gründen. Aber das grenzte auch an Gotteslästerung gegenüber dem Gott der Musik!

Außer Otto war niemand in der Lage, mehr als Platten zu wechseln. Der war ein mäßiger Gitarrist, musste halt noch üben, aber das mit uns zu machen, war ein abstruses Unterfangen. Kaufi mit seiner Legasthenie konnte ja nicht mal Texte lesen, er wurde aber zum Sänger berufen. Motzke hatte ein Schlagzeug und wird wohl schon ein paar Mal daran probiert haben, demzufolge fiel ihm der Job als Rhythmusmaschine zu. Mir blieb also der Posten als Bassist. Zunächst, das lag in der Natur der Sache, brauchte ich ein Instrument, das geeignet war, einen Basston zu erzeugen. Bex wiederum hatte einen Schulfreund, dessen Vater war mal Musiker, davon jedenfalls zeugte die Bassgitarre, die mir der Kollege „Hammi" verhökerte. Dass das Ding nur ganze drei Saiten hatte, tat der Sache keinen Abbruch.

Wozu brauchte ich vier Saiten, wenn ich nicht mal auf dreien spielen konnte, wir wollten schließlich Punkrock machen. Viel wichtiger war, dass das Teil in lackschwarz war! That's Punk!

Wir probten in einer leeren Garage. Ich weiß nicht, wie lange wir das wirklich machen wollten, es war jedenfalls nicht mal Punk und das will was heißen. Experimenteller Free Jazz war im Vergleich dazu ein Ohrenschmaus.

Ein paar Kumpels vom Otto, die in diversen Metal-Bands rockten, kamen mal rüber zum gucken. Sie lachten, und seitdem hieß ich bei denen der „Drei-Saiten-Basser". Beim Quatschen stellte sich dann aber raus, dass einer von denen, der Martin, ein Riese von einem 16-Jährigen, Bass spielen konnte und ne Band suchte. Ich trat meinen Job ab. Dann gab es noch eine Umbesetzung, Kaufi wurde als Sänger kurzerhand gefeuert und das Drehchen stieg ein. Die konnte eigentlich ganz gut singen und hatte zu Hause schon mal geübt. Ich wurde der „Manager" und Cheftexter der Truppe. Dann besorgten wir uns den Schlüssel für eine Schulküche, in der Mensa gab es mehr Platz zum spielen und es war auch nicht so bitterkalt.

Ich kritzelte einen Protestsong aufs Papier und erklärte, was ich mir so musikalisch dazu vorstellte, dank Martin wurde es ein Song. „The Flying Horses" gibt es als Tape in meinem Kassettenaufbewahrungsschrein.

Wir leben hier in einer kleinen Stadt,
die für uns nichts zu bieten hat.
Flying Horses

Uwe kam mal wieder zu Besuch, diesmal allerdings per Motorrad. Er hatte sich eine AWO gekauft, so ein 50er-Jahre-Teil. Allerdings trug er jetzt immer Helm und konnte deshalb nichts mehr toupieren. Er blieb nur ein paar Stunden, denn er war in Begleitung von „Baui", einem Motorradfreund von Uwe, der ursprünglich auch mal so ein *Cure*-Fuzzi war wie wir. Uwe erzählte mir, dass er bei seinen Eltern ausgezogen sei. Wow! Ich fand das cool, wäre ich doch auch allzu gern in einer eigenen Wohnung ohne meinen Vater und meine, wenn auch liebevolle, aber doch nervende Mutti gewesen. Uwe lud uns ein, ihn dort zu besuchen, also sattelten wir Ostern die Pferde und ritten gen Salzwedel, das Drehchen und ich.

Dort in der neuen Wohnung lernten wir dann seine zwei Mitbewohner kennen, denn Uwe hauste in einer WG. Der eine, ein großer Typ, Mike, bereits Mitte/Ende 20, war ein Exgruft, der konnte prima aus ganz alten Tagen vor meiner Zeit berichten. Der zweite war ein Austauschschüler aus dem Westen, er kam aus Göttingen. Als wir da waren, war auch seine Freundin zugegen. Es gab viel zu erzählen. Uwe berichtete uns zum Beispiel, dass auch sie schon in ihrer neuen Wohnung überfallen worden seien. Irgend so ein Assi, der mit in dem halbverfallenen Haus lebte, hatte Freunde, die nachts faschistische Lieder sangen und rassistische Parolen riefen, wenn sie besoffen waren. Eines Abends waren sie dann über die vermeintlich schwulen Grufties hergefallen. Auch vor dem Salzwedeler Kino kam es zu einer Schlägerei mit rechten Skinheads. Als Uwe und dieser Göttinger Schüler mit ein paar anderen Leuten aus dem Kino kamen, standen sie davor, die Skins. Ohne Warnung schlugen sie dann mit einem Baseballschläger auf die Grufties ein. Uwe entriss einer Glatze den Schläger und drosch ihn seinerseits damit zu Boden, nachdem er bereits mehrfach mit Stahlkappenschuhen getreten worden war. Beide landeten im Krankenhaus. Als Uwes Vater davon erfuhr, wollte er den Nazi-Skin noch im Krankenhaus meucheln.

Von dem älteren Exgruft bekam ich ein Kreuz aus Messing geschenkt, bestimmt fast 20 cm lang, es sei aus dem Zaun eines Friedhofs ausgesägt worden, versicherte er mir. Er hörte *Nick Cave* und *Siouxsie and the Banshees*, ich überspielte mir ein paar Tapes. Bei Uwe lief mittlerweile *David Bowie* im Player.

Wir besuchten noch Helge von *Rosengarten* und dort überspielte ich mir die LP einer englischen Band, deren Musik ich als zunächst ähnlich wie *Dead can Dance* empfand. Das Cover zeigte jedoch einen maskierten Mann im Kampfanzug. Irgendwie martialisch, düster. Neofolk sei das, wurde mir gesagt. Die Platte hieß „Nada", sie war von *Death in June*.

Kurze Zeit, nachdem ich bei Uwe war, begann ein furchtbares Jucken, ich hatte es am ganzen Körper. Wir suchten uns gegenseitig nach Flöhen ab, denn beim Drehchen ging es ebenfalls los. Wir fanden aber keine, bis Uwe mich anrief und sagte, wir sollten zum Arzt gehen, denn sowohl er als auch einige Freunde hätten die Krätze. Weiß der Teufel, woher das kam, aber ich hatte mich angesteckt, als er mich bat, ihm mal den Rücken zu krabbeln ... Fuck, ich fluchte! Es dauerte auf Grund meiner schlechten Grundkonstitution sehr lange, eh ich den üblen Scheiß wieder los war. Wir mussten uns ewig mit einer stinkenden Salbe am ganzen Körper einreiben und es juckte trotzdem höllisch.

Zu Hause trafen wir uns fast nur noch bei Kaufi. Wir richteten uns da unser Hauptquartier ein, saßen jeden Abend beim Tee und hörten verschiedenste Musik aus dem Punk- oder Independentbereich. Zwischenzeitlich räumten wir die Bude mal auf. Kaufi war etwas überfordert damit. Seine Eltern müssen das auch gewesen sein, denn als wir die alten Küchenschränke ausleerten, fischten wir Tube um Tube „Trompetenfett“ aus den Schubladen hervor. Es gab tatsächlich sogar Tuben von Trompetenfett aus den 60er Jahren dort, aber auch die 70er Jahre hatten Trompetenfett hinterlassen. Und auch in den guten 80ern wurde dort Trompetenfett eingelagert. Alle paar Jahre wieder! Es gab eine schöne, museumsreife Sammlung Trompetenfett in dieser Wohnung. Wir lachten herzlich. Kaufi allerdings nicht so wirklich.

„Du schwule Sau!“
Jugendliche Passanten

Auf der Straße wurden wir immer häufiger den Attacken von irgendwelchen pöbelnden Stinos oder Metallern, die sich urplötzlich ihre Haarmatten abrasierten, ausgesetzt. Obwohl ich mit dem Drehchen Hand in Hand ging, rief man mir „schwule Sau“ und solche Dinge nach. Es war besser, im Auto durch Grimmen zu fahren oder in Gruppen unterwegs zu sein. Kaufi wurde Opfer eines wütenden Faschos, er zerrte ihn vom Rad und trampelte dann so lange auf Kaufis Drahtesel rum, bis das Rad eine „Acht“ hatte. Dabei schimpfte der in schwarzer Bomberjacke gekleidete Typ Sachen wie „Ihr Linken, ihr stinken!“ Sein größtes Problem schien allerdings nicht sein Sprachproblem, sein Problem war das seiner Hautfarbe, der Idiot war nämlich selbst mit einem schönen negriden Teint geboren. Unverständlich, aber wahr. Ein Trottel vor dem Herrn.

Ich schlug André vor, dass wir alle mal zu dem Stammtreffpunkt der ortsansässigen Faschos gingen, um das Problem zu klären, nicht das der Hautfarbe dieses Komikers, die war mir egal. Ich wollte das Fahrrad rächen. Allerdings traute sich keiner so recht, mit zum betreffenden Kiosk zu kommen. Da standen diese Möchtegern-Nationalisten nämlich täglich bis spät abends, um der deutschen Braukunst ihre Hochachtung zu schenken.

Wir waren mittlerweile ein beträchtlicher kleiner Haufen „antinationaler Widerständler" geworden. Außer Kaufi und mir, wir waren die beiden Ältesten, waren noch Otto, Motzke, Martin, Bex, Hammi, Ali, Gunnar und Toppi und die Mädchen Andrea und Judith ständig da. Zu Martin muss man sagen, dass er selbst den Reps nahe stand, er war stolz, „deutsch" zu sein. Jedoch hasste er diese Schlägernazis und war in keinem Fall Rassist! Er liebte einfach „Deutschland", was auch immer das für ihn war. Er hasste Gewalt, egal, woher sie kam, und mochte uns mehr als großmäulige Heavys oder deutschtümelnde Stinoschläger. Martin war uns gegenüber loyal.

Hammi war, wie schon erwähnt, Bex' alter Schulfreund, er war HipHopper und hörte *2 Live Crew* oder so etwas. Ein ewiger Quatschkopp und Grinsemann.

Ali war ebenfalls in dem Alter, er war schwarz, also ein Gruft. Er hieß eigentlich Jan, aber das wusste ich lange Zeit nicht einmal. Er gehörte zu Toppi. Toppi war ein lustiger Vogel, ich mochte ihn sehr, zurückhaltend, aber völlig unruhig. Der konnte nie stillsitzen, war immer am Witze reißen, besonders über Ali. Dafür riss dann Judith umso mehr Witze über Toppi, denn die beiden waren wie Königskinder, sie wollten immer ein Paar werden, haben sich aber ständig angezickt. Einer von beiden war stets über den anderen beleidigt. Amüsant. Gunnar war ruhiger, irgendwie reifer, obwohl im selben Alter, mit einer heftigen *Cure*-Frisur auf dem Kopf.

Es war immer etwas schwierig auszuwählen, wen ich im Auto mitnahm, denn wir sind ab und zu nach Greifswald gefahren zu Konzerten oder einfach nur in die dortige „Teestube", einem Studentenladen, in dem sich Linke, Punker und auch ein paar Grufties zum Plausch beim Tee trafen.

In Stralsund habe ich einmal Andrea besucht, sie wohnte nun unter der Woche dort im Schwesternwohnheim, denn sie hatte im Herbst ihre Ausbildung zur Krankenschwester begonnen. Wir gingen gemeinsam mit ihren MediFa-Schwesternschülerinnen in eine Großraumdisco, dem Easy. Dort trat mir ein „Nationalheld" von hinten mit seinen Springerstiefeln in den Rücken, ich war beeindruckt, wie mutig er war, und zog es vor zu gehen, denn der gute Mann war mit der gesamten „dOItschen" Jugend angetreten.

„Haben sie dich in Buchenwald vergessen?"
stolze Stralsunder

Zwischenzeitlich erwischte mich eine Lungenentzündung; meine Ärztin im Betrieb riet mir, eine Kur zu machen, ich willigte ein. Sie machte einen Termin klar. Irgendwann im August, in Schönebeck/ Salzelmen bei Magdeburg.

Bevor es aber so weit war, fuhr ich mit Andrea nach Berlin. In einem Kino in Berlin-Adlershof sollte der *Cure*-Film „Live in Orange" gezeigt werden. Wir fuhren zum Come Inn. Dort waren bereits vielleicht 300 oder 350 Grufts, alles *Cure*-Fans.

Ich hatte meine Pikes an, sehr spitze Schnallenschuhe, die ich mir am Tage unter obskuren Umständen gekauft hatte. Bevor wir nach Adlershof fuhren, waren wir natürlich in Kreuzberg. Es war der letzte Tag, an dem es regulär Ostmark gab. Ich war mit Drehchen am Kotti, in einem der vielen Szeneläden, dort stand mein Paar Schuhe. Ich erzählte dem türkischen Händler, dass er das Geld am kommenden Montag in Westmark tauschen konnte. Er nickte und gab mir die Schuhe. Leider war es nicht möglich, Münzgeld zu tauschen. Also wird er am Montag etwas geflucht haben. Keine Sorge, lieber Leser, das Geschäft gibt es noch heute, der Mann musste nicht in Insolvenz gehen wegen mir, und ein Teil des Geldes war ja in Scheinen. Jedenfalls hatte ich den Händler schon halb vergessen, als der Konzertfilm begann.

Ab der Hälfte des Films sprangen die ersten Grufts auf den Bühnenrand vor der Leinwand und begannen, dort ausgelassen zu tanzen.

Ein paar Leute pfiffen und beschwerten sich, aber die Ordnungskräfte waren machtlos. Der Film lief weiter und irgendwie sah das auch phantastisch aus, diese echten Menschen mit ihren Hochstehfrisuren vor der Leinwand, auf der *Robert* zu seinen Songs zu sehen war. Wir eroberten ebenfalls die Bühne und schwebten mit den anderen im Kinosound.

Glücklich stellten Drehchen und ich uns nachts an die unendlichen Schlangen der Tankstelle an, denn ein jeder wollte sein letztes Ostgeld scheinbar in Benzin anlegen. Der Osten hatte, was er wollte, seine Freiheit, jedenfalls die der Kaufentscheidung. Genannt wurde es offiziell Reisefreiheit, aber es ging um die Entscheidung, in einer Kaufhalle sich zwischen 10 Sorten Waschpulver entscheiden zu dürfen. Oder beim Autokauf seine Wahl zwischen Blau, Rot oder Grün tätigen zu können. Ich habe es da einfacher: Ich nehme schwarz, wo immer es geht.

Das war der Startschuss zum Ausverkauf der DDR. Hordenweise wurden wir nun mit Produkten aus dem Westen verführt, unsere Spareinlagen bis unter Null zu dezimieren. Alle machten mit. Ich auch, ich investierte mein Geld in eine Stereoanlage mit 1.000 (!) Watt. Damit hätte ich ganz Grimmen unterhalten können, aber viel hilft viel, glaubte ich. Richtig war: Viel kostet viel.

Wir waren so was von vernebelt, dass es uns gar nicht auffiel, was für Schwachsinn im Einheitsvertrag unterzeichnet wurde. Die Treuhand verhökerte alles. Unsere Würde haben wir selbst in kleinen Scheinen auf dem Ladentisch der Zeit gelassen. Es wurde alles gekauft, ob man es brauchte oder nicht, aus Angst, die Mauer würde wieder aufgebaut und das schöne Leben im Schlaraffenland BRD wäre wieder vorbei.

Irgendwann kam dann die Nachricht, dass *The Cure* in Leipzig spielen würden. Das war ein ohnmächtiges Erlebnis, die Nachricht selbst, meine ich. Es wurde mir schlagartig bewusst, dass man *Robert* sehen kann. Geld macht eben doch einiges möglich … Jahrelang hatte man gesagt: Wenn ich mal *The Cure* live sehe, danach bringe ich mich um. Es war der Sinn des Lebens. Sollte es so einfach sein? Aufgeregt telefonierte ich mit Uwe, wir einigten uns, dass ich Karten bestellen würde. Ich bekam die schriftliche Bestätigung, dass 10 Tickets auf meinem Namen zurückgelegt worden seien. Ich hatte Karten für *The Cure* erstanden, unglaublich!

Endlich kam der Tag. Ich hatte alle meine „heiligen" Klamotten bei mir, jene, die mich auf dem Konzert des „Meisters" kleiden durften. Meine Haare färbte ich Aubergine, schwarz hätte meinen Vater ausrasten lassen.

Ich starrte bestimmt hundertmal zur Bahnhofsuhr, wann endlich der Zug, von Rostock kommend, mich und meine Freunde nach Leipzig fahren würde … Ich wartete nicht allein, der Bahnsteig wurde langsam schwarz, alle Grufts des Landes wollten zum Konzert. Endlich wurde der D-Zug aus Rostock angekündigt, ich blickte ihm entgegen. In allen Waggons standen oder saßen *Cure*-Fans. Nach ein paar Stunden fuhren wir im Hauptbahnhof von Leipzig ein. Wir sahen auf dem Bahnsteig Uwe und mehrere Salzwedeler Grufties auf uns warten, alles schien zu klappen. Es war eine stürmische Begrüßung, der Bahnsteig war schwarz, wir würden heute *The Cure* sehen. Zum ersten Mal im Leben.

Langsam schlenderten wir Richtung Ausgang, wir waren eine lange Schlange aufgeregter Fans. Uwe und ich gingen mehr oder weniger vor den anderen her.

In einiger Entfernung tauchte jedoch ein Typ auf. Weißes Shirt, dicker Bauch, Hosenträger in „schwarzrotgold", Glatze. Er zeigte den „Hitlergruß". Wir hörten ihn „Deutschland" rufen. Dann ging alles sehr schnell. Aus dem einen „Deutschland" wurde ein Vielfaches, ohrenbetäubend laut. In der geschlossenen Bahnhofshalle von Leipzig wirkt so etwas ungleich lauter. Wir hörten das rhythmische Aufstampfen von nägelbeschlagenen Sohlen auf dem Boden. Zudem wurde „Oi! Oi! Oi!" gerufen.

Dann ein kurzes prägnantes: „Vor!"

Das Getrampel kam augenblicklich näher und wurde von Schreien übertönt. Innerhalb von Sekunden schossen Schwarze in wehenden Mänteln an uns vorüber, ich sah auch Andrea an mir vorbeirennen, irgendwohin. Ich lief ebenfalls los, egal wohin, Hauptsache weg von dem Gebrüll und den angsterfüllten Schreien.

Als ich an der Treppe ankam, die die Haupthalle von der Vorhalle trennte, rutschte ich auf den glatten Pikes aus und stürzte die Stufen hinab. Unten prallte ich auf einen Passanten, sein Aktenkoffer flog durch die Luft, er stürzte. Zig Zettel, vielleicht Unterlagen, flogen umher. Ich konnte mich nicht einmal entschuldigen, die Stiefeltritte kamen immer näher, es galt, sich in Sicherheit zu bringen. Ich rappelte mich auf und stolperte weiter, immer den anderen Schwarzen hinterher. Durch die linke Ausgangstür raus ins Freie, sofort links herum. Ich hatte nur eines im Sinn, aus dem Blickfeld der heraneilenden Skinheads zu kommen. Mit zwei weiteren Grufts kam ich zeitgleich an einem stehenden Polizeiwagen an. Dort blickten uns mehrere Polizisten fragend an. „Faschos, überall Faschos!" stammelten wir aufgeregt durcheinander. Die Bullen machten schnell eine Durchsage im Streifenwagen an ihre Einsatzkräfte innerhalb des Bahnhofsgeländes, dann versuchten sie uns zu beruhigen, dass sie die Lage unter Kontrolle hätten. Einer der leitenden Einsatzkräfte vor Ort zeigte uns einen Fußgängertunnel, in dem wir angeblich sicher wären. Erst jetzt sahen wir an der Straßenbahnhaltestelle, vielleicht 30 oder 50 Meter von uns entfernt, Skins grölen, es waren vielleicht 20 oder 30. Sie bepöbelten die Polizisten und uns. Die beiden anderen Grufties, mit denen ich am Streifenwagen stand, waren Bex und Kacken, der eigentlich Karsten hieß und zu den Salzwedelern gehörte. Das war Bex' und mein Glück, denn ohne „Kacken" hätten wir nicht gewusst, wo Uwe und die anderen Salzwedeler mit ihren Autos parkten. Wie hätten wir sie also jemals finden sollen, Handys gab es ja noch nicht.

Wir befolgten den Rat der Polizei und gingen die Unterführung entlang, sie war mit Sicherheitskräften in Zivil überwacht. Auf der anderen Seite der Straße schlugen wir uns durch dichtes Gebüsch. Wir wollten unter keinen Umständen von den Skins erwischt werden. Plötzlich standen wir vor einer unglaublichen Szene. Mitten im Leipziger Stadtkern, irgendwo an einer extrem befahrenen Straße, im Gebüsch versteckt, sonnten sich nackte Menschen. Es schienen Zigeuner oder Russen zu sein, jedenfalls eine Familie, die augenscheinlich nicht deutscher Herkunft war. Da lag ein Mann mit mehreren Frauen auf einer Decke, sie hatten Kofferradio und Kühltasche dabei. Die Kinder spielten nackig im Gras, als säßen sie am Ostseestrand. Sie blickten nur kurz hoch, sagten irgendetwas Unverständliches und relaxten weiter. Und das alles, während 100 Meter davon entfernt Skinheads ihrem Hass freien Lauf ließen. Kopfschüttelnd suchten wir weiter nach einer Möglichkeit, unbemerkt zum Parkplatz zu kommen. Es gelang. Dort, und das war meine größte Sorge, traf ich das Drehchen, unverletzt. Alles schien gut, bis wir beim „Durchzählen" merkten, dass zwei Leute fehlten. Marko und Lehnchen. Lehnchen hatte ein Gipsbein, niemandem war in den Sinn gekommen, sich um sie zu kümmern, als die große Flucht begann. Doch, der Marko. Beide kamen nach einer Weile zu uns, sie erzählten, dass sich die Glatzen drinnen auf das humpelnde Mädchen stürzen wollten, Marko war der Einzige, der das mitbekam und deshalb stehen blieb. Er zog Lehnchen in einen der Bahnhofs-Shops, dort baten sie um Beistand, der ihnen insofern geleistet wurde, als dass die Verkäuferin kurzerhand den Laden von innen verschloss. Die Schläger versuchten von außen vergeblich an die eingeschlossenen Grufties zu kommen. Die Polizei vertrieb dann die Nazis.

Wir berichteten noch kurz von den Skingruppen, die wir gesehen hatten, dann stiegen wir in die Autos, um zum Zentralstadion zu fahren. Uwe hatte sich einen VW-Bully gekauft. Schwarz mit weißem Dach, wie ein ehemaliger Leichenwagen. „*Robert*, wir kommen", riefen wir aufgeregt. Uwe fuhr auf die Hauptstraße. Wir waren völlig überbelegt in dem Kleinbus. Es waren bestimmt 10 bis 12 Leute im Auto. Hinter uns fuhr noch ein voll besetzter Golf. Wir waren jedoch keine drei Minuten weit gekommen, da stürzte sich ein wild gestikulierender, völlig verzweifelter Gruftie vor unseren Bus. Er schrie, er wolle mit, denn hinter ihm tauchte eine Gruppe heraneilender Skins auf. Sie hatten ihn wohl verfolgt und in seiner Angst auf die total befahrene Straße gehetzt. Uwe bremste, alle schrien durcheinander, Autos hupten. Die Skins waren schon da. Es half nichts, Uwe trat aufs Gas, wir konnten nichts mehr für ihn tun. Geschockt fuhren wir weiter. Was war hier los?

Nach geraumer Zeit kamen wir am Parkplatz des Zentralstadions an. Uwe suchte einen Parkplatz, fuhr dementsprechend langsam. Blitzschnell tauchten Ordner auf, sie winkten uns, wir sollen sofort weiterfahren. Uwe hielt an. Einer der mit Armbinde gekennzeichneten Leute kam ans Fenster und riet uns, den Bus hier wegzubringen, denn in ein paar Minuten würden hier wieder die Glatzen auftauchen und dann war ein schwarzer Bus ein gefundenes Fressen. Wir konnten es nicht fassen, hörte es denn gar nicht auf?

Erst jetzt sahen wir, dass an vielen der geparkten Autos die Scheiben zerschlagen oder andere Schäden sichtbar waren. Also auch hier wüteten Skinheads ungehindert?! Wir fuhren ein ganzes Ende weiter. Hinter einem Gebüsch „versteckte" Uwe den Bus so gut es ging. Er tat mir leid, denn er hatte die gesamte Verantwortung.

Dann zogen wir zu Fuß weiter in Richtung Eingang. Nach ein paar Minuten gelangten wir an einen Brunnen, hier war alles anders. Wir standen inmitten von über hundert Schwarzen, einige planschten ausgelassen in dem kleinen Brunnen. Auch einige von uns zogen ihre Schuhe aus oder hopsten ganz in das kühle Nass. Es war der heißeste Tag in dem Jahr, bisher.

Wir saßen da bestimmt eine halbe Stunde rum, es war noch Zeit, nichts konnte noch dazwischenkommen, dachten wir. Ich sammelte derweil das Geld von zehn Leuten zusammen, hatte ich doch die Kartenbestellung in der Tasche. 300 D-Mark steckten nun in meiner Hemdtasche. Wir wollten aufbrechen zum Kassenhäuschen. Endlich zu *Robert Smith*!

Wir gingen los, kamen etwa 20 oder 30 Schritt weit, da flogen uns Bierbüchsen hinterher. Als wir uns nach den edlen Spendern umsahen, waren das ein paar Leipziger Stinos, die uns auf sächsisch ihre Abneigung kundtaten. Wir versuchten, sie zu ignorieren, und zogen weiter, bis zur Wegkreuzung, es ging um die Ecke zur Kasse. Bex und ich wieder vorn, hinter uns die Salzwedeler Truppe, Uwe und auch Drehchen waren dabei.

Als wir um die Ecke bogen, wussten wir, warum die Stinos so sicher waren, dass ihnen nichts geschehen konnte. Der Weg war komplett zugestellt mit Skins. Rechts und links wurde dieser Weg von hohen Büschen gesäumt, es gab keinen Umweg. Wer zum Konzert von *The Cure* wollte, musste da entlang. Ich sah vielleicht 50 Glatzköpfe und andere Faschos. Sie schlugen bereits auf am Boden liegende *Cure*-Fans ein.

Als sie unsere Gruppe sahen, jubelten sie auf. Bex und ich blieben stehen, wichen zurück. Die Skins kamen näher. Wir drehten uns um und riefen den anderen zu: „Haut ab!“ Wir hörten die Glatzen hinter uns grölen. Ich bekam extreme Angst, sah ich doch gerade noch, wie man anderen Grufties auf deren Köpfe gesprungen war. Sie versuchten, „Bordsteinbeißen“ mit den *Cure*-Fans zu vollziehen. Ich zog Andrea und Bex seitlich ins Gebüsch. Lange laufen hätte ich ja sowieso nicht gekonnt, mein Atem schlug jetzt schon bis an meinen Hals. Das Herz drohte zu kollabieren.

Als wir im Gebüsch waren, entdeckten wir ein Tor. Hinter den Büschen war ein hoher Zaun aus Maschendraht. Er wurde in aller Regelmäßigkeit von Toreinfahrten unterbrochen. Wir standen vor genau so einer Einfahrt. Kurz entschlossen versuchten wir, über den Zaun zu klettern. In dem Augenblick kam eine Ordnergruppe, die innerhalb des Geländes Patrouille lief. Sie hatten einen Schäferhund dabei und forderten uns auf, das Übersteigen des Zaunes zu unterlassen. Der Schäferhund zeigte seine Einsatzbereitschaft deutlich. Wir zögerten. Angesichts der Glatzen im Rücken und dem Hund vor der Brust war unsere Lage nicht wirklich hoffnungsvoll. Ich stotterte aufgeregt etwas von Skins und von der Kartenvorbestellung. Die beiden Typen waren wirklich super verständnisvoll, sie erlaubten uns, wenn wir leise sein würden, über den Zaun zu steigen. Ich brüllte jedoch nach Uwe, schließlich hatte ich die Kohle von zehn Leuten in der Tasche. Sie versuchten, uns zum Schweigen zu bringen. Uwe kam, mit ihm die anderen, alle stiegen über den Zaun. Als der Letzte dabei war, über den rettenden Zaun zu springen, erschien eine junge Frau. Sie schien den beiden anderen weisungsberechtigt, denn sie fragte forsch, was hier los sei. Die Jungs versuchten ihr klar zu machen, dass wir aus Angst vor den Skins über den Zaun geklettert waren und nicht, weil wir umsonst zum Konzert wollten. Sie schickte uns einfach zurück. Diese Tussi wollte allen Ernstes, dass wir alle Mann wieder zurück zu den gewalttätigen Skinheads kletterten. Wir verweigerten es! Was sollte sie tun, sie zog mürrisch ab. Es ist unbeschreiblich, wie sehr mir ein Stein vom Herzen fiel. Ich hatte noch nie im Leben vorher so sehr Angst, Angst um mein Leben gehabt.

Verschüchtert gingen wir einen kleinen Trampelpfad entlang des Zaunes auf der sicheren Seite Richtung Kasse, vorbei an Mannschaftswagen der Bereitschaftspolizei. Aufgebracht fragten wir, warum sie, die bewaffneten Polizisten, hier untätig herumstanden. Als Antwort erhielten wir von einem jungen Mann in Uniform, sie wüssten, was da draußen geschähe, aber sie wären zu wenige, um einzuschreiten. Entsetzt über die eklatanten Sicherheitsmängel erreichten wir das Kassenhaus.

Als wir die dortigen Ordnungskräfte nach der Kasse ansprachen, waren diese zunächst überfordert mit der Tatsache, dass wir „von hinten" kamen. Ich erklärte kurz warum und weshalb. Ich wollte bezahlen. Als Antwort erhielt ich jedoch den Hinweis, dass ich mich mal umgucken solle, was hier los sei, und dass man gern mal die Tür für mich aufmachen würde, mich dann aber sicher nicht mehr hineinließe. Ich sah, dass etwa 20 oder mehr Ordner damit beschäftigt waren, das Eingangstor zum Zentralstadion von innen zuzuhalten. Das riesige Tor schwankte bereits besorgniserregend. Mir wurde klar, dass von außen die Skins versuchten, das Areal zu stürmen. Wir saßen in der Falle.

Wir wurden weitergeschickt, standen dann doch noch vor Kontrolleuren, die uns ganz genau zu untersuchen hatten, sie nahmen uns alles Mögliche ab. Haarspray sowieso, aber auch Schmuck, wie zum Beispiel große Ringe. Mir wurde ein Gürtel abgenommen, angeblich könne man sich am Pentagramm, das die Schnalle zierte, verletzen. Es war ein tolles Gefühl zu wissen, wenn jetzt die Faschos kämen, dann verlier ich vielleicht auch noch die Hose …

Wir mischten uns aber zunächst unter das *Cure*-Volk. Auf der riesigen Wiese lagen hunderte, tausende Schwarze in der Sonne. Wer es hierher geschafft hatte, der hatte sich *The Cure* wahrlich verdient. 10.000 waren gekommen, um *Robert Smith* zu huldigen. 10.000 erwartungsvolle Seelen, wann endlich würde es beginnen ...

Es spielte eine Vorband, sie soll aus Halle gewesen sein, *The Next*. Der Sänger entschuldigte sich halbwegs für seinen Auftritt, er wusste, er hatte keine Chance, alles ersehnte sich den Moment, an dem endlich, endlich der Meister käme. Selbst als nur ein Roadie eintechnisches Probleme auf der Bühne klärte, löste das ein ekstatisches Geschrei aus. Der Mann hatte einfach nur eine *Cure*-Frisur.

Aus hunderten Mündern drang der Ruf *„Robert! Robert*!“ Dass das vielfach auf sächsisch zu hören war, gab dem ganzen Pathos etwas Ironie.

Dann irgendwann, als es bereits schummerig war, kam er auf die Bühne. Es ging ganz schnell, plötzlich stand er da, ein kurzes „Hi“, eine Gitarre quietschte auf. Dann donnerte uns der Sound von „Shake dog Shake“ entgegen. Tausendfach vom Geschrei der in Tränen erstickten Stimmen der Fans begrüßt. Er war da. Einfach so … Fassungslos liefen mir die Tränen. *„Robert“*, flüsterten meine Lippen. Dann tauchte ich ein in den Tanz der Vampire. Song um Song sprang ich mit meinen Freunden nach den Rhythmen der Musik, sang mit ihnen und *Robert Smith* Lieder, die ich jahrelang nur von Platten kannte. Immer wieder schrieen wir aus Leibeskräften diesen geheiligten Namen, er hätte an dem Abend alles von uns verlangen können, wir wären gefolgt, bis ans Ende.

Durch die Hölle waren wir auf dem Weg zum *Cure*-Konzert gegangen, jetzt konnte nur noch das Paradies kommen. Ihn zu hören und zu sehen war der Sinn unseres bisherigen Daseins, wir hatten alles erreicht, was wir wollten. *The Cure* sehen und dann sterben, hier hätte es wahr werden können.

Nach vielleicht 90 Minuten und insgesamt 16 Liedern war es aus, um sofort in die erste Zugabe überzugehen, noch einmal 3 Songs, schöne alte Hits. Bei „Close to me“ tanzte *Robert* wie ein Bär auf der Bühne und alle schrieen: „Er tanzt, *„Robert* tanzt …“ So etwas ist äußerst selten bei *Cure*-Konzerten zu sehen, zumeist steht er unbeweglich da, er ist nicht umsonst der Meister der Finsternis. Hier aber gab er sich ausgelassen und sprach sogar ein paar Brocken Deutsch zu den Fans. Als er sich einmal über sein Gesicht wischte, explodierte die Stimmung. Jeder stellte sich die Frage: „Weint *Robert*?“ Oder war es nur Schweiß, der ihm von der Stirn lief? Für uns waren es Tränen, wir wussten, *Robert* ist einer von uns …

Zwischenzeitlich wurden etliche Kreislaufopfer über die Köpfe der Fans zum Bühnenrand getragen; es war kaum auszuhalten, so sehr steigerte sich die Spannung. In der Pause zur letzten Zugabe wurde es jedoch schlagartig unruhig, wir drehten uns um, richteten unsere Blicke auf den Eingang, oben an der Kasse. Der Himmel flackerte unheilvoll im Blau. Dies war nicht die Lichtshow der Band, so viel war klar.

Es ging ein Schrecken durch die Massen, jeder wusste, das musste Blaulicht sein. Was also geschah außerhalb des Stadions? Langsam kam die Erinnerung an die Skinheads wieder.

Die dritte Zugabe brachte noch einmal Uralthits an unsere Ohren. Die Massen tanzten. Eine große Gruppe von Ordnern jedoch wurde zum Tor befohlen, andere zogen martialisch vor dem Bühnenrand auf. Wir fragten nach, und als Antwort erklärte man uns, oben würden über 1.000 Skins versuchen, in das Stadion zu gelangen. Wenn das Konzert zu Ende sei, würde man versuchen, uns, die Schwarzen, von hinten durch den Ausgang A oder B zu drängen, denn niemand sei daran interessiert, dass die Glatzen hier auf das Ordnungspersonal treffen würden. Wir waren geschockt. Wir würden voraussichtlich zwischen die Fronten kommen, denn keiner wusste, ob die Polizei es schaffen würde, einen der beiden Hauptausgänge frei von den Skins zu halten, um uns unbehelligten Abzug gewähren zu können. Urplötzlich spielte das Konzert keine Rolle mehr im Bewusstsein. Wir wollten einfach nur raus, und zwar, ohne auf die Nazis zu treffen und ohne von den Ordnern genötigt zu werden, denn diese wurden langsam grob. Es rotteten sich Gruppen von wehrhafteren Grufties und Punks zusammen. Gemeinsam beschloss man den Durchbruch am Ausgang D. Es wurden sämtliche Mülltonnen umgekippt, um nach Schlaggegenständen zu suchen. Auch Äste riss man von jungen Bäumen. Steine oder irgendwelche Gegenstände wurden abseits der Bühne gesammelt. Vielleicht waren wir 50 oder mehr Leute, wir überrannten die Ordner, die versuchten, uns aufzuhalten.

Wir hatten beschlossen zu verschwinden, bevor es hier unten eskalieren würde. Wir kamen an dem Parkplatz raus, an dem uns Stunden zuvor die Platzanweiser weggeschickt hatten. Im Hintergrund sah ich noch, wie einige Skins von Autodächern sprangen, auf denen sie herumgetrampelt waren, um in Häuserruinen auf der anderen Straßenseite zu verschwinden. Zu spät, die Punks verfolgten sie, Einzelne wurden gestellt. Ganze Gruppen von Schwarzen und

Punks rächten sich an den am Boden Liegenden für das, was uns den gesamten Tag zugefügt wurde.

Uwe und Kacken rannten los, Minuten später fuhr der Bully vor. Uwe hielt nicht an, wir sprangen in den fahrenden Bully. Niemand konnte wissen, wann eventuell die Skins in größeren Gangs hier aufkreuzten, um sich mit den Punks zu prügeln. Der Bus schoss durch Leipzigs Nacht, brachte uns weg, weg vom Traum, der zum Alptraum wurde.

Wir fuhren zu einem Zeltplatz, dort standen bereits die Zelte der Salzwedeler. Langsam kamen andere Gruppen von *Cure*-Fans dort an. Alle berichteten von den chaotischen Zuständen in Leipzig. Viele waren den Skins in die Arme gelaufen. Andere sagten, die Glatzen hätten sich am Bahnhof verschanzt und würden dort auf die Grufties warten, die vom Konzert nach Hause wollten. Wir wussten, es würde eine heiße Nacht werden. Irgendwann stellten wir fest, dass Susi fehlte. Jeder hatte sich darauf verlassen, dass das Mädchen beim jeweils anderen war. Sie war aber weg.

Die Jungs beschlossen, zurück in die Stadt zu fahren, um Susi zu suchen. Sie bewaffneten sich. Bex wollte ebenfalls mit, ich verbot es ihm aber, denn er war erst 16 und der Sohn meiner ehemaligen Lehrerin. Ich fühlte mich verantwortlich.

Am Morgen war alles ok, Susi war gefunden worden, unbeschadet. Sie war mit anderen Salzwedelern aufgebrochen, aber bevor sie am Bahnhof waren, wurde sie dann von den Jungs im Bully aufgelesen. Ihr Glück, denn wie später berichtet wurde, waren die Glatzen tatsächlich am Bahnhof und jagten dort alles, was schwarz war.

Jeder, jeder bekam auf's Maul. Außer „Adolf", der war sturzbesoffen und ging straight durch die Faschogruppen durch, unbehelligt. Er fiel kopfüber in den richtigen Zug und schlief bis zur Endstation. Dort weckten ihn die anderen Salzwedeler, Adolf wunderte sich über die „blauen Augen" seiner Freunde und behauptete noch Jahre später, es wären keine Skinheads dagewesen.

Das erste *Cure*-Konzert war Geschichte, wir hatten es überlebt.

Wir schworen uns, nie wieder nach Leipzig zu fahren. **Nie wieder!**

★

Daheim in Grimmen, beschlossen das Drehchen und ich, uns zu bewaffnen. Es war nicht damit zu rechnen, dass sich in absehbarer Zeit etwas an der Gewalt von Rechten uns gegenüber ändern würde. Wir hörten, dass in Berlin ein Gruftiemädchen von Skins nachts auf einem Friedhof gefangen und kopfüber in einen Brunnen gesteckt worden war. Sie konnte sich nicht selbständig befreien und ertrank deshalb in dem Brunnen. Auf dem Alexanderplatz, früher Treffpunkt der Punker Ostberlins, standen jetzt Glatzen und warfen an Hitlers Geburtstag einen Gruftie vor die U-Bahn. Solche und andere Berichte von Opfern rechter Gewalt kursierten immer häufiger. Die Angst wurde unser ständiger Begleiter, ich hatte wochenlang Alpträume nach der Leipziger Odyssee.

Wir besuchten meinen Onkel in Berlin, mit meinem kleinen Cousin trafen wir dann meinen großen Cousin Enrico. Er wollte uns Westberlin zeigen, denn er war von Ostberlin dorthin umgesiedelt. Enrico hatte eine Frau und fuhr BMW, er war begeistert vom Westen und all den „schönen" Dingen. Enrico war in meinem Alter, er war kräftig gebaut, trug modische Sachen und wäre gern „jung, dynamisch und erfolgreich" gewesen. Er versuchte dies mit dem An- und Verkauf von Pkws.

Er zeigte uns den Ku'damm und so „Schickimicki"-Ecken. Eigentlich das, was mich am Westen nicht interessierte, aber ich wollte mal tolerant sein und deshalb ließen wir uns rumkutschieren. Er wäre im Leben nicht mit nach X-Berg gekommen, das war unter seiner Würde. Im Europazentrum kauften Drehchen und ich uns jeder eine 9-mm-Gaspistole. Jeder dasselbe Modell. Wir waren bereit.

Enrico zeigte sich von seiner multikulturellen Seite und spendierte uns allen einen Döner. Er erklärte uns, wer in Berlin gewesen sei, müsse Döner kennen. Döner sei die Bockwurst Westberlins oder so. Da ich ein neugieriger Mensch bin, lehnte ich nicht ab, Drehchen und der Kleine auch nicht. Enricos Freundin aß das nicht.

Wir bekamen jeder so ein Teil in die Hand und sollten es genießen. Es schmeckte irgendwie komisch. Eigentlich schmeckte es scheiße!!! Aber das konnten wir ja nicht so direkt sagen, macht man einfach nicht. Ich bin mit einer Spur Anstand erzogen worden. Andrea verzog aber das Gesicht und auch Dennis machte lange Zähne. Enrico lobte das tolle Ding, er ging mit uns durch die City und lobte überhaupt alles. Ich riet Andrea, ihren Döner im richtigen Moment in einem Papierkorb zu entsorgen.

Sie tat es auch. Ich gab die Hoffnung nicht auf, dass mir das türkische Nationalgericht vielleicht doch noch munden würde. Es mundete aber nicht, es schmeckte verdammt sauer, eklig einfach. Tapfer, wie ich Idiot aber sein wollte, fraß ich den Döner komplett mit Knoblauchcreme und allem, was dazu gehörte. Ich spülte meinen Ekel einfach mit ner Coke beiseite.

Ein paar Stunden später fuhren das Drehchen und ich wieder nach Grimmen, denn wir wollten anderthalb Tage später eine Busreise nach Amsterdam antreten, die wir für 99 D-Mark gebucht hatten. Wir wollten die neu gewonnene Reisefreiheit sprichwörtlich in die Tat umsetzen. Schon während der Autofahrt plagten mich unangenehme Gefühle in der Magengegend und ich musste heftig aufstoßen, später erging ich mich dann in Furzen. Durchfall kündigte sich an, kam mit Gewalt über mich und über die Kloschüssel. Ich bekam heftige Schmerzen. Dann musste ich kotzen, im wahrsten Sinne, bis der Arzt kam. Er diagnostizierte eine Fleischvergiftung, spritzte mir irgend so ein Zaubermittelchen und ich schlief ein. Das Zeug ließ mich wie auf einer Luftmatratze auf einem See dahinspacen. Ich träumte herrlich, alles war wie damals bei der Geburt: Licht, überall gleißendes Licht. Da hatte ich es wieder, mein Licht.

Den Tag verbrachte ich mit Zwieback und Mineralwasser im Bett, in der vagen Hoffnung, am kommenden Morgen reisefähig zu sein. Übrigens rief mein Onkel aus Berlin an und erzählte, dass auch der kleine Cousin mit Fleischvergiftung im Krankenhaus gelandet sei, nur der gute Enrico konnte sich nicht erklären, warum wir alle die Scheißerei hatten. Ich fragte mich, was der für einen Magen hatte, und strich Döner für alle Zeiten aus meinem Speiseplan.

Wozu fahren junge, zukunftsorientierte Menschen wohl nach Amsterdam? Richtig: um sich den Amtsitz der Königin anzuschauen und das Blumenfest und den schönen historischen Altstadtkern mit den beeindruckenden Grachten, Diamantschleifereien, das van-Gogh-Museum, um Käse zu verkosten und Holzschuhe zu kaufen. Alles Blödsinn! Sie wollen kiffen! Sie wollen die Coffeeshops, die heiligen Tempel der Kiffer dieser Welt betreten, um einzutreten in die Reihen derer, die Haschisch zum Stoff ihrer Träume gemacht haben.

Ich hatte dem Drehchen natürlich von meiner ersten Begegnung mit Haschisch in Salzwedel erzählt. Sie war erstaunlicherweise in keinem Augenblick kritisch. Im Gegenteil, sie war neugierig. Wir beschlossen also, bei günstiger Gelegenheit irgendwo eine Kostprobe Hanf oder Haschisch zu erstehen.

Günstige Gelegenheiten zum Kauf von Cannabisprodukten aller Art gab es in Amsterdam durchaus häufig, um genauer zu sein, an jeder Ecke. Wir wurden die Anbieter der heißen Ware gar nicht los. Rudelweise verfolgten sie uns mit ihren Sprüchen wie: „He, du, willst du Haschisch? Kokain? Sag, was willst du, ich habe alles dabei." So einfach hatten wir uns das nun auch nicht vorgestellt, es war irgendwann lästig. Also dachten wir, ok, kaufen wir etwas, vielleicht hören die dann damit auf. Bei einem zwielichtigen Dealer unseres Vertrauens erhandelten wir dann ein Päckchen „schwarzen Afghanen". Er sagte jedenfalls, dass es welcher sei. Es sah auch ganz danach aus, besser jedenfalls als das rosa Pülverchen, das uns ein paar Ecken vorher ein anderer Straßenhändler unterjubeln wollte. Hier kam mir tatsächlich zugute, dass ich mal das Buch über die „Rauschdrogen" des Westens gelesen hatte. Wir versteckten das Zeug am Körper. Als ich meine Jacke dabei öffnete, sah der Kerl meine Gaspistole, die ich selbstverständlich im Gürtel stecken hatte. Schließlich wollte ich gewappnet sein, falls ich in Holland auf die gleichen Wichser wie zu Hause treffen sollte. Der Kerl guckte mich irritiert an und hob beschwichtigend die Hände, er entfernte sich langsam rückwärts.

Andrea und ich zogen weiter durch die City von Amsterdam, komischerweise fragte uns niemand mehr, ob wir Hasch kaufen wollten. Alle möglichen Dealer nickten uns zu und grinsten doof, aber keiner sprach uns an. Wir wunderten uns und dachten, ob etwa jetzt jeder wusste, dass wir bereits im Besitz von „Rauschgift" waren?!

Vermutlich wussten die, dass wir ne Knarre hatten, denn wie sich später herausstellte, war so etwas in Holland streng verboten, und deshalb gab es die auch nicht zu kaufen. Es war nicht alltäglich, jemanden mit einem Schießeisen zu sehen. Wahrscheinlich glaubten die, wir wären „Undercover-Cops" oder so was.

Zu Hause erzählte ich meinen Eltern, dass wir in Holland „Drogen" gekauft hatten. Seltsamerweise lachte mein Vater mich aus, anstatt wie üblich loszuschimpfen. Schließlich hatte ich echte D-R-O-G-E-N in der Tasche. Mein Vater zeigte mir nen Vogel und meinte, ich mich hätten sie doch bestimmt gekillt. Also die Dealer, wenn ich mich mit so einem eingelassen hätte. Als ich jedoch aufstand, um ihm zu beweisen, wie cool ich sei, indem ich ihm mein Dope unter die Nase hielt, lachte er nicht mehr. Er roch daran, dann grinste er überheblich und meinte: „Die haben dich beschissen", das sei „schwarzer Tee". Dann verließ er das Wohnzimmer.

Irgendwie machten sich meine Eltern nie Sorgen über meine Drogenexperimente. Sie wussten wohl, dass ich nicht ernsthaft suchtgefährdet war, denn wenn man alle Alkoholika, die ich in meinem bisherigen Leben getrunken hatte, zusammenkippen würde, dann könnte man mit Sicherheit nicht einmal eine kleine Badewanne füllen. Ich trinke sehr wenig Alkohol, erstens, weil es mir nicht schmeckt, zweitens, weil ich viel lieber Auto fahre und an meiner Fahrerlaubnis hänge, und drittens verträgt sich Alkohol nicht mit jedem Medikament. Und die brauche ich nötiger als Bier, Schnaps oder Wein.

Natürlich lagen all diese Geschehnisse in der Zeit meines Urlaubs, denn wie der aufmerksame Leser weiß, nahm ich immer im August frei. Und was gehörte nun seit Jahren zum anständigen Urlaub meiner selbst? Ein Besuch bei Uwe in Salzwedel. Wir haben also mal wieder die Richtung Altmark genommen.

Beim Uwe erzählten wir von Amsterdam und zeigten auch gleich unsere Beute, ca. 1 oder 2 Gramm Gras. Wie konsumiert man aber Gras? Im Tee auflösen so wie damals schied aus. Also stand „rauchen" zur Debatte. Uwe lehnte das entschieden ab, rauchen würde er nie. Überhaupt war er nicht wirklich am Haschisch interessiert. Er zog sich zurück, ließ uns machen. Andrea bastelte mit einer anwesenden Bekannten eine Art Riesenzigarette aus Zeitungspapier. Tadaaha! Der erste Joint des Lebens war gerollt. Er sah zugegebenerweise etwas krumm aus und er ließ sich auch nicht wirklich gut rauchen, aber wer fragt in solchen historischen Momenten schon nach der Perfektion? Ein Spießer vielleicht, aber ein Spießer würde sich auch keine Joints drehen.

Wir entzündeten das Megateil und nuckelten mehr schlecht als recht daran herum. Andrea und die andere Frau vielleicht etwas sachkundiger als ich, aber die waren auch Raucherinnen. Ich hatte lediglich ein einziges Mal im ersten Lehrjahr an einer Zigarette gezogen, um dann festzustellen, dass es sich mit Zigaretten so verhält wie später mit dem Döner. Es wird einem schlecht davon.

Ich bekam etwas Herzrasen, deshalb ließ mich keiner mehr an dem Pseudojoint ziehen, dabei hatte ich versucht, wie *Sid Vicious* auszusehen. Es kommt aufs Posing an, dachte ich bei mir.

Viel passiert ist jedenfalls nicht. Um ganz ehrlich zu sein, außer der Druckerschwärze an unseren Lippen war nichts zu fühlen. Wir hätten besser kein Zeitungspapier wählen sollen, aber Toilettenpapier ist so schnell eingerissen.

Wann gibt es endlich wieder Krieg, Krieg, Krieg … Überbevölkerung Hans-A-Plast

Der Irak marschierte in Kuwait ein. Ich hatte bisher immer nur mehr oder weniger nette Sachen über den Irak gehört, denn der Betrieb, in dem ich arbeitete, war ja ein Erdöl-Erdgas-Betrieb und wir hatten Bohrtrupps da unten beim Saddam. Die USA drohte mit Vergeltung und jeder wusste, wenn die DDR in ein paar Wochen offiziell annektiert sein würde, dann bestünde die Möglichkeit einer deutschen Kriegsbeteiligung gegen den Irak, innerhalb einer Allianz. Es gab Leute, die fanden das spitze, sie wollten am liebsten gleich los und mal wieder der Welt zeigen, wie gut deutsche Soldaten kämpfen konnten. Solche Diskussionen machten mich wütend.

Bei Kaufi redeten wir auch über solche und andere Themen, Politik war uns wichtig. Linke Politik selbstverständlich. Jeder befürchtete angesichts der sich häufenden Übergriffe rechter Gewalttäter ein Erstarken und Reaktivieren faschistischer Ideologien. Wir sahen die Republikaner in naher Zukunft im Bundestag und glaubten, sie könnten das Rad der Geschichte rückwärts drehen. Wir wollten dagegen stehen, wir wollten mahnen, wachrütteln. Zu diesem Zweck besorgten wir uns Farbsprühdosen. Denn in meiner Schulzeit wurde uns damals berichtet, dass Ernst Thälmann ein Held war, und alle, die in den Zeiten um 1933 mit Farbe Sprüche gegen die Nazis an Häuserwände gemalt hätten, waren ebenfalls Helden. In diesem Fall wollte ich kein Held werden, ich hielt es einfach für meine politische Verantwortung vor der Zukunft, mich gegen das Aufkommen von Naziideologie zu äußern. So zu äußern, dass man uns wahrnehmen musste!

Wir unterhielten uns im konspirativen Rahmen über die notwendigen Aktionen. Kaufi war dabei der König des Konspirativen. Er zischte ständig „psst, psst!“ dazwischen, dann huschte er ans Fenster und beobachtete die Straße. „Da is' wer.“ Alle verdrehten die Augen, denn es war selbstverständlich, dass an dem Haus Menschen auch spät abends vorübergingen, Kaufi wohnte an der größten Kreuzung der Stadt.

Wir besprachen an verschiedenen Abenden jeweils aktuelle Parolen. Es wurden die Orte ausgewählt. Sprühen würde ich, die Jüngeren sollten mir den Rücken frei halten, besonders auf Faschos achten, aber auch auf Bullen. Wir organisierten alles und bewaffneten uns vorsorglich, jeder hatte einen Schlagstock am Gürtel baumeln. Diese Dinger hatten wir aus Erdstromkabeln selbst gebastelt. Auf das eine Ende schoben wir Fahrradgriffe und verklebten sie, so konnte der „Gummiknüppel“ nicht aus der Hand gleiten. Ein Auszug aus dem Kapitel „Wie werde ich Schläger“, wir waren ganz schön bekloppt. Aber es erschien uns notwendig. Und vielleicht war es das auch.

Denn als wir einmal nach einer solchen Sprühaktion zum Hauptquartier schlenderten, so in loser Gruppe, mit einigem Abstand voneinander, traf es sich, dass ein Golf quietschend bremste. Das Drehchen und ich liefen ganz vorn, der Fahrer und seine Deppen hatten nur uns beide gesehen. Ein ganz besonders mutiger Doitscher sprang auch sogleich auf die Straße und näherte sich uns. Wir erschraken zunächst, allerdings kamen im selben Moment noch 8 Leute aus unserem Trupp um die Ecke gebogen. Der Fahrer des Golfs wusste, was das hieß, er fuhr mit kreischenden Reifen weiter. Ohne den mittlerweile nicht mehr ganz so mutigen Kameraden. Andrea und ich zogen die Pistolen und richteten sie auf den Helden. Das war zwar auch nur aus lauter Angst, aber das wusste der ja nicht. Unsere Jungs schlossen im selben Augenblick zu uns auf. Zehn zu eins. Der Golf bremste auf der Kreuzung und der gute Junge rannte um sein stolzes Dasein, er sprang kopfüber in die hintere Seitentür, da der Fahrer bereits anfuhr. Halb aus dem Fenster des Autos hängend verschwand er auf Nimmerwiedersehen.

Am Tag danach waren meine Eltern stinksauer, denn sie hatten in der Stadt die Schriftzüge gesehen. Sie erkannten meine Schrift.

Ein paar unserer Aktionen wurden von der örtlichen Presse kommentiert und mit Fotos gezeigt. Doppelter Erfolg für uns, denn jetzt konnte es auch jeder lesen, der nicht in der Stadt war. Es ging nicht um „Beschmutzung", nicht um bloße Provokation. Es war der Versuch, unsere Stimme hörbar zu machen, denn was wir angesichts der anstehenden Wiedervereinigung zu sagen hatten, war dem Zeitgeist unangepasst. „Deutschland verrecke" oder „Nie wieder Deutschland" war nicht das, was das verkohlte Volk gerade hören wollte, schon gar nicht am Vorabend des 3. Oktober 1990. Die meisten Bürger der DDR wollten zu dem Zeitpunkt Bürger eines geeinten Deutschlands sein.

Schwarz, rot, gold ist das System
Morgen wird es untergeh'n
Herbst in Peking

Um 0.00 Uhr war es so weit: Unter Tränen feuerten Andrea und ich eine komplette Salve Platzpatronen in die Luft, wir schrien dabei „Deutschland verrecke!" Wir hatten soeben in genau der Minute unsere Heimat verloren, sie war aufgelöst.

Motzke weinte, er wollte nicht in den Golfkrieg. Er hatte gerade seine Einberufung zur Armee erhalten. Wir waren verlorene Kinder, in einer Zeit, in der selbst erwachsene Menschen zum Spielball anderer Interessen wurden.

Ich such die DDR und keiner weiß, wo sie ist
Und kommt sie zurück zu mir – verzeih ich ihr
Feeling B

Einen Monat später gab ich eine Geburtstagsparty. Wir vereinbarten, bei Kaufi zu feiern, und luden alle möglichen Freaks ein. Uwe kam mit Kacken und dem Typen aus Göttingen per Bully. Ein Pärchen Punker von der Insel Rügen reiste an, der ganze Stamm aus Grimmen war da und Kaufis alte Christenfreunde. Eine illustre Runde nichtüberzeugter Neubundesbürger. Komplettiert wurde das ganze staatsfeindliche Ensemble, als es klingelte und ein Polizist um Einlass bat. Dieser junge Mann, Ex-VoPo, jetzt Polizeibeamter im bundesdeutschen Dienst, war unser ganz spezieller Freund. Unser V-Mann bei den Bullen. Normalerweise war das umgekehrt, aber dieser nette Herr gab uns hier und da brauchbare Tipps. Er hatte ein persönliches Interesse an unseren Aktionen und daher kam es zur konspirativen Zusammenarbeit. Er gratulierte mir zum Geburtstag und dann machten wir alle schnell noch ein Erinnerungsfoto. Man kommt ja nicht alle Tage dazu, sich mit einem lächelnden Polizisten vor einer DDR-Fahne ablichten zu lassen.

Als die ältere Dame zufällig von oben kam und uns so fröhlich vereint sah, konnten wir ihr also glaubhaft versichern, dass wir nichts „Schlimmes“ im Schilde führten, es war ja ein Polizist dabei. Ein Mann von Recht & Ordnung. Um sie noch weiter zu beruhigen, pflückten wir ihr am nächsten Tag ihre Äpfel vom Baum, dazu war sie allein nicht mehr in der Lage. Die gute Oma dankte es uns mit Kaffee und Kuchen. Hier leuchtete er auf, der Generationenpakt, anders als in meiner Kindheit zwischen mir und meinem Vater.

Eines Abends streiften wir so durch unser Revier. In etwa 100 Meter Entfernung tauchten zwei oder drei Heavys auf, bei denen wusste man zu der Zeit nie, ob sie sich links oder doch rechts positionierten. Alles war möglich. Kaufi zischte Bex und mich an, wir sollten unsere Hände so, wie er es vormachte, in die Hosentaschen stecken. Kaufi hatte aber nur seine Daumen ganz cool in den Hosentaschen vergraben, der Rest der Faust lugte hervor. Wir machten ihm das nach, denn er nervte bereits mit seinen wilden Anweisungen. Die Metaller würdigten uns keines Blickes. André atmete erleichtert auf. Dann zog er blitzschnell seine Daumen aus den Taschen und hielt uns seine schmuddeligen Fäuste vor die Nasen. Er erklärte uns dann feierlich, dass man auf diese Weise viel schneller zum Angriff übergehen könne, als wenn man die gesamten Fäuste in den Hosentaschen trüge. Wir waren beeindruckt und verdrehten die Augen. Kaufi war ein Held vor dem Herrn!

Natürlich übten wir auch „Selbstverteidigung". Dazu räumten wir ein sehr großes Zimmer in seiner Wohnung frei. Dann kloppten wir einfach aufeinander ein. Nachdem ich dabei in akute Luftnot geriet und Kaufi aus Wut Bex die Lippe blutig boxte, weil der ihm beim „Angriff" einfach immerzu den Kapuzenpulli über den Kopf zerrte, so dass Kaufi im Dunkeln tappte, gaben wir das Projekt auf.

Auf der Geburtstagsparty lernte ich eines der christlichen Mädchen kennen, sie hieß Annegret, war knapp 20 und Jungfrau. Was bei praktizierenden Christen normal zu sein schien. Jedenfalls nahm keiner daran Anstoß. Kaufi fühlte sich auf eine Art zu dem Mädchen hingezogen, wie es so nicht in der Bibel vorgesehen ist. Er machte ihr seine Avancen, wenn man Kaufis krampfhafte Versuche, das Herz des Mädchens zu erobern, so nennen mag. Annegret jedoch war nicht angetan von den Bemühungen. Annegret unterhielt sich lieber mit mir. Am liebsten und das immer wieder über Sex. Natürlich nach den Regeln christlicher Moral. Sie war neugierig, aber sie durfte es nicht zugeben. Für Annegret galt, was für jeden guten Christenmenschen gilt: kein Sex vor der Ehe. Leider, leider ließ aber der Wunsch nach Befriedigung, im doppelten Sinn, nicht von ihr. Ihr Geist wünschte Befriedigung, ihr Fleisch wünschte es noch mehr. Sie wagte sich vor, sie wusste, dass ich mit Andrea seit nunmehr zwei vollen Jahren zusammen war, das wollte sie auf keinen Fall in Frage stellen, aber ich könnte doch mal …nur einmal … Ich klärte das mit Andrea, wir einigten uns, wie es laufen würde.

Ein nicht zu stillender Durst, das Verlangen, die Lust
Ich verliere die Beherrschung
Relatives Menschsein

Annegret und ich fuhren zu einem Schulungslager an den Werbellinsee. Irgendein christlicher Verein gab dort ein Wochenendseminar in Sachen Jugendarbeit. Wir waren angemeldet worden. Um es kurz zu machen, als wir beide wieder in Grimmen ankamen, war sie eine Sünderin, aber eine, die ein großes Problem weniger hatte, nämlich die Angst vor dem ersten Mal.

Leider ist nicht immer alles ganz so einfach, wie man es sich zunächst vorstellt, denn ab jetzt klingelte Annegret alle paar Abende bei uns. Wenn sie jetzt eh schon gesündigt hatte, dann könne sie es auch gleich richtig machen, wurde ihre Devise, mit der sie sich von mir in die Weiten blasphemischer Gelüste einführen ließ.

Zunächst war Kaufi nicht amüsiert, später dann auch Andrea nicht mehr. Alles klärte sich nach Silvester, da Annegret beruflich verzog.

★

Die Neunziger hatten unaufhaltsam begonnen. Gleich zu Beginn änderte sich also Einiges, Motzke wurde eingezogen und wie versprochen war auch Annegret fort. Sie kam nicht mehr wieder, Motzke schon: Seine anfänglichen Ängste vor dem Militärdienst waren verschwunden. Er war ein zukunftsorientierter Soldat geworden und unterschrieb einen langfristigen Vertrag bei der Truppe.

Operation Wüstenfuchs rollte an, und damit war der erste Spaß der Wiedervereinigung vorbei. Denn der Karneval 1991 musste ausfallen, auch in Grimmen. Im TV konnte man dafür live zugucken, wie Bagdad bombardiert wurde. Ein bisschen Spaß muss sein. Am Ende einigten sich Saddam und der alte Bush auf Unentschieden, das Öl floss weiter.

Auch in Grimmen ging das Leben weiter, Drehchens Vater machte nun in Versicherungen, und damit durfte ich dann auch offiziell zu Besuch kommen. Bei der ersten Gelegenheit nannte er mir dann auch gleich seinen Vornamen und fragte mich, ob ich mit ihm an einem illegalen Geldspiel teilnehmen wolle. Solche Pyramidenspiele waren damals Mode.

Mein Vater gab seinen sicheren Job bei der Kreisverwaltung, die nun Landratsamt hieß, auf und wurde Vertreter. Für Töpfe, natürlich nicht für irgendwelche Blechnäpfe, sondern für AMC, den Mercedes unter den Kochtöpfen. Mein Vater war so überzeugt von dem Hightech-Kochgeschirr wie Enrico vom Döner. Es kam immer häufiger zu verbalen Auseinandersetzungen zwischen uns, meine Mutter stand dazwischen und versuchte alles zu schlichten. Sie tat mir leid.

„So lange du deine Beine unter meinen Tisch stellst ..."
Vater

Der Streit eskalierte, als ich meine Haare schwarz färben wollte. Die letzte Bastion wollte ich nehmen gegen das ästhetische Empfinden meines Vaters. Ich hatte mir schon ein Loch durchs Ohr gestoßen, einen echten Ohrring trug ich seit einiger Zeit. Das war für meinen Vater der Gipfel der Aufsässigkeit, Ohrringe trugen Schwule oder Asis, vielleicht noch Zimmermänner oder Seefahrer. Aber ich war weder das eine noch das andere. Dass ich ich war und zu mir ein Ohrring gehörte wie zu ihm der Schlips, das interessierte meinen Vater einfach nicht. Ich war sein Sohn, und solange ich meine Füße unter seinem Tisch hätte, müsse ich tun, was er für angebracht hielt.

Eines abends dann waren wir am Zenit der Auseinandersetzung. Mein Vater drohte, nach mir zu schlagen, so wie er es in meiner Kindheit tat, wenn ihm kein besseres pädagogisches Mittel in den Sinn kam. Damals, ich war vielleicht 10 Jahre oder so, griff er in seiner Wut nach einem Holzscheit, schlug es mir in den Rücken, traf den Arm. Wenn er schlug, dann nachhaltig. Nicht häufig, aber er tat es. Meine Mutter rief dann immer beschwichtigend seinen Namen, unten im Keller, wo mich niemand weinen hörte.

Jetzt war ich 21, ich hätte mich nicht mehr schlagen lassen, ich war kein Kind mehr. Ich wollte über mein Leben selbst bestimmen, mir von ihm keine Vorschriften über meinen Habitus machen lassen. Hätte er zugeschlagen, ich hätte mich gewehrt.

Mein Mutter spürte es, ängstlich warf sie sich zwischen Vater und Sohn. Sie wusste, würde ich meinen Vater hauen, würde der mich erschlagen. Ich wusste das auch, aber es war so weit, dass ich hier und jetzt widerstehen musste.

Er forderte mich auf, sein Haus zu verlassen. Ich drehte mich auf der Stelle um und packte in einen kleinen Koffer alles, was ich für notwendig erachtete. Ich ging.

Bei Kaufi war ja genug Platz und ich hatte da sowieso schon ein kleines Zimmer, dieses hatten wir Grufts ein bisschen renoviert. Wir nannten es das Ritual-Zimmer. Es beherbergte eigentlich nur eine große Matratze am Boden. An der Wand befand sich ein Kreuz, es hing auf dem Kopf. Ich war Antichrist. Christliche Weltanschauung, diese Doppelmoral, all das habe ich nie verstanden. Ich hasse die Institution Kirche und jeden kirchlichen Amtsträger. Der einfache Christ ist mir egal, ich verstehe ihn nicht und halte die arme Seele für verirrt, als Mensch respektiere ich jedoch erst einmal jeden, das gilt auch für Christen, für Juden oder Moslems, einfach für jeden.

Das Zimmer wurde mit einem Schwarzlicht spärlich beleuchtet, das erzeugte eine Art mystische Stimmung. Man konnte prima *Dead can Dance* hören und beim Duft von Weihrauch Räucherstäbchen entspannen. Wenn Brenner, ein Kumpel von Kaufi, auch so ein Christ, zu Besuch kam, dann hat er uns dort nacheinander massiert. Denn Brenner erlernte an irgendeiner Privatschule in Berlin den Beruf des Bademeisters und Masseurs. Seine Massagen waren ein spirituelles Erlebnis.

Ich richtete mich ein, das heißt, ich stellte meinen Koffer hin und legte ein paar wichtige CDs raus. Medikamente hatte ich bei, inhalieren hätte ich müssen, aber ich wollte ohne diese lästigen Dinge klarkommen, ich wollte endlich leben. Frei und unabhängig von allen Zwängen leben.

Nach drei Tagen war der Traum zum Alptraum gereift. Kaufi heizte nicht, er war so ein Naturbursche, der auch im Winter bei minus 20° noch im Pullover oder Shirt draußen herumlief. Meine Lungenentzündung kam zwangsläufig. Am vierten Tag ging ich nicht mehr zur Arbeit. Ich setzte mich ins Auto und fuhr nach Greifswald. Dort in der Universitäts-Kinderklinik hatte ich meinen behandelnden Arzt. Ich hatte ca. 40° Fieber, als ich dort wie in Trance ankam. Ich weiß nur noch von der Autofahrt, dass extrem viel Schnee rechts und links an der Landstraße aufgeschüttet war. Ich fuhr wie durch einen Tunnel aus weißem Licht, von vorn kamen mir leuchtende Punkte entgegen. Es waren die Scheinwerfer der entgegenkommenden Autos, sie hupten, blendeten auf, ich fuhr längst nicht mehr auf meiner Straßenseite. Alles war wie ein Film. Licht … Licht am Ende des Tunnels?!

Ein Krankenwagen brachte mich mit Blaulicht in ein anderes Uni-Krankenhaus, ich musste an ein Sauerstoffbett. Am Abend kamen meine Eltern, mein Vater stand am Fußende des Krankenbettes. Alles, was er sagte, war: „Bist ja weit gekommen …"

Ich erholte mich, aber als ich entlassen wurde, musste ich zurück zu meinen Eltern. Das sah ich ein. Allerdings hatte ich jetzt schwarze Haare, denn die hatte ich am ersten Abend in Kaufis Wohnung gefärbt.

Zu Hause bekam ich ein neues Zimmer, das große Schlafzimmer meiner Eltern, sie hatten es für mich geräumt. Ich bekam neue Möbel, genauer gesagt, schöne alte Schränke, Antiquitäten. Ich zeichnete wieder eine Friedhofssilhouette um mein Bett und auch das Spinnennetz zog mit um. Im Ganzen war mein neues Zimmer aber nicht mehr so schrill, ich legte mehr Wert auf ausgeglichene Ästhetik. Es war dunkelromantischer, es war Gothic.

Gothic, das war so ein neuerer Begriff, der anstelle von Gruftie kursierte. Mit dem Wort waren wir eh nie zufrieden, deshalb haben wir untereinander Grufts gesagt. Gruftie war eigentlich eher so ein Schimpfwort, es war abfällig gemeint.

„Schwarz" ging auch, allerdings kam es zu Irritationen, einem Freund brachte seine Mutter aus dem Westen (zu DDR-Zeiten) LPs von *Michael Jackson* und *Kool and the Gang* mit, weil sie dem Plattenverkäufer gesagt hatte, ihr Sohn hörte „schwarze" Musik. Und wenn jemand sagte, er hat „Schwarze" gesehen, wusste man nicht, meinte er Neger oder Grufties? Gothic war expliziter für uns, es klang elitärer. Hatte Stil. Ich hörte den Begriff erstmals im Zusammenhang mit Bands wie *The Sisters of Mercy, Fields of the Nephilim* und vor allem bei *Christian Death*.

Ich selbst hatte meine Haare jetzt zum Zopf nach hinten gebunden, die Seiten waren kurz. Mit toupierten Haaren konnte ich einfach nicht Auto fahren, die Strähnen vor dem Gesicht nahmen mir die Sicht. Ich sagte jetzt auf Nachfrage, ich bin Gothic, besser noch Hardcore-Gothic. Ich fühlte mich einfach „härter", entschiedener als die Wochenend- und Modegrufts.

An Wochenenden fuhren wir häufig im Trabbi nach Rostock ins alte „Mau" zu Konzerten. Ich sah dort zu nächst *Sandow* und *Die Art*, dann spielten *Die Vision*. Es waren wieder so einige Hooligantypen angereist und Andrea wäre beinahe von so eingebildeten Großstadtgothicladys verkloppt worden. Die konnten es nicht verknacken, dass Leute vom Land ihnen die Show stahlen. Als ich mich einmischte, um Andrea beizustehen, bedrängte mich ein Psychobilly. Er drohte, mir die Haare abzuschneiden, nach kurzem Gerangel haben ihn allerdings seine Kumpels mitgenommen.

Selbst englische Größen wie *New Model Army* gaben dort Konzerte, es war cool, einen Ort zu haben, wo man in Sicherheit vor Skins gute Musik hören konnte. Auch Platten wurden verkauft, der Stand von Amöbenklang aus Rostock war ständig zugegen. Bei denen erstand ich meine erste *Death-in-June*-LP, sie hieß „1888". Dass auf der anderen Seite eine andere Band statt *Death in June* war, bemerkte ich erst später. Diese Gruppe gefiel mir mit der Zeit besser als *DiJ*. Es war *Current 93*.

Das mir am meisten in Erinnerung gebliebene Konzi dort war allerdings die „all tomorrow Partys-Tour" mit vier Indiebands aus dem Osten. Es waren *Big Savod and the Deep Manko, B. Crown, Campanella is Dead* und *The Fate* angetreten, das hieß über drei Stunden volle Power Ostindierock. Ich habe mein ganzen Leben nie wieder so lange und ausgiebig getanzt und gepogt, volle drei Stunden. Bis zur Ekstase fast. Am Ende des Abends standen da unübersichtlich viele Musiker aus zig Bands auf der Bühne und sangen den Titelsong. Jeder hatte sich irgendetwas gegriffen und machte damit Musik. Ein unbeschreiblich fröhlich ausgelassenes Happening.

Wenn wir nach solchen Konzerten nach Hause fuhren, dann saß Kaufi neben mir, die anderen schliefen meist hinten. Sie schliefen so lange, bis Kaufi sie weckte. Er war immer noch eine ganze Zeit so ergriffen von der Musik, dass er sie still vor sich hinsummte, bisweilen sang. Selbstvergessen wippte dazu sein Fuß im Takt. Irgendwann summte er sich in einen unkontrollierbaren Rauschzustand. Er brüllte spuckend eine kurze Textpassage in den Raum und trat dabei heftig mit den Beinen gegen das Bodenblech meines Trabbis. Alles war hellwach, ich versuchte, das Fahrzeug unter Kontrolle zu behalten, denn es entstand jedes Mal ein Tumult im Auto. Kaufi verstummte sogleich, bis alles wieder schweigend abnickte.

Manchmal fuhr Kaufi allerdings allein los, meist nach Greifswald, wo er seine Eltern besuchte und dann in verschiedenen Kneipen abhing. Das war der Anfang vom Ende.

Zunächst bot er einem uns fremden Typen an, dass dieser zeitweise bei ihm wohnen könne. Wir lernten also Mike aus Schwerin kennen. Später dann hatte Kaufi eine Frau im Schlepptau. Sie hieß Janine, kurz Nine. Sie war in unserem Alter, klein, etwas untersetzt, machte, mit Verlaub gesagt, einen wenig gepflegten Eindruck, aber egal, Kaufi war stolz auf seine Braut.

Nine führte sich aber in kürzester Zeit auf wie die Hausherrin. Sie verbot sogar das Benutzen des von uns geschenkten Geschirrspülers, er würde zu viel Wasser verschwenden. Sie ließ ihn von Kaufi in den Keller stellen. Sie mochte unsere Musik nicht. Sie mochte aber Bier. Bier und Kaufi waren aber zwei grundsätzlich nicht kompatible Sachen. Er trank jedoch mit, statt wie sonst bei uns üblich Tee gab es nun allabendlich ein kleines Fass vom kühlen Nass.

Es wurde ungemütlich in unserem Hauptquartier, alles wurde uns fremder. Wir feierten trotz alledem noch die eine oder andere Fete dort.

Auf einer dieser Partys stritten das Drehchen und ich mal wieder. Es war eine Regelmäßigkeit und jeder wusste es allmählich. Immer wenn Andrea das verdammte zweite Glas Wein ausgetrunken hatte, veränderte sich ihre Laune schlagartig. Nach dem ersten wollte sie geküsst werden, nach dem zweiten hasste sie jede Berührung meinerseits. Jede Annäherung durch mich wurde von ihr als sexuelles Bedrängen gewertet, sie kratzte oder ohrfeigte mich. Dann schrie sie mich meist an. Ich versuchte, mich zu lösen oder manchmal sie festzuhalten, bis sie hysterisch weinend zusammenbrach. Entweder gingen wir dann oder sie schlief ein.

Warum an diesem gewissen Abend Andrea nicht mehr zugegen war, weiß ich nicht mehr. Sie war weg oder schlief zu Hause, das verlangte ihr Vater ab und zu von ihr. Die Fete lief trotzdem lustig weiter, Ali kotzte in Kaufis Zimmer, der saugte das aber mit dem Staubsauger einfach weg. Die Polizei kam diesmal nicht. Dafür aber die Freundin vom Schweriner. Ein 17-jähriges Mädchen. Man sah ihr die linksalternative Lebensauffassung an, sie war so ein Ökomädchen, das intellektuelle Gedichte las und ihr Abi machte. Sie war seit zwei Jahren mit Mike zusammen. Irgendwie hatte Netti keine Möglichkeit zum Übernachten, also nahm ich sie mit. Es war in keiner Weise vorher zu erwarten, aber wir gingen miteinander ins Bett.

Sie benahm sich sehr merkwürdig, erzählte mir, sie sei längst von Mike getrennt. Ich hinterfragte nichts, nahm mir gedankenlos, was sich mir darbot.

Sie schrie und kreischte wie in einem schlechtem B-Movie ... immer im Rhythmus meiner Stöße. Irgendwann stieß ich nicht zu, sie kreischte trotzdem. Dann brach ich das Ganze ab, schaute sie fragend an. Es war ihr erstes Mal, gab sie mir zu verstehen. Entsetzt verschlug es mir die Sprache. Ich dachte an Mike, an Andrea. Es war eine beschissene Situation geworden.

Vor Andrea rechtfertigte ich mich mit dem Fakt, dass ich sie eine geraume Zeit vorher in flagranti erwischt hatte, also kurz, bevor es dazu kam. Sie traf sich nämlich mit einem Typen, den ich aus der Schulzeit kannte. Ich hatte sie 22.00 Uhr vor ihrer Wohnung abgesetzt und war noch ein bisschen mit dem himmelblauen Trabbi rumgecruiset. Als ich am Bahnhof um 22.30 Uhr vorbeikam, stand da meine Freundin mit besagtem Typ. Ein unangenehmer Zufall. Am Ende behauptete sie, ich würde ihr nachspionieren. Später hatte sie eine Affäre mit dem „Tänzer“, einem Gruftie aus Stralsund. Ich habe nie verstanden, warum eine Frau, die Sex verachtete, fremdging und Dessous trug, die geeignet waren, einen alten Mann zum jungen Gott zu machen.

Andrea hatte drei Schwestern. Birgit, die Älteste, lebte in Thüringen. Die Zweitälteste hieß Tina, war 3 Jahre älter als ich und wohnte in der Nähe von Grimmen. Andrea, Bigi und Tina glichen sich wie ein

Ei dem anderen. Sie waren auch alle ähnlich schwermütige Mädchen und Frauen. Ganz anders die Zweitjüngste: Sophie war sonnig im Gemüt, blond gelockt und durch und durch freundlich. Sophie hatte einen Freund, den Keks. Der war mir auch aus der Schulzeit bekannt, ein echt netter Typ, Stino wie Sophie, immer gut drauf und er sah aus wie *Matthias Reim* in klein. Wenn irgendwer Geburtstag hatte von Andreas Schwestern, wurden wir eingeladen, außer uns kam dann auch Keks' großer Bruder mit seiner Frau. Peter und Franka waren absolut normale Leute, mit einer Prise mehr Toleranz und Partylust. Tinas Mann hieß Rico, er war nicht so tolerant, und seine Art, Partys zu feiern, hieß, sich gnadenlos zu besaufen. Bei der ersten Zusammenkunft in dieser Konstellation geriet alles völlig außer Kontrolle, und es sollte für immer so bleiben.

Andrea und ich kamen in der Wohnung von Sophie und Keks an. Alles sah nach einer völlig normalen Fete aus, gemütlich, fröhlich, familiär. Ich wurde Franka und Peter vorgestellt, Tina und Rico kannte ich bereits, Sophie und Keks sowieso. Nach ein paar Gläsern Wein oder Eierlikör kamen die ersten neugierigen Fragen. Man wollte wissen, was wir Grufties denn in Wahrheit so trieben. Von besonderem Interesse erschien den Gästen das Thema „nachts auf dem Friedhof". Rico war schon ganz schön über'n Berg, denn er trank irgendwas Klares, Hartes. Er äugte uns unverständlich an, es war nicht sein Thema. Peter und Keks stießen immer schneller mit ihm an, tranken aber selbst nichts. Rico hing auf dem Sofa, während ich von nächtlichen Besuchen auf Friedhöfen schwärmte. Rico kippte langsam um. Er äugte nicht mehr, er schielte. Die beiden Männer stießen noch ein letztes Mal mit ihm an, dann schloss Rico die Augen für diesen Abend. Er wurde von den beiden und Doro ins Schlafzimmer von Sophie und Keks geschleift und dort abgelegt.

Was dann kam, war klar, es stand nur die Frage im Raum, auf welchen Friedhof wir jetzt fahren würden. Darauf wusste ich eine Antwort. Wir stiegen alle in meinen Trabbi, denn ich hatte selbstverständlich nichts außer Cola getrunken.

Keks blieb allerdings zu Hause; erstens hätte er nicht mehr ins Auto gepasst, wir waren bereits zu sechst im Trabbi, zweitens musste irgendwer Rico etwas vorflunkern, würde er doch wider Erwarten aus dem Koma erwachen. Außerdem hatte er keinen Bock auf Bewegung.

Wir fuhren mit einer Flasche Sekt bewaffnet zum Friedhof eines Dorfes in naher Umgebung. Ich parkte, alle quetschten sich aus dem Trabbi. Wir zogen schleichend wie die Katzen Richtung Gottesacker. Nach ein paar Schritten bellte ein Hund. Wir staksten da so rum, die Frauen trugen teilweise Pumps, sie kicherten angesichts der mittlerweile leeren Sektpulle.

Andrea und ich gaben eine Führung. Plötzlich traf uns ein Lichtstrahl. Eine barsche Männerstimme rief uns zu: „Runter vom Hof!" In völliger Panik stürzten wir über den Friedhof, alle mir nach, hintendrein der Hund. Ich wusste, dass es einen hinteren Ausgang geben musste, intuitiv fand ich den richtigen Weg. Der Hund wurde glücklicherweise abgerufen. Da standen wir nun, sechs angeblich erwachsene Menschen, auf irgendeinem Acker vor einem Dorf, in dem unser Auto stand. Wir trauten uns nicht, das Auto zu holen, jeder befürchtete, dass der Kerl mit seinem Hund dort auf uns wartete. Es blieb nichts anderes übrig, wir trauten uns irgendwann.

Als wir lachend wieder in der Wohnung waren, hatte Keks in der Zwischenzeit etwas aufgebaut. Ein Gesellschaftsspiel. Es war aus einer Zeitung, so einem zweitklassigen Sexmagazin. Wir wurden unmissverständlich aufgefordert mitzuspielen. Für mich stellte das kein Problem da. Für Andrea merkwürdigerweise auch nicht. Alle anderen schienen darauf gewartet zu haben. Es war so eine Art „Mensch ärgere dich nicht", nur dass man hier und da anzügliche Sachen tun oder sagen musste. Wir mussten mal den Nachbarn/die Nachbarin küssen oder so was wie eine Erdbeere aus dem Bauchnabel naschen. Harmlos, bis dahin. Es wurde allerdings auch immer mehr Alkohol konsumiert. Irgendwann wurde ich gefragt, was wir denn jetzt spielen könnten. Ich schlug „Flaschendrehen" vor. Der Vorschlag wurde begeistert in die Tat umgesetzt, irgendwann saßen wir alle völlig nackt im Wohnzimmer der Gastgeber. Jeder küsste jeden und so weiter, allgemeines Fummeln. Unvorstellbar, was geschehen wäre, wenn der Mann von Tina plötzlich auferstanden wäre …

Diese Art Feierlichkeiten wurden Tradition. Jedes Mal wurde zunächst Rico ausgeschaltet, um dann irgendeine Orgie zu zelebrieren. Sehr lustig das Ganze, jedoch nicht zu verstehen, dass Andrea im täglichen Leben sexuell zurückweisend blieb.

Zu Ostern fuhren wir nach Salzwedel. Uwe hatte mir am Telefon berichtet, er sei bereits wieder umgezogen und hätte ein Haus besetzt. Das versprach spannend zu werden.

Wir fanden das alte Häuschen in der Amtsstraße 41. Es war ein Mehrfamilienhaus, zweigeschossig, das letzte Haus in der Gasse. Dahinter begann eine kleine Gartenkolonie. Die enge Straße ließ einen kleinen Wendeplatz für Autos direkt an der Ecke des Hauses entstehen, danach kamen noch zwei Garagen, dann die Gärten. Das Haus selbst war äußerlich ungepflegt, seine Metallplatten, die anstelle von Putz die eigentliche Wand bedeckten, waren rostig, verbogen und zeigten ein tristes helles Grau. Einzig die Fensterrahmen auf einer Seite des Erdgeschosses waren in Feuerrot und luden jeden Passanten ein, einen kurzen Blick in die Stube dahinter zu werfen. Zum Grundstück des Hauses gehörte eine Riesenscheune. Diese war durch einen hölzernen Torweg, durch den früher sicher Pferdewagen ein und aus fuhren, verbunden. Ein richtiges Gehöft, umgeben von knorrigen Bäumen und den Resten von ehemaligen Gartenanlagen. Vor dem Haus stand eine ehrfürchtige Linde.

Auf der linken Seite wohnte von nun an Uwe, rechts hatte sich Ösi, eine gute Freundin, eingelebt. Zu Ösi gehörten die lustigen Fensterläden. Sie war ein oder zwei Jahre jünger als ich, etwas mopsig, stets vergnügt und ein Kumpeltyp. Das war sie jedoch nicht gern, denn eigentlich wäre sie viel lieber mal als Frau wahrgenommen worden, am liebsten von Uwe. Der sah aber in der knuffigen Ösi wirklich nur eine Freundin.

Karfreitag sollte eine Rieseneinweihungsfete stattfinden. Es kamen bestimmt über 50 Leute. Auch solche, die wir besser nicht gesehen hätten. Wir spielten mit ca. 20 Leuten Verstecken in dem völlig verwinkelten alten Haus. Besonders der Boden unterm Dach erschien uns allen gruselig, es gab kein Licht dort und Uwe erzählte, dass sich dort jemand erhängt habe. Ich wickelte mich in meinen Talar, den ich zu der Zeit häufig trug, und stellte mich in eine Räucherkammer. Gefunden wurde ich nie.

Die Party war sehr spaßig, wir lernten sehr viele neue Leute kennen. Allerdings fiel uns auf, dass es kaum noch Grufties in Salzwedel zu geben schien. Die Gäste der Fete waren eher so wie Autonome oder Zecken gekleidet. Einzig Zausi, der war der letzte Gothic von Salzwedel oder, wie er selbst immer betonte, er war „Endzeitromantiker".

Zwei Typen waren aus Hamburg angereist, Bekannte von Ösi. Der eine und zugleich Kleinere hieß André, der Große Mario. Sie waren nett, aber taten irgendwie geheimnisvoll.

Am nächsten Tag kamen nach und nach einige der Partygäste zurück ins Haus. Wir beschlossen, am Abend in eine Disco außerhalb der Stadt zu fahren.

Im Laufe des Tages stellte sich dann heraus, dass die beiden Hamburger tatsächlich Grund zur Geheimniskrämerei hatten. Sie hatten Haschisch dabei und kifften hier und da mit ein, zwei Eingeweihten. Irgendwann war es aber mit der Vorsicht vorbei und sie drehten ganz offiziell Joints auf dem Hof. Bert, ein Freund von Uwe, verließ daraufhin die Amtsstraße. Andrea und ich waren natürlich wieder interessiert. Uwe selbst winkte mürrisch ab, hatte er doch deutlich genug zu verstehen gegeben, dass er nicht rauchen würde. Mario schlug vor, dann eben einen fetten Tee zu kochen, für alle wohlgemerkt. Dass das nicht wirkte, wussten Uwe und ich aus Erfahrung. Deshalb machten wir uns alle keine Gedanken über später und schlürften einen Topf Tee nach dem anderen. Die beiden Jungs wurden nicht müde, immer mehr von dem Zeug auszugeben. Keiner vermutete schlimme Folgen. Nach vielleicht einer oder anderthalb Stunden ging Thorsten, der tatsächlich Fick hieß, nach Hause. Wir sollten ihn dort zur Disco einsammeln.

Als es Abfahrtzeit war, stiegen alle in Uwes schicken VW-Bus, den er nach der Leipzig-Fahrt mit lustigen Skeletten auf schwarzem Grund angemalt hatte. Es waren wieder mal 12 oder 14 Personen in dem Bully. Uwe fuhr los, ich war der Beifahrer. In der Straße, in der Fick wohnte, nuschelte Uwe plötzlich wirres Zeug und bremste abrupt. Er sprang aus der Fahrertür und rannte wie irre über die Straße auf irgendein Grundstück. Ich lief hinterher. Als ich ihn erreichte, hatte er sich einen Gartenschlauch gegriffen und duschte seinen Kopf. Dabei jammerte er unablässig: „Mein Kopf platzt, Pfeffi, mein Kopf platzt!" Ich erschrak, mir wurde schlagartig bewusst, dass die Drogen zu wirken begonnen hatten. Ich versuchte möglichst unauffällig, Uwe von dem Schlauch und vor allem von dem fremden Hof zu bekommen. Es gelang nach ein paar Minuten Überredungs- und Beruhigungskunst. Wir legten Uwe hinten im Auto ab, ich fuhr weiter.

In der Dorfdisco angekommen war alles wieder ruhig. Uwe schlief im Bus. Fick hatten wir einfach vergessen. Das Drehchen und ich setzten uns in der fremden Disco in eine Ecke und guckten so rum, neben mir textete mich Ösi zu. Ich verstand aber gar nicht, wovon sie sprach, war mir auch egal, ich guckte einfach.

Irgendwann registrierte ich, dass es nicht mehr Ösi war, von der ich angesprochen wurde, es war Bert. Dieser flüsterte mir zu, dass alle so komisch seien, keiner nähme ihn ernst und alle würden ihn auslachen. Ob wir was genommen hätten. Bert sorgte sich offensichtlich. Ich grinste doof, gegen meinen Willen, wollte noch sagen, dass alles ok sei, aber Bert guckte verständnislos und zog ab.

Nach irgendeiner Zeit wurden wir gefragt, ob wir wieder nach Hause fahren wollten, und wir wollten. Ich wurde gefragt, ob ich fahren könne. Ich dachte, ich wäre voll ok, also sagte ich zu. Mario wurde zum Beifahrer bestimmt. Er legte die Gänge ein, ich lenkte und kuppelte und so weiter. Die Gangschaltung war defekt. Irgendwie erschien mir die Straße kurvenreicher als auf der Hintour. Wir fuhren vorsichtig, es waren schließlich wieder mehr als 10 Leute im Bus. Als wir den Bully vor der Amtsstraße zum Stehen brachten und alle ausgestiegen waren, nahm mich Uwe in den Arm. Er schluchzte erleichtert: „Wie gut, dass bei dir alles normal ist, Pfeffi." Im selben Moment brach ich in Lachen aus, lautes unkontrolliertes Lachen. Ich lachte, bis ich husten musste, ich lachte auch noch, als ich bereits zu kotzen anfing vor lauter Husterei. Uwe glotzte mich entsetzt an, dann brach er in ein Gelächter aus, das meinem in nichts nachstand. Wir alle lachten, wir schleppten uns lachend in das Haus und hörten nicht mehr auf zu lachen, die ganze Nacht. Wir waren heiser, es tat weh, aber es half nichts, niemand konnte aufhören zu lachen. Die einzige Unterbrechung war, als wir nachts zu Massen Nudeln kochten und aßen. Dann lachten wir hemmungslos, bis der Schlaf uns mit sich nahm.

Pass auf, dass du nicht geschnappt wirst … du alter Kiffer, du
Dabei geht ihre Gesellschaft am Alkoholismus zugrunde
Nina Hagen

Thorsten ereilte die Wirkung der Rauschdroge zu Hause, im Beisein seiner Mutter. Er lachte sie hemmungslos aus. Als er merkte, dass wir nicht mehr kommen würden, ging er schlafen.

Es kamen in loser Folge immer wieder Jugendliche und blieben ein paar Stunden. Wir begannen Joints zu rauchen. Irgendwann waren wir stoned.

Vor mir tauchten zwei Gesichter auf, eines von einem Niklas, dem unsere Musik nicht zusagte und der deshalb immerzu seine „Lieblingsbandkassette" einlegen wollte. Er stand offensichtlich auf *Insterburg und Co*. Wir wussten das aber zu verhindern. Der andere sagte mir im Laufe des Gesprächs seinen Namen, er hieß Daniel Hückstedt. Entweder hatte der einen Sprachfehler oder ich war völlig breit, jedenfalls verstand ich auch bei mehrmaligem Nachfragen immer nur: „Yüsel Hücksel". Ich überlegte, dann antwortete ich: „Du sprichst aber gut Deutsch", er guckte mich blöd an. Ich dachte bei mir: „Ich hatte mir Türken immer ganz anders vorgestellt", deshalb fragte ich ihn: „Wie lange bist du denn schon hier?" Er machte ein noch blöderes Gesicht und sagte: „ne gute Stunde, warum?" Daraufhin sagte ich: „Nee, wie lange du in Deutschland bist?" Er dann: „Deutschland? Ich komme aus Kyritz." Blöderweise hörte sich „Kyritz" für mich nicht sehr deutsch an, deshalb gab ich zur Antwort: „Ich dachte immer, das würde in der Türkei liegen …" Daniel, alias Yüsel, starrte mich an. „Da kommt der Ritter Kahlbutz her", brachte er hervor. „Ritter Kahlbutz?" Das war zu viel für mich. „Willst du mich verarschen?" Darauf der arme Yüsel: „Nee, echt, der ist nicht verrottet nach seinem Tod, den musst du doch kennen!" Natürlich kannte ich den Ritter Kahlbutz, aber der kommt doch nicht aus der Türkei! „Warum denn immer nur Türkei?" stutzte der gute Mann. „Was fragst du mich das?" setzte ich nach. „Du kommst doch daher!" – „Ich?" Irgendwann stand er auf und ging sichtlich verwirrt. Ich erzählte allen anderen, dass der Typ ein Türke sei, hatte er mir schließlich selbst erzählt.

Ja ja, liebe Leser, lasst die Finger von den Drogen!

Zu Hause in Grimmen wurde ich auf Kurzarbeit Null gesetzt, das hieß im Klartext, ich hatte nichts zu tun, musste nicht auf Arbeit erscheinen, bekam aber mein volles Gehalt. Das ging so den Rest des Jahres. Unser Betrieb wurde von der Treuhand abgewickelt. Chef der Treuhandgesellschaft war Detlev-Karsten Rohwedder, als Dank für seine besonderen Leistungen beim Beseitigen der volkswirtschaftlichen Grundlagen hat ihn die RAF erschossen. C'est la vie.

Ich wollte weg, weg aus Grimmen. Wohnungen gab es nicht und im Haus meiner Eltern war ich nicht glücklich. So sehr sich auch meine Mutter Mühe gab und selbst mein Vater nicht mehr ganz so streng war. Uwe bot mir an, mit Andrea zu ihm in das Haus zu ziehen, Platz war ja genug. Einziges Problem, das Drehchen sollte erst mal ihre Lehre beenden, dann würde sich sicher auch ein Job als Krankenschwester in Salzwedel finden. Mit dieser Perspektive lebte ich fortan in Good Old Grimmen.

Die Jüngste von uns Grimmer Grufts, Judith, hatte Jugendweihe. Wir anderen gestalteten eine „Glückwunschkarte" der besonderen Art. Ich besorgte ein „Blatt" Zeichenkarton, es war so ungefähr 1,50 m mal 1,20 m groß. Alle Schwarzen unterschrieben, dann zogen wir los. Wir klingelten. Ich hatte extra „Anzugsordnung" festgelegt. Ich wollte, dass die Spießer von Grimmen sahen, wir können ihre Sprache, wenn wir wollen. Wenn WIR wollen, und da wollten wir es. Die Bürger des halben Wohngebietes hingen aus ihren Fenstern und glotzten, als wir vor dem Wohnblock unser Plakat ausrollten. Ich hatte mit schwarzer Schrift „Dein Sarg soll aus den Brettern einer 100-jährigen Eiche gefertigt werden. Das Bäumchen dazu pflanzen wir heute." aufgeschrieben. Judith war erfreut, ihre Eltern erschienen nicht sehr angetan angesichts des Aufsehens.

Ein paar Wochen später bekam ich die Nachricht, dass *Sandow* zu Probezwecken in ein „Studio“ auf einem Bauernhof in der Nähe von Grimmen gezogen seien. Kim lud mich ein, er fragte sozusagen, ob ich nicht mit ein paar Kumpels vorbeikommen wolle, man könne ja n kleines Happening tätigen, so mit *Sandow* als Band.

Wir organisierten spontan eine Party in Rakow. Das Gehöft lag ziemlich außerhalb, es eignete sich prächtig, um Krach zu machen. Nach einem Studio sah es allerdings nicht aus. Die Band gab ein paar Kostproben ihres Könnens. Ich kannte ja sowieso alle Mitglieder, aber auch die anderen waren begeistert, wie offen die Jungs von *Sandow* waren. Es wurde eine heftige Saufparty unter freiem Himmel. Einzig Nine nervte mich und eigentlich auch das Drehchen total ab. Nach reichhaltigem Konsum diverser Getränke meinte Nine nämlich, das Drehchen zutexten zu müssen. Sie quatschte sie voll mit Sätzen wie: „Wenn Pfeffi bald mal stirbt, dann sind wir alle für dich da.“ Als ich mich einmischen wollte, um das Drehchen vor weiterem Geschwafel dieser Art zu schützen, zischte mich die blöde Kuh an. Von da an erzählte sie Andrea, dass sie sich nicht von mir bevormunden lassen müsse, dass ich ein Chauvinist sei. Lauter so bekloppte Sachen, sie merkte nicht mal, dass Andrea längst weinte, aus Angst, ich würde irgendwann sterben.

Kaufi erklärte seine Verlobung mit der Frau, ich nahm das kopfschüttelnd zur Kenntnis.

Im Sommer fuhren wir mit Bex nach Salzwedel, von dort aus weiter nach Amsterdam. Ösi kam mit. Wir kauften, was wir zu kaufen vorhatten, jeder 2 bis 3 Gramm Haschisch. Ich wollte mich tätowieren lassen. Ich brauchte endlich ein Pentagramm auf meinem Oberarm, ich wollte damit ein Bündnis besiegeln, eines auf Lebenszeit. Schwarze Haare können wieder blond werden, ein Loch in einem Ohr (ich hatte jetzt 6 auf einer, 5 auf der anderen Seite) kann zuwachsen. Alles, alles kann man zurücknehmen, verstecken, ein Tattoo aber nicht. Nie wieder, lebenslang. Ich wollte es. Ich wollte nichts sehnlicher als das. Bezeugen, dass ich nicht Teil der spießbürgerlichen, christlich orientierten Gesellschaft war. Ich hatte eine eigene Kultur, ein eigenes Volk, ein eigenes Gesetz. Jeder sollte es sehen können.

Ich enterte den nächstbesten Laden vor Ort, setzte mich auf den Stuhl bei dem Tätowierer und zeigte ihm ein aus einer Zeitschrift ausgesuchtes Pentagramm. „Auf dem Kopf bitte“ sagte ich und drehte ihm das Bild so hin, wie ich es wollte. Dann zog ich meine Gaspistole aus dem Gürtel und legte sie neben mich, sie drückte beim Sitzen am Bauch. Der Mann riss seine Augen auf und fiel fast vom Hocker. Dann stammelte er, was das solle. Ich guckte fragend, er warf ein Handtuch über meine Knarre. Dann zeigte er mit den Händen, ich solle mich nicht bewegen und still sein, er drehte sich um und guckte, ob irgendwer die Szene beobachtet hatte. Dann zischte er, dass Waffen in Holland streng verboten seien. Mir fiel blitzartig der Dealer vom Vorjahr ein, der mich ja auch entgeistert angesehen hatte. Der Typ legte mir einen Gulden hin und fragte mich, ob er meine Pistole mal anfassen dürfe. Ich gab sie ihm. Erklärte, dass es „nur“ eine Schreckschusswaffe sei, aber das war ihm egal, ehrfürchtig drehte er das Teil in der Hand. Dann legte er sie nickend unter meine Jacke und begann seine Arbeit. Nach einer guten Stunde hatte ich ein schwarzes, schattiertes Pentagramm auf dem Oberarm, ich war stolz, unendlich stolz.

Wir fuhren nach Hause, die Grenze konnten wir ungehindert passieren.

Wieder in Salzwedel zeigten wir stolz unser Dope und ich trug mein Tattoo wie ein Gockel durch die Gegend. Selbstverständlich beschlossen wir zum Abend, wieder so einen Haschischtee zu trinken. Das Schicksal nahm seinen Lauf …

Wir hatten also jeder nen großen Pott Tee getrunken und den Bodensud gierig ausgelöffelt. Ein paar Stunden später geriet alles außer Kontrolle. Warum auch immer, wir begannen Flaschendrehen, es war sehr spät abends. Es war nur eine Kerze an, ansonsten war alles dunkel, Musik lief. Ich weiß noch, wer dabei war und dass in der hinteren Ecke in Ösis Zimmer ein unscheinbares Mädchen saß. Ösi selbst war mit Schmimi, Uwes Freundin, in den Urlaub gereist. Das Mädchen in der Ecke hieß Manon. In Ösis Bett schlief Leiche, ebenfalls eine Freundin von Ösi, sie war Gruft, aber ein total stoned’er Gruft. Sie zählte quasi nicht zu den Anwesenden.

Wir Spieler waren schon halb entkleidet, da wurde uns bewusst, dass diese Manon uns ungeniert zusah. Als die Flasche dann irgendwann in ihre Richtung zeigte, verlangten alle, sie möge mitmachen. Sie tat es zögerlich, blieb aber dabei auf ihrem Sessel sitzen, wir anderen lungerten auf dem Teppich rum.

Nachdem alle nackt waren und wir alle mal jeden geküsst hatten, brach jemand aus dem Spielkreis die Situation ab. Er hatte eine Freundin und dies hier ging ihm jetzt zu weit. Auch Andrea und andere Spieler stimmten zu, einige zogen sich an, andere gingen halbnackt aus dem Raum. Das Drehchen sagte, sie wolle nur mal für kleine Mädchen. Ich nickte. Dann saß ich allein mit dieser Manon im Raum.

Ein unaufhaltsames Gefühl kam in mir hoch. Ich hatte Lust, Lust zu ficken. Unbeherrschbare Lust eroberte mich, lähmte jede Form von Anstand, von Respekt vor Andrea. Ich wollte einfach nur Sex. Jetzt und hier und zwar sofort.

„Fickst du mit mir?" fragte ich ungezwungen das Mädchen, sie antwortete kurz und bündig: „Ja".

Momente später rollten wir nackt auf dem Teppich, ich habe nicht mitbekommen, wann das Drehchen in der Tür stand. Ich hatte nur noch ein Ziel: Befriedigung.

Morgens erwachte ich, nackt. In einem mir unbekannten Raum, in einem Bett, von dem ich nicht wusste, wie ich dort hineingekommen war. Als ich seitwärts blickte, lag da mein Unterhemd, in dem steckte jemand, es war aber nicht das Gesicht von meinem Drehchen … Ich fuhr erschrocken hoch: „Wer bist du denn?" fragte ich die mich anblinzelnden Augen. Diese Augen wurden augenblicklich groß. „Weißt du nicht, was los war?" Ich wusste es natürlich nicht. Dann sagte sie etwas von Flaschendrehen. Eine dunkle Ahnung stieg in mir auf, ließ Bilder in meinem Kopf wachrufen, Bilder und die Erinnerung an Andrea. Mir wurde mulmig zumute. Manon war allerdings sehr nett, sie war so nett, dass wir noch einmal fickten.

Dabei ist es dann geschehen, wir verliebten uns. Wir verliebten uns unsterblich …

Ich entschuldigte mich bei Drehchen, es tat mir aufrichtig leid.

Andrea fuhr daraufhin mit Bert und Plüschi, die auch häufig in der Amtsstraße aufkreuzte, nach Holland. Andrea und Plüschi waren gut befreundet. Ich fuhr mit Uwe nach Göttingen, seine langjährige Brieffreundin Hanna besuchen. Wieder in Salzwedel erwartete mich Manon, ich schlief wieder mit ihr. Andrea war noch in Amsterdam. Als sie zurückkam, wirkte sie aufgelöst, hilflos. Sie hatten sie und Plüschi an der Grenze mit jeweils 3 Gramm Dope erwischt. Drehchen hatte panische Angst, dass ihr Vater von der Anzeige wegen Verstoßes gegen das Betäubungsmittelgesetz erführe. In der Nacht, wir schliefen alle in einem Raum im zweiten Stockwerk der Amtsstraße, flog plötzlich ein Pflasterstein durch die Fensterscheibe. Bex und ich stürmten ans Fenster, die Pistolen im Anschlag. Faschos war unser Gedanke, denn Uwe wurde bereits der VW-Bus vor dem Haus von Skins umgestoßen. Er musste den Bus danach verschrotten. Aber statt der erwarteten Neonazis stand dort unten ein 70-jähriger Opa. Er brüllte zu uns hoch, fühlte sich von uns gestört. Es war der Nachbar, Herr Tetzlaff. Der drehte häufig so durch. Wir hatten tatsächlich aber nur leise gesprochen.

Wir verklebten das Fenster mit einer Plastiktüte und schliefen ein. Alle außer Manon und mir, sie legte sich neben mich. Es war bedrückend. Auf der einen Seite lag das Drehchen und schlief. Auf der anderen Seite lag Manon. Ihre Blicke ließen keinen Zweifel, sie wollte mich. Ihre ganze Ausstrahlung schien es zu verraten, ihr Atem sog mich an, ihr gesamter Körper vibrierte vor Angespanntheit. Wir schliefen vorsichtig miteinander, küssten uns die ganze Nacht. Ich fühlte mich unendlich zerrissen ...

Aufgrund der Lungenentzündung im Winter und meines allgemein schlechten Zustandes trat ich zum wiederholten Mal in meinem Leben eine Kur an. Diesmal in Harzgerode bei Quedlinburg, in der Nähe des Hexentanzplatzes.

Ich saß dort wie Napoleon auf Elba. Ich fühlte mich abgestellt, hatte aber Zeit, um viel nachzudenken. Manon ging mir nicht mehr aus dem Sinn.

Um mich doch irgendwie abzulenken, kaufte ich im Ort einen Zeichenblock und Tusche. Ich begann wieder zu zeichnen, als Kind hatte ich viel gemalt. Ich habe faktisch immer und überall gemalt. In der Schule sogar für meine Mitschüler. Manchmal in den Pausen an die Tafel. Nie mit Öl oder Wasserfarben, ich bin jemand, der mit Stiften arbeitet, monochrom. Jetzt wollte ich mich in Zeichenfeder und Tusche üben. Ich zeichnete vor allem sexuell geprägte Szenen. Ich zeichnete, worauf ich Lust hatte …

Währenddessen lief der Fernseher, textete mich zu. Dann kam in den Nachrichten, dass in der UdSSR irgendwas im Gange sei. Sie hatten Michail Gorbatschow auf der Krim festgesetzt. Ich war entsetzt, war Gorbi doch mein Held, jetzt wurde er entmachtet und Jelzin, dieser Idiot, nahm alle Macht an sich. Ich guckte live, wie die Panzer in Moskau rollten.

Uwe und Schmimi besuchten mich, sie brachten Manon mit. Als sie uns für eine Stunde allein ließen, fielen wir übereinander her, wir schliefen miteinander, fickten hemmungslos, vögelten bis zur Atemlosigkeit. Lustvoll, genau so, wie ich es in meinen Bildern gezeichnet hatte. Ich hatte es so viele Monate vermisst, Jahre schon. Sex haben zu können, ohne sich Gedanken machen zu müssen, ohne dafür verachtet zu werden. Und Drehchen gab mir Verachtung, wenn ich auf ihr lag. Lust gab sie nicht, sie ekelte sich, sprang jedes Mal sofort nach dem Akt auf und verschwand im Bad. Sie wusch es ab, ich hatte das Gefühl, sie würde mich abwaschen, wenn ich in solchen Momenten allein im Bett zurückblieb.

Dies war anders, dies war gewollt, Manon wollte es, ich wollte es.

Am Ende der Kur fuhr ich trotzdem zurück nach Grimmen.

Im Gepäck meinen ersten Sauerstoffkonzentrator. Die Lungenfachärzte dort hatten ihn mir verschrieben und so ein Vertreter für Medizintechnik wies mich ein, das war relativ neue Technik. Leider war die Technik auch laut wie ein Mülltonnenauto bei der Entleerung, ich scheiterte mit dem Benutzen am Geräusch. Ich konnte nicht schlafen bei dem Krach, also staubte das Hightech-Gerät allmählich schweigend ein.

Der Herbst begann, ich versuchte, Manon zu vergessen.

Es war die Zeit der Überfälle von Hooligans in Fußballstadien, aber auch ganze Städte wurden von ihnen wie von Heuschrecken heimgesucht. Zumeist kündigten sie sich vorher mit Drohschreiben an. In Hoyerswerda zündeten sie zusammen mit Skinheads ein Asylheim an. Die Welt schaute auf Deutschland. Wir hatten das Gefühl, dass wir mit unseren Vermutungen über das Erstarken der Naziszene im neuen GroßdOItschland richtig lägen. Zuerst starb ein Angolaner in Eberswalde, dann in Dresden ein Mosambikaner, erschlagen, ermordet von Skinheads und Neonazis. Und jetzt klatschte die Bevölkerung Beifall in Hoyerswerda. In Dresden waren im Sommer 350 Hools und Skins randalierend gegen alles, was links oder alternativ war, vorgegangen.

Erst die, die anders sprechen, dann die mit dunklem Haar
Dann die, die anders denken,
schließlich die eigene Art ... die Brut
Goethes Erben

Es ging das Gerücht rum, das Pack wolle auch Grimmen heimsuchen. Wir wollten sie gehörig empfangen. Ich blies zur Generalmobilmachung.

Am genannten Tag sammelten wir uns zunächst bei Kaufi. Jeder hatte sich auf seine Weise mit Waffen aller Art gerüstet. Bex und ich bauten Molotow-Cocktails. Wir fuhren auf ein Feld und warfen einen zur Probe auf einen Feldstein, eine riesige Flamme stach in die Höhe. Wir waren zufrieden.

Dann fuhren wir zurück ins Hauptquartier, wir waren zunächst etwa 20 Leute, vielleicht 25. Einer hatte einen Hammer dabei, ein anderer Chromspray, mit dem wollte er nötigenfalls einem Nazi das Gesicht „verchromen". Wir von der Stammgruppe trugen unsere „Gummiknüppel" offen am Gürtel baumelnd. Ich hatte eine Pistolentasche, in der meine Gaspistole steckte, Drehchen auch. Wir vermummten uns sorgsam, dann zogen wir bedrohlich in Richtung Bahnhof.

Wir checkten das Bahnhofsareal, suchten uns strategisch günstige Verstecke und verschanzten uns. Es kamen aber immer mehr. Zeitweise standen da bis zu 50 Kids. Ich sah teilweise 12-Jährige mit morschen Stöcken, die sie unter Bäumen auflasen. Für einen Moment zweifelte ich, hätte beinahe den „Rückzug" angeordnet.

Es herrschte eine angespannte Atmosphäre, als an der Bahnhofsanzeige der Zug aus Stralsund angezeigt wurde. Ein ziviler PKW der Polizei fuhr vor. Beamte stiegen in einiger Entfernung aus und begannen uns zu filmen.

Der Zug wurde durchgesagt, schlagartig kehrte Stille ein. High-Noon-Stimmung.

Als der Signalton der Schrankenanlage einsetzte und das Schließen begann, ging ein Aufschrei durch Teile der mutigen Stadtverteidiger. Hektisch sprangen Jugendliche auf ihre Mopeds, andere warfen ihre Knüppel weg und liefen einfach davon, ein Auto fuhr mit quietschenden Reifen von dannen. Da waren es nur noch 10. Na ja, 20 waren wir wohl noch. Wir gingen in Deckung. Es fuhr aber kein Zug ein. Die Schranken gingen wieder auf. Fünfzehn Minuten später kam ein Zug, aber es saß niemand darin. Der Zug fuhr weiter. Irgendwer kam zu uns und erzählte jedoch, dass vor dem Bahnhof ein PKW mit vier verdächtigen Typen stünde. Kaufi und ich wollten das checken. Wir teilten uns in zwei Gruppen. Eine sollte die Stellung halten, wir anderen waren der Erkundungstrupp. Die Kommando-Einheit.

Wir umliefen das Gebiet weiträumig. Ich war langsam außer Puste, aber ich konnte ja nicht als Verantwortlicher zuerst die Segel streichen.

Aus einiger Entfernung beobachteten wir den verdächtigen PKW. Langsam näherten wir uns, das Kennzeichen war aus unserem Landkreis. Es konnten also keine Fremden sein.

Wir wurden bemerkt, die Autotüren öffneten sich, es entstiegen dem Wagen vier Kerle, Bären, buchstäblich. Mich schauderte, da war ein jeder 1,90 m und mindestens 120 Kilo! Sie standen drohend vor uns, vielleicht 20 oder 30 m. In Arbeitsanzügen, so Blaumänner. Kaufi sagte, es seien Autoschlosser vom örtlichen Schrottplatz.

Als diese dann ihrerseits Kaufi erkannten, wurden ihre Posen sichtlich entspannter. Einer hatte zwischenzeitlich den Kofferraum des Autos geöffnet. Er und die anderen entnahmen ihm Baseballschläger und Eisenstangen. Zum Schluss noch eine Pulle Whiskey oder so. Sie lachten uns laut an und zeigten siegessicher ihre Schlaginstrumente.

Sie waren bereit, ihre Stadt zu verteidigen, gegen wen auch immer. Wir kehrten beruhigt zu unseren Leuten zurück und verkündeten die gute Nachricht, denn mit den Kerlen im Rücken war ich beruhigter als mit den 12-jährigen Hosenscheißern.

Stundenlang geschah nichts, ein paar Leute verloren die Lust oder Geduld und zogen ab. Als es nach 22.00 Uhr war und längst dunkel, kamen wir aus dem Versteck hervor, der vorerst letzte Zug aus Stralsund war gerade durch. Wir gingen wieder auf den Bahnhofsvorplatz. Die langen Kerls waren weg. Dafür kam aber ein Bullenwagen. Er hielt neben uns an. Ein Polizist stieg aus, der andere nahm das Funkgerät. Der Ausgestiegene kam langsam auf uns zu, wir verschränkten erwartungsvoll die Arme. Breitbeinig standen wir da, wie die wahren Helden. Der Bulle fragte uns frech: „Was treibt ihr denn hier?" Wir antworteten noch frecher: „Wir warten hier auf wen!" Er wollte selbstverständlich wissen, auf wen denn? „Auf ein paar Typen vielleicht?" antwortete ich. „Na, vielleicht kann ich euch ja helfen", sagte er anbiedernd. Wir guckten uns an, dann fragten wir direkt, ob er wüsste, wo die Hooligans und Skinheads denn seien. Er sagte uns, dass die Polizei in Grimmen mit der Polizei in Stralsund, Greifswald und Rostock telefonieren würde und nirgendwo eine größere Bewegung dieses Personenkreises zu beobachten wäre. Wir grübelten kurz, dann einigten wir uns mit dem Bullen, dass wir uns zurückziehen würden. Wir gingen ins Hauptquartier.

Im November griffen über 200 Hooligans nach einem Fußballspiel in Greifswald 35 Asylbewerber in einem Heim an.

Kaufi heiratete tatsächlich, das Hauptquartier war damit Geschichte.

Meine anstehende Geburtstagsfeier fand deshalb bei mir zu Hause statt. Es würde die letzte Feier sein, so viel war klar, in einem halben Jahr wollte ich weg sein. Weg, so wie Bex schon weg war und Toppi auch, beide hatten Lehrausbildungen weit fort von Grimmen begonnen. Auf der Arbeitsstelle wurde mir zudem nahegelegt, im Einvernehmen zu kündigen, somit bekam ich eine Abfindung, 5.000 D-Mark. Verdammt viel Geld für mich, und gehen wollte ich sowieso. Also stimmte ich zu.

Meine Freizeit überbrückte ich mit dem Sehen von Videos und mit Zeichnen, ich hörte einfach nicht auf zu zeichnen. Irgendwann begann ich dann, Gedichte zu schreiben, ein paar Bücher über Religion und Okkultismus zu lesen. Ich fand Gefallen an Aleister Crowley, seinen Thesen, seinem Tarot, seiner Biografie. Mark, ein Freund, besorgte mir von einem Angestellten des städtischen Friedhofes einen echten Schädel. Das Mystische schien mich zu rufen …

Silvester verbrachten das Drehchen und ich bei Uwe in der Amtsstraße.

Uwe hatte in der Zwischenzeit Ösi zum Verlassen der gemeinsamen Wohnung aufgefordert, nachdem sie die Unverfrorenheit besaß, mit einem der Haupttäter, die den Bully umkippten, einem bekannten Naziskin, zu vögeln. Und zwar vor Ort. Als Uwe die beiden zufällig in flagranti überraschte, nahm er eine Zaunlatte und vertrieb den Trottel unsanft. Danach ließ er Ösi zusammenpacken.

Wir vereinbarten, dass ich zum 1. April zu ihm ziehen würde. Ich wollte bereits die ersten Möbel und weiteres übersiedeln, alles vorbereiten, bevor dann das Drehchen nachkäme. Aus diesem Grund reisten Andrea und ich im März schon einmal nach Salzwedel. Diesmal hatten wir zum ersten Mal einen Anhänger am Auto und bereits neu gekaufte, verpackte Schränke aufgeladen. Andrea gab ebenfalls ihr Erspartes mit zu, um für uns beide die erste Einrichtung zu finanzieren. Ich hatte ja die Abfindung bekommen.

Mein Vater hatte mir seinen PKW-Hänger ausgeborgt, dann grinste er in seiner gewohnt selbstgefälligen Weise und meinte: „Du kannst ja nicht mal den Müll selbst rausbringen.“ Er dachte, spätestens zum nächsten Winter würde ich wieder vernünftig werden.

Zeichnung Yoran Nesh

Zeichnung Yoran Nesh

Zeichnung Yoran Nesh

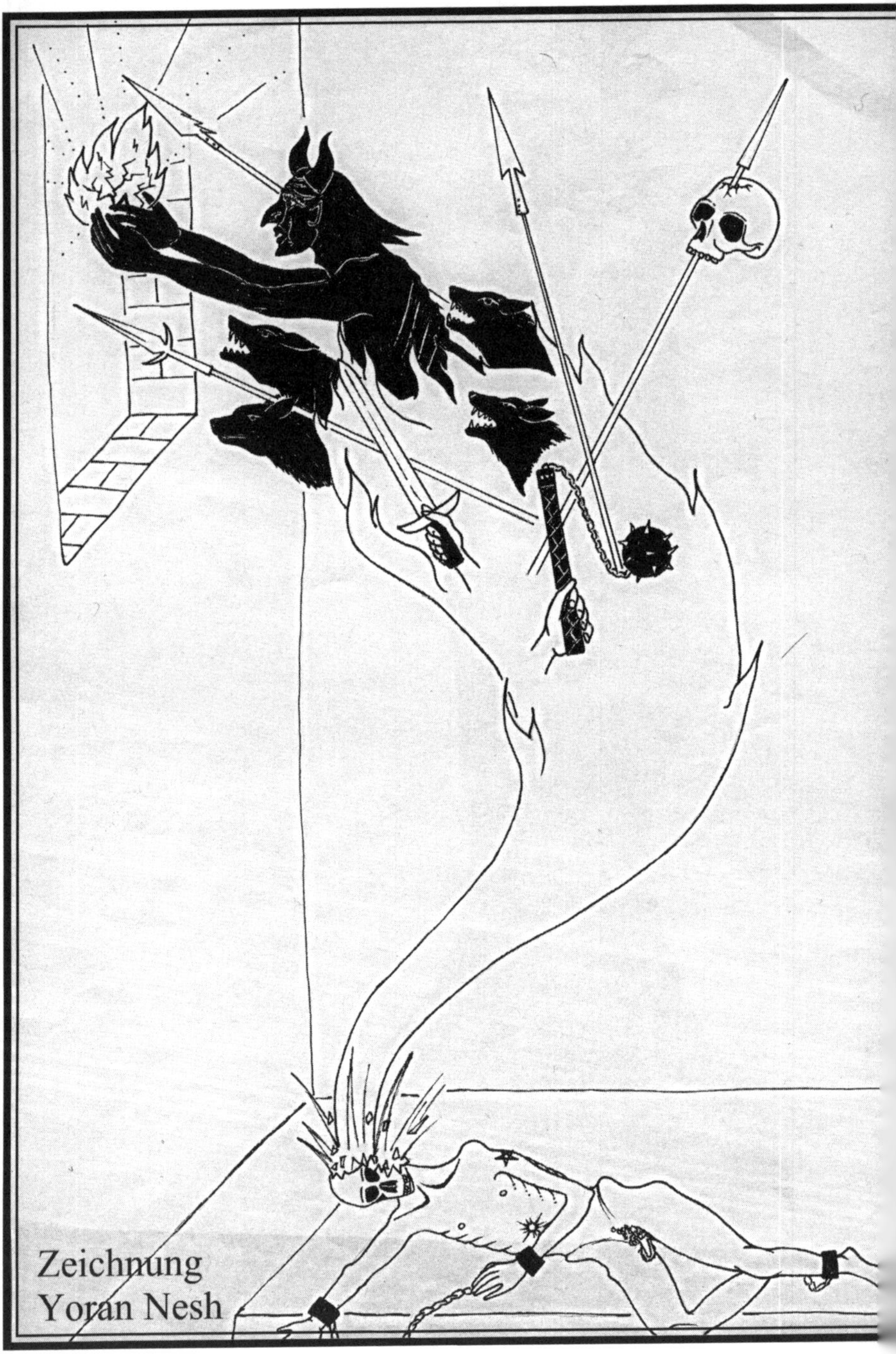

Zeichnung
Yoran Nesh

Zeichnun Yoran Nesh

Zeichnung Yoran Nesh

Meine Zeit in Salzwedel

oder: Auf dem Weg zu mir selbst
(Hintergrundsoundtrack: Cold Meat Sampler)

Im Frühjahr 1992 zog ich endgültig nach Salzwedel.

Salzwedel ist eine kleine ehemalige Hansestadt im Herzen der Altmark. Es gibt ca. 20.000 Salzwedeler und alle sind stolz auf die Salzwedeler Erfindung Nummer eins, den Baumkuchen. Sie haben auch ein paar ganz gemütliche, romantische Ecken dort, aber für mich war das Haus in der Amtsstraße 41 das schönste Haus im Ort.

Ich richtete mich auf länger ein. Zunächst brachte ich meine Habseligkeiten in Ösis ehemaliges Zimmer. Abgesprochen war eigentlich, dass ich die Etage über Uwe beziehe, aber dort war Susi mit ihrem Freund Ralle kurzfristig eingezogen. Es gab die ersten Unstimmigkeiten. Als ich Uwe und Susi zur Rede stellte, meinte Susi nur kurz: „Wer zuerst kommt, mahlt zuerst". Uwe war das Ganze unangenehm, er wollte keinen Stress, bat mich deshalb, zuerst einmal das leere Zimmer unten zu beziehen. Das hatte den Vorteil, dass ich nicht renovieren musste, das hatte Ösi ja bereits getan. Außerdem war die zu der Wohneinheit gehörende Küche besser, der Herd war ans Gas angeschlossen und die Spüle konnte leichter installiert werden. Ich willigte ein. Einziger Nachteil, ich hatte keinen Kachelofen, sondern nur so einen kleinen Kanonenofen. Aber es wurde ja gerade wärmer …

Das einzige Bad war in der zweiten Etage. Es wurde von allen benutzt. Neben dem großen Zimmer, in dem nun Susi und Ralle hausten, gab es ein kleines, dies wurde jedoch von Uwe, Fick und Ralf als Proberaum genutzt. Sie hatten eine Band gegründet und spielten bereits ein paar eigene Songs. Die Band hieß *Teenage Riot* nach einem Song von *Sonic Youth*, denn Gitarrenrock mit übersteuertem Verzerrer war der Sound der Zeit.

Nach einer Woche als Salzwedeler fuhr ich mit der Band auf ihren ersten Gig außerhalb der Stadt. Uwes ehemalige Freundin Annette studierte in Halle Modedesign. Sie gab eine Party und wollte, dass *Teenage Riot* dort vorspielten. Die Party hatte ein besonderes Motto: „redlight district party". Das hieß im Klartext, alle Männer sollten als Zuhälter aufschlagen, alle Frauen als Callgirls. Wahlweise auch umgekehrt. Annette hatte mit ihren Mitbewohnern durch das Anbringen von Bettlaken als Trennwände viele kleine Separees geschaffen, Kuschelplätze und Vögelwiesen. Es gab nur rotes Licht, welches so eine laszive Stimmung erzeugte.

Ich langweilte mich mit Thorstens neuer Freundin Sandra, während die Band dreimal dasselbe Programm absolvierte. Später wurde Uwe von einer sehr üppigen Dame in ein Separée gelockt. Ich will gar nicht wissen, was da geschah, denn Uwe war sturzbetrunken. Thorsten und Sandra zogen sich mit anderen zurück und zogen Speed. Es war das erste Mal, dass ich sah, wie Menschen Speed konsumierten. Fick wirkte plötzlich ganz grau und alt, er stotterte immerzu, wie geil alles sei. „Alles geil, total geil!" Dabei sah er überhaupt nicht geil aus, er zitterte am ganzen Leib. Ich war angewidert. Kiffen fand ich spaßig, zuweilen entspannend. Aber dies erschien mir sinnlos und abschreckend.

Zum 1. Mai wollten Uwe und ich nach Berlin. Teilnehmen an der Revolutionären Demonstration in Kreuzberg. Wir fuhren mit Uwes Käfer, den hatte er sich nach dem Bully gekauft. Wir wollten Leiche besuchen und bei ihr schlafen, leider war deren Mitbewohnerin damit nicht einverstanden und so brachte Leiche uns zu ihrem Kumpel. Wir schliefen also bei Tino in Friedrichshain. Tino war ein schräger Vogel, deshalb hieß er auch so, Tino Vogel. Ich habe selten einen so gastfreundlichen Menschen wie Tino getroffen. Er trug schwarze Cordhosen, ein verwaschenes schwarzes Shirt, hatte eine Chromgestellbrille wie die im Osten und nen kleinen Iro. Er war einfach ein wirklich netter Typ.

Ein fliegender Stein als Kampfsignal –
auf einmal war die Hölle los
Ein Wechsel war zwischen Angriff und Flucht
die Toten Hosen

Am Morgen trafen wir uns mit Leiche, zusammen mit Tino brachen wir nach X-Berg auf. Am O-Platz quietschten Lautsprecher revolutionäre Musik, die Bullen waren angetreten und alles lief angespannt durcheinander. Irgendwann setzte sich ein Demonstrationszug in Gang, eine Stimme kreischte unentwegt „Ketten bilden, Ketten bilden!“ In Losungen riefen Demonstranten ihre Solidarität bis nach Los Angeles, denn dort gab es in dieser Zeit „Rassen“unruhen. Endlich brannte auch irgendetwas, nur ein Autoreifen eigentlich, aber Grund genug für die grünen Männer, zum Angriff zu blasen. Tränengas stand in der Luft, Feuerwerkskörper knallten, es wurde geknüppelt. Wer allerdings mit dem Gesicht zur Hauswand stand und die Hände hoch hielt, dem geschah nichts. Katz-und-Maus-Spiel, wir spielten mit. Nach ein paar wilden Stunden war alles vorbei. Wir saßen in der Sonne, 10 Meter weiter standen BGS-Beamte und blinzelten entspannt. Als dann plötzlich Steine über unsere Köpfe flogen und die Polizisten im Galopp über uns Liegende hinwegsprangen, wurde es Zeit zu gehen.

Kreuzberg brennt um Mitternacht,
das Tränengas hat uns fast umgebracht
Doch wir schlagen zurück, wir schlagen zurück …
ergeben werden wir uns nicht
Nina Hagen

Urplötzlich schlug sich Tino an die Stirn, er hatte vergessen, dass seine Freundin zu einer bestimmten Zeit vor seiner Tür stehen würde. Er sagte, er würde schon vorlaufen, wir sollten nachkommen. Er lief los. Als er ca. 50 oder 60 Meter weg war, überholte uns auf der Oberbaumbrücke ein großer Bullenwagen. Sie überholten auch Tino, bremsten abrupt, sprangen heraus und schnappten sich den kleinen Tino.

Sie zerrten den armen Kerl in ihre Wanne, Tür zu und weg … Uwe wollte noch seine Bierbüchse nach dem Auto werfen, aber das konnte ich gerade noch verhindern, denn ich wollte nicht auch noch in der Bullenschaukel landen. Nach ein paar Metern bremste das Auto noch einmal, mir wurde bange. Die Tür des Busses wurde aufgerissen, ein Arm wurde herausgestreckt, an ihm baumelte Tino. Dann trat ein Fuß nach seinem Arsch und Tino segelte in hohem Bogen auf den Asphalt. Er rappelte sich auf und flitzte weiter, als wäre nichts geschehen. Wir kamen eine Stunde später bei ihm an. Tino wirkte verlegen, er erklärte uns, dass seine Freundin diese Nacht gern mit ihm verbringen würde … allein.

Er versuchte allerdings alles, um uns einen anderen Schlafplatz zu besorgen. Zu diesem Zweck stiegen wir in den Käfer und fuhren an ein besetztes Haus. Tino kannte da jemanden, der jemanden kennt, und irgendwie würde das schon was werden. Es wurde auch … Denn als wir aus dem VW gestiegen waren, kamen urplötzlich 5 BGS-Einsatzfahrzeuge um die Ecke. Die Bullen sprangen raus, packten uns und stellten uns an eine Wand. Dann wurde das Haus gestürmt. Nachdem die Polizei unsere Ausweise geprüft hatte und wir versichern konnten, dass wir hier nur um einen Schlafplatz für eine Nacht ersuchen wollten, durften wir gehen.

Tino überlegte kurz, dann fuhr er mit uns zu einem Kumpel, bei dem könnten wir sicher pennen. Wir kamen an einem Haus an, Tino klingelte Sturm, dann wurde uns geöffnet. Im 4. Stockwerk erwartete uns Hypolite, ein Schwarzer. Diesmal ein echter. Er grinste uns breit mit strahlenden Zähnen an. Hypolite kam aus Nigeria, und verstand kaum Deutsch, deshalb hatte er den Fernseher auf Stumm, aber dieser lief die ganze Nacht. Tino erklärte ihm unsere missliche Lage und er lud uns freundlich ein.

Ein paar Tage später, längst wieder in Salzwedel, erreichte uns die Nachricht, dass Ösi mit Manon und Stefan einen Autounfall hatten. Alle drei lagen in Danneberg im Krankenhaus. Stefan war ein Kumpel von allen und keinem. Jeder kannte ihn und jeder hing mit ihm ab, aber niemand konnte ihn wirklich leiden. Jetzt war seine Niere geprellt, Ösi hatte ein Gipsbein und Manon, von der ich wusste, dass sie jetzt einen Freund hatte, war im Gesicht mit einer Riesenbeule verziert. Wir besuchten sie im Krankenhaus. Wir konnten uns das Lachen kaum verkneifen, sie lachte mit, aber es tat ihr weh. Ihr Auge war blutrot, sie sah entstellt aus. Sie tat mir leid. Ösi quatschte wie ein Wasserfall, erzählte vom Unfall und wie Stefan alle gerettet hatte.

Nach einer guten Woche kamen alle wieder nach Hause. Eine weitere Woche später war ein Konzert in Hamburg, wir beschlossen hinzufahren, Ösi sagte, wir könnten alle bei ihrer älteren Schwester schlafen. Thorsten und Sandra fuhren mit Uwe im Käfer, Ösi und Manon mit mir im Trabbi.

Irgendwo zwischen Lüneburg und Hamburg passierte es dann, ich überholte mit der Rennpappe einen Audi. Als ich mich gerade vor ihm wieder eingeordnet hatte, gab es ein Geräusch … „PLING!" Die rote Kontrolllampe ging an, der Motor war nicht mehr zu hören, nur ein Summen. Wir verloren augenblicklich an Geschwindigkeit. Der Audi hinter mir ging ins Eisen, er war sichtlich wütend, als er mich überholte.

Mein Trabbi sagte nichts mehr. Es qualmte, als wir die Motorhaube öffneten, Uwe blickte fachmännisch. „Du hast den Motor festgefahren, Pfeffi", meinte er. Es stimmte. Uwe schleppte mich bis nach Hamburg-Ohlsdorf zu Heike. Heike war die ältere Schwester von Ösi und sah ihr echt ähnlich, beide hatten unglaublich große Augenringe. Heike war in meinem Alter, eine sehr nette Frau, die immer die falschen Kerle anzog.

Ich bekam Fieber. Heike kümmerte sich liebevoll, gab mir Wick Medi-night. Das Konzert von *My Bloody Valentine* konnte ich vergessen, ich musste zu Hause bleiben. Manon blieb bei mir. Dafür fuhr aber Heike mit ins Konzert. Manon und ich sahen uns lange in die Augen, dann küssten wir uns überschäumend vor Verlangen …

Am nächsten Tag fuhren wir alle mit Danni, einer Freundin von Ösi, die seit Längerem in Hamburg lebte, und deren Freunden nach Kiel. Dort spielte *Catastrophe Ballett*. Die Hamburger Grufts nahmen uns in ihren Autos mit. Vor der Abfahrt waren wir noch in einem Tonstudio der Band *Emotional Outburst*, ihr Sänger und Kopf *Dirk Rieger* schenkte mir ein Demo-Tape. Er war super nett, einfach total normal im Umgang mit uns. Die Sängerin, seine Freundin, saß in der Psychiatrie. In den Texten singt sie über den Aufenthalt in der Anstalt und über ihre Selbstmordgedanken. Ein paar Wochen später war sie wirklich tot.

In Kiel langweilte uns das „Katastrophen-Ballett“ so sehr, dass Manon und ich uns in eine dunkle Ecke außerhalb des Veranstaltungsortes zurückzogen.

Die Rückfahrt war der Horror. Uwe schleppte mich mit meinem Trabbi bis nach Salzwedel. Allerdings dauerte das mehrere Stunden für die ungefähr 130 Km. Wir fuhren die gesamte Nacht. Ösi vorn bei Uwe, sie versuchte ihn wach zu halten. Manon saß neben mir, es regnete ununterbrochen. Die Sicht war beschränkt und ich hatte kaum noch Strom in der Autobatterie. Alles erschien denkbar ungünstig. Mein Herz raste, ich hielt ihre Hand, fast die gesamte Strecke. Manon schlief dann bei mir in der Amtsstraße.

Am Montagmorgen wachten wir auf, Uwe war zur Arbeit, das wussten wir, aber irgendwer lief im Haus rum. Susi und Ralle konnten es nicht sein, die waren in Berlin. Ich lugte durch mein Schlafzimmerfenster auf den Hof. Es war Marco, Manons Freund. Er suchte sie. Wir zogen die Bettdecke über unsere Köpfe und waren ratlos. Nach einer Weile verzog er sich. Am Nachmittag ging Manon zu Marco und beendete die Beziehung.

Manon und ich waren verliebt, wir waren unzertrennlich. Sie ging nicht mehr zur Schule, ihr Abi war gefährdet, es war ihr egal, sie wollte nur noch bei mir sein.

Aber da gab es noch etwas, das Drehchen. Andrea kam nach Salzwedel. Manon war besonders freundlich zu ihr, sie gingen miteinander um, als seien sie beste Freundinnen. Andrea stach Manon ihre Ohrlöcher. Sie teilten sich Zigaretten und gingen zusammen auf die Toilette, wenn wir im Hansa waren. Es würde noch ca. zwei Monate dauern, dann würde Andrea hergezogen sein.

Im Radio DT64 hatte ich gehört, in Leipzig würde zu Pfingsten ein Gruftietreffen stattfinden. Das war gemein, denn ich hatte ja geschworen, nie wieder nach Leipzig zu fahren. Es half nichts, ich musste wohl oder übel nach Leipzig reisen, wenn ich das Gruftietreffen nicht verpassen wollte. Andrea und ich wollten es wagen.

Nach etlichen Stunden und Umwegen erreichten wir das Conne Island in Leipzig-Connewitz, damals hieß das aber noch Eiskeller. Wir suchten uns einen Parkplatz und sahen dabei schon jede Menge Grufts, vorsichtig hielten wir immer wieder nach Skins Ausschau. Auf dem Vorplatz und im Park flanierten hunderte Grufties, Gothics und Waver rum, einzeln standen sie, in Cliquen und vor dem Eiskeller als Menschentraube. Der Einlass hatte schon begonnen und, wie wir leider sofort erfuhren, die Karten für den ersten Abend waren längst ausverkauft. Ich war etwas enttäuscht, denn ich hätte gern einmal *Goethes Erben* gesehen. Tröstend war dann aber, dass man noch Karten für den nächsten Abend erstehen konnte. Wir kauften natürlich welche.

Wir standen also mit vielen anderen Schwarzen vor dem Eiskeller, hörten drinnen eine Band nach der anderen auftreten und waren trotzdem zufrieden. Es war warm und man konnte an einem Stand Getränke kaufen. Irgendwann kam, was kommen musste. Zwei fette Glatzen besaßen die Kaltschnäuzigkeit und stellten sich mitten unter Hunderte von Grufties. Keiner hatte das *Cure*-Konzert vor zwei Jahren vergessen, es bildete sich zunächst eine Gasse, in der die beiden Skins frech und übermütig entlangliefen. Als die Skinheads stehen blieben, wurde jedoch ein Ring daraus, die beiden Typen waren umstellt von mehreren hundert Schwarzen, die sie mit finsteren Blicken betrachteten. Langsam wurde es unruhiger und lauter in dem Pulk, vereinzelt hörte man Rufe wie „Draufhauen“ oder „Totschlagen“. Niemand allerdings tat es. Es traute sich keiner, der Erste zu sein. Die Skins schienen das zu spüren, sie wussten aber auch, würde der Erste seinen ganzen Mut zusammennehmen, würden alle anderen auf der Stelle folgen. Das wäre unweigerlich ihr Ende gewesen. Sie drehten sich um und gingen, es wurde ihnen augenblicklich wieder die Gasse geöffnet, einige verfolgten die beiden Glatzen langsam bis zum Ausgang.

Jeder stellte sich die Frage, ob sie wiederkämen, diesmal vielleicht nicht zu nur zweit. Vielleicht kämen wieder so viele wie damals? Ich wusste es nicht, aber ich fürchtete es.

Wir überlegten, wo wir nachts schlafen könnten, ein Zelt hatten wir nicht eingepackt. Im Auto? Sollten tatsächlich Nazis des Nachts hier einfallen, so ginge das ausschließlich über den einen Zugang, einem Gang, der einerseits von einem Flüsschen gesäumt, andererseits von einer Häuserwand begrenzt wurde. Der Fluss bildete also eine natürliche Grenze zum Park, der sich hinter dem Eiskeller befand, die gegenüberliegende Seite wurde von einem Berg oder Wall geschützt, dieser war dicht mit Gestrüpp zugewuchert, beides wäre unmöglich zu durchqueren gewesen. Von vorn kam man nur durch besagten Gang, da ein Haus, das zum Eiskeller gehörte, die vordere Front bildete. Ich erwog also, dass das Schlafen im Auto strategisch unklug wäre, denn die Autos standen außerhalb des Parks und würden somit als Angriffsziele prädestiniert sein. Es erschien mir sicherer, im Schutz des großen Parks zu nächtigen, dazu schaute ich mich etwas um.

Ich nahm das Flachdach eines Schuppens oder einer Garage in Augenschein. Wir gelangten von Mülltonnen, auf die wir stiegen, auf eine Mauer, die an das Häuschen angebaut war. Von der Mauer gelangte man mit ein wenig sportlichem Talent auf das Flachdach. Wir wogen uns in Sicherheit. Sollten Skins inmitten der dunklen Nacht das Areal stürmen, würden sie wohl zuerst am Boden, bei den im Park aufgestellten Zelten nach Opfern suchen. Wer würde schon auf die Idee kommen, auf Dächern nach uns zu schauen? Wir rollten uns müde in unsere Talare und in mitgebrachte Decken, schliefen irgendwann aneinandergekuschelt ein.

„Faschoalarm!!!" gellte es durch die Nacht und riss uns aus dem Schlaf. Noch einmal: „Faschoalarm!!!" Mir stellten sich die Nackenhaare zu Berge. Ich horchte aufgeregt in die beginnende Dämmerung, es geschah nichts. Ein paar Betrunkene lachten – es war ein verdammt blöder Scherz. Ich verzog wütend mein Gesicht und schlief weiter.

Gegen 8.00 Uhr morgens war es so kalt, dass ich erwachte, mit mir das Drehchen. Wir setzten uns auf und schauten im Morgenlicht über den Park. Wir entdeckten, dass der Erdwall, der das Gelände an einer Seite begrenzte, genau an das Flachdach anschloss. Es wäre also, wollten potenzielle Gegner dieses Areal angreifen, ein Leichtes gewesen, über den Wall auf das Flachdach und von dort in den Park zu gelangen. In diesem Fall wären wir, die wir uns sooo sicher fühlten, die allerersten Opfer geworden …

Der Tag in Connewitz wurde witzig, überall, wo man hinsah, standen Gruppen von Schwarzen herum. Die Bevölkerung wirkte verunsichert. An einem Spätkauf für Getränke standen vielleicht 300 Grufties an. Dazwischen wartete ein Vater mit seinem Kleinkind, der nur mal schnell einen Kasten Bier kaufen und dafür sein Leergut abgeben wollte. Als ihn freundliche schwarze Kinderfresser fragten, ob er vielleicht vorgehen möchte, er hätte es sicher eiliger, wusste der gute Mann offensichtlich nicht, ob man ihn verarschte. Er traute uns nicht, war verstört und drehte sich nach dem Bierkastentausch mehrfach ungläubig nach den freundlichen Satanisten um.

Seit Jahren werden wir nunmehr von der Leipziger Bevölkerung offenherzig erwartet, man weiß scheinbar in Leipzig, das wir Friedhofsschänder im Prinzip nette „finstere Gesellen“ sind.

Wir setzten uns in den Park, es war für Maitage tropisch heiß. Die Besucher des 1. offiziellen Wave-Gotik-Treffen sonnten sich halbnackt und genossen die Atmosphäre. Ein paar Leipziger Kinder bemächtigten sich eines Wasserschlauches und besprühten kreischende, um ihre Haartracht fürchtende Gothics. Alles war fröhlich, alles war friedlich. So blieb es auch über das gesamte Festival. Leipzig hat sich für das Konzert zwei Jahre zuvor rehabilitiert. Die Waveszene der Welt hat seitdem eine offizielle Welthauptstadt, Leipzig!

Es wurden Tonbecher verkauft mit der Aufschrift: „Moonchild WGT-Leipzig 1992“.

Wir kifften und lachten ausgelassen, es wurden Fotos gemacht, wir feierten uns selbst. Als dann noch ein Fenster geöffnet wurde und für ca. 2 D-Mark Spaghetti mit Tomatensoße an uns verkauft wurde, hätte von mir aus die Welt stehen bleiben können.

Nach Hause zu fahren fiel uns schwer, es war einfach zu schön. Überall saßen Schwarze in ihren Autos. Auf der Autobahnraststelle trafen wir noch Hannoveraner. Pfingsten hat seitdem einen anderen

Namen: WGT, die ganzen Jahre war ich dabei ... nur einmal musste ich pausieren, weil mein Hund krank war.

Wieder in Salzwedel fuhren wir nach Hamburg, dort spielte *Nick Cave*. Wir sahen uns alle möglichen Konzerte an, holten nach, was wir jahrelang verpasst hatten.

Das Konzert sollte in der „Großen Freiheit 36" auf der Reeperbahn sein. Wir landeten aber statt in St. Pauli im Stadtteil St. Georg, ich hatte mich verfahren und rollte langsam eine Einbahnstraße falsch herum entlang. Es dauerte nicht lange, da stoppte mich die Polizei. Ich guckte zerknirscht und entschuldigte mich. Der Beamte war allerdings super nett, erkannte mein Problem und sagte uns, wir sollten einfach hinter dem Streifenwagen herfahren, und wenn er die Kelle heraushielte, dann geradeaus weiter und wir kämen nach St. Pauli. Ich war über so viel Nettigkeit überrascht. Noch viel überraschter waren wir alle, als der Bullenwagen sein Blaulicht anwarf und uns wie einen Staatsbesuch durch Hamburg eskortierte. Irgendwann kam die Kelle, der Polizist winkte fröhlich und fuhr ohne Blaulicht seitwärts davon.

Ich brachte Andrea nach Hause nach Grimmen. Sie war mir wieder näher und doch schon zu fremd. Andrea spürte das selbst. Ich fühlte mich einfach zu sehr mit Manon wohl, andererseits konnte ich nicht zum Drehchen gehen und Schluss machen, wir waren über dreieinhalb Jahre zusammen. Ich war innerlich zerrissen. Manon verlangte nichts, sie überließ mir die Entscheidung.

Wir beschlossen, alle gemeinsam für ein paar Tage nach Amsterdam zu fahren. Wir waren über drei Autos verteilt. Zuerst fuhr Bert mit seinem Golf, er nahm einen oder zwei Leute mit. Bei Uwe im Käfer fuhren Thorsten, seine Exfreundin Sabine aus Clenze und Ralf mit. Ösi und Stefan saßen in meinem Kadett. Den hatte ich von dem Hamburger Mario, dem Drogenfreak, geschenkt bekommen. Es war ein C-Kadett, 10 Jahre alt und mattschwarz, der Wagen sah wirklich cool aus. Freunde von mir waren allerdings besorgt, ich neigte sehr zum Rasen. Mit dem Trabbi hatte das ja seine Grenzen, aber hiermit würde ich viel schneller fahren können.

Manon kam nicht mit. Sie war seit einer Woche mit ihren Eltern in der Toskana. Dafür war Marie, unser kleines Hündchen, mit an Bord.

In A'dam suchten wir uns einen Zeltplatz. Natürlich zogen wir los und besorgten uns das begehrte Dope. Wir kifften uns quer durch die Coffeeshops der Stadt. Dabei trafen wir sogar noch andere Salzwedeler. Ich musste 120 Gulden Parkgebühren zahlen, und das, obwohl ich einen Parkschein hatte, der lediglich 10 Minuten überzogen war. Ösi und Uwe meinten, ich hätte total schlechte Laune, weil ich über eine Woche keinen Sex hatte. Da konnte was dran sein … wirklich vergnügt war ich nicht. Uwe und ich beschlossen daher, als wir ziemlich breit im Bahnhofsviertel von Amsterdam herumzogen, in einen Puff zu gehen. Ich war noch nie im Leben in einem solchen Etablissement, Uwe auch nicht. Aber wir waren stoned und übermütig.

Wir schlenderten also da lang und guckten irgendwelchen Damen, die ihren Körper aufreizend in Pose brachten, auf ihre Geschlechtsmerkmale. Plötzlich kam eine der Prostituierten auf uns zu und quatschte uns voll. Uwe war so eingeschüchtert von der Blondine, dass er mitging. Als eine Zweite auf mich zusteuerte, flüchtete ich. Ich stand allein da, mitten im Amsterdamer Vergnügungsviertel, alle Freunde waren weg und Uwe in einen Puff gezerrt worden. Was sollte ich tun? Ich wollte natürlich nicht den „Schwanz einziehen", also gab ich mir einen Ruck. Ich suchte mit fachmännischem Blick eine Schönheit meiner Wahl. Sie grinste mich an und ich fragte selbstbewusst: „What's the price?" – „50 Gulden", antwortete sie, ich nickte. Die Dame zog mich in ihre Stube, drei Stufen tiefer. Alles war mit rotem Samt behangen, ich kam mir vor wie im Film. Sie werkelte am Waschbecken an sich rum, während ich mich mit kindlichen großen Augen umsah. Sie drehte sich nicht um, sagte aber mit monotoner Stimme: „Ich liebe dein schwarzes Haar." Dieser Satz war so was von kühl, dass ich buchstäblich zu frösteln anfing. Sie drehte sich um, sah mich forsch an. Ich wollte plötzlich wieder weg. Zu spät, die Dame wollte ihren Job erledigen, und zwar an mir.

„Zieh dich aus!" befahl sie fast. Ich schaute zur Tür, mein Geld hatte sie schon, was tun. Jämmerlich entkleidete ich mich halbwegs. „Die Unterhose auch!" Ich tat ihr den Gefallen. Sie zeigte auf ihr rotes

Sofa: „Leg dich hin, Kleiner." Ich kam mir vor wie beim Arzt, legte mich artig hin. „Ficken oder Blasen?" fragte sie. Woher sollte ich das wissen? „Nach Hause" hatte sie ja nicht als Option angeboten. Ich nickte verkniffen. „Na, dann wollen wir mal mit Blasen anfangen", verkündete sie. Sogleich machte sie sich an ihre Arbeit. Ich gluckste herum, dass ich so was noch nie … „Das macht nichts", sagte sie in einem etwas sanfteren Ton, gab sich weiterhin Mühe, mich zu belustigen. Ich wusste aber, dass das heute nichts mehr würde. Also dachte ich: Vielleicht mit Quatschen ablenken? „Wie heißt du eigentlich?" war mein Schachzug. Jasmin, war ihre knappe Antwort. Mhm, war ja klar, wie hätte ich auch einen Namen wie Jana, Heike oder Britta erwarten können. Also bohrte ich weiter: „Und wie alt bist du?" Sie guckte kurz hoch und fragte dann: „Was denkst du?" Ich überlegte kurz und gab 27 zur Antwort. „Genau!!!" antwortete sie, ich hätte auch 56 sagen können, sie hätte mir es wohl genauso bestätigt. Ich versuchte es noch einmal: „Und woher bist du?" „Spanien", schmatzte sie unterdrückt bei ihrem Arbeitsprozess. Ich war verzweifelt, sie sagte dann irgendwann leicht genervt: „Entspann dich!", klopfte dabei auf meinen Bauch wie ein Arzt für Inneres und zog an meinem Ding, als würde es davon stehen können. Nach unendlich langer Zeit war der Alptraum vorbei, sie gab mir zu verstehen, dass sie keine Zeit mehr hätte oder ich müsste nachzahlen. Ich grinste dankbar und griff nach meinen Sachen. Ich war so schnell angezogen, wie es sonst nur Feuerwehrleute können. Sie zog den schweren roten Vorhang auf und öffnete mir die Tür zurück ins Leben. Ich stolperte die Treppen hoch und stand oben vor einer Gruppe deutscher Touristen. Diese stießen sich an und tuschelten etwas wie: „Gucke ma, der isch da naus komme, der war da nei gewes'n" … Ihre Blicke waren respektabel auf mich gerichtet. Ich machte mich schnell gerade und hob den Kopf, woher sollten die denn wissen, dass das gerade die Blamage meines Lebens war, für die ich zudem 50 Gulden gezahlt hatte.

So, wo war jetzt Uwe? Ich wusste gar nicht mehr, aus welcher Richtung ich gekommen war, die Wirkung des Haschisch war irgendwie auch verflogen. Ich suchte im Viertel nach meinem Freund. Plötzlich sah ich ihn auf einer der vielen Brücken des Amsterdamer

Bahnhofsviertels stehen. Er war mit den Armen auf das Brückengeländer aufgestützt und hatte seinen Kopf seltsam in seine Hände vergraben, so stand er da, bewegungslos. Ich stellte mich exakt genauso neben ihn, sah ihn nicht an, er schwieg, als er mich bemerkte. Ich flüsterte: „Uwe, hat es bei dir auch nicht geklappt?“ Uwe brach in Gelächter aus. „Nein, neeee“, mehr konnte er nicht sagen, so sehr lachte er über sich. Ich musste auch lachen, was waren wir doch für kleine dumme Jungs … Idioten, die auf dicke Eier machten. Die Trottel aus'm Osten. Lachend fuhren wir zu den anderen zurück.

Dort bauten wir erst mal wieder ein Pfeifchen, rauchten Hasch buchstäblich bis zum Umfallen. Ich krabbelte in mein Zelt, das ich mit Marie und Ösi bewohnte. Nachts kam Ösi herein, so sah es jedenfalls aus, ich war superbreit und stellte keine Fragen, als sie sich nackt auszog und auf mich legte. Wir fickten wohl, ich schlief jedenfalls irgendwann ein. Als ich gegen Morgen erwachte, wurde mir bewusst, dass letzte Nacht noch irgendwas Unmoralisches zwischen Ösi und mir vorgegangen war. Ich riss entsetzt die Augen auf und guckte zu Ösis Schlafsack rüber. Aber es guckten mich zwei große schöne Augen an und ein Mund lächelte vergnügt, sagte: „Morgen!“ Diese Augen und der Mund gehörten aber nicht in Ösis Gesicht, sondern in das von Sabine. Sie sagte frivol: „Die haben mich zu dir geschickt.“ Ich war platt, meine Freunde hatten Sabine aufgefordert, mich zu vögeln, damit ich nicht mehr so miese Laune verbreitete. Wie sollte ich das Manon verklickern? Anderseits war ich heilfroh, nicht mit Ösi, Manons Freundin, ins Bett gegangen zu sein.

Sabine war eine kleine Schlampe, niedlich zwar, aber doch nervig, und sie blieb bei dem, der ihr einen Joint drehte, ließ sich ficken, wenn man es wollte. Die nächste Nacht schlief sie bei jemand anderem im Zelt. Ich hatte Ösi verboten, das zu wiederholen, Ösi grinste vergnügt und sagte, man merke, wie urplötzlich meine Laune besser sei.

Wieder in Salzwedel wartete ich ungeduldig auf meine Manon.

Susi und Ralle waren wieder da, sie holten ihre Sachen ab, wollten nach Berlin ziehen. In der Zwischenzeit hatten sie meinen Kühlschrank geplündert, einige Konserven nur geöffnet, um zu sehen, was darin war. Vieles war verdorben. Ich war sehr verstritten mit Susi, das ging so weit, dass sie mich mit „mein Führer“ ansprach oder mit „Sieg heil!“ grüßte. Sie sagte, ich wäre der absolute Faschist, weil ich sie nicht in meiner Küche kochen lassen wollte. Ich verstand tatsächlich nicht, warum sie nicht ihre Küche oben nutzte, stattdessen aber mein Geschirr usw. benutzen wollte. Mir war es recht, dass Susi und Ralle den Rückzug nach vorn antraten. Susi konnte einfach „meins“ und „deins“ nicht auseinanderhalten. Sie hatte länst zu viele Drogen gefressen.

Toppi aus Grimmen kam zu Besuch, wir saßen auf dem Hof und quatschten, als Susi sich vor mich stellte und fragte, ob sie die letzte Cola aus meinem Kühlschrank haben könne. Ich fauchte sie an, woher sie wüsste, dass da in meinem Kühlschrank ne Cola sei? In ihrer gewohnt dummfrechen Art antwortete sie kurz: „Ich habe hineingeguckt.“ Ich war sauer und meinte, sie solle nicht immer einfach an meinen Kühlschrank gehen, es sei ja, als würde ich ihr einfach unter ihren Rock gucken. Susi frohlockte, drehte sich um und hob ihren kurzen Rock an, beugte sich nach vorn und zeigte uns ihren nackten Arsch samt der rosa Möse. Sie hatte vergessen, dass sie kein Höschen trug. Ich lachte laut und rief: „So, jetzt geh und hol dir die Cola.“ Toppi blieb der Mund offen stehen. Er hatte noch nie Sex gehabt und sah wohl eben das erste Mal das Fleisch der Lust nicht auf billigen Pornos. Er war knallrot. Ich sah mich in der Verantwortung für meinen Freund, ich musste da dringend etwas arrangieren.

Abends im Hansa traf ich dann auch zufällig „Luzifer“ alias Kathrin, eine freizügige Gruftfrau, mit der ich auch schon mal eine Nacht verbracht hatte und deshalb von ihren Fähigkeiten wusste. Ich ging zu ihr hin und fragte, was sie diese Nacht denn so vorhätte? Luzifer guckte mich merkwürdig an und lächelte verlegen: „Aber Pfeffi, du hast doch Manon und die kann ich gut leiden, das kann ich nicht.“ – „Nee, nee, es geht gar nicht um mich“, weihte ich sie in meinen Plan ein. „Guck mal, der nette blonde Typ da ist mein Freund und der ist Jungfrau …“. Luzifer grinste: „Jungmann?“ Ihre Augen leuchteten plötzlich. „Kannst du da nicht was machen?“ fragte ich weiter, worauf sie sagte „Ich denke schon, wenn du mir noch nen Drink ausgibst, sicher.“ Ich spendierte in dieser Nacht also einer ehemaligen

Nachtgefährtin von mir einen Drink und meinem Freund ne Frau für eine Nacht. Ich selbst schlief süffisant grinsend drüben bei Uwe.

Ich war erst wieder richtig Mensch, als Manon zurück aus Italien war. Ihr Abi war wie zu erwarten mittlerweile den Bach runtergegangen, sie wurde wegen Fehlstunden nicht zur Abschlussprüfung zugelassen, aber es kümmerte sie kaum, sie war eh lieber bei mir und wir lebten unbeschwert in den Tag hinein.

In Berlin fand das erste Inselfestival statt, wir fuhren selbstverständlich hin. Die Insel liegt in der Spree mitten im Treptower Park. Man erreicht sie ausschließlich über eine Brücke. Auf der Insel steht ein burgähnliches Gebäude. Das ganze Gelände war ausgezeichnet geeignet, um ein kleines Gothic-Festival durchzuführen.

Uwe und Ösi waren bei Helge von *Rosengarten*, den wir dort ebenfalls antrafen. Manon und ich schauten uns die Bands an, flanierten zwischen anderen Grufties herum. Wir sahen eine üppige Frau mit einem Affenschädel auf einer Art Hirtenstab, sie war in Gewänder gekleidet. Überhaupt waren viele cool gestylte Leute dort unterwegs. Wir küssten uns. Irgendwelche hessischen Dumpfbacken kommentierten dies mit dem Satz: „So was hätte es bei uns zu Hause in Hessen nicht gegeben, tragen ihre Konfirmationsklamotten und küssen sich." Ich blickte mitleidig rüber, Konfirmation ist ein Wort, das ich nicht einmal benutzen würde, geschweige denn hatte. Aber das können die Katholiken aus *Hesse* ja nicht *wisse* ...

Wenn wir in Salzwedel mal dringend Dope brauchten, dann fuhren wir nach Lüchow zu den Punx. Sabine aus Clenze und ihre Freundin Ines kannten sie und hatten sozusagen die „Connection". Ines war ein Gruftiemädchen mit einer riesengroßen, toupierten Haarmäcke, etwas kräftigem Körper und sie war extrem schüchtern. Aber sie war sehr nett, wenn man sie zum Gespräch aufforderte, und sie kannte diese Punx, denn Ines kiffte auch gern.

Wir fuhren also irgendwann mal hin. Die Punx lebten in Bauwagen, die auf dem Gelände hinter zwei oder drei flachen alten Häusern standen. Die Häuser bildeten einen Winkel. An einem der Häuser stand „Alles Lüge!", das gefiel mir. Überall auf dem völlig versifften

Hof standen alte Sofas oder kaputte Sessel vom Sperrmüll rum. Davor kleine Tischchen oder die Reste von Lagerfeuern. Alles hockte im Kreis und soff oder rauchte oder war scheintot. Als wir ankamen, wurden wir gefragt, woher wir wären. Als wir „aus Salzwedel" antworteten, lachten die völlig verschmutzten Gesichter uns an und sagten: „Ok, dann kostest es nur die Hälfte, der Osten ist arm."

Die Leute waren total dreckig, ich weiß nicht, wann die sich jemals wuschen, aber sie waren total lieb. Alle wohnten in den Bauwagen, bis auf das einzige Mädchen vor Ort, die durfte in einem der Häuser leben. Betrat einer der Punker den Wohnbereich des Mädchens, wurde er rigoros von ihr rausgeworfen. Betrat ein Fremder ihren Lebensraum, wurde er auf sehr unbequeme Weise von den Jungs entfernt. Als wir da so mit den Punx im Kreis auf den Sperrmüllmöbeln hockten, guckte mich einer von ihnen an. Sein Blick war liebevoll, gutmütig. Er fragte mich: „Na, wie lange bist du drauf?" Ich verstand nicht. „Ich mein, seit wann hängst du dran?" fragte er noch einmal. Dann erst kapierte ich, dass er glaubte, ich sei heroinsüchtig, weil ich so dürre war. Ich sagte, dass ich nicht auf Heroin war, worauf er verständig lächelte und sagte: „Musst dich nicht schämen, ich war auch drauf, ich weiß, wie das ist, man spricht nicht gern drüber." Ich war sprachlos, wie sollte ich dem erklären, dass ich nicht heroinsüchtig war, wenn ich so aussah?

Hinter uns ging die Tür auf, ein nackter Mann stand auf der oberen Stufe seines Bauwagens und pisste von dort hinab, direkt vor seine eigene Tür. Wir glotzten angewidert, worauf einer der Punks im Kreis sagte: „Keine Sorge, das ist nur Alex, der pisst." Das sahen wir allerdings auch. Alex gähnte kurz, dann ging Alex wieder schlafen.

Wir bekamen unser Dope für einen guten Preis, allerdings hatte ich dann auch Läuse als Mitgabe dazu.

Irgendwann kam ein Brief an mich in die Amtsstraße, er war vom Drehchen. Andrea schrieb mir in diesem Brief, dass sie nach sehr langem Überlegen zu dem Entschluss gekommen sei, unsere Beziehung zu beenden. Sie würde nicht mehr nach Salzwedel ziehen, stattdessen wollte sie in Hamburg nach Beendigung ihrer Lehre dort als Krankenschwester in einem Krankenhaus arbeiten. Die Arbeitsstelle hätte sie bereits sicher.

Ich weinte herzzerreißend, laut. Es tat weh und es befreite zugleich. Es nahm so viel Last, so viel Lüge, so viel sich verstellen müssen, wenn ich sie traf. Ich liebte Manon so sehr mehr, ich wollte es auch zeigen dürfen, überall. Und doch, Andrea war Teil meines Lebens geworden, fast vier Jahre lang war sie die Frau an meiner Seite; ich kannte vieles an ihr, alles war mir vertraut. Sie einfach nicht mehr in meinem Leben zu wissen, sehr schwer vorstellbar, aber ich hatte in dem Moment nichts verloren, in Wahrheit hatte ich etwas gewonnen, Manon …

Ich fuhr nach Hause, nach Grimmen. Das Drehchen und ich wollten noch einmal miteinander reden, alles aussprechen. Wir verbrachten eine letzte Nacht miteinander. Andrea wollte, dass ich noch einmal, ein letztes Mal, mit ihr schlafe …

Sie weinte dabei, sie weinte noch mehr, als ich es abbrach. Ich konnte es nicht mehr tun, ich konnte sie nicht noch einmal vergewaltigen, so wie ich es empfand, wenn ich sie zum Sex überredete. Ich stellte eine letzte, alles entscheidende Frage. Und die Antwort, die ich bekam, beantwortete mir alle Fragen der letzten Jahre. Ich wusste, dass irgendetwas in ihrer Sexualität nicht „normal" gewesen sein konnte. Es gab einen dunklen Schatten in ihrer Nähe und ich ahnte ihn, war aber machtlos, ihn auszulöschen. Es hatte nichts mit mir zu tun, sie musste sich selbst befreien. Sie war auf dem besten Weg, das Richtige zu tun, ich ließ sie gehen …

Will dich ewig halten, so lang mein Blut noch fließt
So lang die Sonn' die Erde mit Tränen noch begießt
Will dich halten, so lang mein Geist dich halten kann
Erst dann fängt meine Liebe von vorne an.
Dies Natalis

In Salzwedel fühlte ich mich erst jetzt so richtig zu Hause, es gab nichts mehr, was mich mit Grimmen verband bzw. worauf ich Rücksicht hätte nehmen müssen. An einem Wochenende, an dem Uwe nicht zu Hause war, beschloss ich deshalb, endgültig einzuziehen. Bert schraubte mir meine immer noch eingepackten Schränke zusammen und Stefan, Ösi und Manon halfen beim Teppich verlegen und Kartons auspacken. Mein Schlafzimmer verlegte ich in das große Zimmer in der zweiten Etage, Susi war ja fort. Unten verblieb mein Wohnzimmer, und mein Schreibtisch stand in dem kleinen Zimmer, das übergangslos an mein Wohnzimmer anschloss. Wir räumten den ganzen Nachmittag. Abends dann fuhr Bert zu sich nach Hause. Ösi legte sich mit Leiche, die ebenfalls zu Besuch war, in Uwes leeres Bett, Manon ging in meins. Nur Stefan setzte sich mit einer Flasche Apfelkorn allein auf den Hof. Er tat mir irgendwie leid, er hatte mir den ganzen Tag geholfen und nun saß er einsam dort rum. Ich setzte mich zu ihm. Es war eine milde Nacht, wir quatschten. Eigentlich trinke ich ja so gut wie nie alkoholische Getränke, aber im Laufe des Gesprächs reichte mir Stefan die Buddel und ich nahm einen guten Schluck, es war dann noch einer und irgendwann wohl noch einige mehr. Wir hörten Ösi und Leiche in Uwes Bett flüstern und Sachen sagen wie: „Gleich hab ich dich", daraufhin kreischte Leiche und kicherte. Stefan und ich wollten wissen, was die beiden Weiber trieben. Dazu versuchten wir, in das Schlafzimmerfenster zu blicken, es ging aber nicht, es war zu hoch. Wir versuchten es mit „Räuberleiter", dabei hinderte uns aber der Alkoholkonsum. Wir setzten uns wieder auf die im Hof stehenden Sessel und tranken den Rest der Flasche auch noch aus. Dabei lachten wir über die doofen Weiber, die mittlerweile aus dem Schlafzimmerfenster guckten und uns ihre Verachtung kundtaten.

Urplötzlich wurde mir schlecht. Sehr schlecht sogar. Stefan reichte mir einem Eimer und ich kotzte das edle Gesöff vermischt mit leckeren durchgekauten Speiseresten pladdernd in den Eimer. Stefan seinerseits sah mich angeekelt an, dann würgte er und riss mir den Eimer fort, kotzte seine Version des Apfelkorns auf meinige. Da ich aber noch gar nicht fertig war, entriss ich nunmehr ihm den Eimer und gab noch einen schönen Nachschlag. Das Geräusch, was entstand, animierte wiederum Stefan, auch noch einmal einen kleinen Beitrag zum Gesamtkunstwerk beizutragen. Wir lachten und riefen fröhlich „Schichtkotzen!" Es klang allerdings eher nach „Schichkoz'n!", denn unser beider Sprachzentrum lag wohl mit im Eimer.

Nach einer Weile Teamwork verkündete Stefan: „Sch geh na haus." Dann torkelte er heimwärts. Ich tastete mich zu meinem Bett, in dem Manon lächelnd auf mich wartete, und entschuldigte mich tausendmal für meinen Zustand. Ich ließ mir von ihr die Pikes ausziehen, denn ich bekam diese Scheißschnallen nicht mehr auf. Manon grinste vergnügt und brachte mich in mein Bett. Ich schlief das allererste Mal in meinem Leben betrunken ein.

Alkohol und Drogenmissbrauch waren in meinem bisherigen Leben nicht wirklich ein Thema für mich. Alkohol noch weniger als Drogen, wenn man mit Drogen die landläufig im BTM-Gesetz aufgeführten Substanzen meint. Ich hatte ja mit ungefähr 15 Jahren dieses Drogenbuch über die westlichen Rauschdrogen gelesen, und seitdem war mir klar, dass ich nicht auf Speed, Kokain, Amphetamin oder XTC stehen würde. Auf Heroin, Crack oder harten Alkohol sowieso nicht. Auch nicht auf Abenteuer mit Medikamenten wie Valium. Einzig kiffen fand ich nett, und dann gab es da noch eine einzige Droge, die mein Interesse weckte. Den Stoff, woraus die Träume sind, die Droge der Hippies: LSD.

Ich wusste, es gäbe keine Überdosierung wie bei Age, die Einnahme war einfach und der Turn lange, aber effizient. Er versprach eine Reise in die fantastische Welt der Farben oder ließ einen Blick in einen selbst zu. Ich war, seit ich 15 war, neugierig auf Lysergsäurediethylamid, kurz auf Acid.

Mario, wer auch sonst, besorgte das Zeug zunächst für Thorsten und Stefan. Beide schmissen sich die Papierstückchen ein und warteten in meinem Zimmer auf das, was käme. Mario und ich nahmen nichts, er führte sie durch den Trip. Das war verdammt cool, er beruhigte beide Jungs, sobald einer aufgeregter wurde als notwendig, um somit einen Horrortrip zu vermeiden. Ich beobachtete Stefan, der leichte Aggressionszeichen zeigte, und Thorsten, der eher verhalten reagierte, sorgsam. Mario fragte mich bei dieser Gelegenheit: „Sag mal, wie heißt du eigentlich?" „Jörn", sagte ich, „Jörn Ranisch." „Ranesh? Klingt wie ein indischer Gott, ein Kiffergott", lachte Mario zurück. Nach der Nacht war klar, LSD würde ich einmal testen. Ich erzählte Manon von meinen Beobachtungen und auch sie war interessiert.

Wir beauftragten Susi, LSD in irgendeiner Form zu besorgen. Susi brachte uns für 12 D-Mark einen Micro mit. Sie warnte, ein Micro sei sehr hoch dosiert, sie riet zur Vorsicht. Deshalb beschlossen wir ihn zu dritteln, ein Teil ging an Frikassee, einen 17-jährigen Gymnasiasten, der sich häufig in der Amtsstraße aufhielt und mit dem Manon befreundet war. Er schluckte seinen Anteil so gegen 17 oder 18 Uhr. Dann fuhren Manon und er zur Tankstelle, irgendetwas besorgen. Als Manon wiederkam, erzählte sie, wie merkwürdig sich Frikassee verhalten hätte. Es wirkte bereits. Der Junge verabschiedete sich, um zu gehen, wir wollten uns später im Hansa wieder treffen. Manon war aufgeregt, sie drängte zur Einnahme und fragte zeitgleich ständig, ob nichts geschehen könne. Ich mahnte zur Ruhe.

Dann legte ich den Rest des Micros auf meinen Tisch und teilte ihn behutsam in zwei Hälften. Wir sahen uns an, dann legte sich jeder seinen Teil auf die Zunge, man sollte es eine Weile im Mund behalten, irgendwann schluckte ich es dann. Eine Stunde geschah nichts, wir zogen langsam zum Hansa. Frikassee saß in einer Ecke und der Verantwortliche des Clubs fragte uns, ob wir wüssten, was der hätte. Man hörte wohl so Einiges. Wir versuchten, uns um Frikassee zu kümmern, allerdings wollte der nicht angesprochen werden. Nach einer Weile glaubte ich, im Licht der Discoscheinwerfer einen mondähnlichen Planeten entdeckt zu haben. Ich wollte ihn inspizieren, wurde jedoch von Thorsten auf meinen Sitzplatz zurückgebracht. Ich hatte wohl die Tanzfläche blockiert. Manon sagte auch, ihr gefiele das Licht, und eigentlich war alles gut. Nach einer gewissen Zeit ging ich aufs Klo, dabei sah ich in den Spiegel, ich war verdammt überrascht, ich hatte 9 Augen im Gesicht. Alles verdrehte und verzerrte sich. Es war beeindruckend, ich war allerdings zu jeder Zeit in der Lage zu merken: „He, das macht die Droge."

Später gingen Manon und ich nach Hause, wir kamen uns vor wie Hänsel und Gretel, denn alle Häuser waren aus Pfefferkuchen und überall war Schokolade und Marzipan. Die Blätter an den Bäumen waren allerdings aus purem Gold. Dass es September war und profane Blätter durchaus golden wirken können, das wurde uns nicht bewusst. Wir setzten uns in mein Zimmer auf meine Liege und hörten verschiedene Musik, versetzten uns damit in diverse Gefühlslagen. Die CD mit der Stimme von Aleister Crowley musste ich allerdings schnell wieder ausschalten, Manon bekam urplötzlich Angst dabei. Alles, was wir taten, erschien uns, als hätten wir es noch nie im Leben getan. Selbst so banale Dinge wie pinkeln gehen waren ein Ereignis ungeahnter Wonne. Ich aß Speisequark mit Erdbeeren, in meinem Kopf sah es allerdings aus, als würde ich irgendetwas mit Blut und rohem Fleisch vermischt zu mir nehmen, ein höllischer Anblick. Der Geschmack war himmlisch. Hätte man meine Lobesrede über dieses Produkt der Firma Aldi auf Video aufgezeichnet, ich glaube, ich hätte Millionen überzeugt, diesen Quark zu kaufen. Susi hatte uns Tipps gegeben, was man so alles ausprobieren könne auf LSD. Einiges wusste ich ja noch aus der Nacht, in der Stefan und Fick das Zeug gefressen hatten. Also schrieben wir zum Beispiel mit schwarzen Stiften auf Papier, die entstandenen Linien leuchteten jedoch, als wären sie aus Neonlicht, und waren mal rötlich, dann wieder grünlicher. Selbst das: In einen Flaschenhals schauen nach dem Trinken ließ uns ganz deutlich eine neue Welt erkennen. Der Boden der Flasche war ein Inselstaat, das Getränk davor war die See. Alles war phantastisch! Alles lebte, egal, was es war, es lebte, hatte eine Seele und wir konnten sie erkennen, wir fühlten sie, sie sprach mit uns.

Später sind wir ins Bett gegangen, mir war kalt. Das war das einzig Negative, der ständige Wechsel zwischen dem Zustand von Schüttelfrost und auf der anderen Seite dem Gefühl, einen Hitzschlag zu bekommen. Ich sah in Manons Gesicht, sie war ultraviolett und phosphorgrün. Gemeinsam erzählten wir uns, was wir „sehen“ würden. Im Bilderrahmen, in dem ein *Robert-Smith*-Poster eingesperrt war, sprang der zum Leben erwachte *Cure*-Sänger herum, er wollte irgendwie hinaus. Im Raum schwebten lila Elfen und alles war die perfekte Illusion.

Als ich dann mit meiner Freundin schlief, kamen mir kleine goldene Engel aus ihren Brustwarzen entgegen und spielten auf Schalmeien und Posaunen orchestrale Werke. Beim Höhepunkt zerfiel alles zu Licht. Gleißendes Licht, endlos, immer schneller, es kam rasend auf mich zu, es blendete nicht, es nahm mich mit, tötete mich, um mich neu zu gebären. Dieses Licht war nicht irdisch, es war göttlich, es bestand aus reiner Liebe. Mein Licht …

In den Morgenstunden, als die ersten Sonnenstrahlen die Wirkung des Acid veränderten, milderten, jammerte Manon nach mehr von diesem Stoff, aus dem die Träume sind. Ich erschrak und dachte, dass genau das der falsche Ansatz sei, um mit LSD verantwortlich umzugehen. Wir schliefen etwas ein. Lange konnten wir allerdings nicht ruhen, unsere Hirne arbeiteten auf Hochtouren und holten uns beide zurück in die Realität. Wir gingen zu Ösi, sie arbeitete an einem Imbissstand, sie gab uns etwas zu essen und wir setzten uns an ein Tischchen am Straßenrand. Wir kamen uns wie Aliens in einer fremden Welt vor. Wir verstanden tatsächlich kein Wort der Sprache, die die Menschen um uns herum redeten. Irgendwie waren wir erleuchtet, die anderen waren von nun an profan, nicht Eingeweihte, Unwissende. Ein elitäres Gefühl eroberte uns, machte uns zur Avantgarde der Stunde.

Nach insgesamt 36 Stunden etwa waren auch die letzten Halluzinationen im Reich der Fantasie verschwunden.

Anfang Oktober hatten *Sandow* ein Konzert im Hanseat. Ich stand auf der Gästeliste und sprach backstage mit Kim und der Band. Wir vereinbarten eine kleine Party nach dem Konzert in der Amtsstraße. Es kamen aber nur Kim und Annette mit, die anderen wollten ins Hotel.

Wir kamen bei mir in der Wohnung an, Kim sah sich um, lobte meine Einrichtung, bemerkte wohlwollend meinen Synthesizer, meinen Drumcomputer und lächelte dann Manon an. „Schöne Frau", sagte er dann noch. Er setzte sich, ich bot etwas zu trinken an, Manon und Annette hatten sich ebenfalls gesetzt. Als ich wieder ins Zimmer kam, hatte Kim eine Menge Drogen auf den Tisch geworfen, die die Mafia glücklich gemacht hätten. Er grinste, als er sich die erste Linie fertig geschoben hatte. Dann holte er tief Luft, beugte sich über das weiße Pulver und sog es mit der Nase ein. Er riss seinen Körper ruckartig nach hinten, machte laut „ahhhhhhh!", dann öffnete er seine Augen, sie waren schlagartig blutrot. Er schaute uns irgendwie irre an und stand dann auf, mit seiner ganzen Größe von über 1,90 m, und breitete seine Arme aus, um dann mit aller Macht eines heroischen Feldmarschalls „Lasst uns Orgien feiern!" in den Raum zu brüllen. Ich schluckte, er sah Manon an, als wollte er sie auf der Stelle zu seinem Ritualopfer machen. Ich schob mich vor die ebenfalls sprachlose Manon und grinste etwas gezwungen zu Annette. „Viel Spaß noch", würgte ich hervor, dann schob ich Manon durch die Tür hinaus in den Hausflur. Wir verzogen uns in die sichere obere Etage, gingen schlafen.

Nach ein paar Stunden, es war so gegen 5.00 oder halb 6 Uhr, wachte ich auf, weil ich unten Lärm vernahm. Ich hörte Kim brüllen, es kam allerdings aus Uwes Schlafzimmer. Ich beschloss nachzusehen und ging eine Etage tiefer, an mir vorbei lief Annette halbnackt hinaus ins Freie …

Ich sah, dass Kim absolut unbekleidet über Uwes Bett stand, zu ihm und Schmimi vorgebeugt mit einer archaischen Erektion, die Götter erblassen ließe, und brüllte sie unentwegt an. Die Armen lagen mit großen Augen im Bett und starrten auf den mächtigen Mann über ihnen. „Pfeffi", flüsterte Uwe kläglich, als er mich bemerkte, „mach was, Pfeffi". Ich sprach Kim an, versuchte, ihn zu besänftigen, dieser nahm mich wahr und donnerte mir mit seiner Sangesstimme „Geh Haschisch rauchen!" entgegen. Ich ging rückwärts, nicht sicher, was gegen diesen Psychopathen zu tun sei.

Kim hörte die Haustür klappen, da schien ihm wieder Annette in den Sinn zu kommen, er rannte nackt, wie er war, auf die morgendliche Straße und Annettes Namen brüllend hinter ihr her. Ich schaute ihm nach, dann sah ich durch die offene Tür meines Zimmers das Chaos dort. Kim hatte aus welchem Grund auch immer meinen Drumcomputer an die Wand geworfen, und auch sonst sah nichts aus wie Stunden zuvor. Kim kam zurück, denn er konnte Annette nicht ohne Schuhe an den Füßen einholen, die war so clever gewesen, ihre Stiefel und einen Slip anzuziehen, bevor sie aus dem Haus stürzte. Annette war entkommen.

Ich sagte Kim, er solle sich etwas ausruhen, ich würde erst mal wieder schlafen gehen. Statt sich auszuruhen, hat er dann allerdings bis 8.00 Uhr morgens Uwe zugetextet; dieser war aufgestanden, um mir notfalls zur Seite zu stehen. Nach diesem Gespräch war Uwe tief beeindruckt, er malte seitdem den „König der Tiere" auf Ölbildern. Denn Kim hatte ihm offenbart, er sei der König der Tiere …

Ich bin das letzte Biest am Himmel
Ich bin das letzte schöne Sternentier
Halt mich fest … in der Morgendämmerung
Einstürzende Neubauten

Ein paar Tage später war der Termin für das 92er *Cure*-Konzert in Hamburg. Wir hatten uns mit Bex und dem Drehchen, die jetzt in Hamburg lebte, verabredet. Wir gingen gemeinsam hin. Das Konzert selbst war nicht so gut wie das, das ich 1990 in Leipzig erlebt hatte, aber das gleiche Phänomen traf ja auch bei *Phillip Boa* zu. Beim ersten Mal ist man viel gespannter. Außerdem war ich irritiert, wie wenige Schwarze in Hamburg beim Konzert waren und wie viele völlig Normale und sogar Prolls. Die Prolls waren auch ziemlich genervt von uns Grufts, einige schubsten uns. Das Drehchen blieb mit Manon weiter hinten stehen, während ich mit Bex vorn tanzte, irgendwann trafen wir dabei sogar auf Ali.

Andrea verpasste ihre letzte Bahn, deshalb nahmen wir sie mit zu Heike, denn dort schliefen Manon und ich. Es war ein verdammt komisches Gefühl, ich ging nachts mit beiden Mädchen an der Hand durch Hamburg und doch musste ich mich für eine entscheiden. Diese Entscheidung war bereits gefallen, da gab es nichts mehr zu überlegen, nur so ein klitzekleiner Teufel in mir fragte sich, warum ich nicht beide Frauen behalten könnte. Ich begann langsam, die Regeln der monogamen Liebe hassen zu lernen.

Zu Silvester fuhren wir nach Berlin, eine Nacht vor der Jahreswende sollte *Death in June* auf der Insel spielen. Eine extrem lange Schlange begrüßte uns und verhieß uns, nach Karten anstehen zu müssen. Ich wollte die Band sehen, denn ich wusste, *David Tibet* von *Current 93* würde ebenfalls zugegen sein. Draußen bettelte uns ein sehr komischer, aufdringlicher Typ nach etwas Kleingeld an. Er wollte ebenfalls ins Konzert, hatte aber zu wenig Geld. Wir gaben ihm etwas. Andere lachten, sie schienen ihn zu kennen, sie nannten ihn „Knochen-Jochen“.

Das Konzert selbst war so dermaßen überfüllt, dass ich echt nur für einige kurze Momente die Band zu sehen bekam, dann wurde ich wieder beiseite gedrängelt. Ich ging zurück zu Manon, diese hatte zwischenzeitlich Leiche getroffen, beide saßen am Tisch und tranken Wein aus Plastikbechern. Leiche erzählte, dass sie sich gut in Berlin eingelebt hätte und einen ganz tollen neuen Freund hätte. Den Jochen! Ich ahnte Schlimmes. Irgendwann stand der Typ von draußen dann bei uns am Tisch, grinste unverschämt und kaute an einer Bockwurst.

Er setzte sich und grinste noch breiter, Leiche schmachtete ihn an. Er steckte seine Bockwurst erst in den Senf. Als dieser dann aber aufgebraucht war, stippte er seine Wurst unversehens in den Aschenbecher und biss herzhaft ab. Manon und ich schluckten angewidert, Leiche guckte etwas verkniffen und strich dem Jochen dann übers Haar, sie lächelte gezwungen. Irgendwann stand der gute Jochen auf und verschwand im Gedränge. Leiche zuckte mit den Schultern und fragte Manon: „Wo waren wir gerade?“

Wir schliefen bei Tino, er war gastfreundlich wie immer. Das Einzige, was mir nicht gefiel, war die Ratte, die des Nachts hinter dem Backofen vorkam, hinter dem sie tagsüber schlief. Wir lagen in Talare gewickelt am Boden, als die fette Ratte angetapst kam. Ich hasse Ratten!

Ich sah Tino später noch ein letztes Mal in der Köpi … Tino starb an Krebs.

Das neue Jahr zeigte sich zunächst von seiner dunklen Seite. Uwe beschloss, nach Berlin zu ziehen. Er war unglücklich in Salzwedel, unglücklich, dass ich bei ihm lebte und er und ich nicht mehr viel miteinander zu tun hatten. Er hasste Manon. Er hasste es, wenn er tagsüber in mein Zimmer kommen wollte und uns beim Ficken überraschte. Er hasste es, wenn er Manon wie einen grauen Schatten über den Flur schleichen sah, er hasste ihre Art, ihn zu ignorieren, er hasste sie so sehr, dass er begann, auch mich dafür zu hassen, dass ich sie liebte. Er konnte nicht verstehen, was ich an der kleinen unscheinbaren Frau so sehr liebte, dass ich ihn zurückstellte. „Die sieht ja nicht mal gut aus", war seine Art, über sie zu reden. „Und sagen tut die auch nix. Was willst du von der?"

Uwe suchte irgendetwas, was, wusste er selbst nicht. Er wusste nur, dass er es nicht hier finden konnte. Unsere gemeinsame Idee, in der Amtsstraße ein Tattoostudio mit Barbetrieb zu eröffnen, war ausgeträumt. Der Traum war zerplatzt, wie so viele Träume im Leben zerplatzen, zerplatzt an den Höhen und Tiefen des täglichen Lebens …

Manon war mein neuer Traum, irgendwas, egal was, ich würde es mit ihr gemeinsam tun wollen. Ich habe mich viele Jahre lang gefragt, was ich an dieser Frau so liebte. Ich hinterfragte es so sehr, dass ich mich irgendwann fragte, ob ich sie überhaupt geliebt hatte, ich fragte mich sogar, ob ich jemals geliebt hätte.

Ich weiß nicht, ob es Liebe war, was mich zu diesem Mädchen hinzog. Die einfachste Antwort wäre zu sagen, wir hatten guten Sex und sie hat mich niemals in Frage gestellt, hat mich nicht offen kritisiert. Es war sozusagen ein Leichtes, mit ihr zusammen zu sein, eine Beziehung ohne Streit. Wir lebten jeden Tag in Harmonie und dem Glücksgefühl frisch Verliebter, und das, ohne dass die Leidenschaft, mit der wir uns begegneten, verloren ging. Ein Climax ohne Talfahrt.

Es gab da aber mehr, was ich an dieser Frau liebte und achtete. Sie ließ mich zu, ließ mich ich sein, in absoluter Form. Sie forcierte sogar einige ausschweifende Laster, indem sie sagte: „Tue es! Du brauchst es, Jörn." Sie selbst war zurückhaltend, wenn Dritte im Raum waren, es gab nur einige wenige, mit denen sie echte Gespräche führte, ansonsten schwieg sie eisern, sobald irgendwer unseren Lebensraum betrat. Verließ der oder diejenige das Zimmer, erzählte Manon wie jeder normale Mensch auch. Manon erschien, als hätte sie autistische Verhaltenszüge angenommen. Das mag daran liegen, dass sie in ihrer Kindheit an Skoliose litt. Man hatte ihr die Wirbelsäule mit einem Metallstab stabilisiert, seitdem trug sie eine Operationsnarbe vom Nacken an hinunter bis zur Hüfte. Ihre körperlichen Bewegungen waren eingeschränkt, aber nicht sichtbar für Außenstehende.

Am Kopf hatte sie über beiden Schläfen Narben, da durch eine missglückte Therapie dort sichtbare Spuren verblieben waren. Ihre Nase war etwas groß geraten, die Brüste klein, eine Taille hatte sie nicht. Manon war unglücklich über ihr Äußeres, sie hasste alles, was schön war, alles, was schöner war als sie, sie hasste sogar das Lachen von anderen Menschen, hasste Kinder, hasste Hochzeiten und Bräute, ihre kleinen Härchen auf ihrer Haut, sie hasste sich selbst. Ich liebte diese Härchen auf ihrer fast weißen Haut, ihren Geruch, ihr Lächeln, ihre glücklichen Augen, die sonst so kühl in die Welt blickten. Ich liebte ihren Atem, ihr Stöhnen, wenn wir Sex hatten, ich liebte das rhythmische Zucken ihrer Möse, es war das untrügerische Zeichen, sie auf den Olymp ihrer Lüste gebracht zu haben. Ich begehrte alles an ihr und sie war bereit, es mir zu geben. Sie verlangte nichts dafür, stellte keine Bedingungen. Sie war neugierig auf das Leben und wollte viele Dinge ausprobieren. Ich gab ihr das Vertrauen, sich fallen lassen zu können. Eines Tages kauften wir sogar eine Peitsche, um Sex in Verbindung mit Schmerz zu erfahren. Ein paar Spiele mit einem Messer und dem würgenden Griff an ihre Kehle während des Aktes waren dem vorausgegangen. Manon war bereit, sich mir auszuliefern. Dieses Vertrauen erfühlte mich mit Stolz, mit Vorsicht und mit dem nötigen Respekt, um ein solches Geschenk zu achten.

Ich liebte ihre Art, sich zu kleiden, auch wenn diese längst nicht so gothic-like war, wie es andere Gruftmädchen taten. Sie war mir vertraut, selbst wenn wir stoned auf der Liege lagen und gemeinsam nach Musik wie *Goethes Erben, Das Ich* oder *Legendary Pink Dots* spaceten. Sie trank jeden Abend mindestens eine Flasche Wein, war jedoch zu keinem Zeitpunkt out of control. Sie verlor nicht ein einziges Mal die Haltung, weder körperlich noch sprachlich. Niemand merkte jemals, wenn Manon betrunken war, lediglich die Frage „Was war eigentlich gestern Abend?“ am nächsten Morgen verriet, dass sie Alkohol und Drogen spürte.

Manon war wie eine Libelle unter Schmetterlingen. Ich verglich sie mit einem Fabeltier aus einem bestimmten Film und nannte sie meine „Muschikatze“. Überhaupt sprachen wir in einer Art Babysprache. Uwe war angewidert von dieser Art zu reden. Diesem für ihn klebrigen Getue, der Lethargie und kleinbürgerlichen Selbstgefälligkeit, die sich scheinbar ausbreitete. Manon und ich, wir befanden uns in einer Art Konstrukt, einem starren rosa Gebilde, einem Kokon der Liebe. Für Freunde gab es dort keinen Platz, lediglich, wenn wir durch ein Fenster nach außen schauten, erkannten wir die uns bekannten, fernen Gesichter.

Mein bester Freund wurde erstes Opfer dieser intensiven Liebe.

★

Im gleichen Maße, wie sich jedoch ein Freund von mir entfernte, gewann ich zwei neue dazu.

Wann Flöter das erste Mal in mein Leben trat, weiß ich gar nicht genau. Er war etwa 18 Jahre und absolvierte gerade eine Lehre als Rundfunk- und Fernsehmechaniker. Flöter war Skorpion, so wie ich auch, nicht viel größer als ich, aber sportlich gebaut, und er war rothaarig, extrem rothaarig, und er mochte das. Er war ein merkwürdiger Typ, immer hilfsbereit, handwerklich versiert und ein Organisationstalent. Er hat niemals ein Dankeschön erwartet für all seine Bemühungen. Flöter war selbstlos, wenn er helfen konnte. Ein sehr intelligenter Mann, er war Musiker und Techniker in einem. Was dazu führte, dass er beim Proben von Sounds an meinem Synthesizer vergaß, Musik zu machen, weil ihn das Programm aus technischer Sicht viel zu sehr interessierte. Wir wollten zusammen ein Darkwave-Projekt ins Leben rufen. Es kam nicht wirklich zu einem hörbaren Ergebnis, einzig ein Tape mit meiner Sprache, auf dem ich eigene Texte interpretierte, ist entstanden. Im Hintergrund sind Flöter und Frikassee zu hören. Texte und Zeichnungen entstanden in der Zeit zuhauf, es war eine kreative Atmosphäre in der Amtsstraße, jeder betätigte sich auf seine Art künstlerisch. Zunächst war ja die Band *Teenage Riot* Zentrum musikalischer Ambitionen, aber Uwe malte bereits große Bilder mit Öl auf Leinwand. Ich textete, zeichnete und versuchte, Sounds zu erschaffen. Zusammen mit der Band drehten wir noch ein Video zu einem *Teenage-Riot*-Song. Susi zeichnete ebenfalls und fotografierte, ihr späterer Freund erstellte Collagen und malte auch. Selbst Manon begann mit Kohle an einer Staffelei zu zeichnen.

Einer der wenigen unschönen Charakterzüge bei Flöter war jedoch, dass er zu Aggressionen neigte, wenn er kiffte oder zu viel trank, mindestens aber zur Arroganz und Rücksichtslosigkeit. Ansonsten war Sven, wie Flöter richtig hieß, ein toller Gesprächspartner in metaphysischen Dingen. Er war mehrfacher Kreisklassen-Jugendsieger im Schach mit Aussicht auf Erfolg in höheren Ligen. Wir verbrachten manche Nacht im Spiel und tiefsinnigem Gespräch miteinander.

Der zweite im Bunde war Zausi. Er stand eines Tages vor der Amtsstraße und forderte von mir, ich möge ihm doch Stefans CDs von *Goethes Erben* und *Relatives Menschsein* aushändigen. Ich staunte nicht schlecht über diese anmaßende Forderung. „Warum Stefans?" fragte ich nach und Zausi antwortete unverzüglich: „Na, weil sie dir Stefan ausgeborgt hat und du sie ihm ewig nicht zurückgibst, nun möchte ich sie mir von Stefan leihen." Ich grinste und wusste nicht, ob ich lachen oder fluchen sollte. Ich klärte Zausi auf, dass es sich hierbei um meine Platten handelte und dass das genau der Fakt war, warum Stefan überall unbeliebt sei. Es ging nämlich sogar so weit, dass Stefan mir einige LPs entwendete, um sie auf einer Gartenparty, auf der er mit Manon war, als seine zu deklarieren. Auch nach mehrmaligen Aufforderungen bekam ich meine Scheiben nicht wieder. Ich klingelte bei ihm zu Hause und holte sie mir, zum Erstaunen der Mutter Stefans, selbst aus seinem Zimmer.

Zausi guckte peinlich berührt. Ich lud ihn aber ein, hereinzukommen, er war schließlich der letzte verbliebene Salzwedeler Gruftie. Ich korrigiere: „Endzeitromantiker".

Zausi war ein total komischer Typ. Einerseits war er arbeitsloser Koch, durch und durch schwarz, und ein perfekter Stand-up-Komiker, mit einer völlig tragischen Biografie. Andererseits war niemand in meinem Leben ein solcher Spießbürger und Paragraphenfetischist wie er. Zudem kenne ich auch kaum jemanden, der so geldgierig und dabei geizig war wie Zausi, mir fiele da jetzt nur Torti aus meinem Lehrlingswohnheim ein.

Unglaublich, wie viel ich mit Zausi gelacht habe. Wenn wir beide abends etwas geraucht hatten, dann überschlugen wir uns im Witze machen. Alle drei Wochen jedoch war unsere Freundschaft dann schlagartig in Frage gestellt, weil ich in den letzten 10 oder 14 Tagen mal irgendwann irgendeinen übermütigen Spaß gemacht hatte. Nur eine winzige Bemerkung am Rande konnte Zausi so sehr verletzen, dass er sich Tage oder Wochen später urplötzlich darüber echauffierte. Ich fiel jedes Mal aus allen Wolken, war immer wieder irritiert, weil für mich alles in bester Ordnung schien.

Zausi hatte eine verdammt harte Kindheit hinter sich, manchmal erschien es einem, als ob es normal sein müsse, dass er so verquer dachte. Aber dann erzählte er wiederum Sachen, die er angestellt hatte, von denen ich nicht mal im Traum erwägen würde, es zu tun. Zausi hatte eine kriminelle Ader, die mir das Blut gefrieren ließ. Ein schlechter Krimi war dagegen langweilig. Er klaute nicht nur die Kohlen vom Nachbarn und dessen Strom, Zausi war professionell. Er spielte in einer höheren Liga. Umso unverständlicher war es mir, dass er, wenn es um Geld ging, alles auf „Heller und Pfennig“ genau berechnete.

Er war einen halben Kopf größer als ich und sah nicht gerade aus wie ein Preisboxer, aber er war sehr sportlich, wendig und durchaus in der Lage, auch große Kraft aufzubringen, wenn es sein musste. Er ging immer mit einem Tschako bewaffnet durch die Stadt und war in der Lage, das japanische Kampfgerät zielsicher einzusetzen. Andererseits jammerte Zausi beständig über einen Bandscheibenbefund, da er mal einen Autoauffahrunfall erlebt hatte.

Er hasste Punkattitüden und bezog das auch auf das Tragen von Lederjacken und Schnürstiefeln. Zausi bevorzugte Mäntel, Umhänge, Rüschenhemden und natürlich Pikes. Er trug seit den 80ern dieselbe wasserstoffblonde zerzauste Frisur, daher auch sein Name. In seiner Wohnung war alles schwarz, er sprühte sogar seine Haarsprayflaschen und Cremedosen schwarz.

Seine Wände dagegen waren reinweiß und wirkten kalt, da er auch nicht wirklich Bilder aufhängte. Alles war glatt, clean, jede Oberfläche rein. Dafür hatte er eine perfekte Lichtshow in der Wohnung, die er sich mit seiner langjährigen Freundin Peggy teilte. Zausi war nämlich auch technisch versiert, was er sein musste, um den Strom unbemerkt abzapfen zu können. Seine Freundin sah ihm optisch ähnlich, denn sie hatte dieselbe fast weiße Frisur wie er und trug ebenfalls die von ihm geschneiderten Mäntel. Peggy kam aus dem Westen, aus Bergen an der Dumme. Beide waren nur ein Jahr jünger als ich.

So verschoben sich also die Dinge zu Beginn und im Frühjahr 1993 im letzten Haus in der Amtsstraße, der kleinen engen Gasse. Der Winter kam und ging, ich musste mit Kohlen und Holz heizen, stellte aber noch einen Ölradiator auf. Uwe trug mir das Heizmaterial ins Zimmer und die Asche wieder hinaus. Es war zeitweise sehr kalt, denn das Haus war gut hundert Jahre alt und nicht in einem gepflegten Zustand. Die Fenster zogen extrem. In meiner nicht beheizbaren Küche gefroren Getränke und auf dem Flur sah man seinen Atem, im Bad sorgte ein Heizlüfter dafür, dass man sich auf die Klobrille setzen konnte, ohne festzufrieren.

„Sag mal, ist heute Karneval?"
Passant

Ich wurde krank, schaffte es aber dennoch, durch den Winter zu kommen.

Zum Ende stand dann Uwes Auszug bevor. Wir wollten auf dem Wohnungsamt alles Notwendige bezüglich des Mietvertrages regeln. Dazu muss ich erst einmal kurz etwas über die Vorgeschichte erläutern: Das Haus, in dem wir lebten, war durch eine „Besetzung" unser Zuhause geworden. Ursprünglich hatte Uwe mit Annette und Baui ein Haus im Zentrum der Stadt besetzt. Sie waren jedoch so klug, die Presse einzuladen, dann hängten sie ein Tuch mit der Aufschrift „Dieses Haus ist besetzt" aus dem Fenster und gaben bei der Ortspresse ein Statement ab. In diesem Offenen Brief verwiesen sie auf die Wohnungsnot bei gleichzeitigem Freistand von beziehbarem Wohnraum in der Stadt Salzwedel hin. Sie beriefen sich auf ein Gesetz, das es der Kommune verbot, beziehbaren Wohnraum nicht auf dem Wohnungsmarkt anzubieten. Mit dieser Anklage an die KWV der Stadt Salzwedel war das einfache Hinauswerfen durch die Polizei nicht mehr möglich, denn die BesetzerInnen waren faktisch im Recht. Es wurde eine Vereinbarung am Runden Tisch getroffen. Die BesetzerInnen legten eine Liste mit 11 Häusern innerhalb der Stadt vor, die bewohnbar waren. Eines der Häuser wurde der Gruppe zugesagt, sie dürften es beziehen. Der Mietpreis betrug pauschal 50 D-Mark.

Baui zerstritt sich mit Uwe und zog sich zurück und Annette begann ihr Studium in Halle. Aus diesem Grund zog Ösi mit Uwe in das Haus in der Amtsstraße 41 ein.

Als nach einer Weile die kommunale Wohnungsverwaltung den Mietpreis auf den Stadtspiegel anhob, musste Uwe etwa 350 D-Mark allein für die untere Etage bezahlen. Das obere Stockwerk und das Nebengelass wurden uns zu bewohnen verboten. Diese sinnlose Anweisung ignorierten wir selbstverständlich. Das Haus wäre unweigerlich zerfallen, hätten wir es nicht durch unser „darin leben" erhalten, natürlich nahmen wir Ausbesserungsarbeiten und kleine Instandsetzungen selbst vor. Uwe wurde ein regelrechter Hausmeister in der Zeit, während er dort lebte. Ich zahlte ihm 100 D-Mark Miete monatlich, Strom und Gas hatte ich selbst angemeldet. Ich lebte also von ca. 500 D-Mark im Monat, denn ich bekam 620 D-Mark EU-Rente.

Als wir nun zur KWV gingen, um den Mietvertrag von Uwe auf meinen Namen umschreiben zu lassen, wurde mir mitgeteilt, dass ich keinen Anspruch hätte. Man hatte vor, das Haus zu schließen, würde Uwe dort ausziehen. Nach dem ersten Schreck über diese Auskunft gab ich allerdings an, dass ich seit über einem Jahr auf diese Adresse polizeilich gemeldet sei. Ich hatte mich glücklicherweise im Sommer 1991 umgemeldet, als ich noch in Grimmen lebte und arbeitete. So einfach schien es also nicht zu sein für beide Seiten. Das Argument, meine Eltern hätten ein Haus und ich solle zurückgehen, woher ich käme, war entkräftet. Ich musste mehrfach zu Terminen erscheinen und um Klärung der Angelegenheit bitten. Einmal wurde mir die Tür vor der Nase zugeschlagen, es war 5 Minuten vor 12 und bis 12 Uhr war Sprechstunde. Ich klopfte so lange, bis man mir öffnete. Auf die Frage, was ich jetzt hier wolle, gab ich zu verstehen, dass noch 5 Minuten Dienstzeit seien. Die Dame antwortete, dass ich erst einmal arbeiten solle, dann schlug sie mir die Tür erneut vor der Nase zu. Dass ich Rentner war, schien sie nicht zu interessieren. Ich legte Beschwerde bei dem Leiter der KWV ein. Dieser veranlasste dann, dass ich den Mietvertrag übernehmen konnte. Die Sachbearbeiterin nahm einen

Kugelschreiber und ein Lineal und strich Uwes Namen im Mietvertrag durch. Dann schrieb sie mit der Hand meinen Namen darüber. „Unterschreiben", sagte sie genervt. Nun war ich der Verantwortliche für das gesamte Haus, Uwe zog endgültig nach Berlin in den Prenzl'berg.

Manon und ich lebten einige Zeit allein im Haus. Nachmittags kamen entweder Bert oder Ösi, Zausi, Flöter oder Frikassee. Stefan und Fick schauten ebenso häufig in der Amtsstraße vorbei wie Susi, die nun ihren neuen Freund Frank mitbrachte. Frank war ein Freak. Irgendwann nannten ihn auch alle so. Er war drei Jahre älter als ich und kam aus Bonn. Er war, seit er 15 war, Punk, das war nicht spurlos an ihm vorübergegangen. Seine Drogenkarriere hatte unübersehbare Flecken in seiner Psyche hinterlassen. Er war groß, hager, seine Haut war gräulich alt, sein Haar zeigte bereits erste lichte Stellen, obwohl er versuchte, es noch immer als Iro zu tragen. Seine Klamotten waren nicht die eines typischen Punks, er sah eher wie ein Junkie aus. Er wirkte ungepflegt und hatte psychopathische, anfallartige Aussetzer. Dabei fluchte er laut und wirkte aggressiv, was er keinesfalls war. Momente später flüsterte er leise vor sich hin, um dann urplötzlich wieder laut zu werden. Frank hasste geschlossene Türen, das lag wohl an seinem Aufenthalt in diversen Psychiatrien. Er behauptete, dort teilweise gegen seinen Willen eingesperrt worden zu sein. Aus diesem Grund ließ er selbst beim Kacken die Tür vom Klo auf, was Manon einmal zu sehen bekam. Sichtlich verstört kam sie zu mir und erzählte es. Frank konnte allerdings auch sehr interessante Dinge von den Punktagen Anfang der 80er aus dem Ruhrgebiet erzählen. Auch aus Paris und Amsterdam, wo er zeitweise gelebt hatte. Frank war in Wackersdorf, Hamburg und in Kreuzberg, er war überall zu Hause, wo es zur Revolte kam. Er war Anarchist mit Leib und Seele. Zudem war er Künstler. Allerdings war er nach eigener Angabe nicht mehr sozial reintegrierbar, er war verloren, sehr oft sprach er vom Selbstmord. Frank konnte mit Bands wie *Cure, Siouxsie* oder *New Model Army* etwas anfangen, hatte selbst viele Konzerte besucht, auch Aleister Crowley oder Rudolf Steiner waren ihm geläufig. Selbst das Tragen von Pikes war für Frank normal, er war ein Darkpunk wie ich, nur irgendwie war er dabei von der Bahn abgekommen und irgendwann entgleist. Ich habe verdammt viel von ihm gelernt. In erster Linie, dass nichts ist, wie es scheint.

Ich hatte an unseren Hausgiebel „Jesus ist eine Lüge“ gesprüht, darüber wehte eine schwarze Flagge mit Pentagramm. Frank nagelte noch die Reste eines alten Gewehrs an die Hauswand. Es war uns ernst mit dem Gesellschaftsentzug, wir wollten nichts mehr mit der Außenwelt zu tun haben. Für uns stand fest, dass diese Gesellschaft auf Lügen aufgebaut ist, wir wollten nicht mehr Teil dieses Konstruktes sein. Es gab nur die Möglichkeit, sich zu entziehen und damit konträr zu wirken oder zu sterben. Das Leben ging also auch ohne Uwe in der Amtsstraße weiter, ich vermisste ihn von Zeit zu Zeit, konnte ihn aber auch in Berlin besuchen.

Manon und ich beschlossen, einen Hund zu kaufen. In der Zeitung las ich, Rottweiler-Bobtail-Welpen abzugeben, 150 D-Mark. Wir fuhren hin und man zeigte uns den Wurf und die Mutter, dann wurde noch ein Video vorgeführt, auf dem der Vater zu sehen war. Wir wählten einen Jungen aus. Er sollte Shiva heißen.

Zu Hause setzte ich den kleinen Fratz in mein Zimmer, er war total knuffig. Alle liebten den dicken Wuffi. Shiva hatte allerdings eine so genannte Knickrute, sein Schwanz wuchs ab der Hälfte seitwärts. Der Tierarzt amputierte ihn daher komplett. Leider verheilte diese Wunde nur sehr langsam und der lütte Hund hatte lange Zeit starke Schmerzen.

Eines Tages hielt vor unserer Villa „Kunterbunt“ ein Mercedes SEL500 Cabrio. Manon und ich guckten ungläubig, denn ihr Vater entstieg dieser Luxuskarre und brachte uns ein Riesenhundekörbchen als Geschenk und dem Hund eine Bockwurst.

Manons Vater war bei der städtischen Wasserwirtschaft tätig und hatte einen Hang zum Höheren. Da aber sein Gehalt nicht reichte, um sich so einen fetten Wagen leisten zu können, borgte er sich ab und zu von irgendwem oder einem Autohaus diese Prollschlitten; dann tat er so, als sei es sein neues Auto. In Wahrheit aber hatte er einen Mazda und wohnte in einem Ostneubaublock. Er träumte jedoch von einem Haus mit Garten und Riesengarage und Pool und wäre überhaupt gern Teil der High Society gewesen. Er legte viel Wert darauf, gebildet zu sein, dass er Ingenieur sei und bei seinem Job der Entscheidungsträger wäre, der es gestattet, dass man in seinem Garten einen Wasseranschluss bekäme oder eben nicht. Ein überaus verantwortlicher Posten, er tat, als wäre er der Landrat des Kreises Salzwedel persönlich. Klaus – oder, wie Manon sagte: Kläuschen – war ein Mann mit graumeliertem Bart, gepflegter Kleidung, dabei kein Anzugtyp, er wollte sportlich vital wirken, und er rauchte Duett, solche bourgeoisen Glimmstengel. Sein Bier war allerdings proletarischer Herkunft, ähnlich wie sein Umgang mit seiner Frau oder Frauen im Allgemeinen. Denn am liebsten stellte er ihre Intelligenz in Frage und ließ sie nie richtig aussprechen. Manon schaute zu ihrem Vater hinauf und zu ihrer Mutter hinab.

Valeria, so hieß Manons Mutter, war die netteste „erwachsene" Frau, die ich jemals im Leben außerhalb meiner Familie traf. Sie war herzlich und offen. Valeria war Säuglings-Krankenschwester im Krankenhaus in Salzwedel, sie war zierlich und hübsch. Wir gingen fast jeden Tag bei Manons Eltern baden, denn es war ja im Winter so kalt in unserem Bad. Danach bekamen wir Kaffee und frischen Kuchen. Für Valeria war es total normal, sich um meinen Gesundheitszustand zu sorgen und solche notwendigen Sachen zu tätigen. Abends luden sie uns häufig zum Essen beim Griechen ein, denn gekocht wurde bei Manons Eltern nur sehr selten.

Bei einer solchen Gelegenheit unterbreitete uns Manons Vater einen sehr verlockenden Vorschlag. Er erzählte uns nämlich, dass sein bester Freund, ein einflussreicher Bauherr, vorhatte, in Salzwedel eine Wohnsiedlung zu errichten. Dann rollte Kläuschen einen Bauplan aus und zeigte uns den Grundriss einer vielleicht 60 qm großen Wohnung. „Mit moderner Wohnküche", pries Klaus die Butze an. Zweite Etage, alles neu, alles schick, beste Lage, absoluter Komfort … was man so sagt, wenn man einem eine Wohnung unterschieben will. Und weil es sein bester Freund sei, könnten wir natürlich auch die Einbauküche mit aussuchen und sogar die Farbe des Teppichbodens bestimmen. Wir warenbegeistert, schließlich musste ich mit

Kohlen heizen, hatte im Winter Eis in der Küche und Schimmel an den Wänden. Ganz zu schweigen von den Fenstern. Wir sagten sofort zu und unterschrieben blanko vier Mietvertragsformulare. Eines für den Vermieter, eines für mich, eines für mein Amt (damit meinte er die Wohngeldstelle) und eines für „die Unterlagen". Ich stellte keine Nachfragen, Manon war glücklich und strahlte abwechselnd mich und ihren Dad an. Shiva stand selbstverständlich mit auf unserem Mietvertrag, den wir ein paar Tage später bekamen. Der Einzug war auf Januar 1994 festgelegt.

Ein paar Tage später geschah dann etwas Unerwartetes, was uns in unserem Vorhaben bestätigte. Es war Samstagnacht, Manon und ich waren früh müde und gingen so um Mitternacht ins Bett. Manon schlief schnell ein, ich lag noch so im Halbschlaf, als ich draußen lautes Gegröle hörte. Ich dachte zunächst an ein paar besoffene Punx, die fröhlich vorbeiziehen würden, das gab's ja häufig. Merkwürdig erschien mir nur, dass das Wort „Deutschland" irgendwie besonders hervorgehoben wurde. Ich stand auf und sah aus dem Schlafzimmerfenster. Im selben Augenblick klirrte Glas und extremer Krach erfasste das gesamte Haus. In Bruchteilen von Sekunden wurde mir bewusst, diese Typen da vor meinem Haus waren keine lustigen Punker ohne Haare, es waren acht Glatzen, Neonazis. Ich rannte zur Haustür und schob den schweren Eisenriegel des alten Kastenschlosses zu. Bis zu diesem Moment hätte jeder einfach so eintreten können, denn wir konnten unser Haus ausschließlich von innen per Hand verriegeln. Einen Haustürschlüssel für das alte Kastenschloss gab es schlicht und ergreifend nicht mehr. Es war die Regel, dass der Letzte, der nach Hause kam, hinter sich abschloss, wir hatten jedoch noch Frikassee erwartet. Deshalb war die Tür offen. Draußen wurde das Geräusch des Schließens wohl gehört und sogleich mit lautem, gehässigem Gejubel gefeiert. Eine hohe Stimme krähte: „Jetzt habt ihr Angst, ihr roten Schweine, jetzt bringen wir euch um!" Steine flogen durch die Fenster, es entstand ein unvergleichlicher, brachialer Krach.

In meinem Kopf hämmerte es: *Ruhig bleiben, Jörn, ganz ruhig bleiben!* Ich überlegte blitzartig, was zuerst zu tun sei. Ich wusste, wir müssten hier raus. Erste Tritte gegen die schwere Eingangstür zeigten mir, dass die Neonazis versuchten, in das Haus einzudringen. Würden sie uns hier unten erwischen, würde das eine tödliche Bedrohung werden. Wir waren mehr oder weniger unbekleidet, schließlich waren wir im Bett. Mir kam das Flachdach, das man vom zweiten Stockwerk erreichen konnte, in den Sinn. Ohne große Vorwarnung riss ich Manon am Oberarm aus dem Bett, sie sanft zu wecken, dazu war keine Zeit mehr, die Tür krachte bereits bedenklich im Mauerwerk. Manon sah mich mit erschrockenen Augen an. „Nazis", sagte ich. „Wir müssen weg, komm." Dann zog ich sie mit mir. Ich rannte mit ihr die Treppen hinauf in unser Bad. Hinter uns flogen Steine, splitterte Glas und die Tür brach ächzend auf ...

Ich sprang auf den Klodeckel und riss das Fenster auf, ein weiterer Schwung und ich hangelte mich aus selbigem hinaus auf das Flachdach des Nebengebäudes, das Sicherheit bedeutete. Sofort drehte ich mich um und reichte Manon die Hand, um sie zu mir auf das Dach zu ziehen. Ihre Augen waren weit aufgerissen, sie versuchte immer wieder, sich mit dem notwendigen Schwung nach oben zu mir zu bewegen. Es gelang ihr nicht, es konnte ihr nicht gelingen, der Metallstab in ihrem Rücken ließ es nicht zu. Ich zog wie verrückt an ihrem Arm, ich wollte so sehr, dass sie zu mir auf das sichere Dach käme, meine Kraft reichte nicht aus, um ihre nicht einmal 50 kg hinaufzuziehen. Niemals werde ich diesen Blick, diesen vorwurfsvollen, panischen Blick vergessen können. Ich konnte meine Freundin nicht retten ... Ich wollte nicht aufgeben, sie nicht verlieren, aber ich konnte nichts für sie tun, ich war zu schwach.

Aus dem Inneren unseres Hauses drangen bereits krachende Geräusche, Gegröle, die Gewalt war fühlbar, der Hass wütete ziellos auf der Suche nach uns.

Nach unendlichen Augenblicken der Angst nahm ich im Augenwinkel das Abfahren von Fahrzeugen wahr, dann lag Stille über der Szene ... einzig Manons Wimmern und Flehen standen im Raum. Ich begriff, der Wahnsinn schien vorbei zu sein. Langsam versuchte ich, an Manon vorbei wieder in das Innere des Bades zu gelangen, es war schwierig, denn sie verstand nicht warum, wollte noch immer raus. Ich ließ mich in das Fenster fallen. Nachdem ich aufgestanden war und immer wieder versuchte, sie zu beruhigen, öffnete ich die Badezimmertür. Der Alptraum war nicht beendet … Beißender Rauch schlug uns entgegen. Flammen wurden im Schwarz sichtbar, erhellten gespenstisch das Treppenhaus. Die Nazis hatten Feuer gelegt.

Mit einem wilden Sprung scheute Manon rückwärts. Ich wusste, wir hatten nur eine Chance, dem Inferno zu entkommen. Ich krallte meine Hand fest in Ihren Arm, dann sprang ich mit ihr die Treppen hinab. Ich war schneller, als Manon es begreifen konnte, und schneller, als das Feuer uns ernsthaft verletzte, ich zerrte sie sekundenschnell vor die Tür hinaus ins Freie. Erst jetzt kam mir der Gedanke, was würde jetzt sein, sollten sie zurückkommen? Mechanisch griff ich einen Pflasterstein.

Nach einem kurzen Moment nahm ich schematisch Menschen wahr, sie brachten Wassereimer und legten Decken um uns. Ich möchte diese Stelle nutzen, um unseren damaligen Nachbarn dafür zu danken, einfache Menschlichkeit war in ihrem Handeln fühlbar. Augenblicke später kam die Feuerwehr, die Polizei …

Den Rest der Nacht weiß ich nur noch in Bruchteilen, wir schliefen in unserem Bett, mitten im Glas der zerbrochenen Fensterscheiben. Alle Fenster waren zerstört, meine Einrichtung teilweise demoliert, Shiva war weg. Auf unserer Flucht hatte ich keine Zeit, nach dem Hundebaby zu suchen, am nächsten Morgen saß er vor der Tür.

Eines jedoch schwor ich: Rache! Rache für die Angst, die ich lesen musste in den Augen der Frau, die ich liebte … Rache für meine Hilflosigkeit!

Tagsüber kam die Kriminalpolizei und begann mit der Spurensuche und vernahm uns zum Tathergang. Innerhalb der Woche musste ich zum Polizeirevier zur Gegenüberstellung. Ich musste durch eine Glasscheibe sehen und mir wurden acht tatverdächtige Skins gezeigt. Links und rechts neben mir standen Polizeibeamte. Man sagte mir, ich solle ganz ruhig bleiben und keine Falschaussage tätigen. Ich wurde behandelt, als würde ich den armen braven Buben auf der anderen Seite der Scheibe gleich ein schlimmes Leid zufügen wollen.

Die spätere Gerichtsverhandlung entglitt zur reinen Farce. Ich hatte drei Glatzen eindeutig erkannt und Anzeige erstattet. Außer uns wurden in dieser Nacht fünf weitere Menschen Opfer dieser Gewalttäter. Anstatt nun einen Gesamtprozess anzustreben und den Tatverlauf als Ganzes zu erfassen, wurden mehrere Einzelverfahren eröffnet. In allen Prozessen wurden die Neonazis freigesprochen, da jedes Mal Aussage gegen Aussage stand. Wäre die deutsche Justiz gewillt gewesen, diesen Verbrechern das Handwerk zu legen, wäre es ein Leichtes gewesen, die Zusammenhänge zu erkennen. Keines der Opfer kannte das andere, wir konnten uns nicht abgesprochen haben, es hätte zur Verurteilung kommen müssen. So wurde mir mehrfach vom verhandelnden Richter gesagt, ich würde mich strafbar machen, sollte ich vorsätzlich einen Meineid leisten. Die unglaublich grotesken Szenen im Gerichtssaal erspare ich mir hier, denn sie widerstreben jeglicher Beschreibung. Ein politischer Hintergrund der Tat wurde selbstverständlich ausgeschlossen.

Ich glaube eher an die Unschuld einer Hure
als an die Gerechtigkeit der deutschen Justiz
Slime

Nur ein paar Tage später starben in Solingen fünf Mitglieder der Familie Genc durch einen nächtlichen Brandanschlag.

★

Bert schraubte uns einen schweren Stahlriegel vor die Tür, die er reparierte. Die Fenster wurden von der KWV ersetzt, meine persönlichen Sachen ersetzte mir niemand.

Wir schlugen Nägel durch die alte Tür, so dass die Spitzen ungeschützt nach außen ragten, ein Eintreten der Eingangstür war somit nicht mehr ohne Weiteres möglich. Die Fensterläden wurden allabendlich mit Stahlketten und einem Schloss gesichert. Die Angst zog mit ins Haus ein.

Den Spaß allerdings, den ließ sich niemand nehmen, nicht von den Idioten. Also kam allabendlich Zausi zu Besuch und wir kifften ein wenig und hörten viel Musik, zankten manchmal und lachten oft.

Der Frühling blinzelte vergnügt durch die Wolken und wir vergnügten uns mit dem heranwachsenden Hundekind. Zausi brachte ihm lustige Dinge wie Pfötchengeben bei, Flöter rollte sich mit ihm am Boden und ich las ein Fachbuch nach dem anderen. Dann ging ich mit dem lütten Knäuel zur Hundeschule. Die jedoch schickten mich fort, Shiva war noch zu klein. Ich beschloss, ihn zunächst selbst auszubilden. Ich war naiv genug, zu glauben, ich könnte das. Deshalb besorgte ich mir eine alte grüne Bomberjacke, so wie sie Faschoskins üblicherweise trugen. Stefan nahm Shiva mit in den Park und ich sprang plötzlich aus irgendeinem Gebüsch und fuchtelte wild mit einem Knüppel rum, dabei rief ich laut und tat, als wolle ich Stefan und den Hund bedrohen. Ich hatte mir natürlich eine Strumpfmaske gebastelt und trug diese, damit mich mein Hündchen nicht sofort erkennen würde. Nach einer Weile, ich hatte Shiva mehrfach meine Jacke vor sein Maul gehauen, biss der kluge Hund zu. Ich überließ ihm die Jacke und er schüttelte sie heftig. Das war der Anfang vom Ende, wie sich noch zeigen wird …

Was ich nicht wusste, war, dass man einen Rottweiler besser nicht „scharf" macht, denn Shiva entschied von nun an, jede Bomberjacke fressen zu wollen, und daran hinderte ihn niemand. Der kleine Hund gedieh prächtig, wog bald 30, bald 40 Kilo und mehr. Manons Mutter brachte mir von ihrer Arbeit ein Muttermilch-Trockenpulver für Human-Babys mit. Dies fütterte ich meinem Hund, zudem bekam er rohes Fleisch mit Reis oder Kartoffeln und Obst, ein paar Mineralien dazu und ab und zu ein ganzes gekochtes Huhn. Shiva wurde 70 cm hoch und wog am Ende über 70 Kilo, er war ganz und gar kein kleiner Schoßhund. In diesem Frühjahr jedoch wirkte er noch harmlos und verspielt.

Im Mai stand fest, dass es ein zweites Wave-Gotik-Treffen zu Pfingsten in Leipzig geben wird. Ich wollte da natürlich wieder hin. Manon jedoch nicht, ich flehte sie an mitzukommen, aber es half nichts, sie mochte mich nicht dorthin begleiten. Sie war der Meinung, ich würde mich ohne sie dort besser amüsieren können. Richtig war: Sie fehlte mir, selbst beim größten Vergnügen dachte ich, es wäre mit ihr sicher schöner.

Da Manon also nicht zu überreden war, war Zausi interessiert. Wir entschieden, dass wir zusammen hinreisen würden. Ein Zelt für uns zwei sollte ausreichen. Der Zeltplatz war diesmal nicht im Park vom Conne Island, sondern im so genannten Connewitzer Holz. Die meisten Konzerte hingegen fanden im Werk2 statt.

Als wir uns nach Karten anstellten, stand vor uns ein großer dicker Grufttyp. Ich kannte ihn schon vom allerersten *Phillip-Boa*-Konzert, und auch bei *Cure* in Leipzig war er dabei; ich wusste, man nannte ihn Tanzbär. Sein Foto war sogar einmal in einem DDR-Jugendmagazin abgebildet. Wir kamen ins Gespräch, er fotografierte uns und versuchte, uns schöne Augen zu machen, denn Tanzbär war schwul. Jedenfalls sagten das alle, und seitdem glaubte er es selbst auch. Zausi verstand erst gar nicht, warum ich immerzu versuchte, das Gespräch zu beenden. Irgendwann kapierte er es aber und versuchte seitdem, sich vor Tanzbär zu verstecken. Das gelang aber nur teilweise, denn Tanzbär war auf der Suche nach uns bzw. Zausi.

Am zweiten Abend sollte dann jemand ganz Besonderes auftreten, ich hatte den Namen vorher noch nie gehört, aber eine Menge Gothicmädchen waren schon sehr aufgeregt und bleich, auch ohne Theaterschminke. Dann wurde uns gesagt, der Auftritt würde sich etwas verzögern, es gäbe „technische" Probleme. Wir waren gespannt auf das, was da kommen sollte. Nach etwa 30 Minuten stolperte dann so eine Gothicschwuchtel auf die Bühne und hielt sich krampfhaft am Mikro fest. Sein Name war *Tilo Wolf*, er war der Sänger der Band *Lacrimosa*. Ein begeisterter Aufschrei durchfuhr die kleinen Mädchen in den ersten Reihen. Ich war amüsiert, der Typ da oben auf der Bühne schien offensichtlich volltrunken zu sein. Zausi und ich lachten uns schief, mit uns kicherten einige andere Schwarze. Die kleinen Gothicgirls schmissen uns dafür böse Blicke zu. Nach vielleicht 30 Minuten brach der völlig überforderte Mann seinen tragikomischen Auftritt ab. Seinen Kosenamen „Lackiermichrosa" jedoch verlor er nicht so schnell.

Während des ganzen peinlichen Geschehens lächelte mich unentwegt eine Gruftfrau an. Um ehrlich zu sein: Sie lächelte Zausi an. Der reagierte jedoch nicht, also versuchte sie es bei mir. Ich legte auch bald meine Hand auf ihren Arsch und sie rückte grinsend näher. Eine Stunde später lag ich mit ihr im Zelt auf ihrem wohlgeformten, weichen Körper.

Kurz nach getaner Unzucht rüttelte Zausi unsanft von außen am Zelt. Er wollte gern in seinen Schlafsack und außerdem, dass diese „Schweinerei" ein abruptes Ende nahm. Denn er war irgendwie doch unzufrieden damit, dass diese Braut die Frechheit besaß, mit mir zu vögeln, obwohl sie zuvor mit ihm geflirtet hatte. Das Mädchen, Sylvia, zog beleidigt von dannen, hinterließ mir allerdings ein paar ihrer Klamotten im Tausch mit meinem Pullover, den sie sich schnell überzog. Seitdem war der Spaß mit Zausi vorbei, seine Laune schien getrübt.

Am Sonntag stand die Abreise bevor, wir bauten das Zelt ab, und just in dem Moment, wo es im Auto verstaut war, begann es zu regnen. Um meinen Pullover musste ich fast kämpfen, denn diese Sylvia versteckte sich vor mir. Was aber sollte ich mit deren Rock und Strumpfhose anfangen? Lustigerweise jagte ich dem Mädchen hinterher und uns, also Zausi und mir, Tanzbär. Irgendwann erwischte ich sie und forderte meinen Pulli, sie warf ihn mir hysterisch fluchend an den Kopf.

Wir lungerten noch auf einem Mittelaltermarkt herum und sahen merkwürdigen Balzspielen der schwarzen Gemeinschaft zu. Dabei lernten wir ein paar Hamburger kennen, den Björn zum Beispiel und seine Exfreundin Anke, die war allerdings aus dem Leipziger Umfeld. Als wir beide für einen kurzen Moment unbeobachtet waren, flüsterte mir diese zu: „Es gibt keinen Gruftmann auf dem ganzen WGT, der es mit mir auf dem Friedhof treibt.". Ich blickte sie an, sie guckte herausfordernd. Dann nahm ich sie bei der Hand und zog mit ihr los. Ich hatte da eine Kirche gesehen und fragte unverhohlen: „Ist der Altar einer Kirche Deiner würdig?" Sie bekam leuchtende Augen. In Wahrheit dachte ich darüber nach, wie ich um den notwendigen Einbruch herumkäme. Ich rüttelte auffällig wild an diversen Türen der kleinen Kirche. Nichts tat sich, ich war innerlich beruhigt und belustigt. Dann entdeckte ich eine Art Balkon. Mit ein paar schnellen Griffen kletterte ich über die Brüstung, guckte von oben herab und forderte sie auf, mir zu folgen. Anke trug allerdings ein langes weißes Brautkleid, sie stellte sich zudem sehr dämlich an. Sie rutschte immer wieder am mit Moos bewachsenen Gemäuer ab, ihr Kleid ähnelte langsam stellenweise dem Gemäuer und ihre Hände waren schwarz. Ich ließ sie etwas zappeln, um dann irgendwann heldenhaft zu ihr hinabzuspringen. Sie guckte mich beschämt an. Ich küsste sie und sie erwiderte meine Leidenschaft. Irgendwann nahm ich sie zwischen tausend Gepäckstücken in meinem Auto. Anke schwafelte dabei von Liebe.

Eigentlich bist du mir ganz egal
Und ödest du mich an, siehst du mich nicht noch mal
die Skeptiker

Das Ganze ging so lange, bis wiederum Zausi unwirsch auf das Autodach klopfte. Ups, den hatte ich fast vergessen. Zausi war total wütend und zischte mich an. Als ich ihm dann erklärte, dass wir jetzt noch diese Anke bis zu ihrem Heimatort bringen müssten, verlor er beinahe die Fassung.

Wir fuhren fast die ganze Nacht abwechselnd, bis wir gegen Morgen in Salzwedel ankamen. In meinem Bett wartete Manon. Ich grübelte, wie ich ihr das mit den beiden Mädchen erklären sollte, aber Manon kam mir entgegen und fragte direkt: „Wie hieß sie denn?" Als ich ihr jedoch von zwei Mädchen erzählte, trübte sich ihr Blick etwas, sie sagte trotzdem, dass sie hoffe, dass es mir dort sehr gefallen hätte und ich mich prächtig amüsiert hätte. Das hatte ich wohl, ich erzählte ihr aber auch von Zausis merkwürdiger Art, über Geld nachzudenken, denn er hatte das Spritgeld exakt berechnet. Ich bin bei solchen Dingen immer etwas großzügiger, mir ist der gemeinsame Spaß wichtiger als ein paar Mark.

Zunächst machten wir weiter wie gehabt. Frikassee hatte sich beim Dope holen in Lüchow mit einem der Punker verabredet, der Punk sollte ihm ein Tattoo stechen, denn er besserte sich damit seine Sozialkohle etwas auf. Also fuhr ich ihn zum besagten Termin rüber zu den Lüchowern. Wir stellten fest, dass irgendetwas verändert war, auf Nachfrage wurde uns folgende Story erzählt: Am Vortag hatten zwei von den Punks bei einem Bauern irgendwo im Wendland ihren Rausch in dessen Feld ausgeschlafen. Dem Bauern missfiel dies. Als er sie unsanft weckte und von seinem Feld vertrieb, beschimpften ihn die Punx auf unflätige Weise. Am frühen Abend dann fuhr besagter Bauer mit einem Jaucheanhänger vor die Wohnwagen der Punker. Er stieg aus seinem Traktor aus und öffnete das Ventil des Anhängers. Ein paar hundert oder auch tausend Liter Gülle verteilten sich daraufhin über die Straße vor dem Gelände. Es stank wohl erbärmlich. Die Punks und andere Anwohner fühlten sich gestört. Deshalb holten die Punker einen Kanister Benzin von der nächsten Tankstelle. Sie gossen diesen über die Gülle und entzündeten alles. Für die Punks war das ein schönes Feuerchen, für die Anwohner nicht wirklich. Ines, das Gruftiemädchen, war anwesend und beobachtete alles von einem sicheren Holzstapel aus, dieser war ca. 2 m hoch. In ihrem Suff spielten nun die Punker ein bisschen Feuerteufel. Einer sagte lachend: „Wir zünden die Hexe an", und schon kippte man etwas Benzin an den Holzstapel und sogleich loderten auch die ersten Flammen hoch, Ines saß bangend obenauf.

Wir hörten aufmerksam weiter, während einer der zugehörigen Asseln mit dem ersten Handwagen voller Karlsquell ankam. Es war gerade 8.00 Uhr morgens, Aldi hatte soeben geöffnet.

Als Ines nun langsam ängstlich werdend um Hilfe schrie und einer der Punks ihr behilflich war, von dort oben herunterzukommen, zündeten die anderen dessen Bauwagen an, aus Ärger, weil er Ines half. Lachend nahm der nur seinerseits den Kanister und kippte etwas Benzin auf den Bauwagen des anderen. Ein herrlicher Großbrand belustigte die Freunde, die sich amüsierten, dass gerade ihre letzten Habseligkeiten in Flammen aufgingen.

Meine Augen waren mittlerweile weit aufgerissen, fassungslos starrte ich die grinsenden Punx an, die zum nächsten Bier griffen, um weiter zu berichten.

Während also alles im Chaos versank, erreichte die Feuerwehr von Lüchow den Brandort und machte sich sogleich daran, das Schlimmste zu verhindern und die Bauwagen zu löschen. Dies gefiel wohl den Punkern gar nicht, jedenfalls entrissen sie versuchsweise den fleißigen Feuerwehrleuten den Schlauch, irgendwann kam es zur Schlägerei. Die Polizei, die zu Hilfe gerufen wurde, stürzte sich auf die Zecken und verprügelte alle. René, der gerade erzählte, grinste mich an und sagte, seitdem fehlten ihm zwei Zähne, dann zeigte er stolz die entstandene Lücke. Mich schauderte. Noch viel stolzer erzählte dann

René, dass er, weil ihn die Bullen so arg zugerichtet hatten, die letzte Nacht in der festen Unterkunft bei dem einzigen Mädchen übernachten durfte. Das hatte sich doch mal gelohnt. „Prost“ war sein letztes Wort zum Thema. Dann soff er das Bier auf Ex und rülpste fröhlich!

Frikassee war sich nicht mehr sicher, ob er das Tattoo noch wollte. Ich habe wirklich in meinem ganzen Leben nicht annähernd solche verlorenen Seelen getroffen, Menschen, die so verrückt waren. Dabei aber so herzlich und offen jedem Fremden gegenüber. Sie teilten alles, was sie besaßen, und das war verdammt wenig. Jetzt war es faktisch nichts mehr. Am Ende des Gesprächs war der erste Handwagen Bier leer, man zog los, das Geld für den nächsten zu erschnorren.

Wir beschlossen im Sommer wie üblich nach Amsterdam zu fahren. Zausi kam mit, Peggy nicht. Dafür war meine Manon dabei, Flöter und Frikassee, Ines und sogar Judith, ein paar andere noch. Zausi bezahlte zunächst für alle den Zeltplatz, inklusive Parkplatz für die Autos und die anfällige Gebühr für Shiva. Er saß jeden Tag von vorn an der Rechnung und versuchte, nun für jeden seinen persönlichen Betrag auszurechnen, den man so zu zahlen hätte. Dazu berechnete er irgendwie den jeweiligen Tageskurs von Gulden zu D-Mark, er fand einfach kein befriedigendes Ergebnis. Das ging so weit, dass er von Judith noch 2 Pfennig und von irgendwem 16 Pfennig einforderte, dem Nächsten wollte er dann allerdings 8 Pfennig auszahlen. Unser Spott traf ihn mit voller Härte. Als dann Flöte noch Zausis Milch leer soff, weil er zu bekifft war, um zu bemerken, dass er Zausis Milch trank, war es wieder einmal mit Zausis guter Laune vorbei. Wir anderen ließen uns nicht stören, zogen durch die Coffeeshops der Stadt und rauchten uns die Birne platt. Irgendwann war ich so breit, dass ich überhaupt nicht mehr wusste, wo ich war. Ich ging einfach dem Hund nach, der zog ja an der Leine. Der brave Kerl brachte uns zielsicher nach Hause.

Ich ließ mir noch ein Tattoo stechen, eine Sonne auf den Solarplexus.

Von A'dam fuhren wir quasi direkt nach Berlin. Manon fuhr mit Judith per Zug und ich kam mit Toppi und Shiva mit dem Auto nach. Der Grund war das zweite Inselfestival im Rahmen der Berliner Gothic-

Week. Zunächst fuhren Toppi und ich stundenlang mit dem Auto durch Berlin, weil ich den verdammten Viktoriapark in X-Berg nicht finden konnte. So ganz genau weiß ich nicht einmal heute, wo der ist.

Am letzten Abend wollten wir auf der Insel eine Disco besuchen. Ich nahm Shiva mit, damit er da ein wenig Auslauf bekäme. Leider wollte er den Türsteher fressen, da dieser eine blaue Bomberjacke trug. Das Trainingsprogramm mit Shiva hätte ich mir besser sparen sollen, denn es wirkte sich kontraproduktiv aus, wie sich nun zeigte.

Ich hielt also Shiva an der Leine und sprach mit Pfarrstraßen-Alex, als wir den Streit zwischen einer etwas korpulenten Tussi und einem Gruftietypen mitbekamen. Er hatte wohl ihre beste Freundin verlassen oder so, jedenfalls kreischte sie ihn hysterisch an. Er wiegelte ab und wollte gehen, da trat sie ihm mit ihren Stahlkappenschuhen vor den Bauch, der Typ brach zusammen. Er rutschte an einem dort stehenden Auto langsam hinunter und blieb regungslos liegen. Alles grinste, dass das Auto lief, bemerkte zunächst niemand. Nach einer Weile wurde es still, niemand lachte mehr, erste Rufe wie: „Eh, kannst aufstehen, die Show ist vorbei" wurden laut. Nichts, der Typ zuckte nicht einmal mehr. Nach einem weiteren Augenblick fasste sich Alex ein Herz, er zog den Typen vom Auto weg, denn ihm war als Einziger plötzlich bewusst geworden, dass der Arme die Autogase einatmete. Alex probierte alles Mögliche, selbst ne Mund-zu-Mund-Beatmung. Der Typ machte keinen Mucks, lief nur blau an. Als der Notarzt kam, verpisste sich die Olle. Shiva rastete völlig aus, als er die Sanitäter sah, ich brachte ihn vorsorglich zum Auto. Der Typ wurde wohl halbwegs wieder hergestellt, musste aber mit Blaulicht abgefahren werden. Die Polizei kam und fragte uns, wie die Killertante aussah, und leitete eine Fahndung ein.

Wieder at home in Salzwedel-City fuhr ich mit Freak-Frank nach Gorleben zu einer Anti-Castor-Demo, davon gab es ja reichlich zu der Zeit im Wendland. Alles versuchte, für den Tag X zu mobilisieren, es wurde ein großes Open-Air-Konzert auf einem Feld veranstaltet. Die *Toten Hosen* spielten als Headliner, der Erlös ging an Anti-Castor-Projekte. Frank mochte die *Hosen* jedoch nicht und ich hatte kein Geld, deshalb parkte ich mein Auto an der Umzäunung und setzte mich auf das Autodach. Von dort oben hatte ich nen prima Blick auf *Campino* & Co. Ich traf einige Linke aus Salzwedel und fragte Karsten, ob er nicht jemanden wüsste, der oder die Lust hätte, bei mir in der Amtsstraße einzuziehen. Von dem Überfall durch die Faschos wusste er selbstverständlich. Ich sagte, dass ich natürlich Angst hätte vor der Rache der Nazis, wegen der Anzeige. Karsten nickte und meinte, er wüsste da jemanden.

Zu Hause schrieb ich weiter an Texten und zeichnete nach wie vor Tuschezeichnungen in schwarz-weiß. Das Musizieren jedoch gab ich auf und verkaufte mein Keyboard. Ein weiser Entschluss.

Manon bereitete sich seelisch und moralisch auf den Beginn ihrer Lehrausbildung vor. Sie hatte den erstbesten Lehrvertrag unterschrieben, den ihr ihre Eltern besorgt hatten. Sie musste ab August täglich nach Uelzen fahren, um dort zur Arzthelferin ausgebildet zu werden. Ihr Vater kaufte ihr deshalb einen neuen Golf. Der Golf 3 war die neue innovative Kreation aus dem Hause VW. Manons Daddy war superstolz, seine Tochter mit so einem noblen Fahrzeug ausstatten zu können. Jeden Sonntagmorgen musste Manon deshalb den Golf zu Klaus kutschieren, damit dieser ihn in der Waschanlage zu bleibendem Glanz pflegte. Klaus war da Pedant. Es durfte selbstverständlich weder geraucht noch sonst irgendetwas in der Mittelklasselimousine getätigt werden, was den Wert in irgendeiner Form gemildert hätte. Sex im Auto gehörte selbstverständlich zu den mit einem Tabu versehenen Tätigkeiten.

Nun traf es sich eines Tages, dass ich mit Shiva zum Tierarzt musste, und da es regnete, borgte mir Manon ihren Schickigolf. Mein eigenes Auto war in der Werkstatt. Shiva war nicht unbedingt der geborene Pilot, er hasste es, Auto fahren zu müssen. Ich setzte ihn auf die Rücksitzbank und huschte schnell auf den Fahrersitz. Der TDI brummte lange beim Starten, es brummte auch noch, als der Motor längst angesprungen war. Ich drehte mich zu meinem Hund um, dieser guckte mich treudoof an und leckte sich die sabbernden Lefzen. Der Köter hatte gerade sein Pansenfrühstück auf den Rücksitz gekotzt. Ich unterdrückte meinen Herzinfarkt. Natürlich hatte ich in der Eile keine Decke druntergelegt. Der bestialisch stinkende Mageninhalt des Hundes sickerte gerade in die Ritzen der Sitzpolsterung.

Manon fiel in einen temporären Schockzustand. Ich baute in strömendem Regen die Rücksitzbank aus und schrubbte die Hundekotze aus dem Polster. Wie oft ich dabei selbst dem Kotzen nah war, mag der Leser im Selbstversuch herausfinden.

Ein paar Tage später zogen Karstens Freunde zu mir. Karsten hatte mein Anliegen verstanden und herumgefragt. Siehe da, es fanden sich einige Interessenten. Zum einen war das Henning, der einzige wirkliche Punk aus der Gruppe. Henning war so 18 oder 19 Jahre, nicht wirklich größer als ich, etwas kräftiger vielleicht. Er hatte ein Magenproblem, denn er soff unglaublich viel. Ich mochte ihn vom ersten Tag an. Henning brachte Radha mit, eine 6 oder 7 Monate alte Schäferhündin, in die Shiva sich verliebte.

Der zweite im Bunde war Yves, ein gutmütiger Typ, etwas untersetzt, mit Dreadlocks. Yves hatte Landwirt gelernt und war jetzt arbeitslos. Er brachte Zora mit, eine 5 Monate alte graue Mischlingshündin. Aus demselben Wurf stammte Dingo, ein kleiner Rüde. Dieser gehörte zu Scheffler. Scheffler hatte zusammen mit Manon das Abitur gemacht, hatte fast Glatze und war von kräftiger Gestalt. Er war der Einzige von uns allen, der zur Arbeit ging, denn er leistete seinen Zivildienst im Altersheim.

Dann war da noch Dennis, ein netter Kerl, er sah gut aus und wirkte etwas gebildeter als die anderen. Sein Hund hieß Gansha und war ein Mischlingsrüde, vielleicht Beagel und Terrier.

Der Letzte im Bunde war Tier, so, wie er hieß, war er auch, ein Tier von einem Typen. Tier blieb mir immer unheimlich, er wirkte unberechenbar. Ich sah einmal zu, wie er ein Fahrrad klaute. Er zerriss einfach das Fahrradschloss, stieg auf und fuhr los. Tier wirkte gefühlskalt, allerdings nicht dumm oder aggressiv. Er brachte eine Ratte mit.

Toni Turnschuh war der Kater von Yves, der zog auch mit ein.

Karsten selbst zog auch mit ein, er hatte als Einziger kein sichtbares Tier.

Zudem waren nun auch noch zwei Mädchen täglich im Haus, beide hießen Jaqueline und waren gleich alt. Die eine war ein bisschen schwarz und gehörte zu Yves und die andere war ein bisschen dick, sie gehörte zu Tier.

Das Ganze wurde durch einen Kunden vervollständigt, der von allen Zaster oder Zasti gerufen wurde. Zaster hatte leider ein Sprachproblem, er stotterte, wenn er aufgeregt war. Eines Tages hielt ihn die Polizei an und fragte nach Führerschein und so. Zasti suchte stotternd nach den Papieren, dann fragte der Bulle, ob Zasti ihn verarschen wollte oder warum er so dämlich redete. Zasti stürzte sich wütend auf den Polizisten ... Zasti war immer irgendwie verpeilt. Er zog zwar nicht mit ein, war aber faktisch immer zugegen. Von einem auf den anderen Tag war das Haus wieder voll Leben.

Alles änderte sich schlagartig, ich zog mit all meinen Möbeln in Uwes ehemaliges Zimmer. Scheffler zog in mein bzw. Ösis altes Zimmer. Oben im großen Zimmer quartierte sich Tier ein. Die beiden kleinen Räume gingen an Yves und Henning. Karsten bezog das einzige ausgebaute Zimmer auf dem Dachboden und Dennis hauste im Anbau, auf dessen Flachdach ich mich damals vor den Nazis versteckte.

Zehn Menschen teilten sich ein Bad und die Küche. Jeden Abend hingen irgendwelche autonomen Kiddies und Nachwuchspunker bei uns ab, um zu kiffen, oder sie klingelten nur mal kurz, um Dope zu kaufen, das irgendwer bei uns vertickte. Mir war das mit der Dealerei egal, ich bekam dadurch mein Hasch für nen guten Preis, ich brauchte eh nicht viel, kaufte zumeist nur 2 bis 3 Gramm pro Monat.

Störend war das Ganze nur für Manon, denn diese musste nun jeden Morgen um 6.00 Uhr aufstehen, um pünktlich auf der Arbeit zu sein. Sie wurde stiller, war in sich gekehrt oder sogar schlecht gelaunt. Ich versuchte, oben bei den anderen zu erwirken, dass nach 22.00 Uhr bitte niemand mehr unten klopfen möge. Denn oben hörte dies keiner bei Musik und lustiger Runde, wenn es unten bei mir klopfte. Ich musste also immer wieder aus dem Bett raus, um zu öffnen. Manon konnte nicht gut einschlafen. Das ging so weit, dass sie erwog, zu Hause zu nächtigen. Ich konnte sie verstehen, mochte das aber nicht akzeptieren.

Eines späten Abends klopfte es wieder, angenervt riss ich die kleine Luke auf, die wir in die Tür eingesägt hatten und die mit einem Schutzgitter vor ungebetenen Gästen schützte. Ich erblickte ein paar

Kiddiepunker, von denen mich einer fröhlich angrinste und „Arsch“ sagte. Mir schoss das Adrenalin ins Blut und ich entsicherte die Tür sekundenschnell, sprang vor die Tür und knallte dem Kerl eine. Dann ging ich zurück ins Haus, zog die Tür zu und stiefelte fuchsteufelswild die Treppe hoch, dann riss ich die Tür zum „Partyraum“ bei Tier auf und brüllte: „So, jetzt ist Schluss! Kommt hier noch so eine Kinderfresse her und nennt mich Arsch, bleibt's nicht bei ner Ohrfeige!!!“ Alles guckte mich verdutzt an.

Dann fragte mich wer: „Wer nennt dich einen Arsch, Pfeffi?“

Ich war außer mir und krähte weiter: „So 'n Kinderpunk eben, unten an der Tür!“

Ich wurde gefragt, wie der aussah. Ich beschrieb den Jungspund. Dann wurde es noch stiller.

„Und der hat nur ‚Arsch‘ gesagt?“ wurde ich noch mal gefragt.

„Ja, hat er. Warum weiß ich auch nicht ...“

Dann erklärten mir die Leute, dass der junge Mann lediglich seinen Namen gesagt hätte, denn der Punk hieß „Arsch“, es war sein Spitzname. Es war ausgemacht, dass er seinen Namen sagen sollte, um Einlass zu erhalten. Das jedoch wusste ich nicht.

Den Tag verbrachten wir damit, so lange der Altweibersommer ausreichend Wärme verbreitete, in der Einkaufsstraße von Salzwedel herumzulungern und nach Faschos Ausschau zu halten. Ertappten wir zufällig mal ein paar, jagten wir sie durch die Stadt oder legten ihr Auto platt. Das heißt zum Beispiel, dass wir einem erkennbaren DVU-Anhänger einmal alle vier Reifen zerstachen, sein besonderes Pech, er parkte auf einem Hochdach. Zu bestimmten Terminen fuhren wir im Konvoi zu Gerichtsverhandlungen in der Umgebung. Wir versuchten auf diese Weise, Übergriffe auf Linke durch Neonazis zu verhindern. In Gardelegen traf ich dabei auf einen alten „Bekannten“: Kai S., einer der Haupttäter des Überfalls auf die Amtsstraße.

Ich wartete draußen, um seiner habhaft zu werden. Das war allerdings leichter gesagt als getan. Denn als das Arschloch mich erblickte und erkannte, wusste er sofort, was ihn erwarten würde. Ich ging geradewegs auf ihn los. Es blieb dem Wichser nichts anderes übrig, als sich hinter seiner dicken Freundin zu verstecken. Das muss ein verdammt witziges Bild gewesen sein, denn ich rannte immerzu im Kreis um die olle Reneekuh, um den Kerl zu packen. Sie jedoch trat mit ihren Stahlkappendocs nach mir. Natürlich hätte ich ihr eine knallen können und dann hätte ich den Helden gehabt, aber Frauen schlägt man nicht, selbst wenn sie Nazitussen sind. Das Spiel ging so eine ganze Weile. Die Olle beschimpfte mich hysterisch, bis endlich Gerichtsbeamte dazukamen und ich aufgefordert wurde, mich zu entfernen. Ich musste ihn leider ziehen lassen. Allerdings wusste er jetzt, dass ich ihn suchen würde.

Ein paar Wochen später, ich saß mit Henning im Auto und wir fuhren auf der Hauptverkehrsader von Salzwedel-City, da schrie dieser plötzlich: „Da, Kai!!!“ Dabei zeigte er auf einen weißen Golf vor mir. Ich hatte ihn, dachte ich frohlockend. Ich trat aufs Gas, überholte rechts und riss das Lenkrad herum, bremste zeitgleich. Der gute Kai ging voll in die Eisen, sein Golf kam zum Stehen. Sofort sprang ich mit einem Knüppel in der Hand auf den verdutzten Nazi zu. Der Typ glotzte mich paralysiert an, dann klickte er seine Tür zu, bevor ich ihn aus seinem Auto zerren konnte. Er legte den Rückwärtsgang ein und schoss etwa 25, vielleicht 30 Meter rückwärts die Straße entlang. Es war ca. 19.00 Uhr, die Hauptstraße war voll befahren. Er stand da und sah mich an, dann ging ich langsam auf ihn zu, den Knüppel in der Hand. Er sah keinen anderen Ausweg, als den Vorwärtsgang einzuschmeißen und quer über den Bürgersteig, weiter über eine Wiese an mir und meinem Auto vorbei über eine rote Ampel zu flüchten. Ich sah ihm zornig nach, dann lächelte ich … Da hatte wohl jemand Schiss bekommen?!

Natürlich waren wir nicht immer so militant unterwegs. Manchmal haben wir uns alle auf der großen Wiese hinter den Gärten der Amtsstraße getroffen und uns dort gesonnt und mit unseren Hunden gespielt. Dabei jagten dann irgendwann unsere Hunde einen Hasen, fröhlich liefen wir mit. Mein Shiva stupste mir im vollen Lauf vergnügt seine dicke Nase in die Kniekehle, ich flog wie im Comic im hohen Bogen durch die Luft und schlug mit dem Face zuerst im grünen Gras auf. Mein Hund umsprang mich glücklich …

Ein anderes Mal fuhren wir an einen Baggersee und badeten vergnügt. Das heißt, die Punker schwammen, ich saß auf einem umgekippten Tretboot und ließ die Beine baumeln, denn richtig schwimmen kann ich nicht. Ich blinzelte in die Sonne, die sich im Wasser spiegelte. Das gekenterte Boot war am Ufer vertaut, an dem Seil war ein Kasten Bier geknotet, um es zu kühlen. Ich war versonnen, mir fehlte Manon, wie gern hätte ich sie bei mir gehabt. Ich erzählte ihr allabendlich, was wir für lustige oder wilde Sachen erlebt hatten. Sie musste in der Zeit ihre Ausbildung machen, Lust hatte sie kaum dazu.

Irgendwann bemerkte ich, dass das Wasser an meinen Fußgelenken sich bewegte, also es strömte. Ich drehte mich um und sah, dass die fiesen Punker das Tau gekappt hatten und mein „Boot" ganz langsam hinaus auf den See trieb. Lachend standen sie am Ufer, denn sie wussten, dass ich nicht schwimmen konnte. Ich hatte ein Problem.

Ich löste es mit einem gewagten Sprung Richtung Ufer, mit einigen schwimmähnlichen Zuckungen gelangte ich in die Nähe vom Strand. Aber nur in die Nähe, ich wollte mich hinstellen, aber ich soff einfach ab. Ich war zu klein oder andersherum, es war zu tief zum Stehen. Mit einem schnellen Griff zog mich dann aber einer der großen Punks wieder oberhalb der Wasseroberfläche und endgültig an Land.

Wir waren jung, wild und fühlten uns frei, ein bisschen Risiko lag auch in der Luft. Alles war spannend und manchmal gefährlich. Ein Leben abseits der bürgerlichen Konventionen, schwarz-bunt ... „Lustig, lustig ist das Zigeunerleben, faria faria ho!"

Eines Abends trat Karsten auf den schlafenden Shiva, er hatte ihn schlicht übersehen. Shiva nahm ihm dies übel und biss ihm ins Bein. Karsten war sauer.

Ich beschloss mich wieder bei der Hundeschule anzumelden. Dort stellte ich nun den inzwischen 8 Monate alten Rottweilermischling vor. Shiva dürfte zu dem Zeitpunkt bereits ca. 50 kg gewogen haben. Die vermeintlichen Fachmänner begutachteten das Tier nickend, gutes Material, war ihr Urteil. „Dann wollen wir mal sehen, was er für Potenzial hat", wurde weiter gefachsimpelt. Ich sollte ihn an einem bestimmten Pfahl festbinden, ahnungslos befolgte ich die Anweisung der Männer. Einen Moment später kam ein Mann mit einer Peitsche und schlug damit meinem Hund in die Flanke. Ich war verunsichert. Man rief mir zu, ich solle ihn hetzen, ihn auffordern, den Scheintäter zu packen. Ich tat gezwungenermaßen, was man mir sagte. Shiva wich zunächst zurück, um dann nach meinem Zureden den Mann zu attackieren. Er bekam als Belohnung den Beißarm als Beute, ich musste ihn loben. Ich fand es schon merkwürdig, dass man zuerst gucken wollte, wie aggressiv der Hund war. Eigentlich wollte ich, dass er brav blieb, ich hoffte immer wieder auf das nächste Training. Ich hoffte aber vergebens. Es gab eine merkwürdige Begebenheit nach der nächsten.

Am allerschwierigsten war für mich der Fakt, dass die Hundeschule scheinbar ein Treffpunkt für einige Neonazis war. Zum einen war dort ein Typ, der Niete genannt wurde. Er hatte seinen Rottweiler „Aldo" dort und ein Doggenmädchen. Aldo war total durchgeknallt, jeder hatte Angst vor ihm, zurecht, wie sich zeigte. Aldo konnte ausschließlich von Niete im Würgehalsband geführt werden, dabei röchelte der Hund und versuchte trotzdem, alles Erreichbare zu fressen. Am liebsten biss er in den Rasenmäher des Hausmeisters. Einmal jedoch packte er durch einen Zaun hindurch den Fuß eines Besuchers und versuchte, diesen zu sich zu ziehen. Es gelang nur unter Aufbringung von Hilfsmitteln, den Rottweiler zum Loslassen zu bewegen.

Ein anderes Mal wollte ich Shiva gerade in seinen Zwinger bringen. Es war üblich, seinen Hund in einen kleinen Verschlag zu sperren, bis er dran war mit der „Ausbildung". Als ich mich bückte, um den Verschlag zu öffnen, stürzte sich ein schwarzer Doggenrüde auf Shiva. Ein ca. zwölfjähriger Junge griff glücklicherweise beherzt zum Wasserschlauch und trieb die beiden auseinander, ich sperrte Shiva ein. Dann sah ich das grinsende Gesicht des Doggenbesitzers, es war Liebscher, ebenfalls ein Mittäter vom Amtsstraßen-Überfall. Der Zwölfjährige war sein kleiner Bruder. Liebscher versteckte sich hinter seiner Dogge. Wütend blickte ich ihn an.

Mit Niete war das anders, wir kamen ins Gespräch. Er war eigentlich ein netter Kerl. Eine Feststellung meinerseits, die nicht unbedingt auf Verständnis bei meinen Mitbewohnern traf. Niete war aus der JN, der Jugendbewegung der NPD, ausgetreten, weil er es nicht akzeptieren konnte, dass der Tod der Familie Genç aus Solingen dort gefeiert wurde. Er sagte mir, dass er zwar eine rechte Orientierung hätte, jedoch nicht den Tod von Ausländern und anderen in Kauf nehmen könnte. Ich empfand dies als streitbaren, jedoch ehrlichen Standpunkt. Er schien nicht unbedingt ein Angeber zu sein, eher wirkte Niete verhalten. Wie jemand, der seine Ruhe haben wollte, er war auch nicht gut auf Liebscher zu sprechen.

Nachdem ich dann noch Zeuge wurde, wie ein ausgewachsener Doggenrüde einen Figuranten zu Boden riss und um ein Haar ernsthaft verletzt hätte und mein Shiva durch ein vorhandenes Loch im Maschendrahtzaun von einem Schäferhund angefallen und gebissen wurde, entschied ich, nicht mehr hinzugehen. Gelernt hatte ich fast nichts. Lediglich, dass die Männer, die ihre Hunde dort untergebracht hatten, diese als Alibi nutzten, um ein Feierabendbier im Vereinshäuschen zu zischen.

Mit den Jungs fuhr ich bis nach Wolfsburg zum *Quetschenpaua*-Konzert. *Yok Quetschenpaua* oder auch *Quetschmän* genannt war ein autonomer Liedermacher. Seine Konzerte waren witzig und politisch korrekt. Ich hörte seine Tapes monatelang im Autoradio, das ging so weit, bis man mein Auto „*Quetschenpaua*-Mobil" nannte.

Zausi war von all den politischen Zwistigkeiten abgestoßen, er entfernte sich zusehends, kam mich nicht mehr in der Amtsstraße besuchen. Zudem hatte ich ein paar meiner Haare in purple-red eingefärbt. Das war für Zausi alles suspekt, es roch verdächtig nach Punk. Mit Gothic hatte das für ihn kaum noch was zu tun.

Flöte war das egal, er kam weiterhin. Das gemeinsame Kiffen mit den Jungs war ganz nach seinem Geschmack, und ein Bier dazu, das war seine Welt.

Manon zog sich indes immer mehr zurück, sie war weiter in sich gekehrt. Als im Dezember der erste Frost und damit Blitzeis einsetzte, kam sie eines Abends nicht nach Hause. Sie schlief in Uelzen bei einem obskuren Typen, ich lief Achten in meiner Wohnung. Ihre Aussage, ich sei nicht eifersüchtig, widerlegte ich gründlich. Meine

Eifersucht wurde gerade erst geboren, ich selbst konnte deren Ausmaß noch nicht einmal einschätzen.

Zu Weihnachten blieb ich bei ihr, wir verbrachten den Nachmittag bei ihrem Vater, ihre Mutter hatte Schichtdienst. Klaus schenkte mir ein Lineal aus Metall. Als ich mich anständigerweise bedankte, sagte er: „Keine Ursache, ich hatte zwei davon."

Abends trafen wir uns alle in Tiers Zimmer, wir hatten einen Weihnachtsbaum mit 24 echten Joints geschmückt, die wir dann rauchten. Ich vermisste meine Familie.

Manon und ich beschlossen, nicht mehr zusammenzuziehen, sie sollte mit einer guten Freundin in die Wohnung einziehen, die ihr Vater für uns vorsah. Ich wollte mit den Jungs in ein anderes Objekt umziehen. Die Amtsstraße sollte geschlossen werden, da es in letzter Zeit zu vermehrten Beschwerden durch Herrn Tetzlaff gekommen war. Außerdem wurde die Situation in Bezug auf unsere Militanz gegenüber Nazis unübersichtlich für staatliche Organe. Wir standen in Verdacht, eine kriminelle oder sogar terroristische Gruppe zu bilden. In regelmäßigen Abständen drohten Nazis, uns zu überfallen. Dann mobilisierten wir befreundete Autonome aus dem Wendland und der näheren Umgebung. Einmal kam sogar mein alter Freund Mark aus Grimmen. Mark ist ein Waffenfan, er saß bis an die Zähne bewaffnet in seinem Schlafsack und hoffte, diese dann an irgendwem ausprobieren zu können.

Es kam aber meist niemand; ich war verdammt froh, wenn so eine Nacht vorbei war. Ich hatte keine Lust auf diesen Scheißkrieg! Und es tobte ein Krieg um die Straße, in den Städten und auch auf dem Land. Woche für Woche hörte man von Überfällen rechter Schläger und Mörder auf Ausländer, Linke und Homosexuelle oder Obdachlose. Wir fühlten uns ungeschützt, ausgeliefert, dem Angriff durch Neonazis preisgegeben.

Silvester beschloss ich, ein Tagebuch anzulegen, es sollte jedoch ausschließlich erotische Begebenheiten in sich aufnehmen. Denn Sex und Erotik, das war mir längst klar, schien ein extrem wichtiger Teil meines Lebens zu sein. Ich ahnte nur noch nicht, dass dies der denkbar schlechteste Zeitpunkt für dieses Unterfangen war.

Ende Januar reiste ich zu meinen Eltern, Manon kam nicht mit, sie fuhr nie gern lange Strecken im Auto. Dort wurde ich aber am Samstag von Manon angerufen, sie klang sehr traurig, vermisste mich. Ich reagierte prompt, verabschiedete mich von meinen Eltern und raste zurück nach Salzwedel. In der Amtsstraße saß Manon, sie war aber, anders als von mir erwartet, nicht wirklich erfreut, mich so plötzlich zu sehen. Sie wusste, dass ich kommen würde, und hatte sich trotzdem mit anderen verabredet, eine Party zu besuchen. Ich war verunsichert, enttäuscht und zornig. Sie ging trotzdem. Ich wusste innerlich, dass sie diese Nacht nicht zurückkäme, ich spürte, dass sie auf der Suche war, nach etwas Neuem, auch nach einem neuen Mann. Wütend ließ ich sie ziehen.

Manon kam nachmittags, ich hatte in all meinen Vermutungen Recht. Manon hatte diese Nacht mit einem anderen Mann verbracht, allerdings schien dies nicht so gelaufen zu sein, wie sie es sich erhoffte. Weinend und vom gesamten Leben enttäuscht lag sie in meinem Schoß. Ich nahm sie in den Arm und wusste, ich liebte sie unvergleichlich, keine andere Frau könnte mir das geben, was ich empfand, wenn ich sie im Arm hielt. Manon klammerte sich an mich.

Eine Woche später wollten wir es uns eigentlich zu zweit gemütlich machen. Irgendwie schien sie jedoch nervös, gegen 8.00 abends kam dann Inga, sie war mit Manon befreundet. Sie wollte Manon abholen, und diese packte wie selbstverständlich ihre Sachen ein und ging mit.

Ich war enttäuscht, ich verstand es nicht. Wozu hatte sie mir die Woche über all diese schönen Worte gesagt? Warum hatten wir den Abend verplant, sie schien längst gewusst zu haben, dass sie zu der nächsten Party gehen würde. Es war mir sofort klar, dass es wie die Woche zuvor laufen würde.

Als Manon dann nachmittags nach Hause kam, eskalierte es. Ich machte ihr Vorwürfe, war ungehalten und schrie herum. Manon sah mich kühl an, dann sagte sie: „Unter diesen Umständen kann ich nicht mehr mit dir zusammen sein.“ Es war aus … Nach etwa eindreiviertel Jahr war unsere große Liebe am Ende angekommen.

Meine Welt stürzte zusammen, der Weg in meine persönliche Hölle begann genau jetzt …

Meine Seele brennt
Einstürzende Neubauten

Manon kam die gesamte Woche nicht mehr in die Amtsstraße. Vor Verzweiflung hätte ich am liebsten die Götter angeheult, aber genau von denen kam ich mir gerade sehr verraten vor. Ich weiß nicht, wie oft in den folgenden Tagen und Wochen sich Henning und Yves irgendwelche Storys von mir und Manon anhören mussten, aber es ist unglaublich, wie tapfer die beiden zugehört haben. Sie hätten posthum noch einen Orden verdient für menschliche Höchstleistung beim Seelsorgen.

Manon war mit einem Typen zusammen, den man Kender nannte, er hatte nicht unbedingt den besten Ruf, war eher so ein Crashkid, ein Draufgänger. Der Bengel war 18 und damit jünger als sie. Ich versuchte einmal, in Ruhe mit ihm zu reden, aber er legte eine unglaubliche Arroganz an den Tag, dass ich beschloss, andere Seiten aufzuziehen. Ich wusste, dass sich Manon mit ihm und seiner Clique häufig in einem Irish Pub traf. Ich ging also mal auf einen Sprung vorbei. Dazu nahm ich Ösi, Yves und Henning mit. Wir waren ganz friedlich, tranken etwas und schauten uns um. In der Ecke saß Kender, bei ihm MEINE Manon. Zumindest empfand ich das so. Ich trank einen Fischergeist, so ein 60-prozentiges Feuerwasser. Ron, der Kneipier, schenkte ein, und auf meine Nachfrage, wie viele er glaube, dass ich schaffen würde, antwortete er: „Vier, mehr bestimmt nicht.“ Ich übergab Ösi mein Portemonnaie und den Auftrag, meine Rechnung anständig zu begleichen. Dann bestellte ich den zweiten Fischergeist. Einen Moment später, nachdem ich das Zeug in mich gekippt hatte, fand ich die ganze Situation schon viel spaßiger. Manon saß in der Ecke und guckte etwas verkniffen herüber. Ich erblickte Kender und bestellte bei Ron eine Vollmilch für den Bubi. Ron servierte die Milch und Kender prostete mir zu und trank sie ganz gelassen aus. Manon wirkte verärgert. Einen Moment später, ich bestellte gerade den dritten Fischergeist, gingen sie. Vergnügt sah ich ihnen nach und kippte meinen Schnaps in mich. Ich fragte Yves, ob er mich auch wirklich sicher nach Hause bringen würde, er versprach es. Irgendwie war alles plötzlich lustig und so ein bisschen verdreht. Ich bestellte noch eine Milch und überredete den Wirt, mir auch das Glas zu überlassen. Als ich den vierten Fischergeist in meinen Rachen laufen ließ, wurde es plötzlich schwarz um mich herum. Ein paar verzerrte Erinnerungen in mir zeugen noch von der Heimfahrt. Yves schleppte mich über der Schulter, Henning trug das Milchglas und Ösi war auch irgendwo. Yves fuhr mich zu Kender, ich stolperte mit dem Milchglas die Treppen aufwärts, stellte das Teil vor die Haustür und torkelte kichernd zurück zum Auto. Zu Hause kotzte ich, dass jeder Fischer seinen Geist aufgegeben hätte. Ich war nie wieder so betrunken im Leben.

Manon kam zu mir in die Amtsstraße, wir könnten ja noch einmal reden. Sie verabredete sich mit mir in dem Pub zu 22.00 Uhr. Ich war pünktlich, sie war schon dort, nippte an einem Wein. Als sie mich sah, lächelte sie und gab mir ihre Tasche, dann sagte sie, sie käme gleich wieder, müsse nur schnell etwas besorgen. Ich glaubte, sie wollte Dope holen, und bestellte einen Tee. Ich wartete eine Stunde, Manon kam nicht, ich wartete noch eine Stunde … Ab halb zwei wurde Ron ungeduldig, er wollte schließen. Um 2.00 Uhr nachts klingelte ich Sturm bei Kender, ich hatte Manons Golf vor der Wohnung seiner Eltern gesehen. Ein verdutzter Mann im Pyjama öffnete mir, ich warf ihm Manons Tasche in den Arm und fluchte: „Die können Sie der Schlampe bringen, die gerade mit Ihrem Sohn fickt." Der Mann schnappte nach Luft, ich ging wütend nach Hause. Schlafen konnte ich allerdings nicht, ich wurde von Sehnsucht zerfressen, also zog ich mich wieder an und wartete im Auto auf Manon vor Kenders Tür. Ich wusste, sie musste ja ca. 6.00 Uhr aufstehen, um zur Arbeit zu fahren. Ich fuhr ihr langsam mit meinem Auto nach, vor dem Wohnblock ihrer Eltern fing ich sie ab, wollte sie zur Rede stellen. Manon ignorierte mich, ging einfach weiter. Ich eilte die Treppen hinter ihr hinauf. Als sie sich umdrehte, um mir zu sagen, ich sollte sie endlich in Ruhe lassen, gab ich ihr im Affekt eine Ohrfeige. Manons Mutter öffnete im selben Augenblick die Tür, erschrocken starrte sie uns an. Ich ging, hoffnungslos enttäuscht. Mein Herz drohte vor Schmerz zu zerreißen, nie war ich so orientierungslos im Leben wie in dieser Zeit.

Das angestrebte Projekt, mit den restlichen Jungs in ein anderes Objekt umzusiedeln, scheiterte. Die Wohnungsverwaltung gestattete nicht den Bezug und drohte bei Zuwiderhandlung mit erheblichen Strafen. Den Mietvertrag für meinen Anteil an der Amtsstraße hatte ich bedauerlicherweise bereits im Dezember gekündigt, denn ursprünglich wollte ich ja mit Manon Anfang '94 in unsere gemeinsame Wohnung ziehen. Die Kündigung blieb bestehen, war nicht mehr zurückzuziehen.

Vieren von uns wurde eine Wohnung angeboten. Tier zog freiwillig zurück zu seiner Mutter, Henning zog zu anderen Punx, ich blieb außen vor. Auf meine Frage, wo ich denn nun wohnen sollte, antwortete mir die Sachbearbeiterin schnippisch: „Ritzer Brücke, am Nordufer scheint den ganzen Tag die Sonne." Ich war so sprachlos über diese Frechheit, dass ich kampflos abzog. Meine Kraft hatte ich bereits durch den Verlust meiner Liebe eingebüßt. Die Jungs zogen aus, einige ließen jedoch diverse Möbel und anderes Gerümpel zurück. Mir sollte zunächst nichts anderes übrig bleiben, als mit Manon gemeinsam in die neue Wohnung einzuziehen.

Jetzt kam der Hammer: Manons Vater zog das geheimnisvolle vierte Exemplar des Mietvertrages wie einen Trumpf aus dem Ärmel. Shiva war dort nirgends aufgeführt, anstelle dessen stand, das Halten von Haustieren sei verboten. Klaus grinste fies und sagte: „Kreuzt dein Köter da auf, dann rufe ich den Vermieter sofort an und du bist draußen." Weiterhin setzte er dazu: „Und ich bekomme es sofort mit, denn wir wohnen in der Nachbarwohnung." Mir klappte der Kiefer herunter, Manons Eltern hatten allen Ernstes die Nachbarwohnung gemietet. Mehr Kontrolle konnte man ja nicht bekommen. Der nächste Schlag in mein Gesicht war, dass ich gar nicht mehr Hauptmieter der Wohnung war, sondern nur Manon, ich war lediglich als mitziehende Person eingetragen. Das Datum meines Auszuges, sagte Klaus, ließe er morgen auch auf dem Vertrag festschreiben. „Deinen Vertrag kannst du in den Papierkorb werfen, denn hier ist deine Unterschrift", beendete Manons Vater seine Ansage.

Als letzten vernichtenden Schlag verlangte die KWV dann noch, dass ich das Objekt Amtsstraße komplett renoviert und besenrein zu übergeben hätte. Da ich jedoch gar nicht in der Lage war, all den Sperrmüll allein zu entsorgen, schickte man einen Sachverständigen von der örtlichen Müllabfuhr. Dieser schätzte die Gesamtkosten auf etwa 30.000 DM. Diese sollten mir in Rechnung gestellt werden, würde ich nicht termingerecht alles zur Zufriedenheit der KWV übergeben haben. Jeder wusste, dass das Haus nach unserem Auszug zugemauert werden würde, diese Forderung war absolute Schikane.

Ich ersann eine kleine, freche Rache. Ich fuhr zu dem Küchenstudio, bei dem Manon und ich eine Einbauküche unter der Aufsicht ihrer Eltern in Auftrag gegeben hatten. Wir hatten zufällig das teuerste Modell ausgesucht, in weiß und metallic-aubergine mit viel Chrom. Der Auftrag war zwar auf meinen Namen, Klaus war jedoch Bürge. Gesamtwert der Küche immerhin:18.000 DM! Ich erklärte dem Filialleiter mein entstandenes Problem und sagte, ich könnte erstens die Küche nicht bezahlen und zweitens wüsste ich nicht, ob man mich dabei am Ende auch wieder hintergehen würde. Ich zog den Auftrag zurück. Der Filialleiter grinste süffisant und nickte dann verständig. „Das macht nichts weiter", sagte er. „Es fällt lediglich eine Vertragsstrafe von 10 % an. Aber diese wird unter den gegebenen Umständen wohl dem Bürgen in Rechnung gestellt", endete er amüsiert. Manons Vater müsste also gute 1.800 Mark für nix hinblättern, ich grinste zufrieden. Als der Alte davon erfuhr, explodierte er fast. Ich zuckte mit den Schultern, mein Problem war das nicht. Dafür hatte ich andere Probleme, mehr als genug.

Wir einigten uns so: Ich unterschrieb einen Mietvertrag, auf dem ich nur bis zum Ende des Jahres als Hauptmieter mit Manon gemeinsam eingetragen war. Klaus verpflichtete sich seinerseits, mir in dem Zeitraum einen adäquaten Wohnraum zu besorgen. Meine Möbel und die meisten Habseligkeiten wurden in Klaus seiner Garage untergestellt. Nur ein paar notwendige Dinge wie Klamotten, meine Stereoanlage und mein Bett landeten in Manons und meinem neuen Domizil. Ich erlebte dies wie in einem Film, es geschah alles weit weg von mir.

Den schwersten aller Gänge, den hatte ich erst noch vor mir. Shiva war ein oder zwei Nächte allein zurückgeblieben in dem leeren Haus. Nachts weinte er, so dass die Nachbarn sich sorgten und den Tierschutz informierten. Ich war verzweifelt, was blieb mir übrig? Ich brachte ihn schweren Herzens ins Tierheim außerhalb der Stadt. Auf dem Weg dorthin sah ich in seine todtraurigen Augen. Ich kam mir vor wie ein Verräter, ein Rabenvater, nie, nie hätte mich Shiva verlassen, ich aber, ich als Mensch hatte die Wahl. Und ich entschied mich für das Tierheim. Ich werde mir das niemals verzeihen!

Wir leben in einem Alptraum
Das Erwachen wird der Selbstmord sein
Slime

Am Abend bat ich Manon um ein Gespräch, sie vertröstete mich, so wie sie es seit Wochen tat. Sie wollte am nächsten Tag, wenn sie von der Arbeit käme, mit mir reden. Ich erwartete sie aufgeregt.

Als sie dann am Nachmittag geschafft vom Job heimkam, ging sie zunächst duschen. Auf meine Nachfrage bezüglich des Gesprächs antwortete sie jedoch, dass sie erst einmal schlafen müsse. Ich zerbrach innerlich, wusste ich doch, dass sie nach ca. zwei Stunden Schlaf wieder sagen würde, dass Kender gleich käme und sie keine Zeit für mich hätte. Es war jeden Tag der gleiche Ablauf, Kender kam um 19.30 Uhr und ihre Tür schloss sich, Minuten später hörte ich sie ficken … 22.00 Uhr etwa haute er ab und Manon schlief, manchmal aß sie noch etwas, was ich gekocht hatte. Sie selbst konnte nicht kochen.

An diesem Nachmittag nun war alles vorbei, in mir gab es nichts mehr, was mich erfreut hätte. Übrig geblieben war der reine Schmerz. Mein Herz war angefüllt davon und jeder Schlag pumpte ihn durch mich hindurch. Es gab nur noch einen Wunsch: Ich wollte, dass alles vorbei sei, aus, Schluss, Ende … Ich wollte sterben!

Im Affekt griff ich ein Küchenmesser, lief ins Bad und schnitt mir die Unterarme auf, beide Seiten, hin und her, rauf und runter. Manon hatte das mit dem Messer gesehen, sie klopfte an die Badtür und sagte, dass sie jetzt schlafen ginge und dass sie das jetzt scheiße fände.

In der Hoffnung, dass das Wasser mein Blut schneller ausspülen würde, öffnete ich den Wasserhahn. Leider hatte Manon beim Duschen das warme Wasser aufgebraucht, so dass jetzt nur kaltes Wasser über die offenen Wunden lief. Als Folge dessen zogen sich die Adern zusammen. Die meisten Blutungen stoppten. Nach einer Weile brach ich vor dem Waschbecken zusammen, griff mechanisch zum Handtuch. Wie in Trance stand ich auf, zog mich an und ging hinaus, um mit meinem Auto zur Amtsstraße zu fahren. Manon reagierte nicht.

Ich kam in meinem verlorenen Zuhause an, ging zum Sanikasten und verband notdürftig meine Arme, das durchgeblutete Handtuch ließ ich fallen. Aus Verzweiflung legte ich mich in meinem ehemaligen Zimmer auf die Dielen, genau dort, wo vorher mein Bett stand. Ich schlief ein … und hoffte, nie wieder aufzuwachen.

★

Als ich erwachte, sah ich in ein schwarzes Gesicht, es funkelte mich mit dunklen Augen freundlich an und rief mich sanft, aber bestimmt an: „Können Sie mich hören?"

Ich verstand nicht. Blaues Licht flackerte durch Fenster hindurch, Menschen in weißen Kitteln sprachen halblaut und holten eine Trage. Das freundliche Gesicht gehörte zu einem Sanitäter, er war schwarz. Ich wollte aufstehen, man hinderte mich und sprach auf mich ein. Ich erkannte die weinende Nachbarin von zwei Häusern weiter, Frau Rose, sie hatte uns damals die Decken gebracht, als uns die Nazis überfielen. Man brachte mich ins Krankenhaus, Ärzte kümmerten sich um die Wunden, Schwestern brachten warmes Bettzeug. Am späten Abend stand Thorsten am Bett, auch Ösi kam.

In mir drehte sich alles, ich wollte das nicht, ich wollte nicht tot sein, ich wollte nur sterben. Weg sein, irgendwo anders sein, nur raus aus diesem Alptraum.

Am nächsten Tag standen meine Eltern im Zimmer, der Blick meines Vaters war entrückt, er war grau, wirkte um Jahre älter. Meine Mutter war sanft, zärtlich und stark zugleich. Sie waren gekommen, meine Eltern, meine allerletzte Bastion! Ich schmiegte mich an meine

Mutter, sie hatte mich als Kleinkind nächtelang durchs Schlafzimmer getragen, damit ich einschlafen konnte. Meine Kopfschmerzen, die mich als Kind plagten, ließen es nicht zu. Sie hatte Jahre ihres Lebens für mich geopfert, ich wollte in einem Moment der Schwäche all diese Liebe aufgeben. Ich schämte mich unendlich.

Nach ein paar Tagen und einigen psychologischen Tests wurde ich entlassen.

Meine Eltern hatten sich entschieden, Shiva aus dem Tierheim zurückzuholen, sie wollten mir wenigstens etwas erhalten. Shiva schien gerettet. Würde ich eines Tages eine eigene feste Wohnung haben, würde er wieder bei mir leben können.

Bis es so weit sein würde, müsste ich die Zähne fest zusammenbeißen und aushalten, egal, was Manon tun würde, ich müsste es ignorieren. So jedenfalls war die Perspektive, in Wirklichkeit aber gestaltete es sich so: Nach ein paar Tagen kam Manon plötzlich aufgelöst in mein Zimmer, sie war völlig überfordert mit der neuen Situation, in der sie sich auf einmal befand. Kender hatte sie abgeschossen, nach insgesamt sechs Wochen hatte er genug von ihr und nahm sich eine Neue. Für Manon war das scheinbar unbegreiflich. Ich hatte noch Besuch von einer netten Bekannten bekommen, diese war sogar mit Manon befreundet. Manon blieb auffällig lange in meinem Zimmer, sie breitete sich auf dem Teppich aus und benahm sich wie eine rollige Katze. Ich wurde nervös. Minuten später, Nancy war gerade gegangen, lagen wir nackt auf dem Boden und wälzten uns hin und her. Ich war glücklich, ich war wie aus dem Alptraum erwacht, alles erschien machbar …

Es kam anders, als ich es erhoffte. Sie machte mir deutlich, dass sie keine weitere Nähe, auch keinen Sex mehr mit mir haben würde, wenn ich nicht mit einer anderen Frau zusammen sein würde.

Manon hatte in der Zwischenzeit einen neuen Typen aufgerissen. Alex, ein Skinhead. Alex war ein armes Schwein, das benutzt wurde und nicht wusste, was man mit ihm tat. Er war unpolitischer Oi!-Skin, nett eigentlich, aber nicht der Hellste. Wenn Manon mit ihm in ihrem Zimmer fickte, schrie sie dabei wie im Billigporno. Ich wusste so sehr, dass es nicht echt war, was sie abzog, dass es mich nicht weiter kratzte. Er tat mir leid, denn sie warf ihn ab und zu einfach raus, ohne Vorwarnung, er war irritiert. Manchmal klagte er mir sein Leid.

Ich versuchte, mich abzulenken, und besuchte reihenweise Gothic-Events oder Freunde. Also fuhr ich nach Flensburg zu Bex, der war dort fast mit seiner Ausbildung fertig. Bex zeigte mir heimlich das Innenleben einer 5-Sterne-Küche und kochte mir ein Menü nach Art des Hauses, natürlich auf Kosten desselben. Inklusive einer Flasche Beaujolais im Wert von über 100 D-Mark. Eine zweite gab er mir mit, falls ich mal wieder mit Manon einen schönen Abend hätte.

Ein anderes Mal besuchte ich in Hamburg die Veranstaltung „Dark Entries", eine Art Messe für Darkwave und Gothic. Dort gab es Bands, die kurze Auftritte präsentierten, wie zum Beispiel *Umbra et Imago* und *Welle Erdball*. Dann wurde in Foren getalkt, der Typ von Radio Grenzwellen, Ecki Stieg, moderierte sinnlose Laberrunden. Außerdem gab's jede Menge Verkaufsstände und ne Plattenbörse. Am Abend dann war Disco. Ich traf den Björn wieder, dessen Exfreundin ich in Leipzig vom Schneewittchen zum Aschenputtel degradiert hatte. Wir quatschten beide und lachten noch über einige Dummheiten, die man so begeht im Leben, insbesondere aber über bestimmte Gothicladies.

Drei Schritte vor und drei zurück
So tanzen sie im Einheitsschritt
Kontrast

Dann traf ich noch jemanden, nämlich die schönste Frau, die ich je geküsst habe. Alicia aus Bremen, auch als Purzel bekannt. Alicia kann ich hier nicht wirklich beschreiben, sie war einfach nur wunderschön, vielleicht so 1,65 m groß, hatte langes schwarzes Haar und eine sanfte Aura. Ich war entzückt von ihrem hübschen Gesicht, wir flirteten unverhohlen, bis wir uns im Gedränge der Party aus den Augen verloren.

Am 25.4. besuchte ich erstmals den Dark Monday im Duncker in Berlin. Ich war zu Uwe gereist, dieser wollte jedoch nicht zum Tanzen mitkommen, also zog ich allein zum Club. Blöderweise nach Art eines Landeis, denn ich kam da um 21.00 Uhr an. Die Crew begann gerade mit dem Aufbau, ich musste noch etwa 40 – 50 Minuten vor der Tür warten. Dann hatten sie Mitleid mit mir, ich war total durchgefroren. Vanessa arbeitete damals noch an der Bar, sie machte mir etwas zu Essen. Den Einlass regelte noch Roland, Ørlög legte jedoch schon auf. Diese Erinnerungen sind insofern witzig, als ich nun seit Jahren selbst dort jobbe ….

In der Nacht jedoch dachte ich nicht im Traum daran, eines Tages mal an der Kasse zu sitzen und anderen Leuten das Eintrittsgeld abzuknöpfen. Ich baggerte viel mehr an einem jungen Girlie herum, sie war 18 laut ihrer Aussage, aber in Wirklichkeit, stellte sich später heraus, war sie erst 16. Kröte, so hieß die Kleine, war etwas mopsig, aber lustig. Sie flirtete mit mir und lockte und tat, als ob sie etwas ganz gewaltig Heftiges mit mir vorhätte in der Nacht. Sie erzählte, sie wohne in einem Frauenhaus und man müsse vorsichtig sein mit Besuch usw., ob ich aber trotzdem mitkommen wolle. Ich grinste in mich hinein, kam mir wie der Wolf in einer Schafsherde vor. Ein verrücktes Mädchen in einem Frauenhaus vögeln, das wäre ja mal ein cooles Abenteuer. Ich wollte natürlich mit, also fuhren wir irgendwann laut ihren Anweisungen in den Friedrichshain. In der Niederbarnimstraße parkte ich mein Auto. Sie sagte, es sei nur noch kurz zu Fuß, also stiegen wir aus und gingen ein Stück. Irgendwie kam mir allerdings die Gegend für ein Frauenhaus sehr düster vor. Irgendwann gingen wir auf einen Hinterhof, dann fummelte die Kleine eine Seitentür auf und schob mich mit dem Zeigefinger vor dem Mund in einen dunklen Hausflur. Ich sah mich um, dann wusste ich, dass ich zu schweigen hatte. Im gesamten Treppenhaus waren Sprüche wie „Vergewaltiger, wir kriegen dich“ oder „Tod dem Patriarchat“ angesprüht. Dabei allzu deutlich das „Männlichkeitssymbol mit umgeknicktem Pfeil“, darunter war „Frauenpower“ zu lesen. Ich war in einem alternativen Frauenhaus gelandet, hier war ein Mann keinen Pfennig wert, höchstens ne Tracht Prügel. Ich wollte eigentlich sofort wieder gehen, aber diese kleine Kröte zog mich kichernd hinter sich her. Wir landeten in ihrem Zimmer. Sie kicherte immer lauter und hielt mir jedes Mal sofort die Hand vor den Mund, wenn ich nur leise etwas sagen wollte.

Sie kiffte lachend mein Dope und wehrte jede meiner Annäherungen kategorisch ab. Ich kapierte allmählich, dass mich die kleine Frau total verarscht hatte. Ich zog es vor zu schlafen und rollte mich am Boden zusammen, allerdings ließ sie dies nicht zu, sie trat ständig nach mir und textete mich wieder wach. Ich war genervt. Plötzlich jedoch, unerwarteterweise, klopfte es brachial an der Tür. Ich war hellwach. Kröte guckte ebenfalls unglücklich auf die Tür. Draußen schrie eine Stimme: „Los, aufs Dach, die Bullen wollen räumen!"

Schwanz ab, Schwanz ab ...
Runter mit dem Männlichkeitswahn
die Ärzte

Das hatte mir gerade noch gefehlt: Ich war in einem autonomen Frauenhaus gefangen, das gerade von der Polizei geräumt werden sollte. Kröte schrie nach draußen, sie käme gleich, dann zerrte sie mich hoch und horchte an der Tür. Wir hörten, wie die Bewohnerinnen in die oberen Etagen rannten. Als es still wurde, riss Kröte die Tür auf und zog mich hinter sich her. Sie öffnete den Sicherheitsriegel und mehrere Stahlbügel, eine Sekunde später stieß sie mich vor die Tür. Es war bereits hell draußen, ich brauchte einen Moment, um zu sehen, was geschah, die Tür hinter mir krachte zu. Ich stand vor einer Reihe Bullen, alle mit Helm, Schild und natürlich mit Knüppel. Ich drehte mich um, einen Türdrücker sah ich nicht, dafür hörte ich die Bullen rufen. Im selben Augenblick flogen die ersten Steine von oben herab. Die Bullen rissen ihre Schutzschilde hoch und wichen zurück. Ich rannte seitwärts um ein paar Mülltonnen herum, zwei oder drei Polizisten lösten sich von ihrer Gruppe und stürmten mir hinterher. Ich flitzte an den Mülltonnen vorbei und rannte auf die Straße. Ich lief so schnell ich konnte, hinter mir hörte ich die Bullen kommen, ich wusste, lange würde ich das nicht können, deshalb bog ich in den nächsten Torweg ein, nahm die erste Hintertür, stolperte eine Treppe hoch und brach zusammen …

Mein Herz pochte in meinem Hals, ich rang um Luft, hielt mir die Hand vor den Mund, ich wollte unter keinen Umständen husten müssen, denn ich hörte auf dem Innenhof die Polizisten. Nach einem Moment war es still, sie waren abgezogen.

Als ich wieder atmen konnte, ohne zu hyperventilieren, schlich ich mich vorsichtig zum Hoftor. Die Straße war leer. Ich sah, dass oben an der Ecke eine ganze Hundertschaft BGS versammelt war, genau auf der Höhe meines geparkten Autos. Ich ging geduckt in diese Richtung. Irgendwann traf ich eine junge Frau, sie hockte auf derselben Weise zwischen zwei Autos. Sie flüsterte mir zu, dass die Bullen das besetzte Haus an der Ecke räumen wollten und nun jeden, den sie kriegen konnten, mitnahmen. Sie zitterte. Ich hatte ebenfalls Angst, versuchte jedoch weiter unbemerkt in Richtung meines Autos zu kommen. Ich sah, wie ein Fahrradfahrer von seinem Rad gerissen wurde und unter Protest in eine Wanne gebracht wurde, sein Rad blieb auf der Straße liegen. Ich kam bei meinem Auto an und schloss es an der Beifahrerseite auf, schob mich auf den Sitz und steckte den Schlüssel ins Zündschloss. Die Bullen waren mit dem Haus voll beschäftigt, ich fuhr in ihrem Rücken mit Vollgas los.

Nach 20 Minuten kam ich dann bei Uwe an. Erschöpft und total verwirrt wegen des Gewaltszenarios schlief ich bei ihm ein.

Zum 1. Mai fuhren wir diesmal mit der gesamten Salzwedeler AntiFa nach Braunschweig. Im Vorjahr war ich ja wieder in Berlin gewesen und von den Bullen über den Alexanderplatz gejagt worden. Man hatte uns damals direkt vor die Fotoapparate der Touristen getrieben, die mit offenen Mündern der Hatz zusahen. Als die Polizisten bemerkten, dass man ihre Übergriffe fotografierte und diese dann womöglich in japanischen Tageszeitungen erscheinen würden, ließ man langsam von uns ab.

In Braunschweig war das alles viel ruhiger, wir waren der „Schwarze Block", der sich vor die große DGB-Demo setzte und mit den Sozialisten gemeinsam marschierte.

Manon war noch viel zu sehr Teil meines täglichen Lebens. Es kam immer mal wieder zu kurzen leidenschaftlichen Begegnungen.

Als meine Eltern zwischenzeitlich zu Besuch kamen, um ein paar Dinge auch mit Manons Eltern zu klären, sagte Klaus dann in etwa zu ihnen: „Jörn versteht es einfach nicht, unsere Tochter will nichts mehr von ihm. Sie ist schon völlig überfordert, weil er sie nicht in

Ruhe lässt, er lässt sie nicht mal in Ruhe schlafen …“ Mir platzte der Kragen, schließlich war Manon so fertig, weil sie erstens eine Unmenge an mir suspekten Drogen fraß und zweitens, weil sie nachts durchaus an meine Tür klopfte, um sich ficken zu lassen. Ich griff unter mein Kopfkissen und zog den Slip hervor, den Manon in der letzten Nacht in meinem Bett zurückgelassen hatte, und warf ihn Klaus an den Kopf. „Und was ist das?“ fragte ich grinsend. „Glaubst du, ich hole so was aus Manons Schmutzwäsche?“ Manon schluckte pikiert, Klaus stotterte ihren Namen und verließ das Zimmer. Meine Mutter sah mich vorwurfsvoll an: „Also, Jörn!“

Ein Jahr war ins Land gegangen, Leipzig stand wieder an. Das dritte WGT. Natürlich wollte ich dort hin, Zausi fuhr mit Peggy, der würde eh nicht noch mal mit mir allein verreisen, das war klar. Allerdings wollte Lukas mitkommen. Lukas war einer der Gymnasiasten, die in ihrer Jugend mal ein paar Jahre wilde Sau spielen und am Ende doch wieder ganz brave Bürger werden. Er war der Sohn eines Amtsarztes aus Salzwedel und seine Mutter war wohl auch Ärztin. Lukas war ein Riese mit einer sportlichen Gestalt, ich nannte ihn deshalb Yeti, war Vegetarier, und wenn er bekifft war, sprach er englisch. Jedenfalls tat er so, ich fand das eher aufgesetzt. Er war ein netter Typ, mit dem man durchaus abhängen konnte. Warum also nicht in Leipzig? Ich nahm ihn im Auto mit, diesmal hatten wir allerdings jeder sein eigenes Zelt.

Der Zeltplatz war in dem Jahr ein Sportplatz oder so was, es war an einigen Stellen so hoher Schlamm, dass wir fast mit dem Auto stecken blieben. Karsten und ich suchten einen geeigneten Platz und stellten unsere Zelte so auf, dass Zausi und Peggy noch nachrücken konnten, sie würden erst am Samstag kommen können, das war abgesprochen. Dann besuchten wir wie alle anderen die Eröffnungsdisco.

Auf der Rückfahrt im Bus latschte mir eine Gruftieschnecke auf den Fuß, wir lachten und quatschten und ich lud sie ein, noch zum Kiffen zum Zelt zu kommen. Sie hieß Heike, war nicht die Schönste, aber sie wusste, warum sie nach Leipzig gekommen war. Ich bin nie wieder so schnell mit einer Frau ins Bett gegangen wie mit ihr. Ich glaube, zwischen dem Tritt auf den Fuß und dem Austausch von

Körperflüssigkeiten lagen insgesamt nicht mehr als 30 Minuten. Yeti schüttelte amüsiert den Kopf, als wir uns zurückzogen.

Zausi und Peggy kamen am nächsten Tag, sie guckten etwas verwirrt, als sie Heike aus meinem Zelt krabbeln sahen, schwiegen aber noch anstandshalber.

Zausi rammte dann einem Hund, der ihm seine Zeltleine gestohlen hatte, seinen Stromschocker in die Flanke und brachte das Tier halb um. Angewidert starrten wir ihn an. Zausi konnte es einfach nicht leiden, dass wir alle über ihn lachten, während er wie ein Bekloppter hinter dem spielenden Hund hinterhersprang.

Heike zog sich zurück, wir verbrachten den Tag bei den Konzerten im Werk2. Auf einer der Discos sah ich nachts die Sylvia vom Vorjahr; als ich sie freundlich anlächelte und grüßte, zerriss diese hysterisch kreischend ihr Programmheft, warf es auf den Boden und trampelte darauf herum, dann lief sie weg. Ok, ich strich sie von der Liste meiner möglichen Gefährtinnen für die kommenden Nächte.

Dafür entdeckte ich eine kleine Frau in einem weinroten Samtkleid, ziemlich fantasy-like. Sie hatte ihre Haare kunstvoll hochgesteckt, trug Perlen auf der Stirn und lächelte mich aufreizend an. Ich gab mir einen Ruck, zu verlieren hatte ich eh nichts mehr. Sie hieß Yvonne und ließ nach kurzer Zeit verlauten, dass sie als einzige Frau mit 20 Männern im Zelt übernachten müsse. Sie guckte mich mit großen Augen dabei an, ihr Blick verriet: „Sei mein Held, rette mich." Ich war nur allzu gern ihr Held und bot ihr den Platz neben mir im Zelt an, allerdings, so fügte ich hinzu, gehört da meist ein Einschlafritual dazu. Yvonne lächelte lasziv und meinte, darauf könne sie sich ja einlassen. Wir lagen später rituell verschlungen im Zelt und versuchten der Kälte entgegenzuwirken. Zausi und Peggy fanden das Ganze nun langsam gar nicht mehr amüsant, auch Yeti guckte etwas angestrengt. Yvonne und ich ließen uns jedoch nicht davon stören, wir fickten den ganzen Tag und grinsten zwischendurch befriedigt aus dem Zelt. Ich aß eine Schokolade nach der anderen, denn ich bekam irgendwann ne Unterzuckerung. Yvonne, das süße Ding, war 19 und machte ihr Abi, kam aus Treuenbrietzen. War vielleicht 1,56 m klein und wollte Maskenbildnerin werden. Sie sang in einer Mittelalterband, denn sie hatte eine unglaublich tolle Stimme, sie war eine kreative kleine Schlampe. Von Frauen wie Yvonne sollte es mehr geben, es war unkompliziert und ohne Verpflichtung, es lief einfach verdammt gut. Wir hatten lange Zeit viel Spaß miteinander.

Zunächst war diese Zeit allerdings begrenzt, denn die Kleine musste am vorletzten Abend abreisen. Ich war sehr zufrieden, ein schönes Leipzig, dachte ich bei mir, als ich am letzten Morgen in die Duschkabine steigen wollte. Da es aber bei den Mädchen scheinbar überfüllt war, duschten sich einige einfach bei den Jungs. Als ich also eintreten wollte, sagte eine weibliche Stimme zu mir: „Wir können uns doch die Kabine teilen, oder?“ Ich guckte hoch und sah in das niedliche Gesicht einer Gruftfrau, diese blinzelte mich frech an. Wie mit einem Blitz war jede Erinnerung an Yvonne gelöscht. Ich grinste und sagte „Wenn du glaubst, dass du das willst, gern.“

Wir lachten noch ne Weile, irgendwann war aber das Duschwasser kalt, es wurde also nichts mit dem gemeinsamen Duschen. Wir verabredeten uns für den Abend, um zusammen zum *Cocteau-Twins*-Konzert zu gehen. Ich fragte, wie sie denn überhaupt hieße. Ruby, sagte sie stolz. Ich guckte angenervt, ich glaubte, sie wollte mir ihren echten Namen nicht sagen und dachte sich irgendeinen Quatsch aus, aber sie zeigte mir ihren Ausweis. Sie hieß Ruby. Dann fragte sie mich, wie ich denn hieße. Ich antwortete: „Jörn.“ „Jörg?“ fragte sie nach. Nein, mit „N“, antwortete ich und ging winkend. Ruby stand grübelnd an den Duschen, einen Mann mit dem Namen „Nörg“ hatte sie noch nie getroffen.

Am Abend fuhren wir mit Yeti zum Haus Auensee, Ruby kam mit uns mit. Zausi und Peggy hatten bereits abgebaut, fuhren nach dem Konzert nach Hause.

Der Yeti tanzte irgendwo nach irgendeiner Band, während Ruby und ich uns an die Bar setzten. Wir quatschten und ich gab ihr ein paar Whiskey aus. Am Ende hatte ich von den *Cocteau Twins* so gut wie nichts mitbekommen, aber festgestellt, dass ich mich sehr gut unterhalten hatte. Dabei wollte ich es verdammt noch mal belassen. Wir fuhren nach dem Konzertende zurück zum Zeltplatz, es waren fast alle Zelte weg. Nur ein paar wenige trotzten der einsetzenden Kälte an einem Lagerfeuer. Ruby erkannte einige Berliner, denn sie war selbst

Berlinerin, wir setzten uns dazu und quatschten weiter. Nach und nach verzogen sich die Leute um uns herum, man ging schlafen. Wir kifften noch ein wenig und dann war irgendwann das Lagerfeuer aus, es wurde verdammt kalt. „Kommst du mit?“ fragte ich, denn ich fror bereits erheblich. Ruby stand auf, wir gingen in mein Zelt. Irgendwann in der Nacht zog sie sich zurück.

Am nächsten Morgen stand sie vor meinem Zelt, sah mich lächelnd an und sagte: „Übrigens schlafe ich nicht mit Männern, mit denen ich nicht zusammen bin.“ Ich blinzelte sie verliebt an, „ok“, dann waren wir also ein Paar.

Ruby lachte zum Abschied und fragte: „Weißt du eigentlich, dass Skorpionweibchen ihre Männchen fressen?“ Ich nickte verstehend. Ruby war nämlich im selben Sternzeichen geboren wie ich und offensichtlich genauso verrückt.

Während ich mit dem Gefühl von „Verliebtsein“ im Bauch nach Salzwedel fuhr, sagte Yeti: „Pfeffi, du bist mein Held“ zu mir. Schmunzelnd nahm ich das zur Kenntnis, aber mir war erst mal nicht nach Heldentum, mir war nach Sehnsucht zumute.

Ich rannte grinsend in Salzwedel durch die Wohnung und sang laut zu irgendwelcher Musik mit. Manon spürte, dass sich etwas verändert haben musste, sie war neugierig. Ich erzählte ihr von Ruby und wie toll ich diese Berlinerin fände. Manon schaute skeptisch.

Nach ein paar Tagen kam ich die Treppen zur Wohnung hoch und entdeckte vor unserer Wohnungstür drei Paar Schuhe, eines war überdimensional groß, das zweite waren so Öko-Ledertreter und das kleinste Paar waren schwarze Schnürstiefel auf hohen Hacken, wie sie möglicherweise von Zwergdominas getragen würden. Ich stutzte, wer würde da wohl Manon besucht haben, grübelte ich und trat ein. Zu meiner Überraschung saß da aber Yeti mit zwei Frauen in meinem Zimmer und grinste mich gönnerhaft an. Die eine Frau kannte ich nicht, war wohl die Trägerin der Ökolatschen. Die zweite jedoch ließ mich lächeln, es war Yvonne. Sie hatte wohl ähnlich sehnsüchtige Gefühle wie ich für Ruby? An Ruby dachte ich jedoch in dem Moment nicht, ich nahm die kleine Frau in den Arm und war ehrlich erfreut. Manon beobachtete alles genau mit der Kaffeetasse vorm Gesicht. Sie taxierte Yvonne, von der sie glaubte, es sei Ruby. Erst später klärte ich sie auf, dass meine Ruby noch jemand ganz anderes sei. Manon begriff erst dann, dass ich wieder mal nicht bei einer Frau pro Leipzigfahrt geblieben war.

Yvonne hatte sich in ihrem Heimatort mit der liebsten Freundin ins Auto gesetzt, und so fuhren sie, ohne die geringste Ahnung zu haben, was sie erwarten würde, nach Salzwedel. Sie fragten nach dem örtlichen Jugendclub und entdeckten dort ausgerechnet Yeti. Dieser spielte dann Yeti proudly presents Yvonne bei mir zu Hause. Das erklärte seinen Gesichtsausdruck.

Sie schlief selbstverständlich bei mir, für Manon hieß das plötzlich, vor der Tür bleiben zu müssen.

Steffi, so hieß die Ökomaus, schlief bei Yeti. Der Vegetarier mit Hang zu Allergien passte zu der Kunstwildlederschuhträgerin mit Abi-Ambitionen wie die Faust auf's Auge. Das schienen die beiden auch in der Nacht getestet zu haben, denn sie kamen am nächsten Tag Hand in Hand zu uns zurück. Sie fuhren allerdings ein paar Stunden später ab, versprachen aber, nun häufiger die Tour zu fahren. Ich grinste Lukas, den Abstauber-Yeti an, diese beiden waren uns jederzeit willkommen.

Am Abend stand ein Konzert in Schinne an, man munkelte Leute von *Feeling B* und der *Firma* hätten ein neues Bandprojekt ins Leben gerufen. Wir waren neugierig auf den neuen Sound und fuhren hin. Dass das mal Deutschlands erfolgreichster Musikact im Ausland werden würde, war uns nicht klar, als wir die Musiker von *Rammstein* an ihren Instrumenten beobachteten. Wir waren enttäuscht, hatten wir doch Punk im *Feeling-B*-Stil erwartet. Eine etwas dralle und ziemlich besoffene Frau tanzte allein unter den belustigten Blicken der Zuschauer. Ich war amüsiert und beeindruckt zugleich. Den Mut musste erst einmal jemand aufbringen, so völlig allein dort herumzuhopsen. Vielleicht merkte sie es auch gar nicht mehr, mir war das egal, als ich sie ansprach. Ich fragte ziemlich direkt, ob sie nen Kaffee wollte. Vertragen konnte sie einen, das wusste sie wohl auch, also kam sie mit und ich besorgte einen Becher Kaffee. Sie guckte mich etwas skeptisch an und fragte dann, warum ich das tun würde, die Sache hat doch nen Haken, mutmaßte sie. Ich guckte in ihre Augen, nickte und antwortete: „Ich würd gern mit dir ins Bett gehen." Was anderes fiel mir nicht ein, und außerdem war es die Wahrheit. Ich hatte Lust, mit dieser feisten Lady zu ficken. Ihre Augen wurden kurz doppelt so groß wie zuvor, bekamen aber einen Glanz, dann lächelte sie und fragte, ob sie noch austrinken dürfe. Klar, gab ich zurück. Ösi schaute mich entsetzt an und fragte streng: „Willst du wirklich diese Tussi mitnehmen?" Ich lachte und nickte. Kopfschüttelnd setzte sich Ösi in mein Auto und wir fuhren nach Hause, setzten sie ab und dann vergnügten wir uns in meinem Bett. Renate war 27, also drei Jahre älter als ich, sie war eine Unterstufenlehrerin und Witwe und Mutter von zwei Kindern. Sie war weich und warm und sie gab mir die Nähe, die ich brauchte in der Nacht. Ich habe ihr nach dem Akt, den ich ihr besser erspart hätte, die Ohren vollgeheult. Ich erzählte all mein Manon-Drama und dass ich in Ruby verliebt sei, aber letzte Nacht mit Yvonne gevögelt hätte. Regina hörte sich das alles geduldig an und nahm mich sanft an ihre weichen Brüste. Sie war einfach da, nur für diese eine Nacht, aber in der war sie nur bei mir.

Als ich sie morgens nach Stendal fahren wollte, liefen wir Klaus über den Weg. Dieser guckte uns an, als wäre Renate die Personifizierung seiner heimlichen Träume. Ich schmunzelte in mich hinein. Mein Problem mit der Disharmonie zwischen Treue und Lust war damit allerdings nicht geklärt.

Ein paar Tage danach reiste ich nach Berlin, ich besuchte natürlich die Verursacherin meiner Sehnsucht. Ruby wohnte in einem Hochhaus in Hohenschönhausen mit ihrer schwarzen durchgeknallten Katze Rakete. Ruby war 19, machte genau wie Yvonne ihr Abi und lebte in den Tag hinein. Sie zeigte mir alles, was man so brauchte, um in Berlin über die Runden zu kommen, stellte mich ihren Freunden vor und schleppte mich von einem Club in den nächsten. Am Ende der Woche stand fest, ich würde nach Berlin ziehen. Vorerst aber wollte sie wissen, unter welchen Umständen ich lebte. Ich nahm sie mit nach Salzwedel, Rakete wurde auch ins Auto gesetzt.

Unbekümmert ließen wir sie in der Wohnung laufen. Als Manon von der Arbeit kam und Ruby samt Katze sah, flippte sie aus. Sie zickte so heftig rum, dass ich sie irgendwann bat, mein Zimmer zu verlassen. Manon drohte, die Katze aus dem Fenster zu werfen, worauf ich drohte, dann ihre Meerschweinchen zu ersäufen. Ruby gab ihr zu verstehen, dass sie, wenn Rakete etwas zustieße, Manon persönlich zur Rechenschaft ziehen würde. Das wirkte. Manon zog sich empört zurück.

Ich zeigte Ruby meine Wahlheimatstadt und ein paar schöne Orte in der Umgebung, wie zum Beispiel die Schlossruine in Tylsen. Nachts lagen wir gemeinsam im Bett, Ruby gab mir zu verstehen, dass sie Sex gern etwas härter hätte. Ich verstand und fesselte sie amateurhaft an mein Bett, dann holte ich einen Napf Honig und schändete damit ihren Körper. Ruby brach in Gelächter aus. „Nennst du das etwa S/M?“ fragte sie spöttisch. Ich war beleidigt und brachte grummelnd den Honig zurück.

Ich bekam den Schlüssel für meine neue Wohnung, Ruby und ich nahmen diese in Augenschein. Es war eine Zweieinhalb-Zimmerwohnung in einem 80er-Jahre-Neubau irgendwo in Salzwedel. Gut war, dass dieser Neubaublock nicht in einem Wohnkomplex stand, sondern einzeln für sich, es gab immer ausreichend Parkplätze und es war eine stille Gegend.

Die Küche war mit Holz vertäfelt, das Bad mit alten Kacheln ausgestattet und insgesamt wirkte das alles nicht besonders modern. Dafür funktionierte die Fernwärmeheizung prima. Mir war klar, man müsste ne Menge an der Wohnung machen, um sie so einigermaßen gruftig zu stylen. Zunächst jedoch holten Ruby und ich erst einmal mein Bett, Rakete und die nötigsten Dinge aus Manons Wohnung. Es war verdammt heiß, wir schleppten uns halb tot an dem Kram. So gegen 22.00 Uhr beschlossen wir, ins Bett zu gehen. Zu diesem Zweck wollten wir das Bettgestell aufklappen, es entglitt aber unseren Händen und krachte laut auf den Boden.

Ich weiß nicht, wie viele Sekunden es dauerte, aber es klingelte faktisch ein paar Atemzüge später wild an meiner Tür. Ich öffnete und wollte gerade … zu spät! Ein kleiner Mann mit scheinbar großem

Napoleonkomplex stand schreiend vor mir. Es war der Mieter, der unter uns wohnte, Herr Baumann. Der Typ war offensichtlich total cholerisch. Was genau er sagte, blieb unverständlich, ich entnahm jedenfalls, dass er sich durch das Geräusch meines Bettes gestört fühlte. Meine hundertfachen Entschuldigungen erreichten sein Gehör nicht, ich schloss einfach irgendwann die Tür. Mit einem wenig entspannten Gefühl schlief ich die erste Nacht in MEINER Wohnung ein.

Ruby reiste per Zug zurück nach Berlin, Rakete ließ sie bei mir, ich sollte sie wieder mitbringen, wenn ich sie besuchen käme.

Bevor ich jedoch zu Ruby fahren konnte, besuchte mich nun wiederum Yvonne.

Sie brachte ihre Freundin Steffi mit, um diese bei Yeti abzugeben, sie selbst legte sich zu mir. Irgendwie kam sie mir wie gerufen, ich hatte gerade meine Lust am Leben wiedergefunden und wollte genau dies auch in vollen Zügen tun. Der Sommer begann sich auszubreiten und ich wollte einfach nur genießen. Sie war keine fünf Minuten in meiner Wohnung, da trieben wir es schon miteinander. Ich brauchte nicht viel zu tun, hob ihren Rock hoch und schob das Höschen beiseite, sie war irgendwie immer feucht, ich presste sie im Stehen an die Wand. Sie sah mich mit geilem, lüsternem Blick an, hielt still, während ich ihr den Mund zuhielt, um ihr Keuchen zu mindern. Yeti und Steffi saßen im Nebenzimmer und flirteten sich verliebt an.

Am Samstag waren wir allein, ich zeigte ihr ein paar meiner Federzeichnungen, da die letzten noch halb fertig auf meinem Tisch lagen. Yvonne betrachtete meine Versuche der künstlerischen Darstellung sadomasochistischer Leidenschaften. Sie strich lasziv über die Zeichnungen, dann warf sie sich theatralisch mit geöffneten Beinen auf's Bett und rief voller Lust: „Tu mit mir, was du willst!“ Ich tat es, ich fickte sie, bis sie nach ihrer Mutter schrie … Plötzlich jedoch schrie sie nicht mehr, sie zuckte und schüttelte sich, dabei waren ihre Augen verdreht, aus ihrem Mund lief Speichel. Ich ließ sie los, setzte mich langsam aufrecht und starrte sie an. Nach etwa 30 Sekunden wurden ihre Bewegungen verhaltener, dann schien sie zu schlafen. Mein Herz raste, ich zitterte, wusste nicht, ob ich einen Arzt holen müsste. Ich dachte an das Dope, das wir geraucht hatten, an Gefahren, Verbote, Polizei ... Ich hatte Angst um diese kleine süße Frau.

Yvonne litt an einem Nierenleiden, was genau es war, weiß ich nicht, jedenfalls gab es auch bei ihr Grenzen im Leben, die es einzuhalten galt.

Als wir am Sonntag im Begriff waren aufzustehen, klingelte es an meiner Tür. Ich öffnete ahnungslos, als wieder der kleine Kerl vor der Tür stand und in einer Lautstärke auf mich einbrüllte, dass ich mich um die Mittagsruhe meiner Nachbarn sorgte. Der Mann brüllte sinngemäß etwa, dass ich angeblich mit Knoblauch kochen würde und es, seitdem ich hier wohnte, ununterbrochen danach stinken würde. Ich guckte ihn an, wusste nicht, ob ich lachen sollte oder ihn in seinen Sorgen ernst zu nehmen hätte. Ich versuchte Zweiteres, als ich jedoch bemerkte, dass dies absolut nichts änderte, sagte ich kurzerhand: „Ich koche nicht mit Knoblauch, ich bin Vampir." Blöd war nur, dass der Typ sich jetzt total von mir verarscht vorkam und deshalb ein weiteres Mal mit überschnappender Stimme seinem Redeschwall freien Lauf gewährte. Bevor ich einen Tinnitus erlitt, schloss ich sicherheitshalber die Tür. Yvonne und ich kicherten uns an.

Ein paar Stunden später brachten Yeti und ich die beiden Schnecken zu ihrem Auto, um sie zu verabschieden. Wir waren noch nicht ganz am Auto angekommen, da brüllte uns der Herr Baumann wie ein Irrer hinterher. Wir hatten vergessen, die Haustür zuzumachen. Wir guckten uns alle vier an und waren sprachlos über so einen Blödsinn, denn es waren über 25°C und es war klar, dass Yeti und ich faktisch sofort wieder ins Haus gehen wollten. Seitdem war klar, dass es zukünftig zu Konfrontationen mit dem feinen Herrn kommen würde.

Als ich ein paar meiner Freunde von der Begegnung mit diesem obskuren Typen erzählte, lachten diese und sagten: „Ach, du meinst den Bullen Baumann?" Der Mann unter mir, stellte sich also heraus, war Polizist?! Das versprach eine fruchtbare Nachbarschaft zu werden. Furchtbar traf es aber eher.

Das Einsatz-Kommando „Knoblich" rückte an. Hierbei handelt es sich um meine Schwester, ihren Mann und meinen kleinen Neffen, so viel zum besseren Verständnis für die Gesamtbevölkerung. Gritt und Axel sind die Eingreiftruppe mit Erfahrung im Renovierungssektor. Niemand im Leben hat mir so viel geholfen wie diese beiden. Als sie nach ein paar Tagen wieder den Rückzug antraten, hatte ich die darkeste Neubaugruft on Earth. Sie hatten meinen Flur schwarz gestrichen, das Wohnzimmer tapeziert, schwarze Stoffe an die Wand getackert, Teppiche verlegt, meine Zeichnungen aufgehängt und schwarze Jalousien angebracht. An der Deko ließ ich mich selbst noch ausgiebig aus. Irgendwann war ich zufrieden, für eine olle Ostneubaublockbude sah das Ergebnis akzeptabel aus. An die Wohnungstür klebte ich ein Pentagramm, das im Dunkeln leuchtete, sowie den Aufkleber: „Alle Rassisten sind Arschlöcher, überall!“

Es dauerte nicht lange, da rief selbiger den Herrn Baumann auf den Plan. Beim Vermieter hatte er sich über den radikalen Aufklebespruch und dem, so wörtlich, „Hakenkreuz“ an meiner Tür beschwert. Selbstverständlich wurde ich aufgefordert, dieses umgehend zu entfernen. Dass es sich hierbei nicht um ein Hakenkreuz handelte, war dem Vermieter egal, er wollte Ruhe und Ordnung in seinem Haus. Das war der Auftakt …

Ich verbrachte meine Tage mit Anfertigen von Zeichnungen, diese stellten in erster Linie den Geschlechterkampf oder leidenschaftliche Situationen zwischen Leben und Tod dar. Morgens hörte ich bei offenem Fenster meine Lieblings-Death-Industrial-CD, wahlweise auch *Heintje*, den ich vorzugsweise in der Badewanne mitsang. „Mamaaa, du sollst doch nicht um deinen Juuungen weiiiiiiiinen …“ Eines Tages hörte ich, wie die Frau vom Bullen unter mir, aus dem Fenster gelehnt, zu einer Passantin sagte: „Unser neuer Mieter ist merkwürdig, der macht jeden Tag die Waschmaschine an.“ Ich schmunzelte, die Alte dachte, meine Industrialambitionen seien ein Reinlichkeitszwang.

Ich las ein paar esoterische Grundwerke und erlernte das Schreiben der hebräischen Schriftzeichen. Auch mit Runen und deren Kultur beschäftigte ich mich intensiv.

Am liebsten allerdings besuchte ich Ösi an ihrem Imbissstand. Sie gab mir meist etwas zu essen aus und ich gammelte da herum. Ich war trotz allem ungern allein in meiner Wohnung, es war mir zu viel Beton um mich herum, zu wenig Leben. Ich wartete, bis Ösi um 22.00 Uhr die Burger und die Fritten zur Nachtruhe schickte, und fuhr sie dann in ihre Wohnung. Ich fürchtete mich dann regelrecht, so gegen 11 Uhr abends durch die leere Stadt zu meiner Wohnung fahren zu müssen. Ich fühlte mich allein. Ruby oder wenigstens Yvonne hätte ich mir gewünscht. Irgendwen zum reden, kochen, Musik hören, Spaß haben. Manon versuchte ich zu vergessen, es gelang auch einigermaßen. Ich hörte ewig nichts von ihr und Ösi hing mehr mit mir ab als mit ihr. Für kurze Zeit zogen Yves und seine Jaqueline zu mir. Platz war ja genug bei zweieinhalb Zimmern. Allerdings erhob der verantwortungsbewusste Herr Baumann seinen Protest beim Vermieter. Er übergab ihm eine detaillierte Liste, auf der Ein- und Ausgangsuhrzeiten von Yves, Jaqueline und mir verzeichnet waren. Die Staatssicherheit wäre neidisch über so viel Wachsamkeit. Die beiden wirklich ruhigen Leute mussten wohl oder übel ausziehen.

Endlich war es so weit, ich zerrte Rakete aus ihrem Versteck unter der Badewanne hervor und sprang mit ihr ins Auto, um zu Ruby zu fahren.

„Was heute wieder für ein Gesocks in der Stadt ist …“
Polizeistreife

In Berlin knüpften wir an die Vorhaben des letzten Males an, das heißt, ich wurde einigen Leuten vorgestellt und wir stürzten von einer Party zur nächsten.

An einem Tag fuhr Ruby mit mir zu einer Krankenhausruine raus nach Beelitz. Das alte, vom Einsturz gefährdete Bauwerk hatten die Russen seit ’45 besetzt, weil es wohl ein Militärkrankenhaus war. Jetzt fiel es zusammen und diente nur noch Faschos und Abenteurern als Spielplatz. Es war unheimlich, aber verdammt cool, dort herumzustöbern. Überall an den Wänden standen in kyrillischer Schrift die Grüße von Rotarmisten.

Am nächsten Tag war ein Privatkonzert von *Dust of Basement* in irgendeinem Garten, wir verabredeten uns dort zum Grillen mit Rubys Leuten. Woher sollte ich wissen, unter welchen Umständen das ablaufen sollte! Ruby erzählte etwas vom Fort Hahneberg, das sagte mir nichts.

Wir fuhren also mit dem Auto, während einige mit dem Motorrad in unserem Konvoi unterwegs waren. Richel kannte ich schon vom WGT, Nadine und Axel waren mir neu, Tani erkannte ich als die Frau mit dem Affenschädel vom Inselfestival. Wir waren insgesamt vielleicht zehn Grufts. Auf einem staubigen Parkplatz am Rande von Westberlin stellten wir die Fahrzeuge ab. Vor uns lag ein weiträumiges verwuchertes Feld, in einiger Entfernung war ein Berg mit mehr oder weniger Wald zu sehen. Das Fort Hahneberg. Ich wusste noch immer nicht, was das sein sollte.

Fast jeder bekam etwas zum Tragen für die Grillparty. Einer zog einen Seitenschneider hervor, dann teilten wir uns in zwei Gruppen. Ruby, Tani, Richel und ich sollten fünf Minuten nach der ersten Gruppe nachrücken. Irgendwie kam mir das langsam merkwürdig vor; seitdem der Seitenschneider aufgetaucht war, fühlte ich mich deplatziert. Aber was half es, ich wollte nicht wirklich der Spaßverderber sein, der Kleine vom Land, der Angst hatte …

Wir lagen im Gras und robbten nach einiger Zeit wie die Soldaten los, fanden das vereinbarte Loch im Zaun und schlüpften hindurch. Dann bogen wir es wieder so, dass man es kaum sehen konnte. Wir waren vielleicht zehn Meter weiter geschlichen, als wir ein Auto hörten. Es bremste lautstark und man rief im Befehlston in unsere Richtung. „Scheiße", durchfuhr es mich, ich hätte es wissen müssen, dachte an Polizei, BGS, SEK und an die GSG 9. Wir hörten, wie Schritte eilig in unsere Nähe kamen, ich presste mein Gesicht in den Waldboden. Dann hörten wir vertraute Rufe, die andere Gruppe rief nach uns, sie wollten, dass wir uns zeigten, alles sei geklärt. Also standen wir zögerlich auf. In einiger Entfernung stand eine Gruppe Uniformierter, dabei allerdings einer unserer Leute. Er winkte Tani zu sich, diese ging dann wie selbstverständlich zu den Uniformierten. Ruby und ich beobachteten dies aus der Distanz. Tani gestikulierte und zeigte wohl etwas, danach wirkten die Typen entspannter. Tani winkte uns zu sich. Was ich nicht wusste, war, dass Tani ein „EK" an einem Halsband trug. Sie trug es immer so im Nacken, dass man es nicht sehen konnte. Wurde es notwendig, zog sie es vor und zeigte damit ihre wahre politische Gesinnung.

Ruby und ich folgten der Gruppe, die sich als „Security" vorstellte. Es zeigte sich jedoch bald, dass diese „Security" einen Hang zu Wehrsportübungen hatte. Wir ahnungslosen Goten hatten mit unserem hedonistischen Vorhaben, bei schönem Wetter an ungewöhnlichem Orte zu speisen, eine Gruppe Neonazis bei einer Wehrsportübung im Grünen überrascht. Diese wussten nun nicht, was sie mit uns tun sollten. Hätten sie einfach angegriffen und uns verletzt, wäre klar gewesen, wir würden sie bei den Bullen hochgehen lassen. Also einigten wir uns mit Tanis Engagement, dass wir bleiben und grillen durften, bis sie uns nachts herausbringen würden. Als Gegenzug hätten wir über den Vorfall zu schweigen und dürften nicht ohne ihre Aufsicht im Areal herumlaufen.

Wir bekamen dann sogar noch eine Spezial-Führung im Fort Hahneberg. Wobei mir echt ängstlich zumute war, als wir mit den Typen einige Etagen unterhalb der Erde in irgendwelchen Bunkeranlagen herumstolperten. Niemand hätte uns da um Hilfe rufen hören, wenn die uns da unten bedroht hätten. Es geschah aber nichts Aufregendes. Wir packten dann im Sonnenschein unseren Grill und das Fleisch und einige Flaschen Alkohol aus und begannen unser „sit-in".

Kichernd wurden wir dann Zeugen, wie sich einige Jungsöldner von vielleicht 16 oder 18 Jahren Fanta oder Saft in ihre Feldflaschen füllten, denn Alkohol war dort nicht gestattet, dann schmierten sie sich „Tarnfarben" in ihr Gesicht und es wurden zwei Gruppen gebildet. Mehr war nicht für unsere Zivilistenaugen gestattet. Sie verschwanden im Wald.

Ein paar Stunden später, es war bereits dunkel und die Typen wurden nervöser, geleiteten sie uns zum Ausgang.

Wieder daheim in meiner Trutzburg, wartete ich eigentlich nur darauf, wieder zurück nach Berlin zu reisen. Zwischendurch kam Zausi mal wieder, um zu sehen, was so aus mir altem Schwerenöter geworden sein könnte. Ich freute mich, da ich Zeit mit Zausi immer gern verbrachte.

Beim Parkfest von Salzwedel wurde ich von einem Mädchen zugetextet, sie sagte, dass sie mich von Ösi her kenne. Sie war niedlich, hieß Melanie und hatte eine Stimme wie die Micky Maus. Melanie war so grungemäßig drauf, mit Dreadlockfrisur und abgeschnittenen Sporthosen zum Holzfällerhemd. Nicht mein Style, aber ihr Lächeln wirkte fröhlich. Wir pogten lustig im Schlamm zu *Subway to Sally*. Sie sagte mir noch, dass sie häufig in der Salzwedeler Alternativdisco sei, dann verschwand sie im Gedränge.

In Grimmen erwartete mich das erste Klassentreffen meiner Schulklasse. Bex (als Sohn unserer Klassenlehrerin war das ok) begleitete mich. Wir zogen uns nen kurzen Joint rein und guckten uns die Show an. Es war schon merkwürdig zu sehen, wie sehr sich einige verändert hatten, zu „Erwachsenen" mutiert waren, während ich mir frei und jung und vor allem sorglos vorkam. Auf meine Lederjacke hatte ich kunstvoll mit Hilfe von Schablonen ein Pentagramm gesprüht, eine Haarsträhne stand als zwei knallrote Hörner gestylt von meinem Kopf ab. Ein etwas gewöhnungsbedürftiger Anblick für meine ehemaligen Schulfreunde. Dass ich dann noch „Drogen" nehmen würde, passte gar nicht in das Bild vom kleinen kranken Mitschüler aus frühen Zeiten.

Bei meinen Eltern wurde ich stürmisch von Shiva begrüßt, er hatte sich dort eingelebt und war jetzt der dicke Wachhund, mit dem jeder knuddeln wollte. Sein Hundehalsband aus Welpentagen passte schon lange nicht mehr um seinen muskulösen Hals, ich trug es deshalb jetzt um meinen Hals, als Erinnerung an unsere schöne Zeit sozusagen.

Von dort fuhr ich nach Berlin. Ruby hatte mir Bescheid gesagt, dass sie Karten für die Ballroomparty in Esterhofen hätte. Das versprach ein interessantes Abenteuer zu werden, da ich noch nie in Süddeutschland war. Meine Gefilde waren eher die Hamburger „Return of the Living Death"-Partys oder Inselpartys in Berlin.

Ruby sagte, wir würden mit Tani und deren Kumpel Joachim fahren. Es kam aber noch ein 16-jähriges Mädchen namens Anne mit. Über Tani kann ich nur sagen, dass sie mir suspekt war; sie tat, als würde ihr die ganze Gothic-Szene gehören. Sie war Maskenbildnerin oder so was, jedenfalls verstand sie was von Schminken, Stylen, Gestalten und auch vom Nähen. Wir holten sie aus ihrer schwarzen Wohnung in X-Berg ab. Tani war groß, und vor allem war sie dick. Und weil sie das wusste, dass sie damit nicht unbedingt die Schönheitskönigin oder Miss Beautiful sein würde, versuchte sie einfach, Miss Boshaft zu werden. Tani setzte alles daran, über andere zu lästern, Intrigen zu schmieden und geschmacklose Witze zu erzählen, über die sie stets am meisten lachte.

Joachim – oder, so wie Tani ihn nannte: Jo – sah irgendwie wie *Farin Urlaub* aus. Groß mit blondem, strubbeligem Haar, und er grinste genauso blöd. Jo und Tani krochen sich gegenseitig in den Arsch beim schlechte Witze machen. Zunächst erschien Jo noch ganz nett, aber manche Leute zeigen schnell ihr wahres Gesicht.

Die Anne war still, man merkte sie kaum, sie schien zu Jo zu gehören, aber auch Tani zu kennen.

Wir fuhren nach Augsburg zu einem Typen, der Wolfi hieß. Der wiederum war ein wirklich netter Mann, er überließ uns seine Bude, ohne dass er die meisten von uns kannte. Wolfi schlief bei seiner Freundin, irgendwo in Augsburg.

Wir drehten uns einen kleinen Joint und rauchten. Vor dem Haus fand eine Art Stadtfest statt. Es war schon etwas klischeebehaftet, denn es saßen lauter Bayern da rum und schunkelten zu Polkamusik und soffen Bier. Jo trank auch, er fand das Kiffen nicht so gut. Irgendwann schien er besoffen zu sein, denn er bepöbelte aus dem Fenster heraus die feiernden Bayern. Tani versuchte ihn zu beruhigen, denn das Ganze artete in Peinlichkeit aus. Jetzt kam aber erst der Hammer … Jo begann laut zu singen, und zwar auf plattdeutsch. Da meine Uroma fast nur platt snackte, war mir platt geläufig, ich verstand also alles und lachte mich tot, ich saß die erste Nacht meines Lebens in Bayern und neben mir sang jemand *De Plattföt*. Ich sang natürlich bald mit! Ruby und Anne guckten verstört, Tani war schon im Bett. Jo kam also aus Neubrandenburg, stellte sich heraus.

Am nächsten Tag kam Wolfi, er brachte einen Freund von sich mit, keinen Gruft wie Wolfi, sondern einen Urbayern, wie ich glaube, denn er sang auf bayrisch: „Heu iss schee, morgn is schee, übamorgn ham maa Schädelweh!“ Ich dachte, ich wäre bei der „Versteckten Kamera“, erst singt jemand platt, dann kommen sie mir mit so etwas. Der Kunde war stockbesoffen, er hatte die ganze Nacht bei diesem Stadtfest gesoffen, jetzt ließ ihn Wolfi bei sich seinen Rausch ausschlafen.

Alle begannen damit, sich zu stylen, denn es sollte bald bis vor die Stadttore Münchens gehen, nach Esterhofen. Ruby machte sich schick, Anne putzte sich heraus, ich gab mir Mühe … Wolfi zog sich eine Fellweste an und war mit seinem langen Haar ein wirklich schöner Mann im Gothicstyle. Auch Tani restaurierte sich ausgiebig. Ich hatte sie morgens ungeschminkt gesehen. Und ehrlich, ich hatte sie nicht erkannt. Aber so mit all dem schwarzen Make-up war sie durchaus eine Erscheinung, wie die böse Stiefmutter bei Schneewittchen.

Jo kämmte sich sein blondes, strubbliges Haar seitlich, zog eine Reiterhose und ein braunes Hemd an. Dann legte er einen Gurt schräg über seinen Oberkörper und befestigte ihn. Als Tani ins Zimmer kam, knallte er seine Hacken zusammen und hob den Arm zum Hitlergruß. Ich schluckte. Tani lächelte ihn an und nannte ihn ihren schmucken Burschen. Spätestens jetzt war mir klar, dass das Eiserne Kreuz an ihrem Halsband ernst gemeint war. Ruby schaute ebenfalls pikiert, wir schwiegen aber dazu.

Auf der Party selbst erschien dann noch Ørlög, der DJ aus dem Berliner Duncker, mit ein paar Leuten. Wir redeten miteinander, als plötzlich die Eingangstür aufging und eine Gruppe Typen in Pseudomilitäruniformen eintraten. Einer trug einen Ledermantel und eine Mütze, der Gesamteindruck sah verdammt nach Gestapo-Kopie aus. Ich erschrak, denn ich glaubte zuerst, jetzt käme die ortsansässige Kameradschaft und es gäbe gleich eine üble Schlägerei mit Neonazis. Inwieweit das „echte“ Faschos waren, vermag ich nicht zu sagen, vielleicht hatten sie auch nen Uniformfetisch. Allerdings klappte mir dann doch der Kiefer herunter, als Tani freudig auf die „schmucken Burschen“ zuhüpfte und diese an ihren deutschen Mutterbusen presste. Sie schienen sich zu kennen, denn die Freude war deutlich sichtbar.

Nachdem ich den Schock überwunden hatte und den Leuten zusah, wie sie zu *Death in June* im elitären Pathos tanzten, grübelte ich nun wiederum, was sein würde, wenn jetzt die AntiFa hier aufkreuzte. Ich würde keinen Finger für Tani und ihre Kameraden rühren wollen, andererseits hatte ich auch keine Lust, von irgendwelchen Zecken verkloppt zu werden, weil ich zur falschen Zeit am falschen Ort war. Ich fühlte mich wie beim Fort Hahneberg, deplatziert.

So gegen 4.00 Uhr in der Frühe war die offizielle Party im Ballroom beendet. Für „Auserwählte" ging es aber weiter, wir fuhren mit anderen im Konvoi zu einem Wald. Auf einer Lichtung waren Strohballen im Kreis aufgestellt, es gab einen Getränkestand und es wurde Neofolk, Gothic und Death Industrial gespielt. Es war romantisch, die Nacht war warm und alles erschien harmlos.

Ruby würde in den nächsten Wochen auf einem Reiterhof in Schleswig-Holstein als Betreuerin von Kindern arbeiten. Es passte prima, dass wir in Salzwedel beschlossen, spontan für einen Kurztrip nach Flensburg zu Bex zu cruisen. Bert fuhr mit Uwe im Golf, Fick nahm seine neue Freundin und Stefan mit und ich lud Ösi in mein Auto. Ich ließ Ösi fahren, trank vor Reiseantritt noch nen „fetten Tee" und war irgendwann super breit. Ich amüsierte mich über die Tour-Plakate mit der Aufschrift „*Die Puhdys* kommen", die im Osten alle 20 Meter herumhingen, und erzählte jedem, auch denen, die es nicht wissen wollten, dass nun bald die *Puhdys* kämen.

Wir machten auf irgendeinem Parkplatz Rast. Plötzlich kam ein Auto vorbei, aus ihm hingen ein paar grölende Glatzköpfe hinaus. Sie drohten uns, ich erschrak so heftig, dass ich die gesamte Fahrt bis nach Flensburg neben Ösi auf dem Sitz kauerte und ständig fragte, ob die Faschos auch ja nicht hinterherkommen würden. Das war definitiv die schrecklichste Autofahrt meines Lebens!

Bei Bex bauten wir einfach ein paar Zelte auf dem Hinterhof auf. Morgens wurde ich geweckt durch das blubbernde Geräusch von Berts Shisha, dann grillten wir und vergammelten den Tag. Wir machten echte Ferien. Uwe, Ösi und ich beschlossen, gemeinsam nach Berlin zu fahren, aber vorher wollten wir noch Ruby auf ihrem Reiterhof besuchen. Irgendwie ging dies Vorhaben allerdings nach hinten los, Ruby freute sich nicht wirklich über mich, als sie uns so plötzlich neben sich sitzen hatte. Mit beschwertem Herzen fuhr ich mit meinen beiden Freunden wieder ab.

Auf der Berlinreise überlegten wir drei, ob wir nicht einfach kurzerhand bis nach Jugoslawien durchfahren wollten. Uwe war als Kind an der Adria und schwärmte vom blauen Wasser, ich war neugierig und Ösi wäre mit uns beiden bis zum Ende der Welt mitgefahren, ohne nach dem Weg zu fragen.

Wir besorgten schon mal einige notwendige Dinge wie Proviant und weiteres. Am Morgen wirkte Uwe jedoch verstört, ihm wurde plötzlich bewusst, auf was er sich da gerade einließ. Ösi und ich waren ernsthaft enttäuscht, als Uwe sich dann weigerte mitzukommen. Wir fuhren nur noch raus an den Strausberger See zum Baden.

Ösi watschelte mit ihrem Badeanzug im Wasser und ich saß erst eine Weile bei Uwe am Strand, irgendwann ging ich zu Ösi. Wir standen so bis zum Bauch im Wasser, als in einer Entfernung von vielleicht 10 – 15 Metern ein Paddelboot vorbeikam. Ihn ihm saßen ein paar Skinheads; als sie mich sahen, riefen sie irgendetwas herüber. Ösi antwortete frech, statt ruhig zu bleiben. Jetzt fühlten sie sich erst recht aufgefordert, näher zu kommen. Sie ruderten auf mich zu und gaben zu verstehen, dass sie mich gleich ertränken würden. Ich drehte mich sofort um und versuchte das Ufer zu erreichen. Am Strand lag Uwe und las, drei Schritt weiter stand schon wieder ein Fascho und guckte mich an. Die Kerle hinter mir hatten Ösi erreicht und versuchten weiter, mich zu bekommen. Sie riefen dem Typen vor mir zu, dass er mich festhalten möge. Ich rannte an dem verdutzten Kerl vorbei und stieß Uwe an. Als Uwe sich aufrichtete, gab der Typ seine Bemühungen, mich vielleicht doch zu greifen, auf; er wollte wohl auf die anderen warten, diese waren fast am Ufer. Der Erste sprang aus dem Boot ins Wasser, um durch Laufen schneller zu sein. Ich griff meine Stiefel, schlüpfte hinein und rannte nackt in den Wald, Uwe ramschte die Decke zusammen und folgte auf dem Fuß. Am Auto wartete dann Ösi auf uns, ich war verdammt sauer auf sie. Wir fuhren schweigend zurück nach Salzwedel.

Ich nahm mir vor, diese süße Melanie in ihrer Disco aufzusuchen, als ich sie jedoch fand, erzählte sie mir, dass sie für ein paar Tage mit

Freunden verreisen würde, wir verabredeten uns allerdings für das Wochenende, an dem sie wieder zu Hause sein würde.

Bis dahin vertrieb ich mir die Zeit mit kreativen Dingen wie Zeichnen und dem Gestalten von Dingen in meiner Wohnung. Dann berieten Zausi und ich, wie man ein paar coole gruftige Fotos machen könnte. Wir schmiedeten einen Plan und zogen nachts auf den Friedhof. Mit einem Schulzirkel zogen wir einen großen Kreis auf den Sandboden, ein zweiter kleinerer Kreis füllte den ersten. Mit Hilfe von Bändern und Nägeln fügten wir ein exaktes Pentagramm ein. Lateinische und hebräische Schriftzeichen vervollständigten das Gesamtkunstwerk. Nachdem wir einige Kerzen aufgestellt und diese entzündet hatten, versuchten wir uns in möglichst finsteren Posen davor zu fotografieren. Dann verzogen wir uns, denn der Kerzenschein war vielleicht von der Straße aus sichtbar.

Wirklich sichtbar war dann aber das Bild vom okkulten Symbol auf dem Boden des städtischen Friedhofs für alle Salzwedeler Zeitungsleser. Darunter stand dann ein Artikel, in dem der Sektenbeauftragte der Kirchengemeinschaft seine Sorgen über die satanistischen Umtriebe in der Region zum Ausdruck brachte. Die Kriminalpolizei sorgte sich ebenfalls und die Journalisten mutmaßten, eine Teufelssekte aus dem Wendland hätte Salzwedel heimgesucht und schändliche Dinge auf dem Friedhof veranstaltet. Man riet, seine Kleinkinder nachts nicht unbeaufsichtigt zu lassen.

Zausi und ich kicherten uns ins schwarze Fäustchen. Leider, stellte sich dann heraus, waren die Schnappschüsse dieser frevelhaften Tat nicht annähernd so atmosphärisch wie das Original. Zausi war beleidigt, er wies alle Versuche meinerseits, das Ganze bei Tageslicht an anderem Orte zu wiederholen, ab.

Die Zeit war herum, so dass ich wieder zu Ruby nach Berlin fahren konnte, mich hielt kaum etwas in meiner Wohnung. Ich merkte jedoch auch jetzt wieder, als ich bei Ruby ankam, dass ihr Empfang kühler als die vorangegangenen war. Ruby sah mich nicht mehr mit ihrem Glanz in den Augen an. Sie sagte dann auch, dass ihr die Schmetterlinge weggeflogen seien. Ob es daran lag, dass ich beim letzten Mal auf ihre Frage, ob ich sie schön fände, geantwortet hatte:

„Du bist vielleicht etwas schwammig, Ruby, aber ansonsten ganz ok", weiß ich nicht, jedenfalls schien sie etwas anderes hören zu wollen. Ruby machte Schluss …

Schweren Herzens verließ ich am nächsten Tag ihre Wohnung. Wir hatten uns fest versprochen, echte Freunde zu bleiben. Ich bin sehr glücklich darüber, dass es auch heute noch so ist.

Ich saß in meinem Auto und drehte den Kassettenrecorder auf volle Lautstärke. An einer Ampel sah ich die entsetzten Blicke der Passanten, die mich anstarrten, während aus meinen Lautsprechern „Ich sah den Tod lächeln" kreischte. Ich grinste die Leute diabolisch an. „Ich sah den Tod lächeln, ich sah den Tod lächeln, ich sah den Tod …" Dann fuhr ich zur nächsten Telefonzelle und rief Yvonne an. Kurzfristig nahm ich die Route über Treuenbrietzen, ein bisschen ficken konnte ja nicht schaden, dachte ich bei mir und lächelte, während ich das *Goethes-Erben*-Tape noch einmal hörte.

★

Bei Yvonne ließ ich mir sozusagen meine angeknackste Psyche aufpolieren, im Gegenzug tat ich ihr wohl auch gut, denn es ging ihr nicht viel besser als mir selbst. Sie hatte einige familiäre Probleme zu klären, umso intensiver war unser Zusammensein. Ich mochte die kleine Frau wirklich sehr, aber ich liebte sie nicht.

Ich fieberte Freitagabend entgegen, zu 22.00 Uhr suchte ich Melanie im „Vollmond", so war der Name der Disco. Ich fand sie nicht. Entmutigt ging ich Richtung Ausgang, ich fragte noch eine ihrer Freundinnen, die sie mir beim letzten Mal kurz vorgestellt hatte. Diese erzählte, dass Melanie auf irgendeiner Feier sei, bat mich, zu warten, und eilte zu einem Typen. Sie redeten aufgeregt miteinander, dann verließ er die Disco. Minuten später fuhr er mit quietschenden Reifen vor, er hatte Melanie geholt. Ich war so nervös, dass ich zu Melanie nach der Begrüßung sagte, dass ich gerade wieder gehen wollte, und irgendwie fragte ich sie, ob sie mitkommen wolle, etwas kiffen. Sie antwortete, dass sie es sich noch überlegen würde, vielleicht käme sie nach. Enttäuscht fuhr ich nach Hause. Ich hakte die ganze Sache innerlich ab.

Dann klingelte es plötzlich. Melanie stand wie völlig selbstverständlich vor der Tür.

Am Morgen war ich verliebt und Melanie versprach, wiederzukommen. Sie kam auch.

Melanie machte einen unkomplizierten Eindruck, wir einigten uns auf die Formel „Was ich nicht weiß, macht mich nicht heiß". Denn ich hatte ihr vom Beginn an gesagt, dass ich erstens Probleme mit körperlicher Treue hätte und zweitens nur noch für absehbare Zeit in Salzwedel leben würde. Ich hatte bereits einen Wohnungsantrag in Berlin-Prenzlauer Berg gestellt. Melanie sah in allem kein Problem, sie lebte offensichtlich ins Leben hinein. Sie erlernte genau wie Manon den Beruf der Arzthelferin, sie war 18, so groß wie ich und mit einer 90-60-90-Modelfigur ausgestattet. Allerdings war ihr das nicht vordergründig wichtig, Melanie war nicht eine der Tussis, die sich auf ihre Figur etwas einbildeten; sie verschwendete auch keine Zeit mit unnötigen Pflegeeinsätzen. Sie war eine Naturschönheit. Leider vernachlässigte sie dabei auch ihre Haare, ich merkte schnell, dass ihre Dreadlocks nicht das Produkt eines angestrebten Styles waren, sondern schlicht und ergreifend verzottelte Haare. Melanie kämmte sich einmal in der Woche und heulte dabei wie ein Schlosshund. Sie hat mich damit jahrelang genervt …

Dass wir mehr als nur mal so für den Augenblick miteinander zu tun haben würden, das war uns sicher noch nicht klar im August, als wir eine lockere, offene Beziehung eingingen. Wir besuchten gemeinsam ein Konzert im großen Kulturhaus von Salzwedel, ich glaube, es waren die *Jeremy Days*. Melanie zog los und holte sich gemeinsam mit Flöter ein Bier und dann wohl noch so ein paar ... Jedenfalls stand ich an eine Wand gelehnt auf einem Tisch und guckte dem langweiligen Treiben der Massen zu, als sich Ösi zu mir stellte. Sie fragte mich, wo denn meine neue Freundin sei. Mir blieb nur übrig, mit dem Finger zu den Mülltonnen zu zeigen. An eine der Tonnen hatte sich meine Melanie gekuschelt, neben ihr lag genauso sturzbesoffen der Flöter. Um sich herum ein Berg von Plastikbechern und alten Bierlachen. Ich war nicht gerade erfreut über den Anblick, irgendwann bekam ich sie wach und zerrte sie nach Hause. Vor dem Kulturhaus schlief

Henning der alte Punker in ähnlicher Pose wie Melanie vorher. Am nächsten Tag klingelte es und Henning stand an meiner Tür, er wollte irgendwas. Dabei erzählte er, wie schön der gestrige Abend war. Hennig erzählte auch noch, dass er erwachte, als ihn seine Punk-Kumpels angepisst hätten. Ich sah ihn angewidert an, denn er trug immer noch dieselben Klamotten wie am Abend zuvor.

Zu Silvester gab ich eine kleine Party. Bert kam, Thorsten und seine Freundin Jana, Stefan war auch da und noch ein paar. Natürlich auch Melanie.

Plötzlich klingelte es und Manon stand vor der Tür. Ich war erstaunt, denn wir hatten abgemacht, dass wir uns zu 0.00 Uhr vor dem Salzwedeler Kulturhaus sehen würden. Manon setzte sich dreist zu Melanie und war sehr zuvorkommend und freundlich ihr gegenüber. Sie schenkte ihr schnell und schneller irgendwelchen Alkohol ein, irgendwann kippte Melanie einfach um. Diese Art und Weise kannte ich schon von Manon im Umgang mit dem Drehchen; ich fand es ernüchternd zu sehen, wie berechnend sie sein konnte. Melanie schlief tief und fest, ich wusste, dass sie in diesem Zustand nicht aufzuwecken sein würde. Manon blinzelte siegessicher.

Kurz vor Mitternacht wollten alle los zum Kulturhaus. Manon und ich sagten, dass wir nachkommen würden, stattdessen fuhren wir aber in ihre Wohnung. Wir rissen uns die Klamotten vom Leib und fickten uns ins neue Jahr, als plötzlich das Schloss ihrer Wohnungstür aufschnappte und ihre Mutter in fröhlicher Sektlaune nach Manon rief. Manon sprang auf und rannte zum Flur, um ihrer Mutter meinen nackten Anblick zu ersparen. Unter Protest ließ sich Valeria rauswerfen. Ich zog mich langsam an, während Manon fluchend ihre Sachen zusammensuchte. Die Wohnungstür wurde aber ein zweites Mal geöffnet, diesmal wollte Klaus unbedingt wissen, wer denn da gerade auf seiner Tochter das Feuerwerk genossen hatte. Ich grinste triumphierend in mich hinein. Manon versuchte mit aller Macht, ihren Vater auf dem Flur zu besänftigen, als ich frech die Tür öffnete und Klaus ein frohes neues Jahr wünschte, um mich mit den Worten „Ich geh jetzt besser“ von Manon zu verabschieden. Diese rief mir allerdings nach, ich möge warten, sie wolle mitkommen. Klaus brüllte ihren Namen und verbot ihr, mit mir mitzugehen. Ich drehte mich auf der Treppe um und fragte, ob sie lieber mitkommen wollte. Manon wollte, Klaus hielt sie jedoch am Arm gepackt und ließ sie nicht weitergehen – mir war der ganze Tumult ein wahres Fest ... eine Genugtuung für das, was er mir ein dreiviertel Jahr zuvor angetan hatte. Manon riss sich los und ich brachte sie zum Kulturhaus, dann fuhr ich zufrieden zu meiner Melanie, die ich sanft aus ihrem Koma weckte, um sie im neuen Jahr zu begrüßen.

Das neue Jahr mit seinem fortwährend schlechten Wetter sorgte bei mir für Dauerbesuche beim Arzt. Ich hatte in Salzwedel einen Hausarzt, der mich alle drei Wochen vor sein Röntgengerät stellte, um zu gucken, ob ich eine Lungenentzündung hatte; dabei war klar, dass ich die hatte, denn man konnte sie deutlich in mir hören. Vielleicht wollte er auch nur sein Gerät testen und nebenbei meiner Krankenkasse Rechnungen ausstellen. Jedenfalls sah das nicht gut aus, was man da so auf den Bildern zu sehen bekam. Es fühlte sich auch nicht gut an. Ich hatte ständig Infekte.

Zausi fand das Ganze langsam bedenklich und forderte mich auf, mir ein Telefon zu besorgen. Ich bekam aber laut Antragsfrist erst eines in einem Jahr, nur wollte ich da ja schon längst in Berlin wohnen. Jetzt fühlte sich Zausi berufen einzuschreiten. Er zerrte mich zu dem entsprechenden Postamt bzw. der Telekomstelle und beschuldigte die verdutzte Angestellte, meinen Tod billigend in Kauf zu nehmen. Ich schnaufte dazu, denn ich war tatsächlich nicht mehr in der Lage, richtig frei zu sprechen. Zausi knallte der armen Frau eine Portion Paragraphen um die Ohren und kündigte Rechtsanwälte an, die es gar nicht gab. Was es aber gab, war meine spürbare Atemnot. Die Frau nickte nervös und bestellte den Anschlussmonteur „innerhalb der nächsten drei Tage" in meine Wohnung. Zausi ging erhobenen Hauptes mit mir im Schlepptau ab. „Ein toller Auftritt", lobte ich. Er war stolz und ich ehrlich dankbar.

Dankbar war ich nicht, als Zausi mir dann in einem stundenlangen Gespräch sein neues Pseudonym zu erklären versuchte. Er wollte sich zunächst „Prinz von Asgard" nennen, tat das auch und unterschrieb so eine Annonce auf den „rosa Seiten" im *Zillo*. Leider nahmen ihm dies ein paar übermotivierte Neonazis übel und schrieben ihm einen Drohbrief. Während ich mich totlachte und die Faschos sicherlich im nächsten *Zillo* verarscht hätte, zog Zausi seinen Nickname zurück. Asgard sei ein germanischer heiliger Name, den zu benutzen ihm nicht zustünde, war das „Argument" der Hinterwäldler vom Asgardbund, einem Haufen völkischer Komiker. Zausi veränderte seine Kreation in „Prinz von Astorien". Um mir diese überaus wichtige Entscheidung mitzuteilen, benötigte er mehrere Stunden, ich verzweifelte auf halber Strecke. Auf seine Anzeigen hin hatten sich nicht nur besagte Kulturschützer gemeldet, sondern auch einzelne Goth-Damen mit Interesse für Zausis schöngeistige Rede- und Schreibkunst.

Eines Tages fischte ich einen Brief aus dem Postkasten, er war schwarz mit silberfarbener Schrift. Selbstverständlich dachte ich, der wäre für mich, da Melanie als Grungegirlie nicht unbedingt Briefe im Gothicstyle erwartete. Umso neugieriger war ich, als ich las, dass dieser Brief an sie war. Sie öffnete ihn und lachte, denn der Brief war von ihrer langjährigen Freundin Jule aus Bautzen. Diese Freundin war offensichtlich zwischenzeitlich zur Gruftfrau mutiert. Melanie schrieb ihr zurück, dass sie selbst seit kurzer Zeit mit nem Gruftie zusammenlebte, und lud sie ein, uns zu besuchen, denn Melanie war gerade bei mir eingezogen.

Jule nahm die nächste Gelegenheit wahr und kam. Ich holte sie vom Bahnhof ab, da Melanie noch beim Job war. Sie war klein und sehr niedlich, das einzig Große an ihr waren ihre Brüste, von denen Melanie behauptete, dass Jule sie früher nicht hatte. Jule grinste stolz über ihre gewachsenen Errungenschaften.

Sie machte einen super netten Eindruck und wir erzählten beide miteinander, als wäre sie mehr mein Besuch als Melanies. Der war es nämlich peinlich, mit uns zweien durch die Stadt zu gehen, da wir im Gleichschritt die Glöckchen an unseren Fußgelenken klingen ließen. Jule sprach immer wieder anzügliche Gesprächsthemen an. Irgendwann fragte sie, ob wir einen „Prinz von Astorien" kennen würden. Dann dämmerte es langsam, Jule hatte uns besucht, um

Zausi kennenzulernen, denn sie war eines der Mädchen, die auf seine Anzeigen reagiert hatten. Natürlich fuhr ich zu Zausi und erzählte ihm, wer da in meinem Zimmer säße. Zausi bekam ein Grinsen ins Gesicht und kam mit mir mit, er war selbstverständlich neugierig auf die schöne Sächsin. Melanie und ich blinzelten uns zu, als wir beobachten, wie die beiden miteinander flirteten. [redacted] Ungezwungen ließen nun auch die beiden anderen ihren Gelüsten freien Lauf. Als ich mich mit Melanie dann doch diskret in andere Teile der Wohnung zurückzog, schüttelte ich amüsiert den Kopf in Anbetracht der wollüstigen Vorgänge in meinem Zimmer. Ausgerechnet Zausi, der Moralapostel, fickte ganz ungeniert Melanies Freundin, die er gerade mal kennengelernt hatte, auf meinem Fußboden. Seiner Peggy erzählte er später sicher nicht, dass das Gespräch über schöngeistige Poesie in nonverbale Kommunikation umschlug. Und wenn, dann hob er sicher meinen „schlechten Einfluss" hervor …

Ich fand das mit den Anzeigen allerdings auch spannend. Deshalb antwortete ich auf diverse Annoncen und führte einen regen Briefwechsel mit einigen schwarzen Mädchen. Eine nannte sich Nashimiron und stammte aus Bünde. Sie schrieb sehr aufreizende Briefe und ihre Stimme klang sehr erotisch am Telefon, denn wir verlegten unsere Kommunikation auf die Telefonleitung. Das ging schneller und war authentischer. Sie vermochte mit ihrer Stimme Vorstellungen in einem Mann zu wecken, die keine 0190-Nummer jemals projizieren könnte. Nashimiron schien offensichtlich auf laszive Erotik zu stehen und hatte so nebenbei ein Faible für extraordinäre Dessous. Als sie mich und natürlich auch Melanie, weil ich ihr erzählt hatte, dass ich eine Freundin hatte, zu ihrem Geburtstag einlud, sagte ich zu. Da Toppi zufällig auch bei mir zu Besuch war, beschlossen wir, gemeinsam nach Bünde zu kutschen. Tops und ich stießen uns aufgeregt in die Seiten, es warteten schließlich wilde Mädchen auf uns.

Nach ein paar Stunden Autofahrt kamen wir bei der Adresse an. Ich klingelte grinsend und zwinkerte Tops zu, Melanie schaute etwas gestresster. Als sich die Tür öffnete, entglitt mir das Grinsen und ich sprang einen Schritt zurück, wurde aber eingeholt, und dann zerrten mich Hände an zwei Brüste, die so groß waren, dass Melonen klein dagegen wirkten. Es waren aber nicht nur reichlich viel Brüste vorhanden, alles war üppig, so üppig, dass ich glaubte, in ein Wasserbett gefallen zu sein. Toppi erstarrte, Melanie verkniff sich einen Lachanfall und ich schnappte nach Luft. Nashimiron war zwar tatsächlich eine kleine Frau, aber sie war auch genauso breit, wie sie hoch war. Eine echte Knutschkugel im Gothicstyle.

Nachdem ich den ersten Schock überwunden hatte, traten wir ein und lernten uns gegenseitig noch einmal richtig kennen. Es war ihr 18. Geburtstag und sie durfte im Haus ihrer Eltern eine Party feiern, sie hatte ein paar Gäste eingeladen und war ein völlig normales, nettes Mädchen. Dass sie an ihrer Fettleibigkeit litt, sah man ihr an; sie erzählte auch später, dass sie auf Grund dessen nicht einmal eine Lehrstelle bekäme. Ihre Stimme klang nach wie vor sehr weiblich.

Zu ihren Gästen zählten neben uns ihre beste Freundin Steffi und deren Freund, ein paar coole Gothics aus der Umgebung und Herford, ein Oberguru namens Rufus sowie ein schwarzes Mädchen aus Wolfsburg, die sich Akasha nannte. Diese Frau blinzelte mich zwischendurch an, ohne dass ich dem eine tiefere Bedeutung beimaß.

Als wir allerdings des Nachts von Nashimiron auf einen ausgebauten Dachboden zum Schlafen geführt wurden, legte sich Akasha auffällig dicht neben mich. Melanie bettete sich auf meiner anderen Seite. Momente, nachdem das Licht endgültig aus war, berührten Akasha und ich uns vorsichtig unter der Bettdecke. Sie hielt meine Hand und ich streichelte ihren Arm sanft. Ich spürte mein Herz in meinem Hals pochen und hatte jeden verwegenen Gedanken im Kopf.

[redacted]

[redacted] Nur Tops guckte mich am nächsten Morgen mit einem Blick an, der verriet, dass er alles mitbekommen hatte, es aber nicht fassen konnte.

Eine Woche später besuchte uns Akasha in Salzwedel. [redacted] Zunächst wollte Akasha jedoch keinen richtigen Sex, sie war noch Jungfrau. Am nächsten Morgen musste Melanie allerdings arbeiten. Akasha und ich waren allein, es schien, als hätte sie darauf gewartet, denn jetzt machte sie eindeutige Zeichen, richtig mit mir schlafen zu wollen. Sie hatte sich entschieden, dass ich ihr erster Mann sein sollte. Sie küsste mich lange und hingebungsvoll, als sie sich am Bahnhof von mir verabschiedete; wir versprachen, uns bald wiederzusehen.

Melanie war nicht begeistert, als ich ihr erzählte, dass ich mit Akasha geschlafen hatte.

Ich fühlte langsam, dass Melanie längst nicht mehr nur mal so zum Zeitvertreib, für den Augenblick mit mir zusammen war, ihre Gefühle für mich schienen sie vollständig erfasst und mit sich fortgenommen zu haben. Ich war beeindruckt und begann meinerseits, sie mit anderen Augen zu sehen, sie mehr ernst zu nehmen in ihrer Liebe zu mir. Ich schrieb ihr Gedichte.

Im *Zillo* fand ich unter den Kontaktanzeigen nicht nur schwarze Mädchen, die Verkehr ganz unterschiedlicher Art suchten, sondern auch eine Anzeige unter dem Übertitel „Horus Daimonicon“. Es wurden Menschen mit Interesse für thelemitische Themen zum

Gedankenaustausch gesucht. Es stand noch der bedeutungsschwangere Satz „Der Tod oh Mensch ist dir verboten“ aus dem Liber al von Crowley dabei. Ganz zum Schluss dann eine Telefonnummer und die Adresse. Es waren die Bergener „Satanisten“, also besser die Thelemagruppe bzw. Crowleyanitys aus unserer Nachbarstadt. Ich rief die Nummer an und hatte eine sehr sympathische Stimme am Ohr, mit der ich einen Termin zu einem Treffen verabredete. Melanie fand das sehr suspekt und bat mich, zu einer ausgemachten Uhrzeit wieder zu Hause zu sein, sonst käme sie mit ein paar wilden Kerlen vorbei, um mich zu befreien.

Ich traf die Stimme vom Telefon ein paarmal, sie gehörte zu einem Typen, der Thorsten hieß und seit Jahren zur Kerngruppe der Thelemaanhänger um Eschner gehörte. Thorsten war etwas älter als ich und ein wirklich sympathischer Gesprächspartner; er lebte mit einer der zugehörigen Frauen zusammen außerhalb des Hauses in der Breiten Straße. Leider war es ja klar, dass ich nach Berlin ziehen würde, also war es auch unnötig gewesen, das Ganze zu vertiefen, obwohl ich sehr interessiert war an dem, was Thorsten so als geistigen Denkanstoß zu bieten hatte.

Uwe wollte zu seinem Geburtstag eine Mottoparty durchführen, es sollte eine Art Horrorfete werden. Melanie und ich bastelten uns entsprechend morbide Kostüme. Wir holten noch Tine, Uwes Schwester ab, dann fuhren wir los.

In Berlin nutzte ich die Gelegenheit, um nach der Party auf dem Friedhof am Prenzlauer Berg schöne, romantische und vor allem alte Grüfte und Grabsteine zu fotografieren. Die Bilder sind teilweise sehr ästhetisch geworden. Ich konnte einfach den Gedanken nicht aufgeben, einen Kurzfilm auf einem schönen Friedhof mit Grufties als Protagonisten zu drehen. Ich überlegte mir einzelne Szenen, dachte mir, wenn man das in Schwarz-Weiß oder besser so bräunlich im antiquarischen Stil filmen und statt Dialoge Gothicmusik im Hintergrund einspielen würde, das wäre sicher ein ästhetischer Genuss.

Ich ging im Kopf schwanger mit dieser Idee. Als ich dann in einem städtischen Jugendclub war, spielte der Zufall mit. Der Streetworker fragte mich nämlich plötzlich, ob ich nicht mal wieder eine Idee hätte, ich sei doch sonst so kreativ. Natürlich erzählte ich ihm von meinem ungeborenen Kinde. Der Typ nickte verständig und gab mir dann eine Adresse, ich sollte mich bei Achim melden, der hätte das Equipment und die Zeit und würde dafür von der Stadt bezahlt werden. Achim kannte ich bereits von Tonaufnahmen. *Teenage Riot* hatte in seinem Studio ein Tape eingespielt.

Als ich Achim meine Vorstellungen mitteilte, nickte dieser, etwas schwerfällig, wie es seine Art war, aber er wollte mehr wissen. Ich versprach wiederzukommen, wenn ich ein konkretes Konzept hatte. In der Nacht schrieb ich ein komplettes Drehbuch, ich wollte nichts Großartiges, keine tiefer gehende Botschaft vermitteln, ich wollte einfach nur einen kleinen Stummfilm im Stile der 20er Jahre drehen.

Mit dem fertigen Konzept sprach ich bei Zausi vor, ich schwärmte von Achims großartiger Kamera, die so scharfe Bilder mache, dass man sie im Fernsehen zeigen könnte. Zausi war interessiert. Ich machte innerlich Freudensprünge, denn ohne Darsteller wie Zausi hätte ich meinen Film nicht vor Ort realisieren können. Wir überflogen das Drehbuch und schrieben gemeinsam ein Konzept. Dann legten wir es Achim vor, dieser brummelte und kratzte sich sein Doppelkinn, um weiter zu brummeln und zu schnaufen, dann nickte er.

Zausi hatte nun das allergrößte Problem, er musste seine Peggy überreden, die weibliche Hauptrolle zu mimen. Dazu ließ er sich aber erst mal etwas Zeit. Zunächst suchten wir unsere Drehorte für die einzelnen Szenen aus. Dazu fuhren wir unglaubliche Kilometer übers altmärkische Land. Hier und da fing Achim schon einige Bilder ein, er brauchte auch Arbeitsbelege, um seine ABM-Stelle zu rechtfertigen. Uns war das egal, wir brauchten bis auf das Spritgeld keinen Pfennig zu zahlen. Zausi und ich suchten mit den Augen überall nach schönen Ecken, nach Kirchen, Friedhöfen mit interessanten Gräbern, aber auch nach alten Häusern oder Ruinen. Der Zufall spielt hier ein zweites Mal eine tragende Rolle, denn Achim wohnt in Tylsen, im ältesten Haus der Altmark. Sein Haus war von 1135 oder so, der Keller von Achims cooler Bude war ein einziges Gewölbelabyrinth. Wenn es da unten nicht so verdammt kalt gewesen wäre, wäre ich auf der Stelle eingezogen. Aber leider folgte eine Erkältung der nächsten, bei Zausi war es nicht besser. Nur Achim hatte kein Verständnis für unsere Tropfnasen, er war ein Naturbursche und außerdem (nach eigener Aussage) seit 25 Jahren besoffen. Achim hatte ein deutliches Alkoholproblem. Der nächste Zufall war, dass etwa 150 m von Achims Uralthaus noch eine Schlossruine von 1600irgendwas herumstand. Ein wirklich schöner romantischer Platz für Gothics. Ich saß nur allzu gern dort im grünen Wald auf einem großen Stein und blickte auf die zerfallene, mit Geäst und Moos bewachsene Burg. Es war einer der schönsten Plätze, an denen ich Ruhe und Besinnung gefunden habe im Leben, alles wirkte wie in einem Kasper-David-Friedrich-Gemälde mit original Geruch und Hintergrundsound.

Die vorbereitenden Aufnahmen dauerten ca. sechs Wochen, natürlich gab es auch Unterbrechungen wie zum Beispiel das 4. Wave-Gotik-Treffen zu Pfingsten. Ich fuhr diesmal mit Melanie hin, Zausi und Peggy waren auch da, aber wir haben uns so gut wie nicht gesehen; er wollte sicher ein Zusammentreffen von Jule und Peggy verhindern, denn ich erzählte ihm, dass Melanie und ich mit der kleinen Frau verabredet waren. Jule hatte nach dem Besuch in Salzwedel den Briefverkehr mit Zausi beendet und stattdessen einen mit mir begonnen.

Melanie und ich trafen Jule auch recht schnell, begrüßten uns stürmisch und zogen dann gemeinsam zum Werk2 zur Eröffnungsparty. Jule kam, genau wie schon in Salzwedel, recht direkt auf ihr Sexualleben zu sprechen. Ich ging mit ihr raus und wir setzten uns auf eine Treppe, um in Ruhe zu erzählen. Sie jammerte, dass sie allzu lange keinen Sex mehr gehabt hätte. Sie war so was von unbefriedigt, dass sie fast jedem Mann hinterherhechelte, aber eigentlich meinte sie wohl mich damit, denn sie verlangte von mir, dass ich ihr Problem beseitigen sollte. Ich lächelte und sagte zum Spaß, dass ich das tun würde, wenn sie mir ein Pfand aushändigen würde, das mir glaubhaft zeigte, dass sie heute noch ihre Lust stillen wolle. Ich spielte gern mit dem Feuer, das Jule gut am Brennen zu halten verstand. Jedenfalls stand Jule inmitten von zig Gothics auf, zog ihren Rock hoch und mit schnellem Griff ihren Slip aus. Dann drückte sie ihn mir in meine Hand und meinte grinsend: „Na, reicht das?“ Ich war kurzzeitig überrascht und nickte dann vielversprechend, um, ohne mich umzudrehen, in der Disco zu verschwinden.

Auf dem Heimweg nahm ich beide Mädchen an die Hand, links Melanie und rechts die Jule. Jule plapperte fortwährend, dass sie keinen Kerl auf der Disco gefunden hätte und dass es aber soooo schlimm um sie stünde. [redacted] Lachend liefen wir an dem überraschten Anwohner vorbei auf die Straße. Dort nahm ich wieder beide Frauen an die Hand und wir beeilten uns, zum Zeltplatz zu kommen …

Am nächsten Tag wirkte Jule allerdings deutlich distanzierter, wir verbrachten zwar noch das gesamte Treffen miteinander, aber von der Nähe des ersten Abends war nicht mehr viel übrig. Jule stellte uns ihren Bautzener und Löbauer Freunden vor und ich traf einen alten Bekannten wieder. Ich erkannte ihn zuerst an seiner Stimme, so ein Sächsisch hatte ich vor Jahren schon einmal gehört, ich fragte, ob er Karsten hieße, er antwortete mit ja, dann lachte ich ihn an. „Siegi?" fragte ich, obwohl ich sicher war, meinen alten Freund aus dem Lehrlingswohnheim vor mir zu haben. Er guckte ungläubig, dann lächelte er und flüsterte meinen Namen. Wir fielen uns in die Arme. Siegi war mittlerweile zu einem ausgewachsenen Punker mutiert und wohnte in Dresden. Jule grinste erfreut, da Bautzen und Dresden nicht unbedingt weit voneinander entfernt waren. Sie warf sofort ein Auge auf den guten Siegi.

Eine Woche später fand das *Zillo*-Festival in Rüsselsheim statt. Melanie konnte oder wollte nicht mitkommen, deshalb fuhr ich nach Wolfsburg und holte Akasha ab.

Es war im Gegenteil zu Leipzig brennend heiß und staubig. Der offizielle Zeltplatz war längst überfüllt, als wir dort ankamen; wir sollten unsere Habseligkeiten ungefähr 3 km von einem Parkplatz zu den uns von Ordnern zugewiesenen Stellplätzen für Zelte tragen. Das war rein von der körperlichen Anstrengung für mich unvorstellbar, selbst einige augenscheinlich gesunde Schwarze zelteten deshalb gleich auf dem Parkplatz neben ihren Autos. Ich zeigte meinen Schwerbehindertenausweis und erbat die freie Durchfahrt bis zum Stellplatz. Während ich noch mit den Ordnern an der Schranke verhandelte, klopfte mir jemand auf die Schulter, ich drehte mich um und sah in Jochens freundlich grinsendes Gesicht. Ich dachte zuerst: „Nicht der jetzt noch …“, denn ich war genervt von der Aussicht, meine Klamotten 3 km zu schleppen. Ich kannte ja Jochen faktisch nur durch Leiche, hatte ihn vielleicht noch ein bis zweimal später gesehen, als ich mit Ruby in Berlin unterwegs war. Jochen lächelte allerdings weniger debil, als ich es von ihm gewohnt war, sondern sehr freundlich, er bot mir auf der Stelle an, meine Sachen zu tragen, und er wüsste eine gute Zeltmöglichkeit. Ich war überrascht, die Ordner winkten mich jedoch durch, ich konnte im Schritttempo zu den Zeltplätzen fahren. Jochen ließ sich davon nicht abhalten, er stieg mit ins Auto und dirigierte mich zu einem Feldrand, etwas abseits der Massen. Hinter hohen Büschen versteckt standen einige wenige Zelte, auch das von Jochen und seinem Kumpel Major. Es versprach, ein ruhiges Wochenende zu werden. Wir waren weitgehend ungestört, unsere Notdurft verrichteten wir im Kornfeld, was allemal besser war als die vollgeschissenen Dixiklos auf dem „öffentlichen“ Gelände. Ich lernte Jochen das Wochenende erst richtig kennen, er stellte sich als sehr sensibler und hilfsbereiter Mensch dar, ich war angenehm berührt.

Das Wichtigste am Wochenende war jedoch das Konzert von *Siouxsie and the Banshees*. Ich hatte sie noch nie live gesehen, jetzt bot sich die Gelegenheit. Leider mussten wir mindestens einen Kilometer zu Fuß laufen, um zum Konzertareal zu gelangen, was mich viel Kraft kostete. Dort trafen Akasha und ich dann auch Nashimiron und Steffi wieder und somit gab es immer wieder Momente der Freude.

Ich habe bei dem Festival zum ersten Mal im Leben geklaut und zwar unfreiwillig. An einem der zahlreichen Verkaufsstände lag ein silberner Totenkopfring, er gefiel mir sehr gut, also probierte ich ihn auf. Er passte perfekt. Logischerweise fragte ich dann, was der kosten sollte, als Antwort wurden mir 45 D-Mark gesagt, das war mir definitiv zu viel. Ich wollte den Ring absetzen, das verflixte Ding ging aber nicht ab. Ich zog und zerrte und lutschte meinen Finger nass, nix. Er saß fest. Ich führte einen halben Tanz auf, nur um den Ring wieder los zu werden, ich hätte nie im Leben 45 Märkerchen dafür hingelegt. Irgendwann bemerkte ich, dass ich durch die ganze Drängelei längst fünf Meter neben dem Stand war. Ich wollte zurück, aber niemand ließ mich durch, alles drängelte sich, um die tollen „Schnäppchen" zu ergattern. Ich war am Verzweifeln, als ich meine Hand mit dem Ring in die Hosentasche steckte und mich langsam von dannen trollte. Jeden Moment glaubte ich, eine starke Hand im Nacken zu fühlen, die mich so lange schütteln würde, bis der doofe Ring von meinem Finger gleiten würde, es geschah aber nix. Ich war lediglich zum Dieb verkommen.

In Salzwedel setzten wir die Arbeit an unserem Filmprojekt fort. Wir begannen mit den Spielszenen. Es hat wirklich viel Spaß gemacht, in Rollen zu schlüpfen und mit anderen „Fremden" zu agieren. Für eine bestimmte Szene brauchten wir jedoch noch zwei Zigeunerinnen, sie sollten Straßenmädchen darstellen. Eine fanden wir in einem Mädchen namens Lotschi, einer Freundin von Nancy und geborene Schauspielerin. Sie machte das perfekt, die Rolle war ihr auf den Leib geschneidert und sie ist meine offizielle Oscar-Nominierung für die beste Nebenrolle in unserem Film. Die Zweite fand ich in Yvonne. Wir telefonierten und ich lud sie zum Dreh ein.

Schon während der Aufnahmen fielen wir in unser altes Flirtverhalten zurück; wenn wir uns unbeobachtet fühlten, küssten wir uns hemmungslos und wild. Es war eine Frage der Zeit, bis wir Sex haben würden.

Yvonne erzählte, dass sie mit dem Abitur fertig sei und gerade im Begriff war, nach Berlin zu ziehen. Das traf sich prima, denn ich bekam ebenfalls schon Wohnungsangebote auf meinen Antrag hin. Ich wusste, dass ich sicher zum Herbst in Berlin sein würde. Wir zwinkerten uns zu und schlossen einen unausgesprochenen Vertrag, in Berlin sicher nicht rein zufällig aufeinanderzutreffen.

Als ich Melanie vom Sex mit Yvonne beichtete, rastete sie wiederholt aus. Sie fluchte der abgereisten Yvonne hinterher …

Ich grübelte, wie es sein wird, wenn die Zeit gekommen wäre, Abschied zu nehmen; wie wird Melanie reagieren, wenn ich endgültig gehe? Sie war mitten in der Lehrausbildung, abbrechen ging nicht, und ich wollte auf keinen Fall meine Chancen in Berlin verspielen. Ich wurde hin und her gerissen. Auf der einen Seite war Melanie eine sehr schöne, sanfte und hingebungsvolle Freundin, mit der ich gern meine Zeit verbrachte und für die ich auch mehr als nur ein Verliebtsein-Gefühl empfand. Auf der anderen Seite wusste ich nicht, was in Berlin auf mich zukommen würde; ich war auch gern frei und unabhängig in meinen Entscheidungen. Melanie gewann. Ich fragte sie, als ich bemerkte, dass sie langsam stiller und in sich gekehrter wurde, ob sie gern mit nach Berlin kommen würde. Melanie erwachte schlagartig wie aus einer Trance, ihre Augen glänzten, ihr Mund lächelte froh, Tränen liefen über ihre Wangen. Ein paar Tage später hatte sie in Berlin eine Lehrstelle, die ihre Ausbildung weiterführen würde. Es ist das Einzige, was Melanie, so lange wir ein Paar waren, jemals mit absoluter Eigendynamik von Anfang bis zum Ende durchgezogen hat. Sie telefonierte, schrieb Briefe und regelte alles mit der Ärztekammer. Ich war beeindruckt, wie wichtig es ihr war. Wir wuchsen weiter zusammen und ich nahm sie immer mehr als meine Frau wahr. In einer der Situationen wagte ich mich dann zu weit vor. Ich wollte ursprünglich nur testen, wie weit sie gehen würde, als ich sie fragte: „Würdest du mich etwa heiraten?“ Während ich das Ganze noch als spaßige Frage verstand, antwortete Melanie sehr fest, ja ernsthaft: „Ja, würde ich!“ Da hatte ich mich so weit aus dem Fenster gelehnt, dass ich beim Herausfallen direkt in ihren Armen landete. Dann sollten wir mal drüber nachdenken, war meine Antwort.

Nicht alles verlief jedoch so harmonisch, wie es sich jetzt möglicherweise liest. Es gab auch Tage, an denen wackelte die Bude. Denn alle paar Tage rief sich unser engagierter Nachbar, der Sheriff vom Schäferstegel, in Erinnerung. Entweder klingelte der Typ selbst um 22.01 Uhr oder er schickte seine Kollegen, wenn er selbst Nachtdienst hatte, mit dem Funkstreifenwagen, um bei mir um Ruhe und Ordnung zu ersuchen. Das ging so weit, dass die entsprechenden Polizisten schon mit hängenden Schultern und gesenktem Haupt vor meiner Tür standen und irgendwas von Ruhestörung nuschelten. Sie wussten selbst nach einigen Besuchen bei mir, dass es keinen Anlass zu irgendeiner Beschwerde gegeben hatte. Es war ihnen peinlich, tagtäglich bei mir wie die Deppen vor der Tür zu stehen; sie erklärten mir aber, dass sie rein dienstlich gezwungen seien, einer Beschwerde nachzugehen, egal, wie sinnlos sie erschien. Noch gemeiner fand ich, dass ich vom Ordnungsamt eine Zahlungsaufforderung zugesandt bekam und 60 D-Mark Strafe für ruhestörenden Lärm zu zahlen hatte. Das Ordnungsamt erklärte, dass es ihnen egal sei, ob es laut war oder nicht, ich hätte zu zahlen. Als einzige Wehrmaßnahme empfahl die Beamtin mir, eine Gegenanzeige zu tätigen, dann müsse Herr Baumann ebenfalls zahlen …

Leider hatte ich zu der Zeit noch keinen Rechtsschutz, war also in gewisser Weise wehrlos. Das Ganze eskalierte jedoch in einer Samstagnacht, als man versuchte, an uns ein Exempel zu statuieren. Mel und ich machten uns einen schönen Abend, das hieß, sie trank ein paar Gläschen Wein, ich kochte was Leckeres und wir vögelten uns im Anschluss das bisschen Hirn aus dem Kopf, was uns an die Realitäten des Alltags erinnert hätte. Etwa um Mitternacht gab es nichts mehr zu trinken, zu essen, und auch ans Vögeln wollten wir in Anbetracht unserer schweißnassen, erschöpften Körper nicht mehr denken. Wir lagen glücklich nebeneinander und schauten mit engelsgleichem Grinsen zur Decke, als es unerwarteterweise klingelte.

Alle Spießer sind mir egal
Alle Spießer können mich mal
Susi Klinger

Mürrisch stand ich beim dritten langen Klingelton auf und guckte aus dem Küchenfenster, um zu schauen, wer sich erdreistete, diesen Akt der Glückseligkeit zu stören. Oh, es schien wichtig zu sein, denn unten war die gesamte Hausgemeinschaft versammelt zuzüglich einem Polizeiwagen mit blinkendem Blaulicht und dem Vermieter. Dieser bat mich, dringend vor der Haustür zu erscheinen, wir hätten einen Vorfall zu klären. Ich dachte auf Grund der martialisch erscheinenden Polizei, dass es sich möglicherweise um einen Einbruch in unsere Kellerräume handeln könnte, und schlüpfte nur schnell in einen langen Pullover, darunter war ich nackt. Schnell sprang ich in meine Docs und stakste die Treppen hinab. Ich möchte ehrlich nicht wissen, wie ich auf die Leute wirkte mit meinen Storchenbeinen, in den fetten Stiefeln, der weite Pulli hing ärmlich an mir herunter.

Der ansonsten eigentlich nette Vermietermensch schnauzte mich allerdings auf halber Treppe an. Er schimpfte immer wieder: „Was ist das, was ist das, Herr Ranisch? Was ist das für eine Sauerei?“ Dabei zeigte er immer auf den Türdrücker der Haustür. Ich verstand überhaupt nichts. Irgendwann brüllte er dann haltlos: „Das ist Scheiße, Herr Ranisch, und zwar echte Scheiße!!!“ Ich zog ein unverständiges Gesicht, denn ich wusste noch immer nicht, was der jetzt von mir wollte. Alles schrie, brüllte und keifte durcheinander, allen voran der kleine Bulle und dessen Frau. Die Polizisten, die im Dienst waren, also uniformiert, stimmten dem zu, dass sie ja ständig hierherfahren müssten wegen mir, und der Vermieter beschloss, dass das ein Nachspiel haben würde. Ich japste nach Luft und fragte noch einmal, um was es ginge. Dann zeigte man mir einen unappetitlichen Haufen Scheiße, im wahrsten Sinne des Wortes. Irgendjemand hatte in den Abendstunden offensichtlich Restprodukte menschlicher Verdauung an den Türknauf unserer Haustür geschmiert, und zwar pfundweise. Angeblich hatte die Olle vom Bullen beinahe da reingefasst, als sie nach Hause gekommen war, dann hatte sie einen hysterischen Anfall bekommen und den Vermieter angerufen mit der Behauptung, ich hätte das hinterlassen. Der Vermieter kam, sah und stellte fest, dass Familie Baumann Recht haben musste und ich dringend tatverdächtig sei. Herr Baumann alarmierte sein Sondereinsatzkommando, das nun mit dem Blaulicht aufmarschierte. In der Zwischenzeit benachrichtigte der Herr Vermieter alle Mitmieter und versammelte sie unten vor der Tür, um mich gemeinschaftlich zur Rechenschaft zu ziehen. Ich war quasi schon verurteilt, als ich noch glücklich mit der Melanie im 7. Himmel schwelgte.

Ich versuchte zu erklären, dass ich das nicht war. Zuerst wurde geklärt, wann die blöde Kuh in die Kacke gefasst hatte. Es war gegen 22.00 Uhr. Ich gab zu verstehen, dass ich seit 19.00 Uhr mit meiner Freundin oben war und sicher nicht wieder die Wohnung verlassen hätte. Ich sagte, ich war beschäftigt, woraufhin sich eine unserer Nachbarinnen zaghaft zu Wort meldete: „Stimmt, er kann es nicht gewesen sein, ich habe ihn und seine Freundin seit 20.00 Uhr sehr genau hören müssen.“ Dabei wurde sie rot. Ich guckte sie ebenfalls pikiert an, nickte aber eifrig zustimmend. Ein allgemeines Räuspern durchfuhr die Hausgemeinschaft, einige guckten zu Boden, andere murmelten, dass ihnen das jetzt zuviel würde und es spät sei. Auch der Vermieter guckte verlegen zu Boden und sagte, wir reden da wohl besser noch mal morgen drüber. Zitternd vor Kälte und Erschöpfung ging ich zurück in meine Wohnung, der Hausmeister wurde mit der Reinigung beauftragt, die Bullen stellten das Blaulicht ab.

Ich rief vor lauter Aufregung Zausi an, schlafen konnte ich eh nicht mehr. Ich war total am Boden, denn es tat mir weh, dass man mir so einen Scheiß zugetraut hatte. Zausi regte sich heftig auf und empfahl mir, sofort am Montag zum Vermieter ins Büro zu gehen, besser noch am Sonntag mit ihm zu telefonieren und um Klärung zu bitten.

Das brauchte ich aber gar nicht, denn der gute Mann rief mich am Sonntag selbst an und entschuldigte sich für den Zwischenfall, er wäre zu plötzlich von der Mietpartei Baumann mit der Sache konfrontiert worden, als dass er genau darüber nachgedacht hätte. Ich rief meine Eltern an und erzählte nun wiederum denen, was geschehen war. Mein Vater platzte vor Wut am anderen Ende und riet mir, zur Polizei zu gehen, um eine Dienstaufsichtsbeschwerde einzureichen.

Er instruierte mich ganz genau, was ich zu tun hatte. Also hielt ich mich am Montag an seine Anweisungen. Ich hatte mich „zivil" gekleidet und betrat das Polizeirevier von Salzwedel, dann trat ich an den Pförtner in seinem Schalter heran. „Ich hätte gern den diensthabenden Offizier gesprochen", war mein erster Satz nach kurzem „Guten Tag", alles nach den Vorgaben meines Vaters. „So, und warum?" fragte selbstverständlich der Polizist im Schalterräumchen. Und genau, wie es mein Vater mir eingetrichtert hatte, sagte ich nun: „Das werde ich dem entsprechendem Offizier dann schon sagen ..." Ich weiß gar nicht, ob ich den Satz überhaupt ausgesprochen hatte, jedenfalls stand der Bulle im selben Moment neben mir, drehte mir den Arm auf den Rücken und schon flog ich im hohen Bogen aus der Eingangstür und landete auf dem Bürgersteig. Ich schnellte jedoch sofort wieder hoch und fauchte den Kerl an: „Name und Dienstnummer!" Dieser jedoch blickte mich geringschätzig an und sagte nur: „Dienstnummern haben wir nicht bei uns, 110 steht in jedem Telefonbuch", dann schloss er die schwere Tür hinter sich. Ich stand völlig von der Welt verlassen allein da rum. Es blieb mir nichts anderes übrig, als nach Hause zu gehen. Wutentbrannt rief ich meinen Vater an und machte ihn dafür verantwortlich. Dieser jedoch explodierte am Telefon in Grimmen, forderte mich auf zu warten, bis er sich wieder melden würde. Nach einer halben Stunde rief er an und teilte mir mit, dass ich am nächsten Tag um 10.00 Uhr einen Termin bei Oberst XY hätte, sollte man mich nicht vorlassen, käme er persönlich ...

Ich weiß nicht, was er dem Bullen erzählt hatte, jedenfalls ging ich Dienstag um 10.00 Uhr zum Revier. Ich war unsicher. Als ich klingelte, machten mir zwei Polizisten mit sehr netten Gesichtern die Tür auf, der Pförtner vom Vortag war nicht da. Ich sagte zaghaft, dass ich einen Termin hätte, man bat mich, mich zu setzen. Nach kurzer Zeit kam ein Stellvertreter vom Herrn XY und entschuldigte sich für alle Unannehmlichkeiten der vergangenen Zeit. Für den gestrigen Rauswurf, den Fauxpas vom Wochenende und für Herrn Baumanns dauerhafte Dienstüberschreitungen. Man teilte mir mit, dass dieser in eine andere Abteilung versetzt würde, und bat mich, von einer offiziellen Dienstaufsichtsbeschwerde Abstand zu nehmen.

Der Mann war echt bemüht und fasste mich mit Fingerspitzen an. Ich nickte zustimmend.

Tage später stand in der *Salzwedeler Zeitung*, dass ein Streifenpolizist abgestellt wurde, um die immer häufiger auftretenden Fahrraddiebstähle aufzuklären, indem er in der Stadt verdächtige Fahrräder auf ihre Fahrgestellnummer zu kontrollieren habe. Herr Baumann wurde auch nicht mehr im Streifenwagen gesehen, er war seitdem Fußstreife …

Der Vermieter beraumte noch eine klärende Sitzung mit allen Mietern ein, er wollte mich in einen anderen Hausaufgang umsetzen. Plötzlich kippte aber die Stimmung und einige aus meinem Aufgang forderten, den Bullen auszuquartieren, woraufhin die Leute aus dem entsprechenden Aufgang ihren Protest erhoben und lieber mich als Nachbarn wollten. Der Bulle schnaufte, seine Alte schnappte nach Luft und wurde puterrot. Der Bulle musste zusätzlich seinen Spiegel, mit dem er den Hausaufgang kontrollierte, abbauen; er hatte sich illegalerweise einen Busspiegel so ans Fenster geschraubt, dass er von innen beobachten konnte, wer ins oder aus dem Haus kam, ohne dass er selbst aus dem Fenster zu schauen brauchte. Der Mann war eindeutig ein Psychopath!

Nach insgesamt 3 Monaten Drehzeit, 1.000 Kilometern Fahrtstrecke, 12 Stunden Videobändern, jeder Menge Streit und Stress, vor allem aber nach unglaublich viel Spaß, hatten wir endlich unseren Film im Kasten. Wir waren stolz.

Wobei jetzt eigentlich der schwierigere Teil der Arbeit beginnen sollte, das Schneiden des Films. Zunächst war aber Achim erst mal drei Wochen im Urlaub. Nach ihm dann ich. Zausi hat sich dann mit Achim zusammengesetzt und das ganze Material in einen Schnittcomputer eingegeben. Zausi war bei so was spitze, Technik begeisterte ihn und er setzte sich Stunden und Tage damit auseinander. Für Achim als alten Handwerker waren Computer eher so ein Teufelsding. Allerdings konnte er es auch nicht verkraften, dass da jemand mehr Ahnung von seiner Technik hatte als er selbst, deshalb spielte er wohl, als Zausi nicht anwesend war, allein an dem Programm herum.

Dabei hat er dann sämtliche Daten gelöscht. Zausi hat sich darüber so aufgeregt, dass er jegliche weitere Zusammenarbeit mit Achim ausschloss. Ich konnte Zausi voll verstehen: Wenn man wochenlang in Achims kaltem Haus sitzen musste, um einen Computer mit Daten zu speisen, und diese dann von einem dilettantischen Alkoholiker so nebenbei gelöscht wurden, wäre mir auch der Puls gestiegen. Zumal Zausi beim Dreh immer viel pflichtbewusster war als ich. Für mich war das Spaß, ich hielt mich selten an Zeiten, also kam ich täglich 15 bis 30 Minuten später als verabredet. Dafür wollten mir dann Achim und Zausi den Kopf abreißen. Allerdings brauchten Zausi und ich auch keinen Schluck Alk, um weiterdrehen zu können, während Achim an jeder Tankstelle seinen Flachmann auftanken musste. Zausi wiederum bestand auf eine ordentliche Mittagspause und vor allem auf pünktlichen Drehschluss, weil Peggy sonst warten müsste. Dabei war es ihm egal, ob wir fertig waren oder nicht. Er sagte dann zu mir, wir hätten ja eher anfangen können. Drei Diven unter sich …

Jedenfalls war unser Projekt damit schlagartig fertig, ohne dass wir es in den Händen hielten, geschweige denn per Videoplayer anschauen konnten. Das war unbefriedigend genug, um aufeinander sauer zu sein. Das Dilemma mit dem Computer hatte ich nicht so hautnah mitbekommen, da ich direkt nach Drehschluss mit Melanie und Bex, Tina und Uwe zu einer kleinen Reise aufgebrochen war. Wir hatten beschlossen, nach dem missglückten ersten Versuch vom Vorjahr es doch noch einmal zu wagen, und reisten mit zwei Autos nach Kroatien.

Wir fuhren über die Tschechische Republik nach Österreich. Ich muss gestehen, ich war absolut überrascht von Österreich. Während ich mit Österreich bis dahin nur die Heidi-Mentalität verband und alles, was unterhalb von Berlin-Hannover-Köln angesiedelt war, für Hinterwäldler und Schuhplattler mit Oktoberfestmanieren hielt, musste ich erkennen, dass es kaum eine schönere Gegend auf der Welt gab als diese bewaldeten Berge. Es war einfach eine atemberaubende Naturkulisse, ich war sprachlos. Als es dunkel wurde, beschlossen wir, wild zu campen, für eine Nacht würde das schon gehen, wir wollten eh früh morgens weiterfahren. Also bogen wir in den nächstbesten Waldweg ein und fuhren einige Kilometer bergaufwärts, um einen geeigneten Platz zu finden. Was wir allerdings nach dem Schild „Zelten verboten“ für ein Schild fanden, überzeugte uns, besser doch wieder zurück ins Tal zu fahren. Auf einem kleinem unscheinbaren Schild war zu lesen: „Vorsicht! Wilde Bären.“ Wir verzichteten sogar auf die Pinkelpause, die wir eben noch im Sinn hatten.

Nachdem wir irgendwo im österreichischen Land übernachtet hatten, fuhren wir weiter über Slowenien bis nach Kroatien. Es war überflüssigerweise gerade Krieg in Kroatien und deshalb ließ uns die UNO nicht weiter als bis vor Split. Also blieben wir in Senj, einer Kleinstadt an der Adria. Dies kleine Städtchen ist einigen bekannt, da Kurt Held dort seine Geschichte der Roten Zora und ihrer Bande angesiedelt hat. Dort zelteten wir als einzige Gäste auf einem „Campingplatz“ in einer romantischen Bucht. Wir besuchten bei sengender Hitze die Burg Nehajgrad, die von hohen Felsen aus über die Adria wachte. Als wir erschöpft oben auf dem Berg angekommen waren, lasen wir ein Schild, auf dem „geschlossen“ stand. Wir waren jedoch euphorisch vom Sonnenstich und freuten uns über den herrlichen Ausblick übers blaue Meer.

Auf dem Zeltplatz fragte mich der Leiter, ob seine Frau am nächsten Morgen für uns fünf Fisch kochen solle. Da ich das für die viel beschriebene südländische Gastfreundschaft hielt, nickte ich zustimmend. Für 12 Uhr war das Mittagsmenü verabredet. Wir trafen pünktlich beim Häuschen des Zeltplatzleiters ein, es lag etwa 50 Meter von unseren Zelten entfernt, allerdings auch 20 Meter höher, denn alles war mit steilen Felsen, die sich aus der blauen Adria erhoben, umstellt. Die Frau hatte zwei mittelgroße Fische gebraten, es gab einige Kartoffeln, aufgeschnittene Tomaten und Gurken, eine Flasche frisches Quellwasser und etwas Brot dazu. Man lud uns freundlich ein, sich satt zu essen, was etwas schwer fiel, denn es war faktisch zu wenig, um wirklich satt zu sein. Während wir aßen, erschienen zwei finstere Gesellen in schwarzen Nappa-Lederjacken, sie tuschelten mit dem Paar und entfernten sich dann wieder. Nach dem Essen trat plötzlich der Chef an mich heran und sagte in etwa: „Na, hatte gut geschmackt?! Kostat nur 100 Mark fur dir, mein Freund!" Dabei grinste er mich unverschämt an. Ich dachte, ich hätte mich verhört. „Von 100 Mark war aber nichts abgesprochen", gab ich zurück, worauf er meinte, dass nichts umsonst sei, und dann zählte er auf, was seine gute Frau alles zu tun gehabt hätte. Ich war total erbost. Am meisten hat mich dann verärgert, dass Uwe von der ganzen Streiterei genervt war und dem Halsabschneider einen Hunderter auf den Tisch knallte und mich dabei anschnauzte, bevor er abzog. Bex hatte sich schon aus der Affäre gezogen und die beiden Mädchen bewunderten einen Maulbeerbaum im Garten. Ich ging wütend zu meinem Auto, als die beiden Kerle in den Lederjacken auf mich zukamen und kurz „Milizia" nuschelten. Dann gaben sie mir zu verstehen, dass ich mein Auto zu öffnen hätte. Das Erste, was mir dabei in den Kopf schoss, war allerdings: *Vorsicht, die Automafia hat dich am Arsch!* Ich brüllte aus Leibeskräften nach Uwe, um Unterstützung zu haben. Dieser saß jedoch am Bootssteg, ließ seine Beine im klaren Wasser der Adria baumeln und dachte bei sich, dass ich ihm den Buckel runterrutschen konnte. Die Mädchen waren beschäftigt, im Garten nach Nachtisch zu gucken. Ich war von allen verlassen. Bis Bex bemerkte, dass was nicht stimmte, und zu mir kam. Ich flüsterte ihm zu, er solle die Drogen verschwinden lassen und Uwe herschicken. Die beiden Kerle wurden nervös und forderten immer wieder das Öffnen der Fahrzeuge unter dem Aspekt einer „Heroina Kontrolla", einer Drogenrazzia. Ich haderte, schloss aber auf, als ich sah, dass Uwe kam. Ich erklärte ihm kurz, dass es sich um Bullen handeln würde. Zu zweit fiel es leichter, die Typen zu beobachten. Endlich kamen auch die Mädchen, einer forderte die beiden auf, mit ihm zu den Zelten zu gehen, um auch dort nach Drogen zu suchen. Glücklicherweise hatte Bex bereits alles belastende Material in Sicherheit gebracht.

Der Kerl oben fand in meinem Auto einen Löffel mit einem verdächtigen Rand. Triumphierend hielt er ihn mir unter die Nase und frohlockte „Heroina". Ich konnte ihn jedoch mit dem slawischen Wort „Moroschenoje" bzw. „Moloko" davon überzeugen, dass der Rand nicht von illegalen Substanzen, sondern von profaner Milch bzw. von Eiskrem stammte. Enttäuscht legte er das corpus delicti weg.

Der andere schien netter zu sein, denn er fand in unserem Zelt eine Pfeife, die jeder Depp als Haschischpfeife identifiziert hätte; er schob sie unter den Zeltboden und guckte dabei Melanie zwinkernd an. Als der harte James Bond von mir oben zu ihm hinabstieg und wohl fragte, wie weit er denn sei, muss er ihm gesagt haben, dass alles „sauber" sei, denn er versuchte sichtlich, seinen Kollegen von unserem Zelt wegzulocken. Glück gehabt!

Da blöderweise Tina auch noch ihr Portemonnaie im Supermarkt des Ortes verlor, hatten wir nun alle zusammen viel zu wenig Geld; wir konnten den Zeltplatz zwar bezahlen, zogen es aber vor, sofort abzureisen.

Wir hatten uns ein weiteres Reiseziel vorgenommen, die Insel Cres. Uwe war dort als Kind zur Kur. Wir wurden mit einer Fähre rübergesetzt. Unsere Zelte schlugen wir diesmal auf einem FKK-Zeltplatz auf, dort waren wir zwar nicht allein, allerdings kostete es auch nicht sehr viel und es gab einen Kiosk. Der wiederum nahm für Lebensmittel den vierfachen Preis von dem, was man in Deutschland hätte zahlen müssen. Wir litten irgendwann Hunger und Durst, tranken Wasser aus dem Wasserhahn der Waschräume. In der Adria zu baden war fast unmöglich, da es verdammt kalt war; es lag an einem Golfstrom, der kaltes Wasser mit sich führte. Tagsüber war es brennend heiß, man konnte nicht eine Minute auf einer der Felsplatten sitzen, ohne sich den Arsch zu verbrennen. Nachts wiederum wurde es schlagartig so kalt, dass wir alles anzogen, was wir bei uns hatten, um nicht einzufrieren. Meine Nieren meldeten sich allmorgendlich mit Schmerzen zum Sonnenaufgang.

Während wir am Ufer herumlungerten und ab und zu unsere Beine in das kalte, klare Nass steckten, flogen deutsche Tornadojäger im Tiefflug über unsere Köpfe hinweg. Eine rundum romantische Urlaubsstimmung kam in uns auf. Ich versuchte die Situation mit der Einnahme von LSD zu verändern. Eine an sich schöne Idee, da sich das Wasser in seiner reinen, natürlichen Daseinsform dazu anbot, sich noch einmal mit ihm unter besonderen spirituellen Bedingungen auseinanderzusetzen. Nicht so ganz einfach, wenn im Gebüsch der Staatsschutz mit einer Abhöranlage seine Gäste belauscht. Als wir genau das beobachtet hatten, beschlossen wir, dem national gesinnten Kroatien den Rücken zu kehren.

Wir fuhren zurück über Slowenien, Richtung Wien. Kurz vor der Grenze zwischen Kroatien und Slowenien tauschten wir die Autos, so dass im ersten Wagen die beiden Mädchen mit den Drogen, also mit ein paar Gramm Dope, saßen. Sie knöpften sich ihre Blusen etwas auf und lächelten den bedepperten Zollheinis freundlich zu. Sie wurden prompt durchgewunken. Wir Jungs rollten zwei Minuten später an die Grenze und wurden sofort zum Halten gezwungen. Selbstverständlich nahmen sich die fleißigen Männer vom Zoll jetzt richtig Zeit, um uns zu durchsuchen, es war etwa 0.00 Uhr. An meiner Lederjacke entdeckten sie dann auch noch eine Kanüle aus Stahl, was bei Punks früher durchaus nicht unüblich war, als Schmuck, genau wie Sicherheitsnadeln, zu dienen. Ich musste meine Arme zeigen und man fand die Narben aus dem Suizidvorfall vom Vorjahr. Die Jagd nach „Heroina“ war eröffnet. Verübeln konnte ich das den Fahndern nicht, schließlich wurde ich selbst von den Lüchower Punks für nen Junkie gehalten.

Die fleißigen Burschen durchwühlten die Taschen in meinem Kofferraum. Wir hatten aber nur die Personen ausgetauscht, nicht mehr, also hielten die Deppen irgendwann Melanies Dessous in den Händen und guckten uns fragend an. Grinsend versuchten wir, sinnlose Erklärungen abzugeben, und kicherten uns an.

Da es sehr kalt war, begann ich bald zu husten und logischerweise auch auszuspucken. Da der Grenzübergang aber betoniert war, machten sich meine gelben, eitrigen Auswürfe nicht sehr dekorativ auf dem Grau des Bodens. Die Grenzbeamten regten sich heftig auf und brachten mir einen Eimer mit Wischwasser. Irgendwann waren wir so gestresst von ihren dilettantischen Versuchen, Autorität zu beweisen, dass wir die Zöllner anbrüllten und mit der deutschen Botschaft drohten, wenn wir nicht sofort durchgelassen würden. Sie gaben ihre Versuche auf, Uwe und Bex zu zwingen, ihre Hosen herunterzulassen, ich stand mit dem Wischeimer da und lachte sie frech aus. Nach zwei Stunden gaben sie entnervt auf und ließen uns weiterfahren.

Wir pennten irgendwo unterwegs im Auto, ich hatte mich erkältet, bekam Fieber und Schüttelfrost, zu trinken hatten wir nur noch einen Schluck aus der Wasserflasche vom Zeltplatz. Ich trank die pisswarme Plärre. Nach einer halben Stunde kotzte ich bis zur Galle, ich konnte nicht mehr fahren, also übernahm Uwe. Je dichter wir dem Loiblpass kamen, umso höher kamen wir auch, und damit wurde es immer kälter. Das Wetter wurde trübe, ich war am Arsch. Die Durchfahrt durch den Loibltunnel erlebte ich wie die Fahrt in die Hölle, mein Fieber war mittlerweile gestiegen und ich sah Licht auf mich zukommen ... helles gleißendes Licht, es kam auf mich zugerast, umfing mich und nahm mich mit.

Es war aber lediglich der Sonnenschein auf der anderen Seite des Berges. In Österreich war schönes Wetter. Wir stürmten den Duty-free-Shop. Ich trank eine erfrischende Coke und stopfte mir einen Marsriegel in den Mund, wir konnten endlich wieder per Eurocard zahlen. Es lebe der Kommerz! *räusper*

Eine halbe Stunde später war ich wie neugeboren und quatschte Uwe zu, als wäre ich niemals unpässlich gewesen. Dieser guckte mich nur verwundert an, da er sich bereits ernsthafte Sorgen um mich gemacht hatte, und schüttelte den Kopf.

Wir fuhren nach Wien, weil Uwe sich gern das Hundertwasserhaus ansehen wollte, ein wirklich interessanter Bau. Am Rande von Wien ist ein Naturschutzgebiet, es bot sich hervorragend an, um darin zu zelten. Dass das schwer verboten war, übersahen wir großzügig. Auf dem Weg zurück nach Deutschland verloren wir das Auto von Tina, Bex und Uwe in Prag. Melanie und ich nutzten die Zeit, um uns als Paar einander anzunähern, und suchten uns ein Zimmer in einem böhmischen Schlosshotel. Wir waren jetzt ein Jahr zusammen ...

Wieder in Salzwedel flatterte mir ein lukratives Wohnungsangebot für Berlin ins Haus. Man bot mir eine Wohnung in der Dunckerstraße an, diese wollte ich mir ansehen.

Die Wohnung lag im ersten Stock, hatte zwei Zimmer mit Ofen, eine große Küche und sogar eine Badewanne. Sie hatte etwas über 50 m² und sollte nicht mal viel kosten. Die Wohnung war perfekt für uns geeignet, als besonderes Extra: der Dunckerclub lag genau gegenüber auf der anderen Straßenseite. Einziger Haken: Die Bude war voll möbliert. Erst kürzlich war die 90-jährige Oma, die dort über 60 Jahre gelebt hatte, verstorben. Die Erben waren über 60 und konnten mit den Möbeln nichts anfangen. Ich versprach, mich darum zu kümmern. Einige Stücke waren durchaus brauchbar. Meine Großeltern gaben mir die Kaution für die Wohnung und ich unterschrieb den Mietvertrag ab dem 1. September 1995.

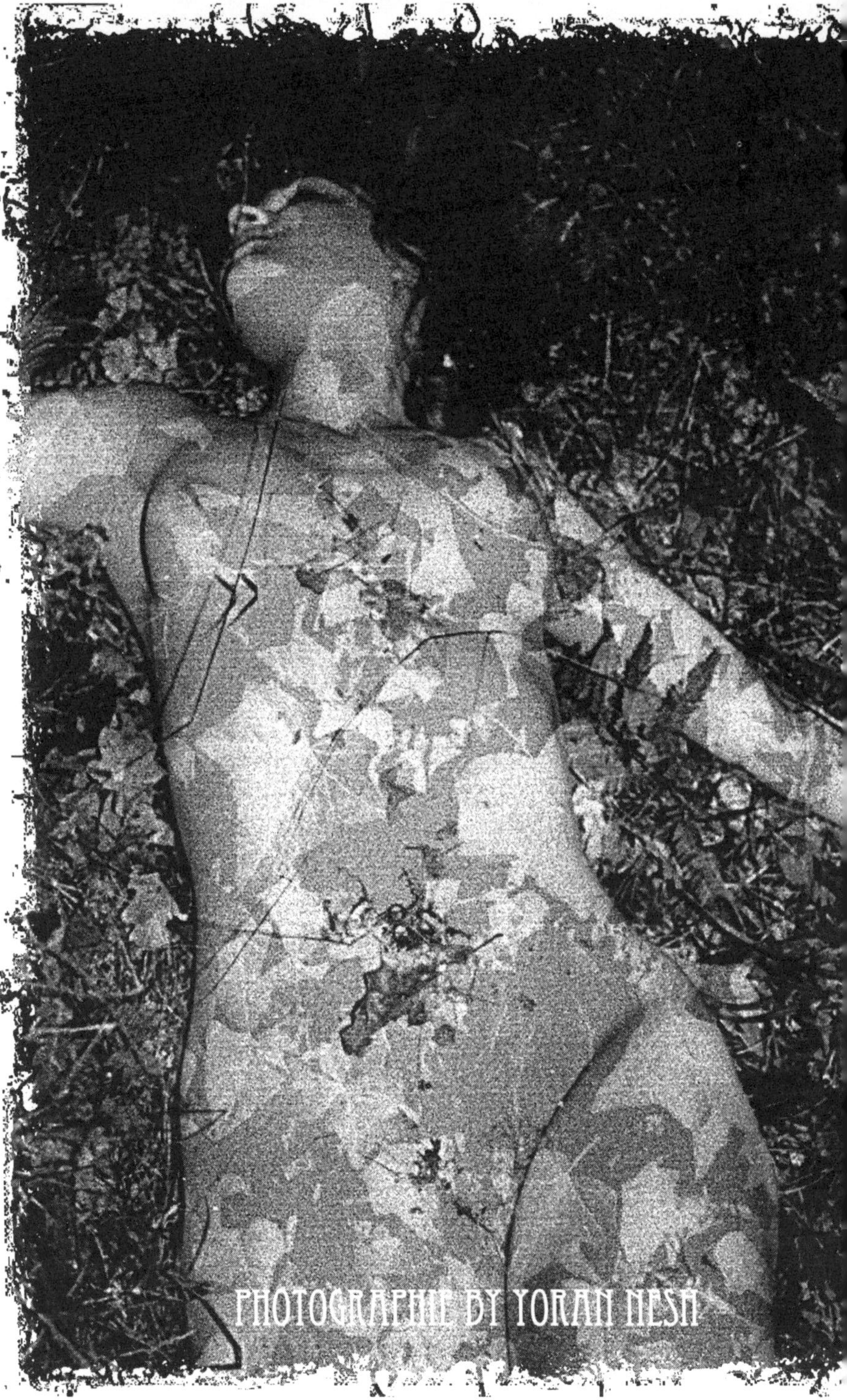
PHOTOGRAPHIE BY YORAN NESH

Berlin

Die schönste Stadt der Welt
(Hintergrundsound: Black Metal oder Current 93)

Nun hatte ich also eine Wohnung in Berlin, im Prenzlauer Berg. Schon als 12- oder 13-Jähriger hatte ich beschlossen, später mal in Berlin zu wohnen, allerdings im 12. Stockwerk eines Hochhauses in Marzahn, denn damals waren ja Altbauten noch nicht cool. In meinem Traum fuhr ich auch einen Trabant-Kombi und nicht Ford Fiesta, aber so kühn, um an Westautos zu glauben, war ich nicht, nur verwegen genug, um zu wissen, dass Grimmen nicht meine wahre Heimat sei. Meine wahre Heimat ist Berlin, die schönste Stadt der Welt!

Berlin, über 750 Jahre alt, gewachsen, zerstört und aus Trümmern wieder aufgebaut. Ich liebe es, durch Berlin zu fahren und die Geschichte der Stadt zu sehen, ihr Flair zu fühlen, die Berliner Luft zu atmen. Nirgendwo bin ich mehr zu Hause als hier …

Ich musste zurück nach Salzwedel, um mit dem Sozialamt alles für die Übernahme der Umzugskosten klarzumachen. Die ständige Hin-und-Her-Hetzerei kostete mich allerdings viel Energie. Ich war eigentlich gar nicht mehr in der Lage, das richtig durchzuziehen, denn ich verlor immer mehr Kraft und vor allem Gewicht; ich wog zeitweise nur noch um die 36 Kilogramm. Es fiel mir schwer zu gehen, und selbst beim Autofahren hatte ich Anstrengungen, das Bremspedal kraftvoll genug durchzutreten. Ich regelte meine Angelegenheiten trotz alledem. Ich musste mich dann wiederum in Berlin beim Sozialamt anmelden. Ich fuhr also zurück, traf mich mit Yvonne und sie schlief die erste Nacht in der neuen Wohnung bei mir. Am nächsten Tag trug sie meinen Aktenkoffer, als ich mich zum Sozialamt schleppte. Ohne ihre Hilfe hätte ich das nicht mehr geschafft.

In der Wohnung sah ich mich um, um zu kalkulieren, was die Renovierung einschließlich der Entsorgung der unbrauchbaren Möbel so kosten würde. Ich besaß natürlich wenig Geld, meine Rente gab nicht viel her, also überlegte ich, ob das Sozialamt von Berlin eine Einzugsbeihilfe dazusponsern könnte.

Meine Mutter hat über mehrere Jahre hinweg meinen Rententräger verklagt, weil der zu wenig Rente an mich zahlen würde, sie wurde jedoch stets abgewiesen. Jetzt allerdings kam der Hammer: Ich zog meinen ersten Kontoauszug aus der Berliner Sparkasse und las, dass ich 21.000 Mark hätte. Ich bekam weiche Knie, rief von Salzwedel aus meine Mutter an und fragte nach. Meine Mutter war sprachlos, aber es stimmte, ich bekam eine Nachzahlung in Höhe von 18.000 D-Mark, zuzüglich gab es Zinsen von über 3.000 D-Mark. – Ich war reich!

Das Geld kam im absolut richtigen Moment. Jetzt konnte ich ganz in Ruhe überlegen, was ich wie einrichten wollte. Ich schnappte mir Melanie und zog mit ihr los, ich wollte ihr wenigstens ein paar schicke Dessous kaufen, einmal auf dicke Tasche machen … Melanie probierte mehrere Stunden zig Unterwäschekollektionen an. Am Ende resignierte sie und schüttelte den Kopf. Ich bekam einen Herzanfall und der Verkäufer wird sich wohl erhängt haben, nachdem er stundenlang Karton um Karton herangeschleppt hatte und ihr dieses und jenes Wäschestück, vom billigen Fummel à la Orion-Versand bis zum edlen Korsett der Marke Revanche de la Femme, angepriesen hatte. Er tat mir so leid, dass ich ein paar Nylons für 50 Mark mitnahm. Kohle zu haben und sie nicht auszugeben, weil die Freundin nichts haben will, ist noch ätzender, als keine Kohle zu haben!

Wir tingelten immer wieder zwischen Berlin und Salzwedel hin und her, da Melanie ja noch in ihrer Ausbildung steckte und erst ab November in Berlin übernommen wurde. An den Wochenenden jedoch kam wieder das „Einsatz-Kommando Knoblich“ und renovierte mir die neue Wohnung. Jetzt machte das richtig Spaß, denn es gab faktisch kaum eine finanzielle Hürde. Axel baute mir, was ich mir vorstellte. Am Ende waren in meinem Zimmer die Wände schwarz, ein roter Teppich verlegt auf einem Podest, auf dem mein Bett stand. Ich ließ mir von Axel künstliche Fachwerkbalken einziehen, die entsprechenden Balken beizte ich blutrot, genau wie die Dielen am Fußboden unterhalb des Podestes. Von Bert ließ ich das Bad komplett umbauen, wir rissen eine überflüssige Speisekammer raus und schufen so viel Platz. Melanies Kumpel Guido flieste dann das Badezimmer in Schwarz-weiß; es war super schön, als es fertig war. Für die Küche schließlich kaufte ich eine Einbauküche, die Melanies großer Bruder und ihr Vater aufbauten. Hier und da bastelten Axel und mein Vater noch irgendetwas. Am Ende war es nahezu perfekt. Wir konnten einziehen.

Ich hatte von meinem ehemaligen behandelnden Arzt aus Greifswald die Empfehlung bekommen, in Berlin-Buch bei Frau Dr. Graupner vorstellig zu werden, sie sei auf dem Gebiet der Mukoviszidose eine kompetente Ärztin. Ich nahm die Empfehlung wahr und fand in Frau Dr. Graupner wirklich eine sehr nette Ärztin; sie schaffte es, mich zu stabilisieren. Mein Gewicht war mittlerweile wieder bei 39 oder 40 Kilo angelangt, gut ging es mir allerdings nicht wirklich. Ich schleppte mich eher so langsam vor mich hin.

Dann traf mich eine wenig erfreuliche Botschaft: Meine Eltern mussten Shiva einschläfern lassen. Er hatte begonnen, die Familienhierarchie verändern zu wollen, und einige Mitglieder der Familie und Freunde meiner Eltern gebissen. Meinem kleinen Neffen biss er böse in den Bauch, und der Biss eines Rottweilers ist für ein Kind sicher gefährlich und traumatisch, am schlimmsten aber biss er meine Schwester. Nachdem er unmissverständlich versucht hatte, sie zu töten, war er als Familienhund nicht mehr zuverlässig. Er wog immerhin seine 70 kg.

Während ich in meiner Wohnung saß und um meinen Hund trauerte, den ich nicht mit nach Berlin nehmen konnte, da er Melanie ebenfalls schon gefährlich bedroht hatte, klingelte es an der Tür. Es stand ein Versicherungskerl davor. Ich war so bedrückt, dass mir egal war, um was es ging, ich brauchte einfach nur Ablenkung. So schloss ich eine fette Versicherung ab. Meine erste, denn ich war bis dato entschiedener Gegner von Versicherungen. Ich hasse das Finanz-, Steuer-, Versicherungsberaterpack!

Das alles und sicher auch das herbstliche Wetter trugen nicht unbedingt zur Verbesserung meiner Gesundheit bei, ich wurde wieder heftiger krank. Kurz vor Weihnachten war ich mit Melanie in der Praxis von Frau Dr. Graupner. Diese sah mich an und horchte mit dem Stethoskop meinen Brustkorb ab, dann sah sie mich eindringlich an und forderte mich auf, umgehend das Krankenhaus aufzusuchen. Sie sagte wörtlich: „Du überlebst diese Nacht nicht, wenn du nicht behandelt wirst."

Ein deutlicher Satz. Ich wusste allerdings, dass sie Recht hatte, denn ich war kaum in der Lage, selbständig zu stehen und zu atmen, Melanie musste mich stützen. Ich nickte widerwillig, es war klar, dass ich somit über Weihnachten im Krankenhaus liegen würde. Ich liebe Weihnachten, bin in der Zeit gern im Kreise meiner Familie. Unsere ganze Sippe kommt zusammen und wir zelebrieren ein harmonisches Fest ohne Stress. Im Krankenhaus liegen zu müssen, war für mich eine Strafe, eine Ausgrenzung. Ich spürte aber, dass es wohl nicht anders ging. Melanie lieferte mich zum ersten Mal auf der CF-Station in Berlin-Buch ab. CF ist die Abkürzung für cystische Fibrose, dem internationalen Fachbegriff für Mukoviszidose.

Tatsächlich lag ich ganze drei Wochen in der Klinik, also auch über Silvester. Ich erholte mich in den ersten Tagen wieder halbwegs, so dass man sich nicht mehr mit ernsthaften Sorgen zu quälen brauchte. Um aber vollständig zu genesen, musste ich eine kombinierte Antibiotikatherapie intravenös über mich ergehen lassen. Dazu empfahl man mir, die notwendigen täglichen Inhalationen zu tätigen. Ich hatte das Ganze seit Jahren nicht mehr betrieben, es war mir einfach zu aufwändig, einfach lästig. Jetzt hier in der Klinik erschien es jedoch als angebracht. Ich begann einzusehen, dass ich, wenn ich weiter leben wollte, einige Veränderungen diesbezüglich vornehmen musste. Auch das Benutzen meines Sauerstoffkonzentrators wurde mir ans Herz gelegt, und tatsächlich, mit dem Einatmen von Sauerstoff während des Schlafens erschienen mir das Aufwachen und die ersten Stunden am Tag weniger mit Kopfschmerzen belastet.

Ich kam mir sehr gut aufgenommen und rundum versorgt vor. Es kümmerte sich ein ganzes Team von kompetent erscheinendem Fachpersonal um mich, allen voran der Klinikchef Dr. Tacke persönlich. Aber auch sein Stationsarzt Dr. Kragel war eine Koryphäe auf dem Gebiet der Lungenkrankheiten. Die Schwestern waren nett und es gab noch Physiotherapeuten, Ernährungsspezialistinnen und eine sehr sinnvolle Einrichtung der Sozialtherapeutin.

Im Kreise der anderen Mukoviszidosepatienten fühlte ich mich jedoch nicht sehr wohl, es wurde mir eindeutig zu viel über die Krankheit debattiert. Ich brauchte mehr als den Beipackzettel irgendeines Medikamentes als unterhaltsame Lektüre, auch interessierte mich der Kaloriengehalt vom Mittagessen während des Klinikaufenthaltes nicht wirklich; Hauptsache, es hat gelebt, dann schmeckt es auch, sagt mein Magen, wobei ich ansonsten eher ein echter Gourmet bin.

Ich sehnte mich immer nach meiner Freiheit, dem Leben außerhalb der Klinik. Dementsprechend froh war ich dann auch, als ich endlich wieder auf meinem heimischen Sofa saß und meinen Speiseplan wieder nach meinem Geschmack bestimmen konnte. Genauso fröhlich begrüßte ich mein persönliches Klo inklusive der Badewanne. Und MEIN Bett!

Als wir uns jedoch ein wenig später in Grimmen bei meinen Eltern aufhielten, erwischte mich ein durchdringender Schmerz im rechten Lungenflügel. Ich fühlte mich wie gelähmt, jeder Atemzug stach mich wie ein glühend heißes Messer. Jede Form von Bewegung war ausgeschlossen, schlafen ging nur im Sitzen. Als die Schmerzen so unerträglich wurden, dass sich meine Eltern sorgten, beschlossen wir, dass sie mich wieder in die Klinik nach Buch fahren mussten. Dort wurde ich mit Verdacht auf Lungenriss aufgenommen. Auf dem Röntgenbild sah man einen Fleck, nicht wirklich typisch für einen „Pneumothorax", wie der Lungenriss in der medizinischen Fachsprache heißt, man sagte mal „jaaa mhmmm", aber dann war das Ergebnis doch wieder umstritten. Jedenfalls war ich, kaum aus der Klinik entlassen, nun schon ein zweites Mal dort. Diesmal tat mir das Atmen zwar eine Zeit lang weh, dafür war jedoch meine Grundkondition nicht so angegriffen. Ich unterhielt mich mit einigen Patienten. Auf der Station gibt es keine Trennung nach Geschlechtern, wie es auf Krankenhausstationen für Erwachsene üblich ist. Mukoviszidosekranke werden zumeist von Kinderärzten behandelt und demzufolge auch auf Kinderkrankenstationen betreut. Der Grund ist so einfach wie auch traurig: Mukos werden nicht sehr alt, viele sterben im Jugendalter. Ich war sogar das erste Kind, welches an der Universitätskinderklinik Greifswald überhaupt überlebt hat. Es fehlten den Ärzten für Erwachsene so schlicht und ergreifend die Erfahrungen, da es jahrzehntelang keine erwachsenen Patienten gab – sie wurden nie erwachsen …

Heute ist das anders, viele schaffen auf Grund von modernen Behandlungsmethoden und ausgeweiteter internationaler Forschung den Schritt in ein selbständiges Leben. Das Problem bei cf oder eben Mukoviszidose, der häufigsten Erbkrankheit der weißen „Rasse" (farbige Menschen haben kein cf), ist die Verschleimung der Lungen. Mukoviszidose kann sich unterschiedlich im Erscheinungsbild zeigen. Bei mir ist besonders der linke Lungenflügel betroffen, auch meine Bauchspeicheldrüse hat keine Lust, ihre Arbeit aufzunehmen, deshalb muss ich immer diese bekloppten Kapseln schlucken. Ich habe Jahre gebraucht, um daran zu denken. Früher vergaß ich sie einfach, wurde aber spätestens auf dem Klo beim Durchfall daran erinnert. Mein Herz hat nicht so arge Probleme und meine Leber ist wohl auch noch ganz gut in Schuss. Bei anderen sieht das anders aus, einige bekommen Diabetes dazu, wieder andere Rheuma. Asthmatische Veränderungen können vorkommen, sind aber nicht mein Hauptproblem, und Allergien habe ich keine, dafür hatte ich als Kleinkind extreme Nasennebenhöhlenvereiterungen. Ich hatte Kopfschmerzen, die so unbeschreiblich heftig waren, dass ich als Kind meine Mutter anschrie, sie möge mich töten, bis ich davon in einen tranceähnlichen Zustand fiel.

In meiner Kindheit war es nichts Besonderes für mich, krank zu sein, ich kannte ja nicht das Gefühl, wie es ohne Krankheit wäre. Die anderen haben mich nur ab und zu bedauert. Ich selbst fand es bloß gemein, wenn ich am Ostseestrand saß und den anderen, im Wasser spielenden Kindern zugucken musste, denn ins Wasser konnte ich nur extrem selten, da ich innerhalb von zwei Minuten so ausgekühlt war, dass ich Stunden brauchte, um meinen Schüttelfrost wieder loszuwerden. Erst als ich so 10 Jahre alt war und gern Tierpfleger werden wollte und man mir klarmachte, dass ich das nie werden würde, weil ich körperlich nie so sein würde wie alle anderen, da begann ich zu begreifen, dass ich mit irgendetwas Pech hatte. Als alle längst einen Kopf größer waren als ich, die Mädchen mich von oben herab behandelten und die Jungs sich ständig an mir beweisen mussten, wie stark sie waren, da begann ich den Zustand, in dem ich war, zu hassen. Merkwürdigerweise hatte ich auch gleich einen Schuldigen parat, nämlich Gott! Irgendwer hatte mir erzählt, es gäbe einen Schöpfer, der würde für alles verantwortlich sein. Na, den würde ich gern mal sprechen, dachte ich bei mir. Seit dem Tag bin ich entschiedener Anti-Christ!

Was soll man auch sonst werden, wenn man als kleiner Junge nicht einmal das Fett vom Kotelett ablecken darf und dafür von seinen Kumpels ausgelacht wird. Tut man es dann doch, sitzt man später stundenlang mit Bauchkrämpfen auf dem Scheißhaus oder landet so wie ich im Krankenhaus. Ich hasste Gott und Durchfall!

Eurem Gott bin ich niemals begegnet
Eternal Afflict

Die Sache mit dem Lungenriss beruhigte sich allmählich und ich besann mich auf meine Lieblingsbeschäftigung, das Flirten. Es gab aber nur ein wirklich in Frage kommendes Mädchen weit und breit, sie hieß Doro und war so etwa 18 Jahre. Sie tat vor den Schwestern immer, als wäre sie das arme kaputte Ding, war aber das Personal außer Sichtweite, so spielte sie Wildkatze. Ein bisschen crazy wirkte sie schon in ihrem pinkfarbenen Wollpullover mit Comicapplikation, vor allem, wenn sie sich dann versucht lasziv über dem Krankenhausbett rekelte. Noch viel witziger fand ich, dass sie scheinbar ein ähnliches Verhältnis zu ihrem Vater hatte wie Manon, der fand das nämlich gar nicht komisch, dass seine Tochter bei mir im Zimmer herumhing.

Außer Doro waren da noch zwei Kumpels, Stefan und Marko. Sie trugen schwarze Lederjacken und ebensolche Jeans, dazu Bürstenhaarschnitte wie EBMer. Sie mochten Elektrobands wie *Pitchfork*, aber auch *Deine Lakaien* oder *Rammstein*. Mit den beiden konnte man ganz gut schnacken. Komisch fand ich nur, dass sie noch nie auf einem Konzert waren, sondern Musik sozusagen nur aus der Konserve kannten. Auf meine Frage hin, warum das so sei, drucksten sie herum und gaben zu verstehen, dass ihre Eltern sie nicht so einfach lassen würden. Ich (er)kannte das Problem und bot an, zu helfen. Zufällig spielten gerade *Deine Lakaien* und *Quantal* in Salzwedel im Kulturhaus. Melanie und ich wollten da sowieso hin, also fragte ich, ob sie mitkommen wollten. Ich gab zu bedenken, dass dadurch, dass ich selbst cf habe, wir für eine adäquate Unterkunft sorgen würden. Die beiden waren sofort Feuer und Flamme, deren Eltern stimmten schließlich zu.

Also fuhren wir gemeinsam zu Melanies Eltern und besuchten in Salzwedel am 23.3.1996 das *Deine-Lakaien*/*Quantal*-Konzert. Für Stefan und Marko sicher eine Art Schlüsselerlebnis, denn kurze Zeit später besuchten sie ohne mich ein Konzert von *Rammstein*. Leider fiel ihnen dabei dann das Stahllogo der Band direkt auf den Kopf und sie landeten im Krankenhaus. Das ist tatsächlich auf einem Tourvideo von *Rammstein* zu sehen; zum Glück ist aber nichts weiter passiert außer ner Gehirnerschütterung.

Das *Lakaien*-Abenteuer war da weitaus harmloser, wir zeigten ihnen noch Salzwedel und meine gute alte Amtsstraße. Das war aber schon fast alles an Freundschaft, was uns verband, irgendwie sind mir beide zu still, ohne dass es negativ gemeint ist, nur einfach ein bisschen lethargisch.

Das mit Doro setzte sich außerhalb des Krankenhauses fort, sie war neugierig geworden und besuchte mich. Ich war gespannt darauf, ob es einen Unterschied gäbe zwischen dem Sex mit einer lungenkranken Frau und einer Gesunden. Ich wollte Rückschlüsse auf mich selbst ziehen können, das wiederum lag daran, dass Zausi mir erzählte, er hätte mit einer Asthmatikerin geschlafen, und dann verglich er ihren Atem mit einer Dampflok. Ich schaute ihn damals nachdenklich an, denn ausgerechnet Zausi erwartete immer ein Höchstmaß an

Sensibilität und war in dem Moment taktloser als jeder andere vor ihm. Obwohl mir eine gewisse Taktlosigkeit häufiger begegnete. So wurde ich beispielsweise von Simi, dem alten Skinhead, mit dem Satz begrüßt: „Solltest du nicht längst tot sein?“ Bex dagegen posaunte mal fröhlich: „Pfeffi, du wirst eines Tages noch mal auf all unsere Gräber pissen.“ Ich nickte zustimmend und fand das wirklich passend, das nenn ich zukunftsorientiertes Denken.

Melanie bekam schneller raus, dass irgendwer bei uns zu Besuch war, als mir lieb war. Ich gestand also, dass Doro vielleicht weniger zukunftsorientiert, dafür aber geistesgegenwärtig war und zudem noch fleischeslüstig. Der aufkommende Ärger war immens, und zeitlich betrachtet stand er nicht im Verhältnis zum eigentlichen Anlass. Melanie war jedoch so gekränkt, dass sie irgendwas auf ein Blatt Papier kritzelte und dies zigmal kopierte und es dann in Marzahn, dem Wohnumfeld von Doro, plakatierte. Ich habe ihr Rachewerk nie gesehen, sie hat es mir lediglich erzählt, aber sprachlos war ich allemal.

Zu Ostern fuhren wir wieder nach Salzwedel. Dort in der Altmark gibt es den schönen heidnischen Brauch des Osterfeuers. Es machte verdammt viel Spaß, im Garten von Melanies Eltern zu sitzen, bei einem Becher goldenen Mets, und sich den Bauch, wahlweise auch den Arsch, vom Feuer wärmen zu lassen. Irgendwann nachts waren alle besoffen und torkelten nach Hause, jedes Jahr dasselbe lustige Treiben. Ein bisschen einfach vielleicht, aber durchaus proletarisch-familiär. Am nächsten Tag fuhren wir nach Bergen, dort gab es ein zentrales Osterfest der Gemeinde, an dem sich dann Hunderte von Wendländern bei Glühwein, Bier und Bratwurst das Feuer ansahen. Genauso vulgär, nur kollektiver dies Besäufnis.

Ich forderte Melanie auf, endlich ihren Eltern zu sagen, dass wir heiraten wollten. Meinen Eltern hatten wir das bereits Weihnachten gesagt, als diese mich im Krankenhaus besuchten. Warum sie es nicht sagen wollte, wusste ich nicht. Ich drohte, das Ganze zu canceln, weil Melanie aber das nun ganz und gar nicht wollte, weihte sie ihre Eltern in unsere Pläne ein. Das Ausmaß der Reaktion war unvorhersehbar, nie hätte ich gedacht, so etwas miterleben zu müssen. Ihr Vater verließ auf der Stelle das Zimmer, er zog dabei die Tür so heftig hinter sich zu, dass ich für einen Moment glaubte, das Glas würde zerspringen. Melanies Mutter dagegen keifte los: „Der ist behindert, so was heiratet man nicht, den wirst du dein ganzes Leben nicht mehr los!“ Ich war geschockt, Melanie guckte verärgert und reagierte stur. Das Ergebnis war, dass ihre Eltern strikt ablehnten, zur Hochzeit zu kommen. Das Ganze war so konsequent ausgesprochen, dass es keinen Zweifel an ihrer Entscheidung gab. Melanies kleine Mädchenträume zerplatzten wie rosa Seifenblasen im Wind.

„Der ist behindert, so was heiratet man nicht.“
Schwiegermutter
Am ersten Mai hatten wir es in dem Jahr besonders günstig, erstens brauchte ich nicht wie die Jahre zuvor nach Berlin zu fahren, ich war ja schon da, und zweitens tanzte die Revolution direkt auf dem Kollwitzplatz. Da Bex in der Wörterstraße wohnte, sahen wir uns die wilde Jagd vom Dach aus an, nachdem es uns unten zu heftig wurde, und außerdem hatten uns die Bullen isoliert und weggeschickt. Melanie musste nämlich mal pinkeln und wir waren über eine Mauer geklettert. Als sie da mit herabgelassenen Hosen hockte, öffneten die Grünen das Hoftor und stürmten uns entgegen, die arme Melanie konnte ja nicht einfach abhauen, und so umstellten uns die Bullen und zwangen uns zu gehen. Sie musste ja auch immer und überall Bier trinken, dabei war es spaßig, von der Mauer aus das Spiel Schwarz vs. Grün zu beobachten, es war herrlicher Sonnenschein.

Zu Pfingsten hatten wir dasselbe Ziel wie schon vier Jahre zuvor … Leipzig stand an. Wir zelteten mit einigen Berlinern, vor allem mit Ruby und Quadri, ihrem Freund. Quadri ist etwa zwei Jahre jünger als ich und wusste auch nicht, ob er Fisch oder Fleisch war, genau wie Burkhard, sein Freund, der mein Alter hatte. Beide waren ursprünglich Grufties, aber irgendwie sahen sie aus wie Punks und hingen auch mehr in der Punkszene ab. Trotzdem waren sie oft in Leipzig dabei oder auf *Cure*-Konzerten. Darkpunks halt, so wie ich es für mich in Anspruch nehme, obwohl natürlich jeder anders ist und auch unter diesen Begriffen was anderes versteht. Quadri war eigentlich

Holzfäller, war aber selbständig als Baumbeschneider und Gartengestalter, er hatte davon mittlerweile ein Kreuz wie ein Möbelpacker bekommen. Burkhard war eher mit einem Bierbauch ausgestattet als mit einem breiten Kreuz, obwohl er damit recht eindrucksvoll wirkte. Bei Burkhard denkt Mensch zuerst, es handle sich um einen versoffenen, dümmlichen Punker, aber spätestens wenn man ein wenig mit ihm gesprochen hatte, bemerkte man einen geistigen Tiefgang, der beeindruckend war. Ein wirklich interessanter Typ und gute 20 Jahre im Dienst. Die 20 Jahre macht Quadri wohl auch bald voll, denn auch er war schon im Osten in der Szene unterwegs.

Beide zusammen konnten jedoch ab einem gewissen Alkoholkonsum anstrengend werden, erstens weil sie unablässig über andere rumwitzelten, vornehmlich über irgendwelche Schicki-Goths, und zweitens, weil besonders Burkhard allzu gern im Vollrausch sein Zelt mit dem von irgendwem anders verwechselte. Aber auch Quadri machte gern da, wo er gerade saß, ein Nickerchen, blöd nur, wenn das ne Straße war oder irgendein anderer ungeeigneter Ort.

Wir zogen also zu fünft zur Moritzbastei, wo wir ein Zelt mit einem Wahrsager entdeckten. Wir beobachteten den finsteren Gesellen bei seinem pseudookkulten Machwerk, das er für seine Arbeit hielt und deshalb auch Preise für seine Dienste verlangte, die wir nicht als für ein Gruftietreffen angemessen erachteten. Grinsend stellten wir dem Alleswisser ein paar blöde Fragen, nachdem er auf Melanies erste Frage keine befriedigende Antwort geben konnte. Wir wollten von ihm wissen, ob er aus dem Berufsstand der Scharlatane käme oder ein Tunichtgut sei. Das fand er wohl nicht lustig, jedenfalls zog er irgendwann genervt seinen Vorhang zu. Da wir daraufhin annehmen mussten, er hätte kein Interesse mehr, sein Geschäft fortzusetzen, waren wir ihm beim Einpacken behilflich. Burkhard zog ihm schon mal die Zeltheringe aus dem Boden. Als das Zelt langsam in sich zusammensackte, zogen wir uns aber diskret zurück.

Ein paar Minuten später zwang Burkhard mit seiner betont charmanten Art ein Ehepaar dazu, ihren zitronengelben Regenschirm herauszugeben, indem er dem Mann einfach den Schirm aus der Hand nahm und dabei fröhlich lächelnd sagte: „Den schenkst du mir doch?!“ Der Mann antwortete gequält: „Ja, gern.“ Auch seine Frau nickte unglücklich. Ruby und Melanie beruhigten die beiden und versprachen, den Schirm zurückzubringen, worauf diese jedoch verzichteten. Wir entschuldigten uns mehrfach für Burkhard, der fröhlich wie ein kleines Mädchen mit dem Schirm davonzog.

Mit Richel und seiner Freundin Kerstin, die von allen irgendwann nur noch Mausepaul gerufen wurde, trafen wir uns auch häufig. Außerdem trafen wir natürlich noch Jule, diese war tatsächlich jetzt mit Siegi zusammen. Das konnte man sogar irgendwie sehen, denn im Vorjahr war Jule noch so ein Samtkleidgothicmädchen und jetzt sprang sie in Ringelstrümpfen, Fetzenkleid und einem riesigen Hexenhut herum und fand Gothics ziemlich doof. Jule war auf dem Funpunk/Batcave-Trip. Sie wirkte insgesamt kühler. Siegi dagegen stellte uns seinen Freunden vor und war sichtlich erfreut, uns zu treffen.

Ich traf noch irgendwo bei einem Konzert Yvonne. Lächelnd zogen wir uns an einen dunklen Ort zurück und taten das, was wir immer taten … Es war das letzte Mal, ich habe sie später noch ein Mal oder zwei Mal in Berlin getroffen, aber da war sie gesundheitlich sehr angegriffen und wirkte in sich gekehrt. Erst Jahre später stand sie nach einem *Dead-can-Dance*-Konzert in der Philharmonie plötzlich wieder vor mir.

Melanie und ich empfanden Richel und Mausepaul als sehr nahe und vertrauenswürdige Freunde, deshalb fragten wir sie, ob sie unsere Trauzeugen werden wollten. Die beiden nickten zustimmend. Die Freundschaft wurde auch dadurch zusehends vertieft.

Eines Tages lud uns Kerstin zu ihren Eltern nach Bohnsdorf ein, diese unterhielten dort eine Art Jugendherberge für christliche Jugendgruppen. Kerstins Eltern waren schwer in der Kirche tätig, unerschütterliche Christen auf Lebenszeit. Mir standen die Haare im Nacken zu Berge, als sie vor dem Essen ein Tischgebet anstimmten und von uns erwarteten, dass wir mitbeten würden. So nett sie auch waren, das ging mir zu weit, ich hätte lieber nichts gegessen, als davor auch nur einmal meine Hände zu falten. Am Abend entfesselte sich eine Grundsatzdiskussion über monotheistische Religionen zwischen mir und Kerstins Vater. Dieser schien mich prüfen zu wollen, inwieweit ich denn Ahnung von Okkultismus hätte. Es war mir unangenehm, unseren Gastgeber in seiner eigenen Wohnung in seiner geistigen Verfassung zu hinterfragen. Als wir dann am nächsten Tag ein Kloster besuchten und der Mann die vier Apostel nicht ins Verhältnis zu den vier Elementen setzen konnte oder wollte, da wusste ich endgültig, dass einige Zeitgenossen nicht in der Lage sind, über ihren Schatten zu springen.

Der Hammer war dann noch, dass Kerstins Mutter aus lauter christlicher Nächstenliebe eine Kerze für Melanies und meine Hochzeit stiftete. Ich war wirklich nicht amüsiert. Die Frau jedoch schwebte dabei auf Wolke 7 und ihr Blick sah dem der Jungfrau Maria sehr ähnlich; vielleicht lag das aber auch an der ganzen Myrrhe oder dem Weihrauch, der da unentwegt vor sich hin kokelte. Ich bin einfach nicht mit strenggläubigen Leuten, die missionarisch unterwegs sind, kompatibel.

Da ging ich doch lieber zur Love Parade … doch echt, ich war da. Melanies beste Freundin aus Salzwedel wollte dahin und besuchte uns deshalb, also zogen wir los.

Raver gucken ist lustig, ich möchte ja nicht behaupten, dass mir die Musik besonders gefällt, aber besser als Lieder wie „Danke für diesen guten Morgen, Danke für jeden neuen Tag“ aus dem Liederbuch fröhlicher Christen ist es auf jeden Fall! Und bunter. Und es werden mehr lustige Drogen gefressen. Und außerdem hat es Spaß gemacht, den Ravergirlies ihre BHs aufzumachen, so dass ihre Titten in manchen Fällen auf den Bauch klatschten. Sie hoben so schön ihre Arme und waren herrlich abgelenkt, bis zu dem Moment, wo es plumps machte und die Brüste fröhlich befreit im Rhythmus wippten. Wenn die Mädchen sich dann entsetzt umdrehten und mein diabolisches Grinsen sahen, trauten sie sich kaum noch zu meckern. Deren Freunde konnten sie nicht hören, da die Musik so laut wummerte und die vor lauter XTC ihre Freundinnen eh vergessen hatten. Wenn doch mal einer böse guckte, war ich schneller im Gedränge verschwunden, als der zugreifen konnte … – ein lustiges Spiel.

Nur Melanie fand das gar nicht spaßig und verbot mir die Gaudi, als die Erste über meinen Spaß lachte und ihre Früchte lachend wackeln ließ. So etwas nenn ich Nächstenliebe!

Übrigens hatte tatsächlich einer unmittelbar an der Siegessäule zwischen einer Million Menschen seinen Rottweiler dabei, natürlich ohne Maulkorb. Der arme Köter war allerdings auch schon halb totgetanzt. Mancher Leute Tierliebe geht wirklich etwas zu weit, ich habe meinen Tieren niemals so viel Kultur nahebringen wollen.

Am Abend desselben Tages feierte Richel seinen Geburtstag nach. Am ursprünglichen Datum ging das nicht, der alte Papst Johnny 2. war zu Besuch, und das ist nun wahrlich kein Grund zum Feiern gewesen. Eher zum Protestieren, was wir dann auch ausgiebig taten. Dabei sahen wir Bayern, die wild irgendwelche katholischen Banner schwenkten und ziemlich sprachlos waren, als wir mit unserer Pentagrammfahne zurückwinkten. Die einzige Coole war eine polnische Nonne, die uns frech die Zunge herausstreckte, als ihr Bus am Straßenrand vorbeifuhr und sie unsere schwarze Gruppe entdeckte. Der Polenpaule und olle Abrissbirne Helmut ließen sich davon aber auch nicht stören und schüttelten sich gegenseitig die Hände und dankten einander für das Öffnen der Mauer. Kein Wort nach Leipzig, und Gorbatschow hatte auch niemand in Erinnerung … Alzheimerpatienten unter sich.

Und noch immer sterben Menschen, weil
sie nichts zu fressen haben
Doch wehe dem, der nicht an deine Lügen glaubt
Das goldene Stück Scheiße geht an dich!
Wizo

Richels Party fand in einem Motorrad-Club statt oder, um korrekt zu sein, bei der Fahrgemeinschaft „Bunter Haufen“. Ich habe mir erklären lassen, dass man nicht einfach so sagen durfte, man gründet einen MC (Motorradclub); dieser Terminus ist einigen wenigen vorbehalten, sonst kommen die Hell Angels und brechen einem so ziemlich alles, was es an einem zu brechen gibt. Und danach kommen die Bones, und die brechen dann das, was die Angels noch nicht gebrochen haben. Bei den Rockern und Bikern gibt’s mehr Gesetze als im Bürgerlichen

Gesetzbuch, also deshalb waren wir bei Motorradfahrern. Ausgesehen haben die allerdings wie fleischgewordene „Werner Beinharts", und so in etwa war auch deren Kommunikationsspektrum. Ein wirklich sensationeller Abend, und dem Namen „Bunter Haufen" wurde ausgiebig Genüge getan. Natürlich waren die Biker als Gastgeber da, dann als Richels Gäste natürlich ne Menge Schwarze, aber auch Punks, Leute aus der Psychobillyszene, eine Glatze und ein paar Raver, denen es auf der Love Parade zu voll war. Ein wirklich bunter Haufen fröhlich vereint am Feiern. Selbst ich trank ein Bier, was nur alle paar Jahre vorkommt, aber mit Burkhard anzustoßen, war mir ein Vergnügen.

★

Am 27. Juli 1996 heiratete ich Melanie im Standesamt Grimmen.

Zuvor hatten meine Eltern nach alten Traditionen das Fest vorbereitet und waren mit Melanie in Polen ein Brautkleid kaufen. Ich als Bräutigam durfte es nicht sehen, deshalb war ich auch nicht mit. Es stellte sich als nicht einfach heraus, mit Melanie ein Kleid zu kaufen, denn wie ein Dreivierteljahr zuvor in dem Dessousgeschäft, so konnte sie sich auch hier nicht entscheiden, welches Kleid das ihrige sein sollte. Schließlich fand sie eines, das allerdings noch von einer Schneiderin geändert werden musste. Somit mussten meine Eltern gleich zweimal mit ihr Richtung Polen.

Die Feier fand in einer Jagdhütte mitten im Bremerhagener Forst statt. Diese war frühzeitig gebucht worden. Meine Eltern, insbesondere meine Mutter, hatten allerlei leckere Köstlichkeiten gekocht, gebacken und zusammengerührt. Blumen waren besorgt. Axel und Gritt stellten ihr Auto als Brautauto zur Verfügung, der Termin beim Fotografen stand, Ringe hatten wir anfertigen lassen, alles war perfekt organisiert.

Melanie und ich hatten alle möglichen Verwandten und Freunde eingeladen. Ich hatte mir eine Anzugjacke besorgt und trug dazu eine Lederjeans, Schnürstiefel und ein eigens zum Anlass genähtes Mittelalterhemd in Aubergine.

Am Vorabend bei einem kleinen Sit-in las meine Oma ein Poltergedicht vor und kippte einen ganzen Korb voller Porzellan auf den Hof meiner Eltern.

Melanies Eltern hatten erst ungefähr drei Wochen vor der Hochzeit ihre Meinung geändert und zugesagt, dass sie und damit alle Salzwedeler Familienmitglieder zur Hochzeit kämen. Ihre Eltern kamen zum Polterabend, die Familie kurz vor der Trauung, sie brachten einen Großteil des Kuchens für die Kaffeetafel mit.

Ich stieg bei Richel hinten aufs Motorrad, so fuhr er mich als mein Trauzeuge zum Standesamt. Die Braut wurde von Gritt und Axel mit dem Auto und den Blumenkindern gefahren. Ihr Vater holte sie dort ab und brachte sie mir, dann sagte er: „Sei immer gut zu ihr." 30 Minuten später waren wir verheiratet, die Familie kam zum Gratulieren, mein Vater nahm mich in den Arm, zum ersten Mal ganz fest, er weinte …

Nachdem wir beim Fotografen waren, fuhren uns Axel und Gritt raus nach Bremerhagen in den Wald. Das Wetter war perfekt und wir begannen ganz entspannt im Kreise unserer Liebsten mit der Feierei. Wir fuhren nachmittags mit einem Pferdewagen durch den Forst und sangen bei Wein und Schnaps bekloppte Lieder. Am Abend wurde getanzt und später gab es Schwein am Spieß und das Büffet wurde von meiner stolzen Mutter eröffnet. Bei viel Spaß und witzigen Einlagen begann die Nacht, einige zogen sich bereits zurück, andere tranken, tanzten und feierten noch weiter.

Irgendwann setzte sich Melanies Mutter mit ihrem Vorschlag, ein Pseudolagerfeuer anzuzünden, durch. Sie stellte eine brennende Kerze in die Mitte eines Stuhlkreises, alle noch Anwesenden wurden gezwungen, sich einen Platz zu suchen. Dann wurde eine Flasche Wein herumgereicht und jeder Trinkende musste vorher an Stelle eines Trinkspruches dem Brautpaar etwas mit auf den Weg geben. Als die Reihe an Melanies Mutter war, begann diese mit irgendwelchen Anschuldigungen an mich. Sie behauptete, dass Melanie wegen mir eine Esskotzsucht entwickelt hätte. Die Stimmung kippte abrupt.

Jeder schimpfte durcheinander und wurde auf den Nächsten zornig. Melanie und ich zogen es vor, die Feier zu verlassen. Sie saß dann zu Hause auf dem Bett und weinte, dass ihre Mutter ihr ihre Hochzeit verdorben hätte. Sie war allerdings auch nicht in der Lage, während dieses Eklats eindeutig zu sagen, warum sie denn kotzen würde oder seit wann. Denn dass sie kotzte, stimmte, nur nicht, dass es durch mich entstanden sei, ich hatte Melanie bereits so kennengelernt.

Egal eigentlich: Wir waren jetzt verheiratet.

Verheiratet sein ist ein wirklich schönes Gefühl, es lässt dich mit deinem Partner verschmelzen, man fühlt sich umso viel mehr zusammengehörig. Eine Zeit lang waren Melanie und ich ein wirklich glückliches Paar, alles schien zu stimmen.

Ich ging nicht mehr fremd, denn Melanie und ich hatten uns geschworen, keinen Sex mehr mit anderen zu haben, wenn der Partner nicht dabei sein würde und sein Ok gäbe. Ich wollte mich unbedingt daran halten.

Unsere Hochzeitsreise führte uns nach Tschechien, irgendwo in einem abgelegenen Tal fanden wir eine zur Pension umgebaute alte Wassermühle. Die vorherrschende Optik war so was von romantisch, dass der gute alte Casper David wahrscheinlich vor Rührung das Malen vergessen hätte. Ein wirklich perfekter Ort für ein Märchen über Elfen, wahrscheinlich das Geburtshaus von Arwen aus dem „Herr der Ringe". Leider bekam ich nach einer Nacht akutes Lungenbluten, wir mussten sofort abreisen und ich habe mir nicht merken können, wo dieses Tal der Träume war.

Ich wollte nicht, wäre es schlimmer geworden, in ein tschechisches Krankenhaus. Also fuhren wir spontan nach Bautzen zu Jule, das war relativ dicht hinter der tschechischen Grenze. Jule fuhr mit uns dann nach Löbau und stellte uns ihren neuen Freund vor. Norbert, ein netter Typ. Dass wir ihn später einmal in einer meiner Lieblingsbands wiedersehen würden, war uns natürlich nicht klar. Norbert spielte bei *Dies Natalis*.

Der Urlaub, die Hochzeit und vielleicht auch der ganze Stress davor, das alles hatte mir meine Gesundheit geraubt, also war ich ziemlich down, als wir wieder in Berlin ankamen.

Als es klopfte und eine kleine Frau mit einer recht muskulösen Figur vor mir stand und sich als Physiotherapeutin vorstellte, sagte ich erst mal, sie könne reinkommen. Gewöhnlicherweise hätte ich sie fortgeschickt, aber ich stand vor der Frau und rang nach Luft, was blieb mir übrig. Seitdem ist Daniela meine persönliche Domina. Sie ist die Einzige, die mich quälen darf, ohne dass ich sie im Anschluss auspeitschen will. Ihre Behandlungen retteten mich zwischenzeitlich vor sicheren Krankenhausaufenthalten.

Melanie war jetzt immer zu Hause, denn ihre Lehrausbildung war beendet und sie wurde nicht übernommen. So lebten wir erst einmal ganz unbedarft vor uns hin.

Im September gaben wir dann noch eine Hochzeitsnachfeier für all unsere Freunde in Salzwedel auf dem Hof von Melanies Eltern. Mels Vater grillte und fühlte sich offensichtlich ganz wohl unter all den Punkern und Grufties, Zecken und Stinos. Er holte sogar Stelzen heraus, um Wettspiele durchzuführen. Es kamen Leute aus Berlin mit, Bex und Tina, aber auch der ganze ehemalige Freundeskreis aus Salzwedel war eingeladen. Außer Zausi und Peggy: Die hatten sich vorher sehr abwertend über die Hochzeit von Melanie und mir geäußert, also dachten wir, dann müssten sie auch nicht kommen. Später hielt Zausi mir das vor, dass ausgerechnet er nicht eingeladen wurde.

Wir waren zeitweise über 50 Leute. Als es dunkel war, zog Melanie mit einigen der Freunde in den Wald los, zu einer Nachtwanderung. Ich blieb mit anderen Gästen auf dem Hof. Eine Stunde später kam der Tross der Nachtwanderer zurück: Ruby schleppte Flöter, der sich im Suff beim Stolpern fast ein Bein gebrochen hatte.

Alle waren da, außer meiner Melanie und Danni, ein Metaller aus Frankfurt/Oder. Auf meine Frage, wo sie denn sei, grinste Ruby fies und sagte bedeutungsschwanger, dass sie zuletzt mit Danni im Wald gesehen wurde und womöglich noch mit ihm dort sei. Richel rang aufgeregt mit den Händen und versicherte mir, dass Danni „so etwas" nicht machen würde. Jetzt allerdings wurde ich langsam misstrauisch. Nach einer halben Stunde war ich sauer, nein, ich war wütend! Als ich dann Melanie in das Haus der Eltern verschwinden sah, wollte ich sie zur Rede stellen. Sie trug ihren Rock unterm Arm. Auf meine Frage, warum sie erst jetzt käme und was sie allein mit Danni im Wald wollte, gab sie nur ausweichende Antworten – wir hatten unseren ersten Ehekrach. Es war der erste Schattenfleck in unserer Ehe, denn verunsichert war ich auf jeden Fall, auch wenn Danni mir hundertfach versicherte, dass da nix gewesen sei ...

Der Traum ist aus, in dieser Zeit …
Rio Reiser/Ton Steine Scherben

Der Herbst begann langsam. *Rio Reiser* starb. Wir besuchten das Abschiedskonzert im Tempodrom mit über 10.000 anderen. Verschiedenste Bands aus dem ganzen Land beteiligten sich an dieser Hommage an den besten Texter deutscher Lyrik. Der Traum, auch mal die *Ton Steine Scherben* wiedervereint und live sehen zu können, war aus ... Jedenfalls bis zum 1. Mai im Jahr 2007, denn da spielten sie zum ersten Mal nach 35 Jahren wieder in Kreuzberg auf dem O-Platz ... leider ohne Rio, dafür aber mit ungebrochener Vehemenz!

Ich jobbte zwei Wochen lang in einem Aquaristikgeschäft. Dazu hatte ich den Ladeninhaber, einen Typen namens Markus, gefragt, ob er nen Job hätte, und er fragte, wann ich anfangen wolle. Markus war kaum größer oder breiter als ich, etwas jünger sogar und langhaarig. Es war ihm egal, dass ich ausrasierte Seiten hatte und schwarz gekleidet zur Arbeit kam, Hauptsache, ich machte den Job gut. Dieser machte mir total viel Spaß, war aber leider auch schwer, und durch den ständigen Wechsel zwischen warmem und kaltem Wasser, unter dem ich versiffte Aquarienzubehörteile zu waschen hatte, erkältete ich mich heftig. Nach 14 Tagen hatte ich Fieber und war krankenhausreif. Schweren Herzens musste ich den Job aufgeben …

Im Krankenhaus stellte man fest, dass ich einen MRSA hatte, also einen multiresistenten Staphylokokkus. Das ist ein Bakterium, das man nicht mehr so einfach mit Antibiotika wegbekommt, das Tierchen ist hartnäckig und überlebt. Die Konsequenz ist, dass ich nun, wenn ich im Krankenhaus liege, ein Einzelzimmer haben muss und bedient werde. An sich ist das ja cool, denn ich bin im Krankenhaus eh lieber allein für mich. Allerdings sollen die fiesen Dinger ein Benehmen wie Piranhas haben, und wer will schon so gefräßige Mitbewohner in sich haben.

Ich hatte mir eine gute Spiegelreflexkamera gekauft und begann mit dem Fotografieren, was ich mit 13-14 Jahren schon gern tat und warum ich mal den Berufswunsch Fotograf hatte. Ich hätte natürlich

Landschaften, Tiere, Konzerte oder sonst irgendwas fotografieren können, ich entschied mich aber für das, was mir am meisten gefiel, den nackten weiblichen Körper.

Ursprünglich wollte ich eigentlich Ruby in der alten Krankenhausruine in Beelitz ablichten, allerdings gab es dabei Missverständnisse zwischen ihr und mir. Spontan entschloss sich Melanie, die Hüllen fallen zu lassen, obwohl sie sich sonst strikt weigerte, auch nur auf irgendeinem belanglosen Partybild zu sehen zu sein.

Es wurde die erste Aktfotosession mit Melanie. Heraus kamen ein paar wirklich gute Bilder. Einige von ihnen überzogen wir im Nachhinein mit Farb- und Säureflecken, so dass ein sehr destruktiver Eindruck entstand, der durch den Ruinenhintergrund ja schon vorgezeichnet war.

Ich hatte Blut geleckt, ich wollte mehr solcher Bilder machen, deshalb folgten weitere Sessions mit Melanie. Im Grunde blieb es immer düster und die abgebildeten Szenen zeigten inhaltlich überwiegend sado-masochistische Phantasien. Dieses Thema faszinierte mich zunehmend.

Im Duncker unterhielt ich mich darüber mit einer Frau, die zwei Leguane zu Hause hatte. Ich fragte sie, ob sie Lust auf eine Aktfotostrecke mit ihren Tieren hätte, sie sagte zu. Leider schien sie das falsch interpretiert zu haben, denn als ich sie besuchte, um mir die Tiere und das Umfeld anzusehen, empfing sie mich in einer lasziv-erotischen Atmosphäre. Sie war versucht aufreizend bekleidet und es gab Cola in Gläsern mit Herzform, überall brannten Kerzen, und außer dem Licht des Terrariums war es dunkel. Ich versuchte, möglichst sachlich zu wirken, dies übersah Sonja aber großzügig. Als ich mich nach einer Stunde anschickte zu gehen, warf sie ihre Beine über meinen Schoß und versuchte, mich zum Bleiben zu animieren. Ich musste mir fast das Lachen verkneifen, denn so etwas passierte mir zum ersten Mal. Ich versuchte aufzustehen, sie hielt mich aber fest, und so fielen wir beide um und ich lag plötzlich auf ihr, umklammert von ihren Beinen und Armen. Ich konnte mich jedoch nach kurzer Zeit befreien und nahm meine Jacke, sie zog sich einen Mantel über und begleitete mich zum Auto. Dabei erzählte sie mir, wie gern sie doch nackt unter ihrem Mantel durch die Nacht spazierte. Im Auto schmunzelte ich vor mich hin und raste mit Vollgas nach Hause, ich hatte einfach Sehnsucht nach Melanie und war sehr froh, dass ich der Furie widerstanden hatte.

Zu Hause fand ich Melanie im Bett, im Vollrausch, sie hatte sich aus Eifersucht halbwegs ins Koma gesoffen …

Unterwegs waren wir ständig, besuchten viele Partys und private Feten, waren bei *The Cure* in der Deutschlandhalle und mit Ruby und ihrer Freundin Aurica und deren Freund Phillipe im Beate-Uhse-Museum und dann bei einer Performance von *Crash Worship* und landeten gemeinsam auf einer Geburtstagsfeier von Ria, einer Finnin, die mit einem Typen zusammen war, den alle Birne nannten. Birne gehörte zu den „tanzenden Schamhaaren" oder auch „Pudelbande" genannt, einer Clique von Grufts, die alle ziemlich groß und dabei langhaarig waren. Die meisten von ihnen hatten lockige oder wellige Haare, so wie Schamhaar eben, deshalb nannte Tani sie immer „die tanzenden Schamhaare", auch weil deren Tanzstil etwas Balletthaftes hatte. Andere sagen Pudelbande zu ihnen, sie selbst sind jedoch über alledem erhaben und tragen es mit Stolz.

★

Im neuen Jahr lernte ich auf der Insel ein junges Mädchen namens Sandy kennen. Sie war an einem Gespräch über Satanismus und Okkultismus interessiert; ich lud sie ein, uns zu besuchen.

Melanie reagierte unwirsch, sie war nicht begeistert und erzählte Uwe, den wir montags im Duncker trafen, dass da so eine kleine Tussi käme und sie sich sehr langweilen würde, wenn sie den ganzen Abend einem Gespräch über Religionen lauschen müsste. Daraufhin lud Uwe sie für den Abend zu sich ein [redacted]

[redacted]

Anfang Februar feierte Melanie ihren 21. Geburtstag. Wir hatten uns dazu etwas besonders Lustiges ausgedacht, es sollte eine Mottoparty werden. Es galt, aus seinem Kleiderschrank das peinlichste Kleidungsstück herauszusuchen und anzuziehen.

Manchmal bekam man ja von der Familie irgendeinen Fummel geschenkt, den man im Leben nicht tragen würde, entweder weil er nicht gruftig genug war oder sowieso nicht schwarz oder eigentlich total scheiße aussah. Oder man hat vielleicht irgendein Teil im Schrank, das man in seiner Kindheit ganz schick fand und deshalb nie wegwarf. Frauen trennen sich ja so ungern von solchen bedeutungsschwangeren Dingen.

Jedenfalls sollte ein jeder nun so aufgeputzt erscheinen, um dann mit anderen Partygästen zu tauschen. Also zunächst sahen uns alle skeptisch an, erschienen dann allerdings doch in den unglaublichsten Klamotten. Man kann sich kaum vorstellen, was da einige der darkesten Grufts aus ihren Mottenkisten herausfischten.

Das allein war ja schon Show genug, wie sich jeder vor dem anderen zum Trottel machte, als aber nach vorgerückter Stunde die Ersten begannen, ihre peinlichen Besitztümer gegen noch peinlichere vom Nachbarn zu tauschen, war der Spaß perfekt. Da soll noch mal wer sagen, bei uns Gothics würde nicht gelacht werden oder wir verstünden keinen Spaß. In tiefer Nacht dann, als unsere berüchtigte Killer-Bowle ihr Übriges getan hatte und die meisten einfach nur herrlich besoffen waren, gab es kein Halten mehr, jeder tauschte mit jedem. Am Ende trugen Männer irgendwelche ultrahässlichen Kleider und einige Frauen Pullover aus der guten alten DDR-Zeit oder solche vom Polenmarkt in Farben, die einem Tränen in die Augen trieben. Ich war urplötzlich Besitzer eines *Böhse-Onkelz*-T-Shirts und einer pastellroten Jeans.

Irgendwie ging also alles weiter, als wäre nichts geschehen, immer mit der Hoffnung, dass vielleicht eines Tages alles so werden würde, wie es vorher auch nie war. Die Hoffnung stirbt zuletzt oder der Weg ist das Ziel, bla bla ...

Das Erste, was dabei auf der Strecke blieb, war mein Drogenkonsum. Ich hatte zwar insgesamt etwa 7 Jahre gekifft, aber nie wirklich heftig; LSD habe ich vielleicht 6-mal konsumiert, alles andere war mir unheimlich und nicht für mich interessant. Ich sah mit skeptischen Augen, wie sich bei einigen Freunden Kokain als wichtiges Statussymbol etablierte. Auf einem Kuschel-Sit-in, bei dem wir russische Märchenfilme auf Video schauten und dabei ein paar Joints rauchten, packten dementsprechend auch Theo und Bex ihr weißes Zauberpuder aus. Ich wollte mir das Zeug mal genauer ansehen. Wie ich es in hunderten Kriminalfilmen bereits gesehen hatte, leckte ich meinen Finger an, stupste ihn in das Koks und leckte ihn ab, nachdem meine Geruchsprobe neutral ausgefallen war. Urplötzlich war meine Zunge wie gelähmt, der Scheiß schmeckte gallebitter. Ich lehnte auf der Stelle jeden weiteren Kontakt mit Kokain kategorisch ab.

Nach ein paar Stunden wirkte allerdings der Haschischtee, den ich gekocht und getrunken hatte. Eigentlich mochte ich den heftigen Turn, den man von so einem Aufguss bekommen konnte. Jetzt allerdings begann mein Herz zu rasen, es war unheimlich. Mir wurde sehr komisch, mein Kreislauf fuhr Fahrstuhl, alles schien sich aufzulösen. Unsere Gäste waren längst weg und ich lag allein auf dem Bett mit meiner aufsteigenden Panik. Im Rausch redete ich mir ein, ich hätte ja schließlich Kokain gekostet, und selbst dieser winzige

Krümel würde jetzt bei meinem Gesundheitszustand zu einer Herzattacke führen. Ich dachte ernsthaft, ich würde sterben. Verzweifelt öffnete ich das Fenster, es war zu kalt, ich schloss es wieder, es war zu stickig, ich schwitzte sogleich. Hilfesuchend forderte ich Melanie auf, mir irgendetwas zu erzählen, um sie nach einer Minute zu unterbrechen und sie anzuschnauzen, dass sie mich ja nur ablenken will. Melanie konnte mir nicht helfen, ich sah schon Rettungssanitäter über mir knien und Wiederbelebungsmaßnahmen einleiten, ich war völlig aufgelöst. Dieser Zustand war zwar am nächsten Tag gemildert, hielt allerdings noch wochenlang an. Jedes Mal, wenn ich den Fernseher einschaltete, kam irgendeine scheiß Sendung über den Tod, das Sterben oder sonstige Unglücksberichte. Nach einigen Wochen stellte sich heraus, dass das Ganze gar nicht am Haschisch lag, sondern an einem Kreislauf anregenden Medikament, das ich beim Inhalieren benutzte. Ich musste das wechseln und benutze seitdem ein Atemspray anstelle von Sultanoltropfen.

Kiffen kann ich allerdings trotz allem nicht mehr genießen. Das ist insofern schade, da das Dope sehr appetitanregend wirkte. Wir hatten fast jeden Abend vor dem Essen etwas geraucht, weil ich dadurch einfach mehr aß und an Gewicht zunahm. Ich wog zeitweise 45 Kilo, das war das Schwerste, was ich jemals auf die Waage brachte. Ich kiffe jetzt vielleicht ein Mal pro Jahr, aber ich kann mich einfach nicht mehr fallen lassen, zu groß ist die Angst, dass ich noch einmal in so eine Situation käme.

Melanie und ich waren auf zig Partys unterwegs, sie wurde mittlerweile voll integriert, all unsere Freunde machten keinen Unterschied zwischen ihr und mir. Ein Jahr zuvor war das noch anders, sie kam sich vor wie mein Anhängsel, weil ich jeden kannte und jeder mich, sie war allen unbekannt. Jetzt hatte sie einige Freundinnen, neben Ruby vor allem Mausepaul, aber auch Ria und Nadine. Die Mädchen übten jedoch einen fatalen Einfluss auf sie aus. Alle drei waren sehr dominante Frauen, und sie versuchten das ebenfalls aus Melanie zu machen, sie stachelten sie gegen mich auf. Ungeachtet dessen, dass sie überhaupt nicht in der Lage war, mich zu führen, war es logisch, dass es unter den Umständen zu Streit zwischen ihr und mir kommen musste.

Sie nahm Nadine und Mausepaul zum Osterfeuer mit nach Salzwedel. Gemeinsam frönten sie dem Alkohol und lebten Black-Metal-Attitüden aus. Melanie war besonders von Ria und deren derben, fast maskulinen Art beeindruckt, mir ging das zunehmend auf den Sack!

Ria besuchte Melanie bei uns zu Hause, sie setzten sich in die Küche und tranken ein paar Bier. Als dies alle war, fragte Melanie mich, ob sie mit Ria eine Stunde in eine Kneipe um die Ecke gehen könne. Es war ca. 21 Uhr und ich nickte zustimmend, dachte mir schon, dass ich nicht um 22 Uhr mit ihr zu rechnen bräuchte, aber ich erwartete innerlich, dass sie gegen 23 Uhr zu Hause sein sollte. Als sie um 0.00 Uhr noch nicht da war, war ich verärgert. Um 1.00 Uhr war ich wütend, um 2.00 Uhr war ich außer mir vor Wut, ab 2.30 Uhr machte ich mir Sorgen. Ich beschloss, sie zu suchen, und zog mir langsam etwas an. Um kurz vor 3 Uhr hörte ich, wie Ria Melanie die Treppen hoch schleppte, beide waren total besoffen und kicherten blöd. Ich riss die Tür auf und zerrte die erstaunte Melanie am Oberarm vor den Videorecorder, um ihr die Uhrzeit zu zeigen, dabei brüllte ich lautstark. Ria erschrak und verzog sich sicherheitshalber. Melanie heulte irgendwann rum; ich war natürlich das Arschloch, das allen den Spaß verdorben hatte.

Zum 1. Mai fertigten wir Flyer an, in denen wir die Grufties und Gothics aufriefen, sich an der Maidemo zu beteiligen, denn es kam immer wieder zu Übergriffen von Naziskins, auch auf Schwarze. Außerdem wollten wir ein Achtungszeichen gegen braune Tendenzen innerhalb der Darkwaveszene setzen. Wir wollten zeigen, es gibt nach wie vor mehr Schwarze, die sich politisch nicht von rechtsradikalen Ideologen vereinnahmen ließen. Ich gestaltete eine Fahne mit einem Schädel, aus dem eine Faust aufstrebte. „Grufties gegen Faschismus“ stand darunter.

Am vereinbarten Treffpunkt vor dem Duncker warteten vielleicht 25 oder 30 Grufts, wir wollten gerade los, als uns die Bullen schon umstellt hatten. Ich sah mich in der Verantwortung und sprach deshalb mit dem Einsatzleiter. Es blieb mir nichts weiter übrig, als alle in meine Wohnung zu holen, sonst hätten wir einen Platzverweis bekommen. Nachdem wir uns dort geordnet hatten, gingen wir, wie mit der Polizei ausgemacht, in kleinen Gruppen zur Straßenbahn.

Auf dem Rosa-Luxemburg Platz wurden wir sehr komisch empfangen. Sowohl die Polizei als auch die Autonomen wussten nicht so recht, was sie von der Gruppe gestylter Schwarzer halten sollten, die zudem auch noch eine Fahne trugen.

Es kam zu ersten Auseinandersetzungen mit den Ordnungshütern. Am Ende jedoch bekamen wir Grufties einen eigenen Marschblock, in dem etwa 50 Leute versammelt waren. Selbst Ratte war gekommen, sie war allerdings so unvernünftig, ihren Pitbullrüden Baxter mitzubringen. Die Demo ging jedoch nicht sehr lange, es knallte gleich zu Beginn im Prenzl'berg. Wir versuchten dann mit Ratte, den Hund aus der Demo zu bekommen, da Baxter völlig ausrastete.

Unser politisches Engagement trugen wir auch nach Leipzig, dort entdeckten wir nämlich einen Werbestand des *Europakreuzes* und der Zeitschrift *Sigill.* Beide Magazine unterhielten Kontakte ins Lager der so genannten „Neuen Rechten". Bands, die dort besprochen wurden, waren zum Teil eindeutig rechter Ideologie zuzuordnen. Die Typen, die das Zeug an den Mann und die Frau bringen wollten, sahen auch längst nicht mehr nach Grufties aus, eher so wie die Burschenschaft oder der Bund deutscher Mädel.

Ein paar entschlossene Schwarze mit Aversionen gegen diese braune Unterwanderung rotteten sich zusammen. Wir umringten den Stand und forderten die Betreiber auf einzupacken, bevor wir das erledigen würden. Aus dem Hintergrund tauchten ein paar ordentliche Deutsche mit Kurzhaarschnitt und breiten Schultern auf, um den Kameraden an der Werbefront behilflich zu sein. Spätestens jetzt war klar, dass es sich hier um eindeutige Neonazis handelte, denn wer Faschos zum Schutz gegen Grufties auf einem Gruftietreffen berief, der hatte sicher nichts vom „Schwarzsein" begriffen. Da wir nicht auf eine körperliche Auseinandersetzung mit den Betreuern des Standes aus waren, zogen wir uns zurück. Der Stand war dann allerdings später weg, das Organisationsbüro teilte uns auf Nachfrage mit, dass der Stand auf die weitere Teilnahme verzichtet hätte.

Einige von uns beschlossen, sich in Berlin noch einmal zu treffen, um vielleicht mehr solche Aktionen in Zukunft koordinieren zu können. Ich bot meine Wohnung an. Wir trafen uns zu sechst zur Konstitution einer Stammgruppe unter dem Titel „Grufties gegen Faschismus". Später stellte Patrik den Kontakt zu „Grufties gegen Rechts" her und wir lösten uns als eigenständige Gruppe auf, waren stattdessen eher so was wie der Berliner Teil der GgR.

In Leipzig beim WGT war das jedoch noch nicht geschehen, wir waren erst mal zufrieden, dass die offensichtlich Ungruftigen verschwunden waren.

Das Besondere an jenem Pfingsttreffen war, dass zeitgleich zum WGT auf dem Gelände des AGRA eine Attraktion geöffnet hatte, die kaum mit Worten zu beschreiben ist. Das Ganze nannte sich „Bimbo-Town" und war eine Art Installation aus Sperrmüll innerhalb einer sehr großen Halle. Man hatte aus unglaublich viel Sperrmüll wie alten Sofas, Sesseln, Tischen, Betten, Stühlen, Lampen und anderem Hausrat verschiedene kleine voneinander abgegrenzte „Kuschelecken" gebaut. Jedes Separee sollte ein Haus symbolisieren. Es entstand auf diese Weise innerhalb der Halle eine kleine Stadt mit Post, Kneipe inklusive Bar mit Barhockern, selbst ein Wasch- und Badehaus war vorhanden. Es waren mehrere alte Badewannen übereinander gestapelt, das Badewasser lief von der obersten in die jeweils untere Wanne. Wer dort nackt vor aller Augen badete, erhielt eine Flasche Sekt gratis. Das „Kino" war einfach eine Wand aus alten Fernsehbildschirmen, die alle ein anderes Bild oder einfach nur „Rauschen" zeigten.

In riesigen Traktorreifen konnte man sich ca. 3 Meter hoch ziehen lassen. Es stellte wohl den Rummel dar. Jedenfalls war es sehr spaßig, allerdings auch einigermaßen gefährlich, da man nicht gesichert war. Überhaupt waren all diese „Möbel" mit gemeinen Funktionen versehen, so ein Stuhl oder auch ganze Sofas warfen einen einfach nach einer Weile ab. Besonders doof war das an der Bar, wenn man gerade seinen Drink empfangen wollte, und plötzlich knickte der Barhocker weg oder von oben streifte irgendwas deinen Kopf. Die sonst so coolen Gothics hatten glänzende Augen wie Kinder. Es sah auch besonders bizarr aus, da diese „Welt" den Eindruck einer futuristischapokalyptischen Unterwelt machte, und dazu dann all diese gestylten Cyber-Goths im Einheitsschwarz, es war eine perfekte Fusion. Ein wirklich unvergesslicher Anblick!

Die Rückfahrt von Leipzig nach Berlin war der Horror. Melanie und ich hatten uns entschieden, nachts zu fahren, und Ruby und Aurica wollten mit, sie saßen also hinten und unterhielten sich. Sie hatten am letzten Tag John kennengelernt und erzählten nun ewig lange, wer von beiden mehr von John angeflirtet wurde. Es war zum Ausrasten, am liebsten hätte ich beide auf der Autobahn stehen lassen.

„Mir hat er gesagt, ich habe so schöne Augen, als du zum Klo warst", sagte die eine. Darauf die andere: „Und mir hat er gesagt, meine Beine sind toller als deine." – „Deine Beine, der hat doch n Scherz gemacht?!" – „Na und deine Augen hat er gar nicht gesehen, du hattest ja die Sonnenbrille auf." – „Nein, die hatte ich kurz abgesetzt."

Ruby schien das Duell der Tussen gewonnen zu haben, denn John und Ruby waren kurz nach Leipzig ein Paar. Deshalb fuhren wir auch mit ihr und John und dessen Freund Fahle zu Tanzbär raus nach Petershagen zum Geburtstagsgrillen.

John war Halbamerikaner, er sprach deshalb so wie ein Yankee, dabei hatte er nie da gewohnt. John war amüsant, witzig, hatte Charme, vielleicht sah er auch noch gut aus, aber ein Ersatz für Quadri war er nie. Quadri hatte sich irgendwann von Ruby getrennt und war jetzt mit einer sehr jungen Frau zusammen, man sah ihn selten.

Fahle war Johns alter Kumpel, ein sehr undurchsichtiger Typ, der irgendwie viel mit Drogen am Arsch hatte. Später ist er wohl auch daran zugrunde gegangen.

Tanzbär hat versucht, eine Party zu geben, so wie er es jedes Jahr probierte, nur kam selten einer. Außer uns fünf waren noch zwei lustige Schwuchtelgothics da, die wir kannten, da Tanzbär die mal auf meine Geburtstagsparty mitgeschleppt hatte. Ich mochte all diese schwulen Obergothics, sie waren immer eine Art Transvestitentheater, man konnte viel mit ihnen lachen.

Am Witzigsten war einer, der Christian hieß und den ich kennengelernt hatte, weil ich einem Mädchen nachstellte, das mit ihm eine WG hatte. Sabrina hatte nicht wirklich viel Verstand im Kopf, war aber süß. Christian hat sie ständig verarscht, allerdings nahm er dabei immer die Rolle einer Frau ein und zeterte wie eine alternde Mutter mit diesem klischeehaften Schwulen-Akzent. Birdcage live!

Zu der ganzen Clique schwuler Jungs gehörte ein einziges Mädchen, Anna. Sie war im Gesicht mit so vielen Piercings zugetackert, dass man sie später kaum erkannte. Ich hielt sie lange Zeit für lesbisch, sie war auf jeden Fall sehr nett und lebte zeitweise bei den Schwuchteln. Zusammen waren die eine wirklich skurrile Truppe, besonders als dann noch Godigk dazukam. Ein Westtyp, den wir alle aufgrund seiner Frisur „Tellermine" nannten. Eigentlich hätte Regenschirm besser gepasst, denn seine Haare erinnerten an einen aufgespannten Schirm. Er hieß Patrik und ließ sich Godigk in seinen Personalausweis nachtragen. Ein völlig durch den Wind geratener Vogel. So lernten Melanie und ich immer mehr Leute aus der Szene kennen und vertieften uns immer weiter darin.

Die kleine Sandy kam ab und zu [redacted], irgendwann blieb sie aber fort, erst acht Jahre später traf ich sie zufällig wieder, sie erzählte mir von ihrer kleinen Tochter Morgaine-Salomé und spielte traurige Akkordeonmusik in ihrer kleinen Wohnung, während sie Wodka soff.

Ich besorgte uns einen Job an einem CD-Stand. Der Besitzer war ein extrem ekliger, dicker Kerl mit Taschen voller Geld; das er uns allzu gern zeigte. Er zahlte zunächst 1.000 Mark im Monat, um dann auf 1.200 aufzustocken, wenn der Laden liefe.

Im ersten Monat lief alles bestens und wir bekamen unser Geld pünktlich auf die Kralle. Im zweiten begann sein Nachschub zu stocken und damit der Umsatz weniger zu werden, aber wir bekamen die Kohle. Ab dem dritten Monat lief kaum noch etwas, wobei wir uns die größte Mühe gaben, doch diese ganze Markthalle schien langsam in Schwierigkeiten zu kommen. Am Ende des Monats gab er uns 600 D-Mark und behauptete, er hätte uns die anderen 600 Mark als Vorschuss gezahlt. So etwas sollte man nicht mit mir tun, nicht mal im Spaß, wenn ich ehrlich gearbeitet habe, will ich mein Geld haben, sonst werde ich verdammt sauer.

Er zog los und sagte, er brächte am nächsten Tag unser Geld. Ich wusste, dass ich mich nicht mehr darauf verlassen konnte. Ich schnappte mir meine frisch gekaufte Videokamera und filmte sein illegales CD-Lager in der Tiefgarage. Dann nahmen Melanie und ich unter Beisein der Marktleiterin 600 D-Mark aus der Kasse, zuzüglich ein paar CDs, und sagten der erstaunten Marktleiterin, sollte ich irgendwann noch mal von dem CD-Arsch hören, bringe ich das Video vom heimlichen CD-Lager hoch ins Büro des Vermieters des Hauses. Die Frau schluckte pikiert und wir waren wieder arbeitslos.

Eines Tages im Frühsommer sagte Melanie plötzlich, sie wolle einen Hund. Ich glaubte erst, ich hätte mich verhört, denn nach dem Verlust von Shiva war das Thema erst einmal für mich vom Tisch. Ich liebte es zwar, mit Akira von Bex zu spielen oder auch mit dem Retriever meiner Tante, aber ich konnte mir zunächst nicht vorstellen, einen Hund mitten im betonierten Berlin zu halten.

Kies hatte das mitbekommen und lud uns ein, uns mal die Welpen seines Kumpels anzusehen, es waren sechs Monate alte American Bulldogs. Melanie war spontan begeistert, ich lehnte aber ab, da die Welpen vereinsamt in einem Garten hausten, und von echter Sozialisierung war keine Spur. Der Rüde von den beiden war der Ruhigere, er war sehr süß und super verkuschelt, die Hündin zeigte schon erste Zeichen von Dominanz. So sehr mir auch der Rüde gefiel, ich blieb hart.

Melanie drohte aber, zum Tierheim zu fahren und irgendeinen Hund abzuholen, es würde ihr schon einer gefallen. Ich gab ihr erst mal meine Hundebücher. Lesen wollte sie allerdings nicht, sie wollte einen Hund in Echt. Irgendwann lenkte ich ein und schlug ihr sechs Rassen vor. Da sie nicht wusste, was Rhodesian Ridgebacks waren, beschlossen wir bei Züchtern, diese anzusehen. Wir fuhren mit Kies und Ria nach Waren an der Müritz, der Welpenwurf war echt schnuckelig. Wir wurden uns schnell einig und man gab uns einen Kaufvertrag mit. Ein paar Wochen später sollten wir den Hund abholen. Allerdings riefen uns die Leute nach drei Tagen an, um uns zu sagen, dass sie uns den Hund nicht verkaufen würden, da wir zu „dunkel" seien. Der Hund würde davon Angst bekommen. Melanie weinte herzzerreißend.

„Wir verkaufen euch den Hund nicht, ihr seid so dunkel." Hundezüchter

Ich durchforstete Hundezeitschriften, bis ich einen Wurf Ridgebacks in Osnabrück fand. Telefonisch machte ich alles klar, wir würden den Welpen holen kommen können. Zum Verkürzen der Reise schliefen wir bei Melanies Eltern. Morgens beim Frühstück, kurz vor der großen Reise, las ich dann dort in der Lokalpresse, dass in relativer Nähe von Salzwedel ebenfalls Rhodesian-Ridgeback-Welpen zu haben wären. Ich rief sofort an. Eine Stunde später standen wir auf dem großen Hof und waren von einem Rudel fröhlicher Hunde umringt. Eine weitere Stunde später gaben wir 1.200 D-Mark in die Hände der Züchter und schleppten einen Rüden ins Auto ... Ich taufte ihn FENRIS.

Er war der schönste Ridgebackrüde aller Zeiten, auch wenn er erst mal nur ein Baby war. Wir waren so stolz auf ihn, dass sich ab da alles nur noch um ihn drehte. Fenris war der Kronprinz, er schlief mit im Bett und durfte fast alles. Ich las noch einmal Hundebuch um Hundebuch, ich wollte auf keinen Fall ein zweites Mal einen Hund aus Haltungsfehlern aufgeben müssen. Fenris, so stellte sich heraus, war auch gut erziehbar. Er neigte nie zu übermäßiger Aggression, er machte uns viele Dinge einfach. Ich verlangte nun auch von Melanie, dass sie sich konsequent um das Tier zu kümmern hätte. Sie versprach, alles zu tun, was notwendig sein würde.

Ein Wochenende später hatte Nadine einen Anhänger mit mehreren Kanus für unsere ganze Clique gebucht, wir alle fuhren für eine Nacht zum Zelten und Grillen und Kanupaddeln zum Scharmützelsee. Natürlich nahmen wir Fenris mit, er war „everybody's darling" und wurde wie ein kleiner Star behandelt. Am Abend, nachdem alle Zelte aufgestellt waren, wurde gegrillt und ein paar Biere wurden geöffnet. Melanie trank mit, sie trank auch noch mit, als alle anderen Mädchen außer Ria längst schlafen waren. Zwischen all den grölenden Black-Metal-Fans zitterte nun ihr ach so süßer kleiner Hund, jeder knuddelte ihn mit seiner Bierfahne. Bevor sie auf die Idee kommen konnten, dem Hund womöglich noch Bier zu saufen zu geben, kroch ich aus dem Zelt und nahm den Hund mit in meinen Schlafsack.

Alle guckten mir hinterher. Ich konnte nicht einschlafen, ich hörte immerzu Melanies besoffene Stimme und dazu das „Satan"-Geprolle von Ria und den Metallern. Wut stieg in mir auf. Wut und Verzweiflung, ich war unglücklich. Warum musste meine Frau genau so sein, warum konnte sie nicht wie andere auch ins Bett kommen, zu ihrem Mann und jetzt auch zu dem Babyhund? Ich schoss getrieben von meiner cholerischen Art aus dem Zelt und stürzte auf Melanie zu. Als sie mich sah, hob sie eine Büchse Bier an und prostete mir zu, ausgerechnet mir … Ich schlug ihr das Bier aus der Hand und forderte sie auf, sofort ins Zelt zu kommen, ansonsten würde ich mit dem Hund abreisen. Alle sahen mich an, es war totenstill, irgendwer sagte dann: „Eh, Pfeffi …" Ich drohte, dass es gleich eine Schlägerei geben würde, sollte jetzt noch irgendwer etwas zu mir sagen. Es blieb ruhig. Ich schob meine Frau unwirsch vor mir her ins Zelt. Als sie dort noch irgendetwas sagen wollte, um ihren Protest auszudrücken, rutschte mir die Hand aus. Ich ohrfeigte sie …

Das ist etwas, was ich nicht mit Stolz schreibe, es tut mir weh, ich schäme mich noch immer dafür, und doch wusste ich keinen anderen Ausweg, um aus der Situation auszusteigen, ich wollte einfach weg. Es war der falsche Weg!

Ich verlor langsam den Respekt vor Melanie, geliebt habe ich sie längst nicht mehr. Deshalb war es mir auch egal, was sie fühlen würde, als ich mich nach einem Anruf von Ösi, einen Tag nach der Love Parade in Berlin, aufmachte, um Ösi und Manon in einer Kneipe zu treffen. Ösi war einige Zeit in der Psychiatrie gewesen, wir hatten uns sehr lange nicht gesehen. Der eigentliche Grund aber war, dass ich Manon sehen wollte und diese mich.

Wir trieben uns die ganze Nacht herum, wurden beim Ficken in einem Hauseingang von einem Mann mit zwei Dobermännern verjagt und rannten aufgeregt weg. Wir hatten uns endlich wieder. Mir war es völlig egal, was Melanie tun würde, und wenn sie in der Nacht ausgezogen wäre, es hätte mich nicht gestört, ich wollte nur diesen einen Tanz … und danach noch einige mehr.

Wir feierten trotzdem unseren ersten Hochzeitstag, luden meine Eltern großartig zum Sushi essen in Berlin ein und überspielten mit Fenris die unübersehbaren Risse. Wir belogen uns selbst, wir waren längst am Ende …

Auf jeder Party, Disco oder sonst wo betrank sich Melanie immer bis zum Äußersten. Ich versuchte, jede Situation zu nutzen, um mich außerhalb ihres Sichtfeldes aufzuhalten. Dann suchte ich mir Mädchen für kleine erotische Abenteuer. Manchmal war es eine ehemalige Gespielin von mir, hin und wieder kam eine neue hinzu. Ich fickte fast alles, was sich hingab, es ging mir ja nicht um die Jagd nach einer neuen Frau, ich suchte Ablenkung, vielleicht Trost; eigentlich suchte ich gar nicht, ich nahm einfach und fühlte mich in den Momenten sehr frei. Teilweise war es mir egal, ob Melanie es herausbekommen würde.

Wir versuchten oft aus diesem Teufelskreis auszubrechen, wir versprachen uns gegenseitig Dinge, die wir nicht halten konnten. Sie sagte, sie würde auf der nächsten Disco nur ein Bier trinken, ich sagte, ich werde mit keiner Frau mehr als „guten Tag“ reden. Kaum waren wir in der Disco, wurde entweder ich von der einen oder anderen Spielgefährtin beflirtet oder man drückte Melanie ein Bier nach dem anderen in die Hand. Manchmal ließ sie sich ihr Bier heimlich von den anderen auffüllen. Sie glaubte, das wäre schlau. Doch wenn sie dann mit der Stimme zu lallen begann, merkte ich es sofort.

Seit Wochen leb ich neben dir und fühle gar nichts mehr in mir
Nur dein Geschwätz so leer und dumm
Und habe Angst, es bringt mich um …
Abwärts

Als ich später ihrer Mutter zu sagen versuchte, dass Melanie zu viel trank, weil ich irgendeinen Ausweg aus der Krise suchte, antwortete mir diese nur, dass sie selbst in dem Alter auch wöchentlich dreimal betrunken gewesen sei, sonst wäre ja die Woche schlecht. Außerdem wurde mir erzählt, dass man Melanies Großmutter im Suff per Schubkarre nach Hause brachte, weil die sich auf der Arbeit volllaufen lassen hatte. Resignierend merkte ich, dass ich dort keine Hilfe zu erwarten hatte.

Melanie arbeitete seit einem Jahr nicht mehr. Sie bekam 125 D-Mark Arbeitslosengeld, nicht viel, aber sie war ja auch nur Lehrling zuvor. Meine Rentennachzahlung war längst weg. Das Sozialamt übernahm einige Kosten und baute uns sogar als Wiedereingliederungshilfe für Behinderte eine Gasetagenheizung ein.

Melanie und ich beschlossen, Pflegegeld für mich zu beantragen, andere Mukoviszidose- Patienten bekamen das auch, einige hatten sogar Stufe 2. Es war eine Odyssee durch den Amtswald. Ich musste zig Begutachtungen über mich ergehen lassen. Einmal kam eine hochschwangere Ärztin; wenn sie sich im Vorfeld mit meiner Krankenakte beschäftigt hätte, hätte sie gewusst, dass mein MRSA für ihr Baby gefährlich sein könnte.

Aus akuter Geldnot versuchte nun Melanie zu jobben, die Sozialtherapeutin aus Buch besorgte ihr einen Job als Hauskrankenpflege. So fuhr sie jetzt mit dem Fahrrad im Prenzl'berg herum und kümmerte sich eine Zeit lang um alte Leute.

Deshalb war sie tagsüber nicht immer da. Ich erwachte eines Morgens mit Schmerzen im Rücken, sie wurden schnell stärker und lokalisierten sich zunehmend in der rechten Niere. Diese tat mir seit Jahren morgens weh, es ließ aber zumeist sofort nach, wenn ich pinkeln war. Also schlich ich zum Klo, es kam aber nichts, stattdessen wuchs der Schmerz unaufhörlich. Ich ging in mein Bett und versuchte alles Mögliche; irgendwann stieg Panik in mir auf, das Wort „Nierenversagen" machte mir Angst. Ich begann zu hyperventilieren, drehte mich im Bett um die eigene Achse und krümmte mich, der Schmerz wurde unerträglich. Als das Telefon klingelte, japste ich etwas in den Hörer. Es war Ruby am anderen Ende, sie sagte, ich solle auflegen. 15 Minuten später standen Rettungssanitäter in meinem Wohnzimmer und nahmen mich mit.

In Buch, in meinem Einzelzimmer, wurde sich intensiv um mich gekümmert. Astrid war da, sie war die netteste Schwester und kümmerte sich immer besonders um mich. Sie ist ein Jahr älter als ich und wir sind auch privat gute Freunde, wir quatschen gern miteinander. Man stellte einen fetten Nierenstein in meiner rechten Niere fest. Jetzt gab es eine Menge Schwierigkeiten, jedenfalls ging das

„Zertrümmern" nicht. Ich würde den eines Tages auspissen müssen, wurde mir gesagt, bis dahin liegt er wie eine Zeitbombe in mir, niemand könne sagen, wann die nächste Kolik kommt: – Erst der MRSA als unberechenbares Risiko und nun noch ein Nierenstein, es wurde immer besser. Selbst Dr. Tacke bedauerte mich und erzählte seinerseits von seinem Nierenstein. Ein schöner Trost!

Der Sommer neigte sich dem Ende zu, wir hatten ihn fast ausschließlich im Mauerpark verbracht. Dort konnte man seine Hunde halbwegs ungestört laufen und miteinander spielen lassen. Ansonsten waren wir weiterhin als Paar auf Partys unterwegs, privat sah jeder Tag wie der andere aus. Melanie warf ihre Arbeit irgendwann hin. Wir saßen deshalb gemeinsam mit dem Hund im Park und abends löste sie in der Küche Kreuzworträtsel, telefonierte dabei, trank eine Flasche Wein und rauchte eine Schachtel Zigaretten, ich zappte die TV-Programme hoch und runter und langweilte mich. Nachdem ich gekocht hatte, denn Melanie konnte immer noch nicht kochen, aßen wir. Melanie ging danach aufs Klo und kotzte alles wieder aus, dann kam sie ins Bett und wir vollzogen die Ehe. Nachdem ich androhte, die Klotür auszuhängen, damit ich sie beim Kotzen beobachten könne, wenn sie nicht damit aufhören würde, ließ sie es sein. Urplötzlich … Schocktherapie in höchster Vollendung!

Zu meinem 28. Geburtstag gab ich wieder eine Mottoparty, diesmal eine Horrorfete. Es lag nahe, denn Halloween war nur zwei Nächte zuvor. Zur Party kamen selbst Axel, Gritt und der kleine Felix, außerdem noch hundert weitere Monster. Ich selbst ging als gekreuzigter Jesusimitator, mit Schaumgummikreuz auf dem Rücken. Ruby war halbnackt, sie trug nur Spinnenweben und hatte ihre Nippel mit Plastikspinnen verdeckt. Sie hatte den Flöter zum Tod geschminkt, nachdem er durch den Suff grün im Gesicht war, sah er tatsächlich aus wie über den Jordan gewandert. Quadri kam mit echter Sense, andere sahen aus wie frisch verblutet. Richel verschmierte sein Kunstblut in unserer ganzen Wohnung und entschuldigte sich dafür unentwegt, während er dabei weiter tropfte.

Ruby war mit John da, plötzlich aber war sie weg, Quadri auch … John wusste wohl, was das bedeutete, er ging traurig allein nach Haus. Seitdem sind Quadri und Ruby wieder ein Paar. Ich freute mich für Ruby, denn ich wusste, wie sehr sie sich Quadri als Mann an ihrer Seite wünschte.

Zwei Wochen später: Mein Vater wurde 50. Gritt und ich schenkten ihm aus diesem Grund eine Flasche Rotwein aus seinem Geburtsjahrgang. Das Tattoo, das zum Geschenk dazugehörte, das hat er heute noch nicht, wahrscheinlich bekommt er deshalb zum Sechzigsten auch ne Flasche „kleiner Feigling", denn das Tattoo war sein Wunsch.

Im Krankenhaus hatte man mir geraten, mich zur Kur zu begeben. Als man dann zustimmte, dass auch Melanie als meine Ehefrau mitkommen durfte, willigte ich ein. Das Reiseziel war Gran Canaria. Anfang Januar ging es los. Kies wohnte in der Zeit in unserer Wohnung, um „nach dem Rechten" zu sehen und Blumen zu gießen. Wir vertrauten ihm mittlerweile, umso mehr enttäuschte es uns, dass er eines Tages spurlos verschwand. Er hinterließ ein paar Habseligkeiten und zig ungeklärte Fragen.

Vor der Reise hatte ich ganz schön Flugangst, obwohl es ja nicht mein erster Flug war. Als wir von Quadri auf dem Flughafen Schönefeld abgesetzt wurden und uns beim Reiseleiter des Mukoviszidoseverbandes meldeten, sah man uns etwas irritiert an, so stellten die sich chronisch Kranke wohl nicht vor. Die anderen Teilnehmer der Kur sahen da schon eher so aus, ein schönes Sammelsurium hustender Kinder und Jugendlicher, alle klapperdürre und blass. Nicht wirklich beispielhaft als Vorzeigekinder einer Wohlstandsgesellschaft, so als Reisegruppe aus Großdeutschland.

Als wir nach fünf Stunden auf der aus schwarzem Vulkangestein entstandenen Insel landeten, dachte ich zuerst, wir wären versehentlich auf dem Mond gelandet, denn rund um den Flughafen von La Palma sah es echt karg aus; so hatte ich mir Afghanistan vorgestellt, aber doch keine Partyinsel. Die Gegend passte zu unserem Gesamterscheinungsbild.

Der Bungalow, in dem wir nun vier Wochen wohnen sollten, war allerdings ganz passabel, und innerhalb dieser Feriensiedlung wucherte es auch grün. Ich küsste die erste echte Palme meines Lebens.

Nach ein, zwei Tagen hatte man sich ungefähr gemerkt, wer zu unserer Reise- oder besser Kurgruppe gehörte. In meinem Alter war da nur Ralf, den nannten wir dann Rally Reiseleiter, weil er schon zwei Mal dort war und uns gut was zeigen konnte. Ralf wäre gern cool gewesen, er versuchte es auch verzweifelt, indem er Melanie und mich nachmachte. Mel rasierte ihm den albernen Schnauzbart ab und dafür ein Zickzackmuster in den Hinterkopf. Mich fragte er ständig, wie denn die Weiber so bei den Grufties seien, er würde ja auch gern mal so eine scharfe schwarze Braut verführen. Ich blickte skeptisch auf sein Goldkettchen.

Der eigentliche Spaßvogel war aber Marko aus Wildau. Er war 19 oder so und sah irgendwie nicht aus, als ob er sehr arische Vorfahren hätte. Wie er das mit der Kameradschaft von Königs Wusterhausen/Wildau klärte, war mir ein Rätsel. Wir sprachen ihn nur mit Mustafa an. Mit ihm auf Reisen zu sein, war ein ausgesprochenes Vergnügen, denn man konnte herrlich mit ihm albern.

Weiterhin war da noch Heike, die ihren Freund Tommi mithatte. Dieser war älter als wir und saß im Rollstuhl. Bianca war ein ca. 20 Jahre altes Mädchen, in das Rally verschossen war. Ein paar Mittzwanziger und viele kleinere Kinder mit ihren Müttern gehörten ebenfalls dazu.

„Du nicht!“
Busfahrer in Spanien

Wir mieteten uns nach ein paar Tagen ein Auto, da die Busse mich nicht mitnehmen wollten, sie schickten mich immer wieder raus oder hielten gar nicht erst, wenn sie mich an der Haltestelle sahen. Mit dem kleinen Corsa erkundeten wir zu fünft die Insel, Mel und ich, Rally und Bianca sowie Mustafa. Gran Canaria ist zwar die größte Insel der Kanaren, aber nimmt sich nicht viel mit Rügen, würde ich so denken. Der Unterschied ist der, dass es dort drei verschiedene Klimazonen gibt, im Norden ist es mediterran, in der Mitte gibt's echten Dschungel und im untersten Süden haben sie kleine Wüsten. Wir hatten recht schnell alle Touristenattraktionen abgeklappert, dann begannen wir uns für die Gebiete abseits der Hauptstraßen zu interessieren.

Die Kanaren haben eine eigene Doggenhunderasse, den „El Perro de Pressa de Canario", kurz Pressa Canario oder auch kanarische Dogge. Ich liebte diese Hunde, deshalb fuhren wir mit der Videokamera über die Dörfer und Höfe und versuchten, diese seltenen Hunde zu filmen. Einmal landeten wir dabei auf einer Orangenplantage, ohne es zu merken. Plötzlich bellte es tief und laut, wir hörten Geäst brechen und das Gehetze näher kommender Hunde ... Ich bin noch nie so schnell gerannt. Überstürzt sprangen wir in den Corsa. Unsere weit aufgerissenen Augen starrten auf die grüne Wand, aus dieser lugte aber nur ein kleiner Foxterrier und kläffte uns nach. Enttäuscht und zeitgleich erleichtert fuhren wir weiter. Nach nur 30 Metern etwa kam allerdings ein Hoftor, hinter dem saßen dann die wirklichen Verursacher des Höllenlärms, zwei kräftige Hunde vom Doggenschlag.

Wir stiegen mit der Kamera aus, um ein paar Bilder zu machen, dann rief uns ein alter Mann auf Spanisch etwas zu. Er öffnete uns das Hoftor und lud uns ein. Seine Hunde waren urplötzlich liebe Kuschelhündchen, bis auf den kleinen Foxterrier, der beobachtete uns wachsam. Der Mann war Amerikaner, wie er uns erzählte, etwa 70 und schon seit 50 Jahren dort angesiedelt. Melanie durfte bei ihm Orangen pflücken, die so groß wie Kinderköpfe und supersüß waren, er selbst schenkte uns eine ganze Kiste Avocados aus seiner Ernte. Wir mussten allerdings eine ganze Menge billigen Whiskey mit ihm trinken, wobei ich nicht brauchte, weil ich der Fahrer war. Rally jedoch musste für alle anderen herhalten und war am Ende sehr besoffen; er tat uns fast leid, als ihm schlecht wurde.

Da Melanie während des Kuraufenthalts Geburtstag hatte, beschlossen wir, ihr ein Tattoo, ein Arschgeweih, wie man heute sagt, stechen zu lassen. Der Tätowierer war ein Holländer, der sich dort niedergelassen hatte und dort lebte, ohne sich Sorgen um den nächsten Tag machen zu müssen. Er erzählte, wie sehr eine Knochenkrankheit, die ihn in Europa am Ausführen seines Jobs gehindert hatte, dort besser wurde, und riet mir, ebenfalls dort zu bleiben. Arzthelferinnen mit „Deutschkenntnissen“ suchte man dort überall, Mel hätte also auch einen Job bekommen. Und da Gran Canaria zu Europa gehört, hätte ich meine Rente ebenfalls dort bekommen. Ein Plan, den es zu durchdenken galt.

Erst einmal hieß es aber Abschied nehmen von der Insel, vielleicht komme ich ja mal wieder, und wer weiß, vielleicht bliebe ich dann für länger …

Zu Hause wurden wir sehnsüchtig erwartet, nicht nur von unseren Familien und Freunden, auch von Fenris, der die gesamten vier Wochen über bei einem befreundeten Paar gewohnt hatte. Wir unternahmen einige Dinge gemeinsam, wobei es sich zumeist jedoch um hundespezifische Gebiete handelte, wir gingen gemeinsam auf eine Hundeausstellung oder waren essen und redeten dabei über Ridgebacks und ähnliche Themen. Fenris war irgendwann wirklich nur noch das Einzige, über das wir beide reden konnten.

Fenris machte uns irgendwann Sorgen, da er sehr krank wurde. Am Ende stellte sich heraus, dass er sich „nur“ den Fuß verdreht und dabei eine Sehne überdehnt hatte. Zwischendurch allerdings stellte ein Tierarzt die böse Diagnose „Staupe“, das wäre wahrscheinlich tödlich. Eine andere Ärztin behauptete, der Hund hätte eine Knochensplitterung und einen Sehnenabriss und wollte ihn operieren. Fenris war ein merkwürdiger Hund, wenn ihn eine Wespe stach, bekam er einen allergischen Schock und schwoll an, dass man glaubte, er hatte die Räude. Beim Raufen mit einem anderen Hund brach ihm ein großer Zahn ab, und komische Beulen, Lipome genannt, bekam er auch.

Im Frühjahr bekam dann die Ridgebackhündin einer Bekannten Welpen, 11 Stück gleich, Chica war stolze Mama. Melanie und ich halfen Esther beim Aufziehen, denn nach ein paar Wochen fast ohne Schlaf war die reif für die Irrenanstalt. Ich hätte gern einen der Welpen gekauft, aber die von mir ausgesuchte Hündin starb leider. Deshalb fuhren wir noch einmal auf den Bauernhof zu Fenris Züchtern; diese hatten inseriert, neue Welpen zu haben. Als wir dort waren, zeigten uns die Leute noch zwei Rüden aus dem Wurf von Fenris, die waren sie nicht losgeworden und wollten sie nun für wenig Geld verkaufen. Ich war begeistert und hätte gern einen mitgenommen, mein Argument war sogar schon: Wenn wir uns mal trennen sollten, konnte nur einer Fenris haben … Melanie schüttelte den Kopf. Die subversive Ankündigung einer Trennung überhörte sie einfach. Wir fuhren ohne einen zweiten Hund nach Hause.

Das erste Mal, das ich ernsthaft überlegte, ob ich mich von Melanie trennen sollte, war während einer kurzen Affäre mit einem 18-jährigen Mädchen. Diese versuchte mich mit allen Mitteln an sich zu binden, ich blieb jedoch bei meiner Frau und beendete diese Liaison. Ich hoffte, damit größeres Unheil abzuwenden, stattdessen verlängerte ich es nur.

Der 1. Mai 1998 bleibt in meiner Erinnerung unvergessen, wir hatten die Aktion mit dem Demoaufruf innerhalb der Gothicszene nicht wiederholt, denn es war auch so klar, dass einige aus unserer Aktionsgruppe dort sein würden. Wir versammelten uns am Rosa-Luxemburg-Platz und warteten eigentlich auf die Rückkehr der Autonomen aus Leipzig, denn Berliner AntiFas waren nach Leipzig gefahren, um dort eine NPD-Kundgebung zu stoppen. Dass sie unterwegs von den Bullen gestürmt wurden, wussten wir nicht.

Ich hustete so vor mich hin, als plötzlich ein Mann vor mir auftauchte und mich kurz ansah. Dann sagte er leise: „Dir geht's auch nicht gut, was?“ Dann drückte er mir eine Kapsel in die Hand und nickte sanft. Er verschwand mit den Worten: „Schluck das, dann wird's besser.“ Ich traute mich natürlich nicht, das fremde Zeug zu schlucken, und warf es in einen Abfluss, obwohl der Typ wirklich sehr vertrauensvoll wirkte.

Dann formierte sich der Demozug. Unter den Schwarzen war eine uns flüchtig Bekannte mit ihrem Kleinkind im Kinderwagen, sie selbst war barfuss. Kopfschüttelnd dachte ich mir, dass das ganz schön gewagt sei, denn es könnte schließlich immer zur Panik kommen, sollte es trotz des „Antideeskalationsteams“ doch noch krachen.

Und wie es krachte. Wir waren in der Kastanienallee Ecke Oderbergerstraße angekommen, als der Zug zum Stehen kam. Innerhalb kürzester Zeit machten die Bullen die Durchsage, dass die Demo beendet sei, da der Veranstalter keine Verantwortung für die Sicherheit der Demonstranten mehr übernehmen könne. Die Polizei forderte uns auf, die Kastanienallee zu verlassen, machte allerdings weder vorn noch hinten die Straße auf; seitwärts ging ja nicht, da waren die Häuserwände. Urplötzlich griffen das SEK und die BGS-Einheiten an. Sie prügelten alles nieder, was stand, unbegreiflich warum. So weit ich das überschaute, gab es keinen Anlass, niemand randalierte oder warf Steine. Melanie und ich stürzten mit ein paar anderen in einen offenen Hauseingang, von dort weiter auf den Hinterhof, wir erklommen die Flachdächer der Garagen. Von dort sah man in die Oderbergerstraße, was auf der Kastanienallee los war, sah man nicht, man hörte nur den Krawall. Ein Müllcontainer stand auf der Straße und brannte, ein Wasserwerfer löschte ihn, nachdem die Leute, die ihn wohl angezündet hatten, von Polizeitrupps verjagt wurden. Dann kam ein Räumfahrzeug und schob den Container an den Straßenrand, dort hätte er gut stehen bleiben können, aber der Räumpanzer schob den Container offensichtlich absichtlich auf vor Ort geparkte PKWs. Als wir und andere Demonstranten das sahen, stellten wir uns auf das Flachdach, pfiffen und protestierten. Die Polizisten sahen erst jetzt, dass man sie dabei beobachtet hatte. Daraufhin wurde der Wasserwerfer auf uns gerichtet; rücksichtslos, ob man vom Dach fallen könnte oder nicht, wurde der Strahl losgeschickt. Alles sprang in Hast vom Dach und zurück ins Haus. Durch das Glas der Haustür sahen wir, wie draußen Polizisten Menschen jagten. Sie hatten dunkle Helme und wirkten wie Cyberroboter, denn sie trugen ihre schwarzen Plastik-Protektoren über ihrer Uniform. Irgendwann bekamen sie mit, dass wir im Hausflur waren. Sie versuchten, die Tür zu öffnen, alles schrie in Panik. Ein Mann in Hausschuhen kam aus seiner Wohnung und wollte sehen, was los sei. Ahnungsvoll zog ich Melanie und die kleine Katharina, eine Bekannte, unter die Treppe, wo üblicherweise Fahrräder standen, wir hockten uns hinter zwei Kinderwagen. Für Olaf und seine Freundin Jenny war auch noch Platz, zwei Schwarze, die schon im Vorjahr mit bei der Maidemo waren und die wir im Hinterhof angetroffen hatten. Die Panik und das ängstliche Geschrei der Menschen im Hausflur wurden immer heftiger, der ältere Herr in seinen Latschen fluchte über den Krach und forderte alle auf zu gehen. Irgendwann brach die Haustür auf und die Schreie wurden ohrenbetäubend. Das Blaulicht der Wannen warf bizarre Schatten der Bullen an die Wand. Durch die Kinderwagen geschützt übersahen sie uns, andere wurden brutal zu Boden geknüppelt und teilweise an Haaren über den Boden hinaus vor die Tür geschleift. Ich zitterte, wir alle waren geschockt, so etwas sah ich vorher niemals; auch hätte ich nicht geglaubt, dass deutsche Polizisten so krass mit Bürgern umgehen würden. Wen die Bullen auf dem Hinterhof erwischten, den schlugen sie dort zusammen, denn auch vom Hof drang das markerschütternde Schreien und Wimmern von Frauen und harmlosen Studenten. Autonome oder „Chaoten" waren nicht dabei.

Als die Tür von der Polizei zugemacht wurde, war es plötzlich gespenstisch still; nur ein Hausschuh zeugte davon, dass wahrscheinlich selbst der Anwohner mitgenommen wurde. Auf dem Boden waren Schleifspuren von Dreck und Blut. Es stank nach Tränengas, das in den Häuserschluchten wie Nebel stand. Irgendwie kamen wir unbehelligt nach Hause, mussten aber aufpassen, dass uns nicht Bulleneinheiten in die falsche Richtung trieben. An einer Straßensperre zeigte ich meinen Schwerbeschädigtenausweis, dann erst ließ man uns passieren.

Die Bullen kommen nie im Frack
Knüppel aus dem Sack
Zusammen-Rottung

Was uns später von einigen Leipzigfahrern über den Überfall der Polizei auf deren Busse erzählt wurde, glich einem Hollywood-Terroristenactionfilm. Da sollen Hubschrauber im Einsatz gewesen sein, aus denen Bullen auf die Busdächer gesprungen sind, um die Insassen festzusetzen. Unglaubliche Vorgänge im Rechtsstaat Deutschland. Aber wenn ein Staat 30.000 Polizisten zum Einsatz brachte, um seine Interessen wie in Gorleben gegen eine Volksbewegung durchzusetzen, dann konnte man sich vielleicht doch vorstellen, dass, um ein paar „Chaoten" zu stoppen, schon mal SEK-Beamte aus Hubschraubern sprangen und Menschen an ihren Haaren durch Hausflure gezogen wurden.

In Erwägung … haben wir beschlossen
unser schlechtes Leben mehr zu fürchten als den Tod
***Dritte Wahl*/Resolution der Kommunarden**

Nach dem 1. Mai kam wie immer Pfingsten, also Leipzig. Wir zelteten in unmittelbarer Nähe von Quadris Wohnmobil und Pfarrstraßenalex' Wohnbus. Selbstbewusst zeigten wir unsere Flagge „Grufties gegen Faschismus". Irgendwelche Andersgesinnten versuchten sie anzuzünden, und das, obwohl sie an Quadris Bus befestigt war, der Bus hätte durchaus mit abfackeln können. Nach kurzer, aber heftiger Diskussion mit den Tätern wäre es beinahe zur Schlägerei gekommen. Später verlangten die Ordner, dass die Busse, die nun längst von zig Zelten umstellt waren, weggefahren werden sollten. Wir lachten nur und Alex tat, als sei er sturzbesoffen, so konnte er nicht fahren. Die Ordner kamen mit der Polizei zurück, aber auch die mussten unverrichteter Dinge gehen. Wir stellten langsam fest, dass sich das WGT immer kommerzieller und damit vom Ursprung weg entwickelte.

Wir trafen dort auch Diana, eine 18-Jährige, die ich im Mauerpark kennenlernte, als sie ihren Schäferhund ausführte. Diana war schwarz, ohne andere Schwarze zu kennen, ich war sozusagen ihr erster Kontakt zur Szene. Deshalb schickte ich sie in den Duncker, um andere Schwarze treffen zu können. Dort lernte sie ein paar Freunde von uns kennen, deshalb trafen wir sie jetzt hier in Leipzig auch an.

Diana war jung und wild, ich mochte diese ungezwungene Art und ihr schönes Gesicht. Mit Diana konnte man Spaß haben, ohne das Gefühl von Zwängen zu bekommen.

Melanie sah allerdings auch richtig schick aus, sie trug ein echtes Korsett aus Samt und dazu einen langen, sehr transparenten Spitzenrock, ihre Haare leuchteten knallrot. Femme fatale! In diesem Styling lag sie allerdings fatal besoffen auf dem betonierten Fußboden der Agrahalle. Kurz zuvor hatte sie versucht, einem Bierstand die leeren Becher zu stehlen, um sie am nächsten dann für viel Geld wieder abgeben zu können. Melanie war allerdings so blöd, sich dabei erwischen zu lassen. Als der Betreiber des Standes ihr seine Becher wegnehmen wollte, wurde sie auch noch patzig, woraufhin der Typ zu leicht gewalttätigen Mitteln griff. Das war mir wiederum zuviel, schließlich war sie meine Frau. Ich nahm ihr die Becher weg und drohte ihm eine Schlägerei an, wenn er sie noch einmal anfassen würde. Er nahm seine Becher und zog schimpfend ab.

Ich war ultrasauer auf Melanie. Als sie dann da so herumlag in ihrem Suff, wünschte ich nichts mehr, als sie zu verlassen. Ich sah mich nach einer anderen um, um mir meinen Frust von der Seele zu vögeln …

Sag doch bitte, bitte Drecksau zu mir
Normahl

Ich traf im Mauerpark Diana und ich erzählte ihr, dass ich eine bestimmte Form destruktiver Fetischfotografie betreibe. Sie war interessiert und fragte, ob ich sie und ihre WG-Mitbewohnerin auch mal ablichten könnte.

Wir fuhren zu dem Zweck raus nach Müggelheim. Diana kannte dort ein paar interessante Ecken. Eigentlich aber ging es nur sekundär um die Fotos, die beiden Frauen wollten in Wirklichkeit Sex miteinander haben, wussten aber nicht so richtig, wie sie zueinander kommen sollten. Sie brauchten einen Anlass, einen Katalysator, der sie innerhalb einer erotischen Situation zusammenführen würde. Eine Aktfotosession schuf da eventuell die richtige Stimmung. Ich positionierte die beiden je nach Bildvorstellung, mal einzeln und dann zu zweit. Dabei kamen sie sich nah genug und berührten sich. Irgendwann küsste ich Diana, dann küssten sich beide Frauen und später lagen wir nackt im Wald und sahen zum Himmel hoch, an den Baumwipfeln vorbei. Ein amouröses Abenteuer par excellence.

Mit Diana unterhielt ich eine Affäre, wir hatten ab und zu Sex miteinander und ich mochte sie sehr. So sehr, dass mir Melanie und ihre Eifersuchtsgefühle egal wurden. Ich trieb es mit Diana im Kato auf dem Klo, während Melanie vor der Tür stand. Als ich herauskam, ohrfeigte sie mich, ich nahm es schulterzuckend hin.

Sehnsüchtig brodelte es in mir, Diana gefiel mir sehr, ich hätte mir durchaus mehr als eine Affäre mit ihr vorstellen können, ich war echt verliebt. Ein paar Wochen später jedoch hatte sie einen festen Freund.

Zeitgleich traf ich mich auch wieder mit Manon, wir konnten einander nicht ziehen lassen. Als ich im Krankenhaus lag, rief sie mich an. Nachdem wir stundenlang über erotische Vorstellungen gesprochen hatten und sie sich nebenbei mit deutlich zu viel Wein in Stimmung versetzt hatte, beschloss sie, mich spontan zu besuchen. Es war nachts um 1.00 Uhr etwa. Ich versuchte sie davon abzuhalten, es gelang nicht, sie setzte sich für 50 D-Mark in ein Taxi und klopfte später an das Fenster meines Einzelzimmers. Betrunken, wie sie war, forderte sie Einlass. Da das nicht ging und ich größeres Aufsehen vermeiden wollte, zog ich mir was an und kletterte aus dem Fenster. Wir liebten uns bei hellem Mondschein auf den Wiesen zwischen den Stationsgebäuden von Berlin-Buch. Nach zwei Stunden stellten wir uns an dort geparkte Autos, sie rauchte, war in der Zwischenzeit längst wieder nüchtern, und wir quatschten in der lauen Sommernacht. Plötzlich riss die Nachtschwester die Haustür auf und keifte los. Sie hatte bei ihrem nächtlichen Rundgang mein Verschwinden bemerkt und war in heller Aufregung. Ich versuchte, sie zu beruhigen, und erklärte die Situation, sie nickte verständig und versprach, darüber zu schweigen. Am nächsten Morgen wusste jeder Bescheid.

Melanie und ich besuchten die Fuck Parade, eine Gegenveranstaltung zur Love Parade, bei der vor allem Gabber-Techno gespielt wurde. Es gab aber auch einen Wagen mit einer Punkband, demzufolge war das Volk, das dem Umzug hinterherlatschte, auch ein schwarz-buntes Sammelsurium aller möglichen Zecken, Asseln, Grufties und Gabberglatzen. Wir waren vielleicht so 1.000 Leute, aber wir hatten deutlich mehr Bullen als Begleitung als die eine Million Raver ein paar Straßenecken weiter.

Von den Wägen wurde ein Sound geballert, der gut und gern der Soundtrack zum Weltuntergang hätte sein können. Es quietschte, kreischte und wummerte in einer Lautstärke, die der letzten Bombardierung Bagdads Konkurrenz machte. Die Bullen setzten sich ihre Helme auf, weil sie den Krach sonst nicht überstanden hätten, unter den Helmen schwitzten sie jedoch wie die Schweine. Wir grinsten fröhlich und boten dem grünen Begleitpersonal an, einfach nach

Hause zu gehen, wir fänden den Weg auch allein. Sie wollten sich wohl kulturoffen zeigen und blieben noch ein bisschen dem Tanzvergnügen treu. Einige am Straßenrand herumstehende und fotografierende Touristen glaubten, sie würden die Love Parade sehen, und winkten; dabei dachten sie sicher: „Ich habe mir die Love Parade immer ganz anders und viel größer vorgestellt."

Ich selbst versuchte mich auch wieder ein paarmal als DJ, allerdings nicht bei der Fuck Parade, sondern im Samakeller, einer illegalen Kellerkneipe in einem besetzten Haus in der Samariterstraße. Bei einer der „*Grufties gegen Rechts*"-Partys stand dann auch morgens um 5.00 Uhr das Räumkommando der Polizei vor der Tür oder besser der Einstiegsluke, denn den Samakeller konnte man nur über eine Luke im Boden betreten. Der ganze Laden war nicht sehr groß, aber viel blöder war, dass er auch nicht höher als 1,80 m war, hochgestellte Frisuren putzten somit die Decke. Große Männer stießen sich ohnehin ständig den Kopf. Das Ganze war aber mit antikommerziellem Anspruch gedacht und durchgeführt.

Mit gleichem Anspruch verteilte Patrik Flyer, in dem er aufrief, sich an einem unkommerziellen Gathering am Teufelssee in Berlin-Grunewald zu beteiligen. Am entsprechenden Abend versammelten sich bis zu 50 Grufts am Strand des Sees. Wir kamen zu einer Zeit an, als der Strand noch voller Zivilisten mit ihren Familien war. Diese guckten etwas ängstlich, vor allem, als sich Fenris mit lautem Gebell auf Bobby, Dianas weißen Schäferhund, stürzte. Die beiden hassten sich nämlich abgrundtief. Ich flog hinter Fenris her, da ich auf dem Gras der Liegewiese ausrutschte. Ein Polizeibus fuhr vor, auszusteigen trauten sich die Beamten scheinbar nicht, sie beobachteten uns nur lange Zeit. Nach einer Weile waren sie fort. Momente später rollten jedoch mehrere große Einsatzwagen vor. Es war nun bereits dunkel und alle Schwarzen äugten gespannt auf die aus den Wannen springenden Einsatzkräfte. Diese schienen nun eine zünftige Schlägerei zu erwarten, denn sie hatten Helm und Schild dabei. Da waren sie aber an der falschen Adresse, denn mit Gothics geht so was nicht. Also formierten sich kleinere Gruppen, die nun martialisch zwischen den am Boden sitzenden Grufts herum patrouillierten. Es blieb ihnen aber nichts weiter übrig, als einigen Rauchverbot auszusprechen, denn sie mutmaßten, wir würden die Kippen einfach auf die Wiese werfen. Die Grufties gehorchten sogar dann. Enttäuscht stiegen die Robocops in ihre Autos, um dann nach einer Stunde Warten abzufahren. Wir waren einfach nicht für eine Randale zu gebrauchen.

Ob Melanie da erstmals mit Katharina flirtete, weiß ich nicht, jedenfalls war es eine Zeit, in der sich plötzlich jedes zweite schwarze Mädchen mit einer anderen küsste. Sie kokettierten plötzlich mit bisexuellem Verhalten, ob das Elfie war oder Diana und Nina oder, wie ich dann mitbekam, die kleine Katharina. [redacted]. Dass ich noch rief, man könne über alles reden und sie müsse nicht weglaufen, hörte sie nicht mehr oder wollte es nicht hören.

Warum Melanie das gemacht hatte, weiß bis heute keiner. Sie sagte, dass sie mir weh tun wollte, und das ist insofern möglich, da sie sehr genau wusste, dass ich demnächst nach Hause kommen würde. Warum sie dazu aber ausgerechnet Katharina benutzte, ist unklar, denn sie verletzte sie damit sehr. Mich jedoch kratzte es nicht weiter.

Das wiederum zeigte sich, als ich im September auf der Insel war. Melanie blieb auf dem Parkplatz bei einigen Bekannten stehen, da die einen Kasten Bier zum Saufen vor Ort hatten. Ich saß einige Stunden auf einem Podest vor den Klos, als eine augenscheinlich angetrunkene, aber sehr hübsche Frau in einem langen Rock und passender Gothic-Schnürcorsage aus Samt und Spitze sich neben mich setzte und sagte: „Stimmt's, das habe ich nicht nötig." Ich fragte, um was es ginge, und sie antwortete, dass ihr Freund sie schlecht behandeln würde. Ich lächelte und sagte dann, dass sie das wirklich nicht nötig hätte, und wer denn der böse Kerl sei. Als sie „Ragnar" verlauten ließ, spitzte ich meine Ohren, denn Ragnar war der DJ-Kollege von Ørlög und man sagte ihm rechtspolitische Verbindungen nach (die er selbst allerdings nonkonform nannte). Ich begann mich interessiert mit ihr zu unterhalten, dabei stellte sich heraus, dass sie selbst keinesfalls rechter Gesinnung war. Sie war nicht nur sehr ansehnlich, sie schien mir auch wirklich gebildet zu sein. Wir verquatschten uns. Sie sagte, sie hieße Tabea. Sie war 23, mit gelocktem längerem Haar und dunkel geschminkten Augen. Urplötzlich stand die kleine Katharina vor uns und schrie Tabea immerzu an, ob diese etwa mit mir sprechen würde. Als sie es bejahte, lief Katharina theatralisch weg. Wir sahen uns beide fragend an und zuckten mit der Schulter. Was ich nicht wusste, war, dass Katharina mit Tabea zu der Zeit ähnlich verkehrte wie mit Melanie und nun im doppelten Sinn sauer auf mich war. Tabea wiederum wusste nicht, dass ich der fiese Typ war, von dem ihr ihre Katharina erzählt hatte.

Melanie kam erst gegen Morgen in die Disco, da war sie aber wie immer betrunken.

Melanie hatte seit dem Frühjahr eine Halbtagsarbeitstelle als Arzthelferin im Wedding angenommen, das führte wenigstens zur Entspannung bei unseren finanziellen Problemen. Seit dem Sommer jobbte sie nun sogar aushilfsweise im Duncker an der Bar. Ruby hatte ihr den Job besorgt, da sie selbst dort während des Dark Mondays arbeitete.

Jetzt hatten wir auch Geld genug, um zu Konzerten zu fahren. Deshalb sahen wir uns *The Cure* beim *Zillo*-Festival in Hildesheim an sowie *die Ärzte* in der Wuhlheide. Genau genommen war das das beste Rockkonzert meines Lebens, wenn man es vom „Unterhaltungswert" her betrachtet. Was *die Ärzte* in den drei Stunden für ein Feuerwerk an Witz und Entertainment auf ihr Publikum losließen, bleibt absolut ungeschlagen. Die beste Band der Welt hat sich ihren Titel in der Nacht zu Recht errockt. Melanie und ich standen in der ringförmigen Arena, direkt gegenüber der Bühne, ganz oben. Von dort sah man super gut über die Sitzreihen hinab auf die Bühne. Neben uns war ein Werbestand der „APPD" aufgebaut, wir feierten lustig mit den Pogo-Anarchisten, sangen und tanzten zu altbekannten *Ärzte*-Songs.

Da der Weg zum Bierstand allerdings nur kurz war, war Melanie am Ende wieder voll. Als wir dann in der unbeleuchteten Wuhlheide den Ausgang suchten, um zum Auto zu gelangen, behauptete Melanie, den Weg ganz genau zu kennen. Nach zwei Stunden sinnlosem Hin-und-Her-Gelaufe war ich völlig verzweifelt und stinksauer auf mich, dass ich überhaupt auf Melanie gehört hatte.

Zausi sendete seine Version unseres Films in Salzwedel über den Offenen Kanal, wir hatten nämlich unseren Film doch noch fertig geschnitten. Ich konnte die Idee nicht aufgeben, dass wir unsere Arbeit auf halber Strecke liegen lassen sollten, deshalb besorgte ich mir eine Videoschnittstelle und eine 4-Spurmaschine, eine Kamera hatte ich ja. Zausi und ich kauften die Masterbänder bei Achim frei. Zuerst schnitt ich den Film nach meinen Vorstellungen, ich suchte in Eigenregie die Szenen aus, die mir gefielen, und mixte dazu einen Soundhintergrund aus meinem persönlichen CD-Archiv. Ein paar kleine Tricks und Besonderheiten ließ ich mir noch dazu einfallen, um das Ganze optisch aufzuwerten. Als ich das Ergebnis Zausi vorspielte, kam es zum Eklat, er wütete herum und bemängelte meine Szenen- und Soundauswahl. Ganz besonders zog er sich an einem Black-Metal-Track hoch, den ich zur Unterstützung einer Kampf- und Fechtszene eingesetzt hatte, mir erschien unser unprofessionelles Rumgehopse wie die Comicausgabe von Billig-Stuntmen. Ich versuchte mit der schnellen Musik etwas Action zu erzeugen. Zausi sah das als Verrat an: Metal in einem Gothic-Movie, das war zu viel für seine zarte Endzeitromantikerseele. Aus diesem Grund nahm er nun die Bänder und schnitt seinerseits einen Film, diesen zeigte er nun voll stolz im Lokalfernsehen.

Die Arbeit an dem Film war mir von Nutzen, es sprach sich herum, dass ich das Equipment und das nötige Können hatte, um zum Beispiel Konzertmitschnitte bei Bands zu tätigen. So kamen mehrere Berliner Gothicbands auf mich zu und baten mich um Unterstützung. Ich filmte *Korbak*, eine Band unseres französischen Freundes Franck. Aber auch die *Vermilion Fields*, *die Untoten* und *Seelenkrank*. Zu *Seelenkrank* tanzten im Hintergrund zwei Girls in Lackklamotten, die eine war die Tussi, die schon auf der Insel mit ihrem Lackbody für einen Mordsspaß gesorgt hatte, und die andere tanzte im knappen Lackmini. Dieser rutschte ihr versehentlich zu hoch und im Schwarzlicht erleuchtete nun für alle sichtbar ihr weißer Baumwollslip. Ein schicker Anblick, jedenfalls für Schlüpferfetischisten. Die Videoaufnahme war dadurch eher ein schlechter Lehrfilm für die „*Gruftschlampen*".

Mit der Vierspurmaschine habe ich noch ein paar Soundcollagen produziert, das machte viel Spaß. Ich hatte mir noch ein digitales Effektgerät gekauft und mischte mir jetzt aus Filmzitaten und verzerrten Soundfetzen bekannter Lieder eigene Tapes, alles klang wie Noise oder Industrial.

Mein Hauptwerk blieb jedoch das Fotografieren; ich hatte bereits eine beachtliche Sammlung destruktiver Fetischfotoarbeiten, hauptsächlich von Melanie, erstellt. Langsam schien mein Freundeskreis dies ernst zu nehmen, denn zum Geburtstag schenkten mir alle plötzlich irgendetwas, was mit Erotik im weitesten Sinn zu tun hatte. Vor allem aber Bildbände diverser Photokünstler.

Ich gab eine Party, ihr diesjähriges Motto lautete „Die Mafia lädt ein". Dementsprechend kamen alle Männer als Mafiosi verkleidet, die Frauen sahen nach 20er-Jahre-Italoamerikanerinnen aus. Wir hörten die *Comedian Harmonists* und *Zarah Leander*, dazu versuchten wir, stilvoll zu tanzen. Als Tanzbär an der Tür klingelte, rissen Quadri und Björn, sein Kumpel, die Tür auf und hielten ihm ihre Pseudoknarren an den Kopf, dabei fragten sie ihn drohend, wer ihn geschickt hätte. Der arme Tanzbär guckte sehr verschüchtert.

Auf meinem Wohnzimmertisch lag ein Berg Puderzucker; wir luden Tanzbär ein, sich von dem „Koks" so viel zu nehmen wie er wollte, Tanzbär wollte aber nicht. Deshalb zog wieder jemand eine „Waffe" und fragte ihn, ob er etwa Zivibulle sei …

Ein eigentlich schöner Abend, nur Uwe, den ich auch eingeladen hatte, saß ziemlich verloren zwischen uns und machte einen auf einsame, intellektuelle Seele. Und Flöter zeigte im Suff später seine Aggressionen, indem er plötzlich nach meinen Gästen trat und eine versucht sarkastische Art an den Tag legte. Er war einsam in Salzwedel und das brach immer öfter hervor, wenn er soff.

Eine innere Freude hatte ich aber, als das Telefon klingelte und Tabea mir zum Geburtstag gratulierte. Ich hatte sie noch ein- oder zweimal auf der Insel getroffen und wir unterhielten uns jedes Mal stundenlang. Zum Schluss sah ich sie mit der kleinen Katharina bei Mausepauls Geburtstagsfete ein paar Tage vor der Mafiaparty. MoPau hatte ihren 25. im neuen „Gerald-Philipe-Club" groß zelebriert. *Sepulcrum Mentis* spielten und es kamen unglaublich viele Leute, die Hälfte davon kannte sie sicher nicht einmal. Als ich Tabea entdeckte, wusste ich, dass ich nicht umsonst auf dieser Party war. Tabea und ich redeten ein wenig miteinander, mehr war nicht und doch beflügelte es mich ungeheuer, hatte sie mir doch zum Abschied so etwas wie einen Kuss zugehaucht.

Melanie half an der Bar aus und war wie üblich am Ende besoffen. Sie lag dann zu Hause im Bett und wollte immer noch Geld kassieren für fiktives Bier, was sie in ihrem Delirium gerade herausgab. Wie oft ich ihr auch versuchte zu erklären, dass ich bestimmt kein Bier von ihr bekommen hätte, sie beharrte auf das Geld, bis sie endlich ins Koma fiel.

Ein paar Tage vor Weihnachten luden Melanie und ich Tina, Bex und Uwe ein. Wir hatten eine Ente von Melanies Eltern mitgebracht und Bex sollte den Chefkoch geben. Warum ich überhaupt Uwe eingeladen hatte, weiß ich nicht mehr, eigentlich dürfte ich nie wieder mit ihm reden, wir hatten uns im Grunde nichts mehr zu sagen. [redacted]". Eigentlich ein Satz, für den ich ihm in den Arsch hätte treten sollen, ich war aber über so viel Ignoranz schlichtweg sprachlos. Seitdem schwiegen wir uns an. Auch auf der Mafiaparty tat er unnahbar, als würde er weit über uns albernen Grufties stehen. Als Bex dann während des Kochens sein Koks auf den Tisch streute, um sich gemeinsam mit Uwe und Tina weiße Näschen zu machen, war mir der Appetit vergangen. Ihre Art, nach dem Koksen zu reden, widerte mich an! Wir hatten uns längst verloren, konnten es uns nur nicht eingestehen. Ich wollte es nicht wahrhaben ...

Das Weihnachtsfest verbrachten wir wieder im Wechsel, zuerst bei Mels Eltern. Ihre Mutter musste ihren Vater zuvor jedoch genau instruieren, da ich im Vorfeld ankündigte, dass ich auf der Stelle nach Grimmen fahren würde, sollte jemand zu besoffen sein,. Es ging mir einfach aufs Schwein, wenn mir Sigmund jedes Mal von vorn seine Jugend- und Armeegeschichten zu erzählen versuchte, dabei aber so betrunken war, dass ihm der Text fehlte. Ich kannte die Ereignisse ja schon und ergänzte ihm dann seine Gesprächslöcher. Melanies Mutter bin ich nie wirklich nah gekommen, sie wirkte wie eine verbitterte Hausfrau voller Missgunst. Einzig Melanies kleiner Bruder Christian war der Lichtblick, ich saß mit ihm vor seinem PC und ließ mir zeigen, wie man dies oder jenes tat.

Bei meiner Familie sorgten wir während der Bescherung für einen kollektiven Lachanfall. Ich hatte von allen Mitgliedern Fotos gemacht und diese mit dem PC gemorpht und ausgedruckt. Als wir sie verteilten, begann ein ohrenbetäubendes Lachen, jeder wollte den Comic des anderen sehen, um sich darüber an den Rand eines Herzinfarktes zu lachen. Ich machte mir zwischenzeitlich Sorgen um meine Großeltern.

Ende Januar telefonierte ich mit Tabea, ich besuchte sie in ihrer Wohnung in Erkner. Nach dem Besuch war mir klar, es ist vorbei mit Melanie und mir, endgültig wusste ich, dass ich so nicht weiter leben wollte. Am nächsten Tag ging ich zu Richel und Mausepaul, sie waren immerhin unsere Trauzeugen, und erklärte mich ihnen. Einen weiteren Abend später beendete ich meine Beziehung zu Melanie.

Sie war geschockt, weinte hysterisch, sie tat mir leid. Ich weinte auch, denn mit meiner Ehe verlor ich auch Fenris, unseren Hund und einen Traum, den es nie in Wirklichkeit gab, den Traum einer eigenen Familie ...

Berlin, ein neuer Anfang

Manchmal muss man alles zerstören, um zu überleben
(Hintergrundmusik: Hannibalsoundtrack)

Alles wurde schlagartig anders. Ich verlor nicht nur meinen Hund, ich verlor auch fast meinen gesamten Freundeskreis. Dafür aber gewann ich alles in einer Person neu: Tabea wurde meine Liebe, sie wurde aber auch mein Freund.

Ein paar Tage, nachdem ich die Beziehung zu Melanie beendet hatte, reisten wir auf deren Wunsch gemeinsam nach Salzwedel. Sie wollte ihren Eltern das Drama nicht an ihrem eigenen Geburtstag eingestehen. Nach zwei Tagen hielt ich es aber nicht mehr aus und fuhr allein zurück nach Berlin. Fenris nahm ich mit, da ich Melanie nicht mit dem Hund allein Bahn fahren lassen wollte.

Ich packte ein paar Sachen und mein Sauerstoffgerät ein, dann fuhr ich zu Tabea nach Erkner. Sie erwartete mich mit Herzklopfen, Kerzenschein, Räucherstäbchen und Tee. Selbst ihre Wohnung empfing mich, als wäre es meine. Es gab tatsächlich ein paar direkte Übereinstimmungen, wir hatten nicht nur teilweise gleiche Poster an den schwarzen Wänden, sie hatte in ihrer gesamten Ästhetik denselben Einrichtungsstil, wie ich es liebte. Ich fühlte mich sehr schnell wohl bei ihr. Ihre Plattensammlung erschien wie die Ergänzung der meinigen und in ihrem Bücherschrank standen ähnliche Werke.

Sie lebte allerdings nicht wie ich im Altbau, sondern im 6. Stockwerk eines Neubaus, ich musste erheblich viele Treppen steigen, wollte ich zum Ziel meiner Träume gelangen.

In ihrer 3-Raum Wohnung hatte sie ein extra Zimmer für „Rüdiger“, den Rattenkönig, und ein 600-Liter-Aquarium, in dem zwei Schildkröten lebten.

In den ersten Tagen und Wochen hatten wir unglaublich viel zu erzählen. Manchmal erschien es uns, als würde sich die Welt aufgehört haben zu drehen. Wir lagen auf ihrem Bett und hörten *The Cure* … es war nur „Faith“, aber wir hatten den Eindruck, dass der Song seit drei Stunden laufen würde.

Ständig brannte irgendwas in ihrer Wohnung, wir vergaßen beim Träumen nämlich, uns um die Kerzen zu kümmern, wir vergaßen einfach alles, es existierten nur noch wir zwei.

Tabea musste dann allerdings zur Arbeit, sie war Physiotherapeutin in einem Krankenhaus, in dem vorwiegend alte Menschen lagen, sie behandelte Schlaganfallpatienten und nahm das sehr ernst. Überhaupt war ihr Interesse besonders dem medizinischen Bereich vorbehalten. Sie interessierte sich auch für mein Mukoviszidose-Problem und versuchte hier und da, physiotherapeutische Behandlungsmethoden anzuwenden, um meine Körperhaltung zu verbessern.

Ich rief bei Bex und Tina an, um mit ihnen über mein neues Glück zu reden. Bex ging jedoch nie ans Telefon, zurückgerufen hat er auch nie. Richel und Mo-Pau wurden distanziert, genau wie Ruby und Quadri. Der Preis war hoch, aber ihn zu zahlen, war ich bereit.

Tabea brachte mich zur S-Bahn, denn ich hatte Melanie mein Auto geborgt. Auf dem Weg dahin flötete sie plötzlich: „Ich bin aber eine Luxusfrau, du musst mir viel bieten!“ Ich saß in der Bahn und grübelte. Am nächsten Tag blickte ich Tabea in die Augen und antwortete: „Und ich bin übrigens ein Luxusmann, das solltest du nicht vergessen.“ Tabea schluckte und schien jetzt auch zu grübeln.

Melanie war ein Wochenende fort, ich nahm Tabea also erstmals mit in meine Wohnung, sie sollte sich ein Gesamtbild über mich machen können. Wir schliefen die Nacht auf dem Gästebett, morgens dann ging plötzlich die Tür auf, Melanie war viel früher als angekündigt nach Hause gekommen. Sie ging wortlos in die Küche und machte sich dort zu schaffen. Nach einer kurzen Weile rief sie uns zum Frühstück. Sie hatte tatsächlich für drei gedeckt. Ich war überrascht, wie sehr sie die Contenance bewahrte. Umso irritierter war ich über die Reaktion von Tabea, diese weigerte sich, mit Melanie an einem Tisch zu sitzen, sie weinte sogar. Schließlich gab sie doch nach.

Das erste Mal, dass es zu einer fragwürdigen Szene zwischen ihr und mir kam, war, als ich Montagabend zum Duncker fahren wollte, um meinen Taxijob bei Ørlög zu erledigen. Tabea konnte nicht mit, da sie ja morgens arbeiten musste. Sie stellte sich vor die Wohnungstür und versuchte, mich am Gehen zu hindern, sie weinte wieder. Da ich aber meinen Job nicht aufgeben wollte, musste ich mich irgendwie durchsetzen. Es fiel mir schwer, aber ich ging dann doch.

Dieses Prozedere hatten wir jedes Mal, bevor ich endlich loskam, natürlich immer zu spät. Ralf war irgendwann wirklich abgenervt von meinen Ausreden.

Kurz nachdem ich mich nach Erkner zu Tabea zurückgezogen hatte, erschien bei ihr in der Wohnung Boris Geilert, ein Fotograf einer Agentur, die Fotos von verschiedenen Gothics machen wollten, um diese in einem Buch zu veröffentlichen. Als Boris mich sah, fragte er, ob er mich ebenfalls fotografieren dürfte, ich willigte ein und so entstanden die ersten Bilder von Tabea und mir. Wir hatten jetzt Hochglanz-Starfotos von uns beiden.

Ein paar Tage später kamen zwei Leute, um uns zu interviewen, unsere Statements wurden in dem Buch „Die Gothics“ von Klaus Farin abgedruckt. Klaus war ein netter Typ, wir bekamen zwar kein Geld, aber in seinem Archiv der Jugendkulturen e.V. in Kreuzberg standen einige Bücher, die er geschrieben hatte. Wir konnten ein paar kostenlos mitnehmen.

Unglaublicherweise entstand jetzt weltpolitisch eine mir unverständliche Situation. Tabeas Mutter rief uns an und forderte uns auf, den Fernseher einzuschalten. Den hatten wir faktisch nie an, da uns beide das TV-Programm nicht interessierte. Als wir dann die Nachrichten sahen, versuchte man, dem deutschen Volk die Notwendigkeit zu erklären. Kurz gesagt: Wir waren im Krieg. Alles hätte ich mir vorstellen können, aber nicht, dass, wenn Deutschland von den Grünen und den Sozialdemokraten regiert würde, wir einer anderen Nation den Krieg erklären würden. Bomben für den Frieden auch in meinem Namen?! Gefragt hatte mich keiner. Aber in einer Zeit, in der über einer Kirchentür (in Rüdersdorf) noch der Spruch „Arbeite und bete" stand, in einer solchen Zeit war wohl noch alles möglich, ein Krieg eben auch, wir sind scheinbar keinen Schritt weiter gekommen.

Als Reaktion auf den Kriegszustand führten wir eine Antikriegsparty im Samakeller durch. Ich legte Flyer aus, auf denen ich dazu aufrief, deutsche Soldatengräber zu schänden, als Reaktion auf den aufstrebenden deutschen Militarismus. Der Flyer jedoch war den Betreibern des Samakellers zu heiß und sie forderten mich auf, ihn zurückzuziehen. Es sollte eigentlich eher eine zynische Warnung sein als tatsächlicher Aktionismus, aber ich ordnete mich deren Bedenken unter.

Tabea und ich versuchten uns einander zu nähern, es kam dabei aber häufiger zu Spannungen, da sie und ich völlig verschiedene Ansichten über das Zusammenleben zwischen Mann und Frau hatten. Ich war nach fast fünf Jahren mit Melanie gewohnt zu bestimmen, Tabea wollte jedoch als Luxusfrau selbst bestimmen oder wenigstens alles absprechen. Sie zwang mich in ihrer viel zu engen Küche, mit ihr gemeinsam den Abwasch zu tätigen. Bestand darauf, dass ich im Sitzen zu pinkeln hätte, und wollte in der Videothek den Film fürs Abendprogramm aussuchen. Ich war es gewohnt, dass Melanie sagte: „Hol mal nen Film"; ich suchte dann aus, was mir gefiel. Mel hatte das nie in Frage gestellt.

In Beas Nachttisch lag das S/M-Handbuch. Ich dachte zunächst, sie hätte es sich bei mir ausgeborgt und vorher nicht zu fragen getraut. Als ich sie ansprach, wurde sie nervös und schloss die Schublade. Es stellte sich heraus, dass es ihr Exemplar war, meines stand zu Hause im Schrank. Ich grinste sie verheißungsvoll an.

Als ich sie dann beim Sex unterwerfen wollte, kam es zum Eklat. Tabea erschien es unmöglich, sich von einem Mann dominieren zu lassen. Wir begannen fast, um die Vormachtstellung zu ringen. Ich bin aber in keiner Weise submissive, also gab ich nicht auf. Irgendwann begann sie zu weinen.

Ich ließ das Thema erst einmal ruhen, fragte mich aber, was sie mit der 2 Meter langen Ochsenpeitsche wollte, die vorwitzig unter ihrem Schrank hervorlugte.

Merkwürdigerweise interessierte sich Tabea zudem intensiv für meine Fotokunst, insbesondere für die Bilder, auf denen Frauen als devote Opfer gezeigt wurden.

Tabea interessierte sich für all meine Kunst, sie las die Gedichte und wollte sie in ihrer Wohnung ausstellen, andererseits reagierte sie mit einer Art hysterischer Eifersucht, wenn sie spürte, dass der eine oder andere Text an jemanden persönlich gerichtet war und sie sich damit demzufolge nicht identifizieren konnte.

Ich schrieb eine Kurzgeschichte, sie bezog sich ursprünglich auf eine mir aus einem Internetchat bekannte Masochistin. Ich chattete nämlich gern in S/M-Chatrooms und hatte einige virtuelle Bekannte. In der Story ging es um ein frisch verliebtes Paar; der Mann verriet seine Frau und verkaufte sie an einen anderen Mann, dieser misshandelte sie auf brutale Weise. Nicht wirklich feministisch. Tabea las die Zeilen und interpretierte sie auf ihre Weise … Als ich für ein paar Tage im Krankenhaus war, ließ sie sich ihre Brustwarzen piercen, genau, wie es in der Geschichte beschrieben stand. Ihre Fantasien schienen ganz andere Wege zu gehen als ihr reales Bewusstsein es zulassen konnte. Ich war irritiert. Sie war die Miss Verständnis in Person!

An ihrem 24. Geburtstag lernte ich die meisten ihrer Freunde kennen, dazu ihre Mutter und ihren Bruder. Dieser war ein kleiner Skinhead, obwohl klein definitiv nicht richtig ist: Ulli war ein Zwei-Meter-Bursche. Ihre Ma war nett, aber man spürte eine gewisse Zurückhaltung, sie schien mich zu beobachten. Es kam noch eine Stiefschwester von Tabea, Sandra. Diese war eine ehemalige Zecke und etwas älter als Tabea. Ihre Schulfreundin Angie war mit ihrem Freund Marko gekommen. Diesen Typen kannte ich aus ganz frühen Liveclub-Zeiten. Zwei Arbeitskolleginnen waren auch noch da und ein Typ, der sich als absoluter Idiot herausstellte. Es war der Depp, der beim letzten WGT unsere Fahne anzünden wollte, Hessel. Der Mann erzählte einen so heftigen politischen Schwachsinn, als er später betrunken war, dass ich überlegte zu gehen.

Nach dem Geburtstag unternahmen Tabea und ich eine kleine Reise. Das Ziel war Prag, aber wir übernachteten eine Nacht in Dresden bei Siegi in der WG. Weil es ausgerechnet der Tag war, an dem in Dresden eine Darkwave-Party lief, entschlossen wir uns, dort auch noch hinzugehen.

Am nächsten Tag reisten wir weiter Richtung Prag. Unterwegs säumten einige Prostituierte den Straßenrand. Tabea machte mir eine heftige Szene; sie behauptete, dass ich extra nur wegen den Nutten durch die Orte fahren würde und zudem auch noch betont langsam. Ich war sprachlos, so einem Unsinn stand ich einfach hilflos gegenüber. Nachdem ich endlich auf irgendeine Scheißautobahn ohne Nutten gefahren war, beruhigte sie sich wieder und hörte auf zu heulen.

Der Rest vom Tag war dann sehr schön, wir schliefen in einem kleinen Hotel und erkundeten am nächsten Tag weiter Prag. Einen bitteren Beigeschmack hinterließen allerdings allerorts aufgehängte Plakate, in dem der Krieg als Krieg gegen das gesamte slawische Volk verstanden wurde. Das NATO-Symbol war mit einem Hakenkreuz kombiniert.

Zur Maidemo kam sie mit, allerdings merkte man, dass sie dort fehl am Platz war. Lieber wäre ich allein auf der Demo, dann müsste ich mich nicht immerzu um sie sorgen.

Am selben Abend holten wir uns von einem Bekannten von mir Kinga für drei Wochen. Kinga war eine Rhodesian Rigdebackhündin aus dem Wurf, den Melanie und ich im Vorjahr bewunderten. Der eigentliche Besitzer wollte in den Urlaub, also nahm ich die kleine Hundedame an mich. Kinga war mit 3 Monaten vors Auto gelaufen und seitdem an der Hüfte lahm. Das tat aber ihrer sonnigen Seele keinen Abbruch. Da ich ja Fenris wohl oder übel bei Melanie lassen musste, wollte ich einen neuen Hund. Tabea hatte noch nie einen Hund und konnte somit an Kinga „üben“, wie es mit einem Hund im Haus wäre. Grundsätzlich liebte sie Tiere, hatte mit Hunden nur keine Erfahrungen. Auf der Hundeausstellung blieb sie am längsten bei den Rottweilern und den Doggen stehen, ich schloss allerdings Rottis für mich und unsere Familie kategorisch aus.

Da sich Tabea immer wieder das Fotoalbum mit den Aktaufnahmen ansah, fragte ich sie, ob sie Lust auf eigene Bilder hätte. Sie bejahte und es entstanden die ersten Photographien auf einem Weddinger Friedhof kurz nach einem Regenschauer, der uns lästige Zuschauer vom Halse schaffte. So entstanden wirklich schöne dunkelromantische Aktbilder ...

Es war von vornherein klar, dass ich nach Leipzig fahren würde, also kam Tabea mit zum 8. Wave-Gotik-Treffen. Wir bauten unser Zelt in der Nähe meiner Freunde auf, also bei Quadri und Ruby, Pfarrstraßenalex und anderen. Auch Melanie war da, sie zeltete nur zwei Meter von uns entfernt. Das allein war schon Grund genug, um Tabea wieder einmal in Trauer zu stürzen, da ich mich zu oft um Fenris, den Melanie mitgenommen hatte, kümmerte statt um sie. Ich hielt es aber für meine Pflicht meinem Hund gegenüber, denn Melanie vergaß im Suff, ihn zu füttern.

In der Agrahalle traf ich Zausi und Peggy, ich stellte ihnen Tabea vor, Zausi ignorierte sie allerdings ziemlich schroff. Nach fünf Minuten ging jeder seinen Weg. Es war das letzte Mal, dass ich Zausi sah ...

Von Brenner wurde ich zu einer Taufe seiner zweiten Tochter eingeladen, es sollte eine Taufe der besonderen Art sein. Wir wurden an einen kleinen See nördlich bei Berlin geladen, dort sollte ein selbsternannter Gode, also ein Druide, das kleine Mädchen zu einer zukünftigen germanischen Frau taufen. Es wurden Tonfiguren im Kreis am Strand aufgestellt, dann gab es einen Altar mit Essen und ein Horn mit Met. Der Gode tat wichtig, war aber in Wahrheit mehr am Met interessiert als an der Zukunft des Mädchens. Brenner strahlte wie der Sonnengott, seine Frau guckte etwas unverständig, aber zufrieden. Der Rest der germanischen Gesellschaft waren ehemalige Christen auf dem Esoteriktrip mit einer Schar antiautoritär erzogener Kinder.

Ein Grund zur sofortigen Heimkehr. Aber da wir schon mal da waren und der Ort Lagerfeuerromantik mit Mückenstichen versprach, guckten wir dem Treiben zu. Der Gode erinnerte mich zwangsläufig an den Scharlatan vom WGT, aber er hatte nicht mal ein Zelt, dafür ein Methorn, aus dem er begierig soff. Als dann auch noch Brenner und der ganze göttliche Kreis Auserwählter betrunken waren, wurde es Zeit, nach Hause zu fahren. Eigentlich schade, dass Jesus nicht mit einem Ufo kam und allesamt in seiner Arche errettete.

In Berlin stand die Fuck Parade auf dem Programm, wie im Vorjahr zog es mich dorthin. Wir trafen dort auch auf Melanie und ihren kleinen Bruder Christian. Gemeinsam tanzten und stolperten wir durch die Straßen von Berlin-Mitte. Ich hatte mir ein passendes Outfit zugelegt und war wie ein Terrorist gekleidet. Leider fand das die Polizei eher unpassend und wusste nicht so recht, ob ich nun gegen das Vermummungsverbot verstoßen würde oder ob es in Anbetracht der zeitgleich stattfindenden Love Parade ein angemessenes Erscheinungsbild sei. Irgendwie guckten mich aber die Gabber-Industrial-Technofreaks genauso irritiert an. Sie wussten nicht so recht, was das sollte, was ich sehr schade fand und deshalb früher abhaute.

Tabeas Sommerurlaub verbrachten wir am Strand von Zudar, dem alten Zeltplatz aus meiner Kindheit. Wir lasen uns gegenseitig unsere Lieblingskinderbücher vor. Ich natürlich die rote Zora, dafür musste ich mir im Gegenzug den kleinen Prinzen vorlesen lassen. Unter uns gesagt, ich halte das für ein Buch, das nur vom weiblichen Gehirn verstanden wird, auch wenn es ein Mann geschrieben hat.

Dann fuhren Tabea und ich für eine Nacht nach Amsterdam. Ich war ja ne ganze Weile nicht mehr da und war neugierig, außerdem kiffte Bea auch ab und an, und ein Stück Dope im Schrank zu haben, schadet nie. In Amsterdam kaufte ich mir die teuersten Stiefel meines Lebens, sie kosteten ganze 420 Gulden, das waren gute 400 D-Mark! Dass es ein Jahr später New Rocks auch in Deutschland gab, ärgerte mich natürlich. Aber die Stiefel waren so was von cool, dass ich diesen Mörderpreis zahlte.

Seit einiger Zeit war für Tabea und mich klar, dass wir einen Hund haben wollten. Aber einen neuen Ridgeback wollte ich nicht, weil ich ja Fenris ab und zu in Pflege hatte, und Fenris war der schönste Ritschi aller Zeiten. Auch einen Rottweiler schloss ich aus, also blieb nur die Königsklasse, eine deutsche Dogge.

Irgendwann lasen Tabea und ich, dass bei Nauen jemand Doggenwelpen anbot. Nicht ganz 1.000 D-Mark sollten sie kosten. Wir holten uns das Geld als Dispositionskredit von der Sparkasse und fuhren zu den Züchtern oder in diesem Fall Hundevermehrern. Da uns die angebotene schwarze Dogge so sanft und bittend ansah, gaben wir das Geld und ließen die fast 5 Monate alte Dogge in unser Auto tragen. Unterwegs glaubten wir, sie würde an einem Schock sterben, ihr lief vor Panik der Speichel in Sturzbächen aus dem Maul.

Als wir endlich in Erkner landeten, sprang der Hund zwar zunächst aus dem Wagen, aber von da an blieb er wie ein Esel stehen. Die „Babydogge" war immerhin schon so groß wie eine Ziege und wog gute 35 Kilo. Sie warf den Anker aus und bockte. Tabea und ich waren ratlos, im Dunkeln standen wir nun mit dem Hund vor dem Wohnblock und wussten nicht weiter. Irgendwann trugen wir sie zu zweit hoch, die gesamten sechs Stockwerke. Schön, dass wir nun eine Dogge in der Wohnung hatten, wir tauften sie Freya. Was aber, wenn Freya mal Pipi musste? Sie weigerte sich strikt, irgendwo hinzugehen außer zu dem Futternapf. Wir trugen Freya tagelang zu zweit hoch und runter. Waren wir unten, freute sich die olle Ziege, wie schön grün die Welt sein konnte, sie kannte ja scheinbar nur Beton. Ans Pinkeln dachte sie nicht. Es ging so weit, dass Tabea sich ins Gebüsch hockte und vorpinkelte, um den Hund zu animieren. Freya ließ soviel Engagement aber kalt, sie pinkelte lieber oben, auf Beas Teppich. Nach und nach gewöhnte sich aber der nicht wirklich kleine Hund an uns, hörte schon mal auf seinen Namen und entschloss sich auch, die Treppen selbstständig hoch zu laufen. Nur das Pipimachen, das wollte nicht in Freyas Erbsenhirn, sie konnte nicht verstehen, warum man nicht in seine Wohnung pissen sollte; draußen war es ihr wohl zu schade.

Traurig guckte sie uns mit ihren bernsteinhellen Augen an. Diese fragten immerzu, warum wir böse wären. Freya hatte allerdings ein

Hobby, sie guckte gern Fernsehen, und am liebsten sah sie die Teletubbies. Freya war ein so sanfter Hund …

Eine Woche, nachdem wir – unüberlegt, aber niemals bereut – Freya gekauft hatten, gab Richel eine Riesengeburtstagsnachfeier in Bademeusel. Das war der neue Wohnort von Mo-Paus Eltern, die hatten ein neues christliches Heim zu leiten. Wir reisten mit Kind und Kegel bzw. Hund und Zelt an.

Richel gab eine Gemeinschaftsparty mit ein paar anderen. Es waren wieder unglaublich Viele gekommen, der Ort war allerdings auch wie prädestiniert für ein kleines Festival. Wir hatten mit Melanie das Geld für ein Geschenk zusammengelegt. Ich kaufte einen riesengroßen Dolch. In Richels Hand jedoch gerade mal ein angemessenes Taschenmesser.

Abends versuchte ich ein klärendes Gespräch mit Quadri und Ruby zu bekommen, musste aber leider erfahren, dass diese keinen tieferen Redebedarf hatten. Ich verzweifelte an der Unnahbarkeit meiner Freunde. Melanie schien immense Vorarbeit geleistet zu haben, vielleicht war es aber auch irgendein anderer Scheißgrund, warum sich alle anderen so abgewandt hatten. Ich wusste es einfach nicht. Todtraurig lag ich allein abseits der Party im Gras und weinte den Sternenhimmel der milden Nacht an. Melanie war irgendwann wie üblich betrunken und Fenris schaute mich traurig an. Sein Blick war klagend, er bedeutete „du Verräter“. Mit Freya spielte er nie, so sehr sie ihn auch anbettelte, doch ein liebes Hündchen zu sein. Fenris ignorierte Freya. Vielleicht ist Freya auch deshalb nie so richtig MEIN Hund geworden, weil ich, als wir sie kauften, mit dem Herzen noch bei Fenris war?!

In Erkner besuchte mich der Flöter, es war auch hier nicht anders als bei den restlichen Freunden, wir hatten uns zwar eine ganze Weile nicht mehr gesehen, aber wir schienen uns auch nichts mehr zu sagen zu haben. Unsere Welten waren voneinander abgedriftet. Es war das letzte Mal, dass ich ihn sah, ich hörte später immer nur Geschichten, in denen er sich halbwegs um den Verstand gesoffen hätte.

★

Am 2. November 1999 wurde ich 30 Jahre alt. Das ist normalerweise eine Begebenheit, die bei vielen Entsetzen hervorruft. Meistens wird diese chronologische Grenze mit dem Beginn des „Alterns“ gleichgesetzt. Bei mir war das etwas anderes, ich war stolz, stolz, es bis zu dieser fast magischen Grenze geschafft zu haben.

Wenn man einer Mutter ins Gesicht sagt auf die Frage, was aus ihrem Baby wird, wenn es drei Jahre ist: „Es muss erst mal drei Jahre werden“, dann ist es ein Grund zur Freude, wenn aus diesem hoffnungslosen Fall ein Mensch von 30 Jahren geworden ist. Für den Menschen, wie auch für seine Familie, ganz besonders aber für seine oder ihre Mutter. Eigentlich hätte also meine Ma die 30 Rosen verdient, die ich als Strauß bekam.

Ich ließ mir am Vorabend von Mo-Pau meine Haare schneiden und einen richtig hohen Iro toupieren. Ich wollte mich an diesem denkwürdigen Tag wohlfühlen, hatte mir sogar eine meiner Lieblingszigarren gekauft. Ich schmauche Zigarren, seit ich auf Gran Canaria war, dort war Tabak billig. Als Ersatz fürs Kiffen ist es akzeptabel, und Schmauchen heißt nicht, in die Lunge zu rauchen, das verstößt gegen den Zigarren-Knigge.

In meinem Leben ist es wichtig, eine Coke und eine gute kurze Zigarre zu haben, dann kann ich entspannt die Zeit genießen. Um es mit Freak-Franks Worten zu sagen: Ich brauche einen Bourgeoisestengel und ne Kapitalistencola. Jawohl, ich gestehe, ich bin ein Bürgersöhnchen ...

Außerdem hab ich mich nicht mit 24 umgebracht, ich bin also ein Pseudogoth! Ich bin nicht einmal am Alkohol, der Syphilis oder wenigstens der Schwindsucht verreckt. Kann also nicht einmal für mich in Anspruch nehmen, ein unverstandener Künstler zu sein. Ich bin ein asozialer kleiner Spießer! Und weil das so schön paradox klingt, habe ich mir auch einen Aufnäher auf meine schwarze Bomberjacke genäht, auf dem steht nun für alle sichtbar „asozial“. Damit das aber nicht nur plakativ ist, habe ich den Aufnäher so angefertigt, dass er den Häftlingsaufnähern aus dem KZ aus der Zeit der Nazis täuschend ähnlich sieht.

Warum ich das so machte? Weil ich es auch heute, 60 Jahre nach Ende der NS-Diktatur, nicht verstehe, dass irgendwer anderen Menschen deren Freiheit beraubt, nur weil die sich für einen anderen Lebensweg als dem von der willfährigen Masse bevorzugten entschieden haben. Egal wie verrückt ein Lebensentwurf auch sein mag, jede(r) hat das Recht, auf seine oder ihre Art zu leben. Und da es schon immer Menschen gab, die eben nicht mit dem Strom mitschwammen, sondern eigene Wege gingen, gab es auch schon immer Verbrechen wie Pogrome oder andere Ungerechtigkeiten gegen eben jene Außenseiter. Der Berühmteste ist ein gewisser Jesus, aber den als asozial zu deklarieren, gleicht einer Götterdämmerung im Okzident.

Den krassesten Höhepunkt, jedenfalls in der Verfolgung Anderslebender, haben die Nazis erreicht. Sie hatten nicht nur Juden oder Kommunisten, Sozialdemokraten, oppositionelle Christen oder Homosexuelle in KZs ermordet, es gab auch Menschen, die unter dem so genannten schwarzen Winkel in den Lagern bis zum Tode gequält wurden. Ihre Mordmaschine war durchorganisiert. Menschen wurden nicht nur einfach so liquidiert, man hat sie vorher „schön" nach farbigen Zeichen sortiert, um alles fein säuberlich aufschreiben zu können. Gelb für die Juden, Rot natürlich für Kommunisten, da war klar, dass Rosa an die Schwulen ging, und so genannten Asozialen wurde eben ein schwarzer Winkel an die Häftlingsuniform genäht. – Wer die eigentlich Asozialen waren und sind, steht außer Frage!

Heute jedenfalls finde ich es eine bodenlose Ungerechtigkeit, dass jede dieser verfolgten Gruppen ein eigenes Denkmal bekommt. Da werden unglaublich viele Millionen Euros für ein Mahnmal für die ermordeten Juden ausgegeben, als wäre damit irgendetwas ungeschehen zu machen. Dann beklagt sich der Sinti- und Roma-Zentralrat – natürlich wird denen ebenfalls ein Denkmal versprochen, wonach auf der Stelle vom Verband der Homosexuellen ihr ebenfalls vorhandener Anspruch eingeklagt wird. Nur die mit dem schwarzen Winkel, um die schert sich niemand, Menschen ohne festen Wohnsitz haben keine Lobby, auch Straßenmusikanten, Prostituierte, Spieler, entartete Künstler oder von zu Hause entflohene Kids sind ohne gesellschaftliche Achtung allein auf sich gestellt. Am Ende sagt der Bürger dann, die waren doch selbst schuld, wer nicht arbeiten will, gehört ins Arbeitslager … so einfach ist das, auch heute noch.

Nicht, dass das falsch verstanden wird, ich habe prinzipiell nichts gegen Denkmäler, die das Vergessen der NS-Verbrechen verhindern, ich verstehe nur nicht, warum bei den Toten Unterschiede gemacht werden. Ein gemeinsames Mahnmal und eine echte Auseinandersetzung mit der „Schuldfrage" hielte ich für sinnvoller. Erst wenn jeder Deutsche die Notwendigkeit mit der Auseinandersetzung der Schuldfrage bei sich selbst entdeckt hat und damit verbunden seine historische Verantwortung als Weltbürger und speziell als Deutscher erkennt, erst dann sind wir Deutschen vielleicht irgendwann frei von der Schuld an den Kriegsverbrechen unserer Großeltern. Von Verantwortung im Allgemeinen ist allerdings niemand frei. Verantwortung über sich selbst, vor sich selbst, um dann auch Verantwortung im Notfall für andere übernehmen zu können, halte ich für eine der primären Aufgaben im Leben.

Vielleicht bin ich in den Augen einiger asozial, denn ich bin krank, schwerkrank sogar, ich bin links(radikal?), ich bin sexuell gesehen krank, denn Sadomasochismus gilt in Deutschland als Störung, ich konsumierte Drogen, mein Kleidungsstil widerspricht der aktuellen Mode und ich verweigere das trendorientierte Konsumverhalten. Ich lebte in einem baufälligen, besetzten Haus, hatte Läuse und die Krätze, bin geschieden, fotografiere Szenen mit pornografischem Ausdruck, zeichne und texte Pornografie, ich halte Hunde wie viele Obdachlose auch und ich bin tätowiert, außerdem bin ich Okkultist. Reicht das oder muss ich noch erwähnen, dass ich beschnitten bin?

Wenn all das oder auch nur ein Segment dessen ausreicht, um als Asozialer zu gelten und in ein Internierungslager gebracht zu werden, dann bin ich von Herzen gern ein Asozialer und trage den Winkel mit Stolz!

Gedanken springen – doch der Schmerz bleibt
Manchmal bin ich glücklich, traurig zu sein
EA 80

All das waren vielleicht meine Gedanken, als ich mich an meinem Geburtstag auf den Weg machte, um im Kreise meiner Familie zu feiern. Natürlich kam ich wieder zu spät. Ich komme immer zu spät, meist eine Stunde, manchmal hatte ich das Gefühl, meinem ganzen Leben eine Stunde hinterherzulaufen. Ganz besonders hat Bea darunter gelitten, sie nahm es sehr persönlich, wenn ich sie von ihrer Arbeitsstelle 10 oder 15 Minuten zu spät abholte.

Meine Familie schien diesmal auch kollektiv beleidigt zu sein, denn als ich freudig aus meinem Auto stieg, sagte Gritt, ich solle mal die Augen zumachen. Da ich dachte, es handelte sich vielleicht um eine Geburtstagsüberraschung, tat ich das auch. Urplötzlich wurde mir jedoch ein Plastiksack über den Kopf gezogen, dieser hatte ein Loch, so dass mein Kopf wieder an der abendlichen frischen Luft war. Bewegen konnte ich mich jedoch nicht mehr, es war auch zu spät, denn als ich meine Augen öffnete, kam mit voller Wucht eine Torte in mein Gesicht geflogen. Gritt drückte diese dann noch fest in mein erstauntes Face, wehren konnte ich mich ja nicht. Dann wurde mir erklärt, das sei die Rache dafür, dass ich nicht wie versprochen zum Kaffee erschienen war.

Als Geschenk bekam ich von ihr und ihrer Familie ein lange geheim gehaltenes Foto in einem Bilderahmen. Es war aus unserem gemeinsamen Norwegenurlaub und Felix hatte es geschossen. Es zeigt mich in kompromittierender Situation. Das Fiese ist, dass ich durch den Bilderrahmen gezwungen wurde, es auch noch zu Hause aufzuhängen. Alle kannten es schon längst und jeder, der es jetzt in meiner Wohnung sieht, lacht unweigerlich; ich bin nicht amüsiert.

Das Allerschönste aber war die Geburtstagskarte meiner Schwester an mich. In ihr brachte sie ihren tiefsten Wunsch zum Ausdruck, mit mir, ihrem kleinen Bruder, alt werden zu können, genau wie jedes ganz normale Geschwisterpaar auch ...

Na ja, nun war ich ja schon 30, und ich hatte mir vorher fest vorgenommen, einmal die Jahrtausendwende mitzuerleben, dem sollte nun nichts mehr im Wege stehen. Seitdem übrigens sage ich immer, wenn ich mal 36 bin und dann das Lebensjahr auch noch überstehe, dann werd ich steinalt und Bex bekommt Recht.

Das Stichwort fiel soeben, Jahrtausendwende oder, wie alle in dem Jahr sagten, Millennium.

Ein Jahr der Superlative neigte sich dem Ende, Jahrtausendwende, Jahrhundertsonnenfinsternis und ich war zehnmal mehr als 3 Jahre alt. Ein Privileg für den, der es erlebte!

Tabea und ich beschlossen, ganz unspektakulär in der Jahrtausendnacht zu Hause zu bleiben, erstens, weil wir beide grundsätzlich keine Volksfeststimmungskanonen waren, und zweitens hätten wir auch die kleine Freya nicht allein gelassen. Also taten wir sogar Melanie den Gefallen und nahmen Fenris zu uns, damit sie jobben konnte. Da der bei Feuerwerk jedoch Panik bekam, haben wir ihn frühzeitig mit Schlaftabletten sediert. Freya guckte ihn komisch an, als er so durch die Wohnung wankte und nicht wusste, wo er schlafen sollte. Er plumpste auf dem Teppich um.

Um Mitternacht schleppte ich dann meine schweren Lautsprecherboxen auf den Balkon, um pünktlich zum befürchteten Weltuntergang um 0.00 Uhr *„Oh Fortuna"* aus *Carmina Burana* in einer Lautstärke, die für die gesamte Bölschestraße ausreichte, zu spielen. Ich glaube, den paar Leuten, die unten auf der Straße ihr Feuerwerk abbrannten, schien das zu gefallen, es klang ja auch sehr pathetisch, dem Anlass angemessen. Dass in dieser Nacht die Welt nicht im Höllenfeuer unterging, ist also, unter uns gesagt, nur meiner kleinen musikalischen Einlage zu verdanken, die Menschheit sollte mir dankbar sein. Aber außer dir und mir und einer kleinen Gruppe elitärer Eingeweihter, lieber Leser, weiß ja auch niemand von meiner altruistischen Tat.

Die Silvesternacht verbrachten wir bereits in unserer neuen Wohnung in Berlin-Köpenick, wir hatten zwar noch nicht alle Tassen im Schrank, aber es reichte zum Wohlfühlen. Den Rest der Möbel holten wir Anfang Januar nach.

Der Gott des Geldes hatte Verständnis für unsere Bedürfnisse, und so kam ich wieder kurz vor einem größeren Umzug durch Zufall und etwas Nachhilfe am Zufall zu einem guten Haufen Kohle. Ende Dezember hatte ich nämlich das persönliche Gespräch mit dem Miethai, der die Dunckerstraße 27 gekauft hatte. Der Typ wollte das Haus kernsanieren und neu vermieten, dazu musste er aber die alteingesessenen Mieter herauslocken. Er versuchte es mit einer finanziellen

Abfindung. Ich grinste ihn an, als er mir großzügig 5.000 D-Mark anbot, das sei die übliche Summe. Ich hingegen schlug die Gasetagenheizung, eine Einbauküche, das Umbauen und das Fliesen des Bades zu Buche. Frech verlangte ich also 18.000 D-Mark. Der Mann schluckte, seine Sekretärin wurde bleich. Er bot 10.000 an, ich forderte mindestens 15.000, bekommen habe ich dann 13.500 D-Mark, die ich natürlich mit Melanie teilte. Woher sollte der Kerl wissen, dass ich die Heizung nie bezahlt hatte? Jedenfalls konnte ich mir so endlich neue Schränke kaufen. Melanie behielt noch einige Möbel aus unserem Besitz, so konnte jeder in Ruhe seinen Umzug tätigen.

Unser eigentlicher Umzug versackte im Chaos, da ich wegen der Rosa-Luxemburg-Demo im Stau stand und meine Eltern deshalb nicht aus der Dunckerstraße, wo sie ein paar meiner Sachen auf den Betriebs-LKW meines Vaters geladen hatten, abholen konnte. Später fand ich nicht die Adresse von Beas Arbeitskollegin und kam mit dieser bei uns an, als der Umzug vorbei war ... Tabea war stinksauer auf mich.

Es war trotz der ersten widrigen Umstände sehr schön, mit ihr in der Bölschestraße in Berlin-Friedrichshagen zu wohnen. Friedrichshagen gehört zu Köpenick und ist eine ehemalige Webersiedlung am Müggelsee. Da beim Angriff auf Berlin im Mai 1945 über den kleinen Ortsteil hinweggeschossen wurde, stehen dort zum Teil noch extrem schicke Bürgerhäuser aus der Jahrhundertwende, ganze Villen, aber auch diese sehr kleinen Weberhäuschen von 1700irgendwas.

Einige kennen Friedrichshagen von der alten Brauerei, denn es wird dort das Bürgerbräu gebraut. Friedrichshagen ist wie eine Kleinstadt mit Künstlerflair bei Berlin. Am schönsten ist aber, dass es überall Wald und Parks gibt, es ist wirklich grün dort und es macht viel Spaß, mit Hunden oder Kindern spazieren zu gehen. Im Frühjahr duftet es nach Akazien und Flieder, im Winter wird die Bölschestraße weihnachtlich geschmückt und erstrahlt dann im romantischen Ambiente. Ich könnte mir kaum einen schöneren Ort vorstellen, an dem ich wohnen wollte ...

Tabea und ich fühlten uns glücklich. Freya, die nun längst nicht mehr so viele Treppen steigen musste, gedieh prächtig zu einer edlen Dogge.

Mir fehlte es zunächst an nichts, einzig Beas Eifersuchtsattacken waren unangebracht. Sie befürchtete, dass ich wieder chatten würde, denn jetzt hatte ich meinen PC vor Ort. Bis dato stand der ja selten benutzt in der Dunckerstraße. Nun nutzte ich die Zeit zum Surfen, wenn sie zur Arbeit war. Ich konnte ja auch kaum etwas anderes tun, sie hatte das Auto in Beschlag, um damit nach Woltersdorf zu kommen. Fernsehen interessierte mich nach wie vor nicht und lesen konnte ich genug, wenn ich im Krankenhaus war, und das war ich ja nun mal regelmäßig.

Chatten war also mein Zeitvertreib. Um ehrlich zu bleiben, es war mehr als das, es uferte aus, wurde fast zur Sucht. Ich hatte dort, vornehmlich in SM-Chats, viel Neues in Bezug auf BDSM (dem offiziellen Kürzel für Bondage/Dominanz/Sadomasochismus) in Erfahrung zu bringen. Oft konnte ich mich nicht lösen, wenn Tabea vom Dienst kam, ich chattete weiter, zuerst heimlich, später dann offen. Häufig ging es aber gar nicht mehr nur um S/M, es war zum Teil wie ein Freundeskreis, nur virtuell, aber wir sprachen über alles Mögliche aus unserem Leben, manchmal tauschten wir auch nur Kochrezepte aus.

Tabea konnte meine Kommunikationssucht nicht verstehen. Sie schien zu wollen, dass ich nur mit ihr redete, erst recht, sobald es um erotische Dinge ging. Dass es längst nicht um Sex allein ging, sondern dass ich gern auch tagsüber mit jemandem geredet hätte, das ignorierte sie. Sie kannte das Problem ja nicht, während sie auf ihrer Arbeit genug mit Kolleginnen und Patientinnen redete, war ich froh, wenn mich auf der Straße jemand nach Freya ansprach.

Niemand ist immer nur Opfer oder nur Täter. Ich war sehr glücklich mit ihr, andererseits auch einsam. Von meinem ehemaligen Freundeskreis kam nie jemand mal auf einen Plausch oder n Feierabendbier vorbei, nicht einmal Richel, der ein Motorrad hatte und am Wochenende viel damit herumcruiste. Ich hatte irgendwie alles und doch fehlte irgendwas.

Da half nicht einmal das *Cure*-Konzert am 16. April 2000 in der Arena in Treptow. Das bisher einzige Konzert, zu dem ich bzw. wir zu spät kamen. Bea brauchte einfach immer zu lange, um sich ausgehfertig zu machen, es war grauenvoll. Stundenlang ging das verzweifelte Gesuche nach dem passenden Outfit, nicht nur einmal endete es in sinnlosem Geheule oder Gezicke. Merkwürdigerweise war ihr da egal, ob wir zu spät zu Veranstaltungen oder zu vereinbarten Treffpunkten mit Freunden kamen. Aber wehe, wir würden auch nur 5 Minuten zu spät bei ihrer Mutter erscheinen oder jemand ließ sie warten, dann war Bea empört.

Meine Internetsucht war bei unseren Disputen nicht unbedingt entspannungsfördernd. Tabea und ich trugen zeitweise subversive Machtkämpfe aus, ob bewusst oder nicht, weiß ich jedoch selbst nicht.

Beim diesjährigen WGT in Leipzig zelteten wir zwar in der unmittelbaren Nähe von einigen Berlinern, zum Beispiel von Melanie, machten aber im Prinzip unser eigenes Ding. Wir guckten uns in der Parkbühne ein paar Neofolkbands an, waren aber schnell abgetörnt von der Vielzahl non-konformer Pseudospinner in Kampfanzügen. Als ich so ein paar Leute mit weißen Hemden und schwarzen Schlipsen fragte, ob sie ihre alten Pionierblusen trügen, winkten die einige Skins zu sich und ließen diese auf mich los, als wären es ihre Pitbulls. Da wir Freya dabei hatten, gab es ein Patt; wir zogen es jedoch vor zu gehen.

Im heidnischen Dorf wurde indes ein halb konspiratives Konzert von *Death in June* organisiert. Der offizielle Auftritt wurde wohl kurzfristig verboten, so entschied man sich, dort im Dorf des Nachts ein Zelt aufzustellen, aus dem heraus dann *Douglas P.* zu musizieren begann. Geschützt wurde er dabei von einer Gruppe Securities, die gut und gern die Kameradschaft Sächsische Schweiz hätte sein können. Es war eine spannungsgeladene Atmosphäre, denn niemand wusste, wer von den umstehenden Grufties rechts und wer eventuell linkspolitisch überzeugt sei; es hätte immerhin zu einer heftigen Auseinandersetzung kommen können.

Als *Douglas P.* dann vor das Zelt trat, um heroisch ins Mikrofon zu flüstern: „Wir sind da …“, rief aus dem dicht gedrängten Umkreis eine weibliche Stimme: „Nazis raus!“. Die Ordner wurden nervös, denn nun kam Bewegung in die unkontrollierte Masse. Aus dem ersten „Nazis raus“ wurden mehrere Stimmen und sie wurden laut und drohender. Man drängte *Douglas P.* zurück ins Zelt, bevor Flaschen fliegen konnten. Minuten später kam ein Reisebus, und noch ein paar Augenblicke weiter war der Spuk vorbei, und mitsamt dem Bus waren auch all die jungen Burschen mit ihren schicken Pionierblusen und dem schön gescheiteltem Haar samt deren BDM-Tussen weg. Zurück blieben ein paar irritierte Gesichter mit geballten Fäusten in den Hosentaschen.

Am folgenden Tag kam der Hammer der WGT-Geschichte, irgendwelche geldgierigen Banditen hatten nämlich die Kasse geklaut und waren mit den Einnahmen abgehauen. Das WGT war faktisch beendet, da niemand mehr die Bands, den Strom, die Dixi-Klos oder die Bühnen bezahlen konnte. Am Ende übernahm die Stadt Leipzig den Strom, die Bühnenverleiher nickten auch zustimmend, da deren Bühnen eh aufgebaut waren und sie kein Personal zum Abbauen hatten. Einige Bands unter der Führung von *Das Ich* spielten einfach kostenlos, denn sie waren angereist und wollten ihre Fans nicht enttäuschen. Andere Künstler reisten allerdings auch ab. *Dies Natalis* spielten in der Nacht am romantischen Lagerfeuer ein Akustikkonzert.

Ruby hatte dieses Jahr erstmalig einen eigenen Stand auf dem Mittelaltermarkt. Sie zog Kerzen und Quadri unterstützte sie tatkräftig dabei, er quatschte nur noch in Altdeutsch, und dies schien sich zu verselbständigen. Beide waren wie dem Mittelalter entsprungen gekleidet und Ruby hatte ihren Stand liebevoll dekoriert. Sie stellten vor den Augen der anwesenden Grufties, Gothics und Waver schwarze Kerzen her, verzierten sie mit okkulten Symbolen und verkauften sie. Tabea und ich lümmelten daneben im Gras herum und spielten mit Freya.

In Berlin besuchten wir eine Aufführung der *Carmina Burana* am Gendarmenmarkt. Ein wirklich unvergessliches Erlebnis. Die Karten hatten uns Ruby, Quadri und Ørlög zum Einzug in die Bölschestraße geschenkt. Es sah unbeschreiblich schön aus, wie der Gendarmenmarkt und dessen angrenzende Gebäude in ein faszinierendes Farbspiel aus Lichtflächen getaucht wurden, dazu erschienen im Takt der orchestralen Musik Laserflash-Effekte. Alles ergab eine geniale Fusion aus Ton, Licht und Architektur, um mit einem Bombastfeuerwerk zu enden. Als der letzte Ton verstummte, begann es zu regnen, und aus der Ferne hörte man die tiefen Bässe der Love Parade herübergrollen. Berlin, ein multikultureller Schmelztiegel.

Wir hatten bereits im Frühjahr im Grunewald ein anderes Paar kennengelernt, das auch eine Dogge hatte, den schneeweißen Eisbär. Der war allerdings taub, fast blind und hatte Herzprobleme. Für viele ein Grund, so einen Hund einzuschläfern, nicht so für Barbara. Sie war etwa in meinem Alter und kurz vor Beendigung ihres Studiums der Tiermedizin. Barbara war eine echte Walküre, groß, kräftig und blond. Es war besser, nicht mit ihr in Streit zu geraten. Ihr Freund Gunter schien das zu wissen, er war eher der Stillere von beiden, obwohl er ebenfall groß und von kräftiger Gestalt war, dabei rothaarig, der irische Typus. Die beiden waren unglaubliche Macher, sie hatten außer der weißen behinderten Dogge noch einen großen Neufundländer-Rottweilermischlingsrüden, den Etzel. Dann noch Elsbeth, eine Bulldogge, und Ethna, einen kleinen Mischling. Da Barbara etwas verrückt war, nannte sie die Hunde die 4 „E"s, was für Elitehunde 1 bis 4 stand, sie tätowierte auch jedem seine Nummer und ein „E" ins Ohr.

Damit längst nicht genug, hatten sie noch 16 Katzen am Start, eine Handvoll Chinchillas, mehrere Hamster, ein Riesenkaninchen und ne kleine Maus; dazu gab's noch Schildkröten und ich glaube Insektengetier, alles in einer 3-Raum-Wohnung.

Gunter hatte noch einen Behinderten, um den er sich sozial kümmerte, und beide besuchten einen Tanzkurs für Merengue, zudem waren sie begnadete Köche. Ich traf selten so vielseitige Menschen.

Da es der Sommer war, in dem in Hamburg ein kleiner Junge an den Folgen von Hundebissen starb und dies durchaus ernste Konsequenzen für einige Hundehalter und deren Hunde hatte, engagierte sich Barbara auch noch in dem Bereich.

Tabea war zeitweise echt von Barbara fasziniert, besonders aber von Elsbeth, der Bulldogge. Es dauerte nicht lange, dann wünschte sich Tabea selbst eine französische Bulldogge. Ich hatte ja grundsätzlich nichts gegen einen zweiten Hund, und so eine Französin ist relativ klein, also suchten wir in einschlägigen Hundezeitschriften nach entsprechenden Anzeigen. Wir wurden fündig, ganz in der unmittelbaren Nähe von Friedrichshagen gab es Züchter. 1.500 D-Mark sollte ein Welpe kosten. Etwas brummelig, dass ich nun doch kein „Rammgitter“ an mein Auto bekäme, willigte ich ein.

All unsere Freunde freuten sich mit uns, nicht nur Barbara und Gunter, auch ein neu mit uns befreundetes Paar, Danni und Bernd, fieberten mit, wann es so weit sein würde.

Danni und Bernd lernten wir durch Zufall kennen. Tabea und ich sahen in Rahnsdorf, dem Berliner Nachbarortsteil von Friedrichshagen, eine Frau mit zwei Doggen spazieren. Wir fragten, ob unsere Freya mit ihren Hunden spielen dürfte. Seitdem waren nicht nur diese drei Riesenköter beste Kumpels, sondern wir hegten eine sich schnell entwickelnde Freundschaft zu Danni und Bernd und deren beiden Söhnen. Danni und Bernd waren schon etwas älter als ich und ehemalige Kreuzberger, die sich mit einer Druckerei und ehrlicher Arbeit ein Häuschen im Grünen zusammengespart hatten.

Es sah verdammt cool aus, wenn diese drei herrlichen Hunde durch den Wald sprinteten. Leider musste man bei den beiden anderen Doggen aufpassen, dass sie nicht Wild hetzten. Freya tat so etwas zunächst nicht, guckte sich aber diese schlechte Unart bei Funny, ihrer Freundin, ab. Das ging so weit, bis sie nach einem Zusammenstoß mit einem Wildschwein eine aufgerissene Flanke hatte und ihr Fell wieder operativ angenäht werden musste. Dem fiesen Schwein passierte nichts.

Am 10.10. war es soweit, Tabea war hyperaufgeregt, als wir zusammen mit Barbara und Gunter die kleine Wally abholten. Ich hatte mich nämlich mit meinem Namensvorschlag Walküra durchgesetzt. Das Ding war so groß wie ein Meerschweinchen. Die erste Nacht war grausam. Das Biest wollte partout nicht im eigenen Körbchen bleiben. Wir fanden kaum Schlaf, waren extra aus Trost mit unserem Bettzeug auf den Fußboden gezogen, um dicht bei den Hunden zu sein. Morgens biss das kleine Ding in alles, was es sah, am liebsten in Freyas Nase oder Schwanz.

Die zweite Nacht war es nicht besser, Wally hopste heraus, Bea steckte sie zurück ins Körbchen, ein endloses ermüdendes Spiel. Als ich mir morgens die Zähne putzte, war der Höhepunkt erreicht. Mir lief das Zahnputzwasser aus dem Mund, ohne dass ich etwas dagegen unternehmen konnte. Ich zeigte es Tabea. Diese hielt sich erschrocken die Hand vor ihr Gesicht: „Du hast eine Fazialisparese“, sagte sie dann panisch. Ich guckte dumm. „Was bitte habe ich?“ fragte ich nach. Tabea wiederholte es auf Deutsch, eine Gesichtslähmung …

In meinem bis dato 30-jährigen Leben als kranker Mensch ist mir nie eine Krankheit näher gekommen als diese. Ich konnte mit Sicherheit auf eine ganze Reihe übler Leiden zurückblicken, die Kopfschmerzen in der Kindheit, Schmerzen als Bub beim Pinkeln auf Grund einer Phimose, regelmäßige Nierenkoliken, heftige Bauchschmerzen mit Durchfallattacken, nicht zuletzt urplötzlich auftretende Atemmuskulaturkrämpfe bzw. die Interkostalneuralgien, die das Atmen zur Hölle machten. Alles ertragbar, aber die Gesichtslähmung, die war zwar größtenteils schmerzlos, dafür aber psychisch umso intensiver wirksam.

Tabea fuhr mich sofort ins Krankenhaus nach Buch. Mein Auge tränte bereits heftig, da die Wange darunter schlaff herabhing.

Man nahm mir per so genannter Lumbalpunktion Gehirnwasser aus der Wirbelsäule ab. Danach musste ich 24 Stunden ausgestreckt liegen. Der Untersuchungsbefund sollte eine Ansteckung über Zecken an Meningitis ausschließen, sagte aber auch nichts Klares aus. Es könnte also Zugluft gewesen sein, was möglich war, da wir ja auf dem Fußboden bei Wally geschlafen hatten. Andererseits hatte ich gerade ein neues Piercing unterhalb der Lippe, ein Nerv könnte beschädigt und entzündet sein. Alles war möglich, eigentlich war es mir auch scheißegal. Ich wollte nur nie wieder weder sprechen noch trinken noch lachen können. Mein rechter Mundwinkel sah ständig aus, als würde ich traurig sein, es sabberte alles aus ihm heraus, was ich im Mund hatte, und wenn ich etwas sagte, dann nuschelte ich es. Es kotzte mich an, dass niemand verstand, was ich hatte, außer denen, die es wussten natürlich. Beim Bäcker verlangte ich Brötchen, die Verkäuferin guckte blöd: „Was bitte?“ Nachdem ich das vierte oder fünfte Mal versucht hatte, B r ö t c h e n ganz langsam und ordentlich auszusprechen, drehte ich mich um und verließ den Laden. Ich wusste selbst, dass man mich nicht verstehen konnte, ich hätte mich so gern wieder richtig artikuliert.

Wenn ich in den Spiegel sah, dann glotzte mich *Karl Dall* als Gruftie verkleidet an. Ich wollte aber nicht wie *Karl Dall* aussehen, ich wollte zu gern mein Gesicht zurück. Dein Gesicht ist der visuelle Spiegel deines Selbst, es ist deine Visitenkarte in die Welt, damit kommunizierst du in erster Linie mit den Menschen um dich herum.

Außerdem konnte ich nicht Auto fahren, da ich zwar mit dem rechten Auge sehen, dies aber nicht auswerten konnte. Ich wusste, da ist was, aber was, das klärte dann immer mein linkes Auge. Auto fahren ist eine meiner grundlegenden, notwendigen Fähigkeiten, um überhaupt so vielfältig leben zu können, wie ich es möchte. Wenn ich mit dieser Lunge nicht mobil bin, dann müsste ich zu Hause bleiben. Das würde mich umbringen!

Die Gesichtslähmung dauerte ungefähr drei Monate, also über meinen Geburtstag und Weihnachten hinweg ...

★

Das neue Jahr begann turbulent, obwohl es gar nicht danach aussah. Wir hatten das Silvesterfest mit Barbara und Gunter verbracht, die mit ihren vier Elite-Hunden bei uns zum Essen eingeladen waren. Wir standen tief in ihrer Schuld, denn während ich mit der bekloppten Gesichtslähmung im Krankenhaus lag, musste Tabea ja arbeiten. Und obwohl Barbara und Gunter bereits ein ausgefülltes Tagesprogramm hatten, nahmen sie noch zu all ihren Tieren unsere beiden Hunde in Pflege. Und das bei der kleinen Wally, die ja faktisch ein Baby war und doppelte Zuwendung benötigte. Die beiden waren einfach wirklich hilfsbereit!

Tabea ging Anfang des Jahres immer mit Barbara und deren Hunden in ein Tegeler Hundeauslaufgebiet, dabei schienen die beiden sich freundschaftlich immer näherzukommen. Ich konnte nicht mit, da es zum einen zu kalt war und zum anderen deren Auslaufrunden konditionell für mich zu groß waren, das schaffte ich mit meiner Kurzatmigkeit nicht. Für Wally war das ebenfalls noch zu viel Bewegung, aber Tabea trug sie einfach, sie schleppte Wally überhaupt immer mit sich herum.

Alles in allem nahm sie mir die Hunde langsam weg. Ich saß zu Hause und hatte nichts mit ihnen zu tun, selbstverständlich auch nicht mit Barbara. Ich war schon innerhalb der Woche allein, nun war Tabea auch noch am Wochenende ohne mich unterwegs.

So chattete ich immer mehr, knüpfte hier und da virtuelle Kontakte. Tabea zog sich währenddessen von mir zurück. Als ich es bemerkte und sie direkt fragte, ob sie vorhätte, die Beziehung zu beenden, sah sie mich mit erschrockenen Augen an. Sie fühlte sich durchschaut. Denn was jetzt herauskam, versetzte mich in Erstaunen. Tabea beichtete mir, dass sie bereits feste Pläne hatte, diese jedoch ohne mich ... Sie hatte mit Barbara vereinbart, dass sie in deren Tierarztpraxis als Physiotherapeutin anfangen würde. Physiotherapie bei Tieren kam gerade in Mode. Sie hatten Bea auch schon eine Wohnung angeboten und sie hatte angeblich bereits mit ihrem Exfreund abgesprochen, dass der mit seinen Kumpels unsere Wohnung ausräumen würde, wenn Tabea und ich nicht zu Hause wären. Klingt abenteuerlich, ich möchte nicht wissen, was geschehen wäre, wenn sie das so durchgezogen hätte.

Auf meine Frage, warum sie all das heimlich hinter meinem Rücken geplant hatte, antwortete sie, dass sie Angst vor mir und meiner Wut haben würde. Ich war wie vor den Kopf geschlagen, ich glaubte, wir würden uns lieben. Dass ich cholerisch war, wusste ich ja, aber Tabea hatte absolut nichts von mir hinsichtlich körperlicher Attacken zu befürchten. Wir waren ab und zu im Streit aneinander geraten, das war aber harmlos, denn sie trat nach mir oder biss mir einmal fast den Daumen ab, als ich sie hindern wollte, eine angefangene Diskussion durch Weglaufen zu beenden. Ich hatte ein Problem mit Tabea, sie ging nicht oft weg, wenn, dann aber richtig, das hieß, nachdem sie etwa 3 oder 4 Cola-Whiskey getrunken hatte, wollte sie tanzen. Und das bis in den Morgen ... Dass ich währenddessen aber nüchtern war und irgendwann müde wurde, das war ihr dann egal. Sie behauptete in solchen Fällen, dass ich ihr den Spaß nicht gönnen würde, wie absurd! Warum sollte ich der Frau, die ich liebte, nicht Spaß gönnen? Und wehe, wenn ich ihr dann sagte, nachdem sie bereits aufbrausend geworden war, dass sie vielleicht ein Glas zuviel getrunken hätte, dann beschimpfte sie mich als Arschloch. Sie war zwar niemals in der

Art betrunken, die ich von Mel gewöhnt war, aber ich wusste bei ihr, ab wann sie den Tanzflash bekommen würde, ich hörte es an ihrer Stimme. Ab dem Augenblick war sie Egoistin.

Sie entschuldigte sich in der Nacht und schwor, dass es ihr leid täte. Sie blieb.

Merkwürdigerweise war das wiederum das Ende der Freundschaft zwischen Barbara und Gunter und Tabea und mir. Barbara reagierte unwirsch auf die Nachricht von Tabea, dass diese sich nicht von mir trennen würde. Ich weiß absolut nicht, was Tabea den beiden erzählt hatte, dass diese so urplötzlich mit mir nichts mehr zu tun haben wollten. Als Tabea dann nach Barbaras Dafürhalten nicht ausgiebig genug bei deren Umzug half, kam es zum Bruch zwischen den beiden. Vielleicht kamen sie nicht wirklich damit klar, dass wir „schwarze Seelen" waren, denn dies ist für viele Menschen immer noch sehr mysteriös, und einige Leute behalten ihre innerliche Scheu vor uns, selbst nachdem sie uns kennengelernt haben.

Auf mich hinterließ das alles einen nachhaltigeren Eindruck, als ich zunächst glaubte. Ich verlor das Vertrauen zu Tabea. Wir waren jetzt über zwei Jahre zusammen, ich war ihr treu, ich wusste nicht, warum sie mir nicht vertraute, was sie zu so gravierenden Überlegungen brachte. Auf mir lastete ein immenser Druck, durch die Gesichtslähmung noch verstärkt. Ich fühlte mich wie in einem Ei oder einem Käfig, eingesperrt in mir selbst, bewacht von Tabea. Ich musste zwangsläufig ausbrechen, ich musste zu mir selbst zurückfinden, wieder wissen, wer ich bin. Ich musste mich leben spüren, so kam ich mir vor wie ein toter Mann, ein kastrierter Stubenkater.

Nachdem ich zu mir zurückgefunden hatte, auf dem Boden meiner Seele nach dem Urkern in mir gesucht und ihn geborgen hatte, um das zu tun, was ich immer tun würde, wenn ich befürchten musste, mich zu verlieren, danach war ich befreit vom Druck, der mich zu ersticken gedroht hatte. Ich ging meinen Weg weiter, tief in mir ging ich ihn allein.

Für mich selbst jedoch sicht- und spürbar, suchte ich mir die erstbeste Frau und flüchtete in deren Lust, wenn auch nur für Augenblicke. Ich tauchte ein in die Sphäre einer anderen Seele, spielte mit dieser ein kleines leidenschaftliches Spiel, bis ich wieder fühlte, dass ich noch lebte. Außen an der Oberfläche ging ich meinen Weg weiter mit Tabea, in mir war ich distanziert, war ich wach.

Jeder stirbt für sich allein
Daily Terror

Tabea kam eines Tages mit einer sicherlich lange in ihr gereiften Idee auf mich zu, es war auch weniger eine Idee als eine Bestimmung, die es zu erfüllen galt. Sie wollte ein Studium aufnehmen, sie hatte lange überlegt und sich für die Humanmedizin entschieden. Ich stimmte zu, da sie um mein Einverständnis bat. Im Gegenzug forderte ich, an meiner fotografischen Karriere weiter arbeiten zu können. Tabea legte zwar die Stirn in Falten, aber nickte ebenfalls einwilligend.

Meine neu gewonnenen virtuellen Erfahrungsbilder drückte ich bereits visuell in einigen Fotoshootings mit Tabea aus. Wir waren ein eingespieltes gutes Team und so entstand eine Reihe von durchaus anschaulichen Bildern. Einige wenige zeigte ich Vertrauten aus dem Chat. Diese waren teilweise sehr erstaunt und lobten sie sehr. Tabea hingegen wollte nicht, dass ihre Fotografien jemand anderes zu sehen bekäme. Da ich das akzeptierte, kündigte ich an, mir dann andere Mädchen als Models zu suchen. Tabeas Falten vertieften sich.

Gemeinsam besuchten wir einen Offenen Tag für zukünftige Medizinstudenten, denn Tabea hatte von der ZVS eine Zusage zum Humanmedizinstudium bekommen. Dieses erste gemeinsame Treffen sollte einen Einblick in die Arbeit oder wenigstens in das Studium der Mediziner geben. Am ersten Tag saßen wir in einem Hörsaal und ein Professor informierte detailliert über Krebs, ein anderer erzählte über die Geschichte der Uni und über Robert Koch. Im Anschluss sahen wir uns die anatomische Ausstellung der Charité an, wo man pathologische Auffälligkeiten und medizinische Seltenheiten betrachten konnte. Es waren alle möglichen Missgeburten ausgestellt, auch ein 20 kg schwerer Tumor eines Darms war zu sehen, Schädel mit extremer Verformung und andere traurige Rekorde menschlicher Missgestaltung.

Die Ausstellung hinterließ ein fahles Gefühl im Magen. Im Verhältnis zum nächsten Tag jedoch war es eine Jahrmarktsausstellung. Zunächst wurde uns wieder in einem Hörsaal einiges erzählt, es ging um Anatomie im Allgemeinen. Dann wurden wir alle in die anatomischen Ausbildungsräume geleitet und in drei Gruppen eingeteilt. Als ich die Edelstahltische sah, begann ich zu zweifeln, ob ich das jetzt wollte, denn ich vermutete unter den grünen Laken Leichen. Alles versammelte sich interessiert um diese Tische herum, eine Professorin stellte sich kurz vor, um dann ohne Umschweife das Laken beiseite zu nehmen. Hier und da sah man einige Köpfe in den ersten Reihen verschwinden, die zukünftige medizinische Grundversorgung Deutschlands lag im wahrsten Sinne des Wortes am Boden.

Mit hochgezogenen Augenbrauen starrte auch ich auf das, was da auf dem Seziertisch lag. Es war keine ganze Leiche, sondern, wie uns die Professorin erklärte, das, was von einem toten Menschen übrig blieb, nachdem das erste Semester daran seinen Anatomiegrundkurs absolviert hatte. Der Korpus einer Frau, der Kopf eines Mannes, diverse andere Körperteile. Alles sah aus wie gekocht oder eigentlich wie der eingelegte Sauerbraten, der im Supermarkt an der Fleischtheke auslag.

Nach und nach lichteten sich die Reihen der dynamischen jungen Abiturelite. Auch Tabea flüsterte mir ins Ohr, dass sie mal besser vor die Tür gehen würde, bevor auch sie auf dem harten, gefliesten Boden der medizinischen Realität liegen würde. Ich blieb und hörte mir den Vortrag der Professorin weiter an. Von ursprünglich 30 standen wir nun zu 10. oder 15. am Tisch. Es hatte den Vorteil, dass man besser gucken konnte. Ob das jedoch ein wirklicher Vorteil war, fragte ich mich, als die gute Frau Doktor den männlichen Kopf anhob, um uns einen Querschnitt seines Gehirns zu zeigen. Ich spürte, wie mein Puls im Hals Alarm schlug, eine imaginäre rote Warnleuchte in meiner Seele blinkte, um mir zu sagen, dass diese langsam genug Input hatte. In meinem Kopf wurde ein Surren laut – ich drehte mich abrupt um und verließ wie viele vor mir den Raum.

Ich fand Tabea; diese selbst noch bleich, kümmerte sich inzwischen fürsorglich um kollabierende Abiturienten und hysterisch nach Luft ringende Schulmädchen. Sie war entrüstet, dass sich keine Aufsichtsperson um diese teilweise sehr jungen, unbedarften Leute kümmerte. Einige weinten sogar, andere waren hysterisch und verabscheuten solche Zurschaustellungen. Offensichtlich wollte man die interessierten Menschen mit realen Bedingungen konfrontieren und eine gewisse Abschreckung erzeugen, um somit nur wirklich überzeugte Leute für das Studium zu begeistern.

Ich atmete ein paarmal tief durch, so gut es ging, denn überall stand der Geruch des Formalins, in dem die toten Körper konserviert wurden, im Raum. Dann entschloss ich mich, ein weiteres Mal teilzunehmen an dem unglaublich interessanten Vortrag über die Anatomie des Menschen. Im Raum wurden nun Einmalhandschuhe verteilt und wir konnten unter Anleitung an den Leichen die inneren Organe erforschen. Es war extrem aufschlussreich, ich habe nie so viel über den Körper des Menschen gelernt wie bei diesen selbständigen Erkundungen. Einmal eine Leber zu entnehmen und ihr Gewicht in den Händen zu halten, die Leber zu erfahren, war ultra lehrreich, ebenso der direkte Vergleich zwischen einer Raucherlunge und der Lunge eines Sportlers. Vielleicht gerade als kranker Mensch eine interessante Studie zum Selbstverständnis.

Später saßen Tabea und ich auf einer Wiese und schwiegen, wir waren so mit dem Overload unserer Seelen beschäftigt, dass es nichts zu sagen gab. Es war schwierig, das Gesehene zu verarbeiten, aber es war eine Lehrstunde des Lebens, die ich niemals bereut habe. Dagegen war die Körperweltenausstellung, auf der wir am nächsten Tag waren, nur eine kommerzielle Bildungsshow mit Kunstanspruch. Wogegen an sich nichts zu sagen ist. Das reale Leben oder der Tod, zumindest jedenfalls der menschliche Körper, sehen aber anders aus.

★

Über Verbindungen, die ich zu einem Mittelalter-Shop hatte, lernte ich vor längerer Zeit einen Mann in etwa meinem Alter kennen, der eine Lederwerkstatt und einen dazugehörigen Mittelalterstand betrieb. Der Mann hieß Fritz, obwohl das auch nicht sein bürgerlicher Name war, aber alle nannten ihn so, den Lederfritzen. Als wir für Bea einen Miedergürtel bei ihm anfertigen ließen und ein bisschen mit ihm über „alles und nichts" schwatzten, fragte ich ihn, ob er vielleicht einen Job für uns hätte, da ich gern bereit war, bei interessanter Arbeit etwas Geld zu verdienen. Fritz guckte kurz nachdenklich und fragte dann, ob wir in der Walpurgisnacht und am 1. Mai etwas vorhätten. „Außer der üblichen Demo nicht wirklich", gab ich zurück. Dann bot er uns an, alternativ mit ihm nach Schenkendorf zu fahren, dort sei alljährlich am 31.4. und 1.5. ein Mittelaltermarkt, wo er einen Stand hätte, aber noch gar nicht genau wisse, wie er das allein bewerkstelligen könne. Da das ganz nach unserer Vorstellung war, sagten wir zu und fuhren am 31.4. mittags zum Schloss Dracula.

Auf dem Platz herrschte bereits reges Treiben, alle möglichen mittelalterlichen Fahrens-, Kauf- und Spielleut' bauten an ihren Ständen, Zelten und Bühnen. Wir suchten uns den Fritzen und halfen ihm beim Aufbau. Dann erklärte er uns unsere Aufgaben: Bea sollte ihm beim Verkauf seiner Lederwaren und historischen Gewandungen behilflich sein, mir wurde die Aufgabe zuteil, mich um den Armbruststand zu kümmern. Dieser Stand war eine Art Schießbude, im überdachten Hintergrund standen drei große Pappfiguren mit beweglichen Elementen, diese galt es mit einer Armbrust abzuschießen. In erster Linie war der Stand für Kiddies gedacht, die für drei Treffer einen Edelstein bekamen. Fünf Schuss kosteten ne Mark oder so, und die Edelsteine hatte ich in einer Holztruhe aufzubewahren. Der Fritz wusste scheinbar nicht, wen er sich da als Marktschreier eingefangen hatte, denn sobald der Markt eröffnet wurde und die Besucher hereinströmten, brüllte ich aus Leibeskräften, was ich für einen tollen Schatz hätte und dass jeder, aber auch jeder mal zum Gucken und Schießen kommen sollte. Es kam tatsächlich jeder, aber auch jeder! Fritz und einige andere Marktleute guckten etwas überfordert, aber als Fritz bemerkte, dass ich mit meinem Geschrei Scharen von Leuten anzog, nahm er es zufrieden hin. Irgendwann verließ er seinen Stand ganz, als er merkte, dass Tabea auch mit den Preisen und der Ware zurechtkäme. Jeder der Mittelaltermarktschausteller guckte mich grinsend an, alle waren belustigt. Mir machte das mächtig viel Spaß und ich hatte immer eine Meute Kinder mit Kleingeld in den Händen um mich herum. In den Pausen, die uns Fritz gab, wanderten Bea und ich über den Markt und genossen das Spectaculum.

Als es zu Dunkeln begann, begannen sich auch immer mehr betrunkene Männer für meinen Armbruststand zu interessieren. Das führte dann zu Komplikationen, als der Erste seine Schreckschusspistole zog und damit herumfuchtelte, weil ich ihm keine echte, sondern nur Kinderarmbrüste zum Schießen geben konnte.

Da Frau Kupfer sich über einige Jahre hinweg ihre Haare gefärbt hatte, dieses aber offensichtlich nicht mehr vertrug, schmückte sie nun eine wenig anschauliche Haartracht. Sie sah eher wie ein gerupftes Huhn aus, als dass man ihre Fusseln als coole Gothicfrisur erkannte. Ich riet ihr, sie ein gutes Stück abzuschneiden. Nachdem sie dies widerstrebend tat, fühlte sie sich aber noch unwohler, denn sie sah sich gern als Frau mit langen Haaren. Sie entschloss sich daher, künstliche Haarsträhnen einflechten zu lassen. Nach ein paar Stunden sah sie wieder richtig gut aus. Natürlich war ihr klar, dass diese Frisur nicht die Endlösung sein könnte, aber bis Leipzig würde es auf jeden Fall halten.

In Leipzig dann zelteten wir zum allerersten Mal nicht offiziell auf dem Agragelände, sondern bei den mittelalterlichen Schaustellern. Ruby und Quadri hatten nämlich ihren Stand in diesem Jahr nicht an der Moritzbastei, sondern neben der Hauptbühne im heidnischen Dorf.

Wir schliefen auch nicht im Zelt, sondern wie im Auto. Im Kangoo ist bei der Einhaltung einer gewissen Ordnung ausreichend Platz, das heißt, man spart den Auf- und Abbau und es kann nicht hereinregnen; zur Not kann man auch mal die Heizung anmachen oder das Radio. Wir waren zur VIP-Klasse aufgestiegen. Aufs Klo mussten wir allerdings noch wie jeder andere, und das hieß Ekel-Dixi.

Während Ruby und Quadri an ihren Kerzen bastelten, vergnügten wir uns vor dem Stand mit den Hunden oder schlenderten zum hundertsten Mal über den Mittelaltermarkt. Bei Regen konnten wir uns mit zu den beiden in den Stand setzen, bei Sonnenschein davor. Hin und wieder halfen wir aus oder bewachten den Stand, wir waren sozusagen das Aushilfspersonal. Zweite-Klasse-VIPs.

Freya und Wally avancierten dabei zu den begehrtesten Fotomodellen des heidnischen Dorfes. Bei einer Sklavenversteigerung wollte ich dann aber Freya gegen eine schwarze Goten-Schönheit eintauschen. Tabea war wie immer entrüstet und beleidigt, ich jedoch belustigt.

Ich liebte es, mit einer Flasche Hanfmet und einem Zigarillo in der Sonne sitzend, die vorbeischlendernden Leute zu begaffen und dem einen oder der anderen einen dummen, frechen oder anzüglichen Spruch an den Kopf zu knallen. Viele reagierten lustig, mit denen trank ich dann einen guten Schluck aus der Metbuddel und quatschte ein bisschen. So leerten sich einige Flaschen über Pfingsten.

Mit Quadri zusammen machte es dann doppelt Spaß, und Ruby war es oft genug peinlich, was wir den Leuten zu erzählen hatten, erst recht, wenn die es gar nicht wissen wollten.

Ohne den üblichen Konzert-Stress waren wir von Donnerstag bis Dienstag im heidnischen Dorf, sahen dabei sogar noch ein Konzert von *Hekate* auf einer der Bühnen, auf denen ansonsten den gesamten Tag über Mittelalterbands spielten.

Am letzten Abend löste Tabea ihre erste Haarsträhne auf, das Kunsthaar hatte sich allerdings so heftig um ihre echten Haare gewickelt, dass diese abbrachen. Tabea bekam Angst um ihr Haar.

Die Haare waren so heftig geschädigt, dass sie schließlich alle komplett 2 oder 3 cm über der Kopfhaut abbrachen. Starr vor Schreck drückte mir Tabea zu Hause den Elektrohaarschneider in die Hand. Ich rasierte ihr, während ihr unentwegt die Tränen über ihre Wangen liefen, eine vollständige Glatze. Wir sahen keine andere Chance als diese radikale Haarkur, um tiefer gehende Spätfolgen zu vermeiden. Es war ein unheimlich bedrückendes Gefühl, ihr ihre geliebten Haare abzurasieren, während sie dabei weinte, sie tat mir sehr leid.

Erstaunlicherweise guckte jede(r) Tabea an und nickte zustimmend. Sie hatte verdammtes Glück, denn sie hatte eine schöne Kopfform, und so stand ihr die Glatze, als hätte sie nie eine andere Frisur getragen. Sie sah aus wie die kleine Schwester von *Sinead O‘ Connor*. Nach kurzer Zeit hatte sie sich daran gewöhnt. Nur Regen, den konnte sie nicht auf der Glatze ertragen, sie sagte, es sei, als würde man ihr unentwegt auf den Kopf trommeln.

Ørlög fragte mich, ob ich ihn ein weiteres Mal zu einem Gastauftritt fahren würde. Das Reiseziel sei WIEN. Ich wollte verdammt gern, wusste aber, dass Tabea mich nie allein fahren lassen würde, und sah Ralf bedauerlich an. Dieser bot dann an, dass Tabea mitkommen könnte, denn es sei Platz für drei angemeldet, seine Freundin könne aber eh nicht. Als ich das Bea erzählte, guckte sie skeptisch, schließlich hatten wir ja Freya und Wally. Ralf stimmte sogar zu, dass die Hunde mitkommen könnten. Die große Reise konnte beginnen.

Als wir nach neun Stunden Fahrt und einer unglaublich grotesken Umleitung in Tschechien endlich in Wien ankamen, klingelten wir bei der angegebenen Adresse. Es wurde uns geöffnet und ein süßes Mädchen, das aussah wie die Comicausgabe von *Siouxsie Sioux,* begrüßte uns mit den Worten: „A Schweindi!" Gemeint war Wally, sie stürzte sich nämlich sogleich auf die Kleine und knuddelte sie herzlich, dann stellte sie sich vor. Petzi sei sie, eigentlich ja Petra, aber „sagt's Petzi". Petzi war eine lustige kleine Gruftfrau. Sie hatte eine recht große Wohnung, die jedoch eingerichtet war wie eine 70er-Jahre-DDR-Wohnung, irgendwie skurril bürgerlich.

Am nächsten Tag zeigte sie uns Vienna. Wir mussten dabei feststellen, wie grün doch Berlin war. Die einzigen Bäume in Petzis Straße standen in Kübeln. Ein großes Problem für unsere Hunde tat sich auf, denn diese benötigten zum Gassi gehen Erde oder Wiese. Petzi fuhr deshalb mit uns alle möglichen Parkanlagen von Wien ab. Am Abend dann legte Ørlög im Subzero als Gast-DJ auf. Tabea und ich waren den Kommunikationsversuchen der supernetten Wiener hilflos ausgesetzt. Im Prinzip war es wirklich lieb von denen, mit uns Berliner Gothics reden zu wollen, aber wir hatten ein überdeutliches Problem mit der Sprachbarriere, deshalb grinsten wir nur debil und gaben unseren Gastgebern im Zweifelsfall immer Recht.

Wien hat so einen bourgeoisen Charme. Man hat den Eindruck, da könnte nie irgendwas Boshaftes geschehen. Dabei zählte auch Jack Unterweger zur besseren Gesellschaft Wiens. Das poetische Abbild von Jack the Ripper.

Am letzten Tag trafen wir uns noch mit Funny, einer Frau, die ich aus dem Chat kannte. Sie war etwas älter als ich und hatte 2

Söhne. Wir saßen beim Kaffee vorm Stephansdom und unterhielten uns nett, während Ralf und Tabea den Dom erkundeten. Das jedoch hatte ich bereits bei meinem ersten Wienbesuch 1995 mit Melanie, Uwe und Bex erledigt.

Ich traf selten jemanden aus irgendeinem Chat, da Tabea das nicht billigte. Einmal meldete sich ein Mädchen unter dem Namen „Liebesblut", sie war fast 19 und interessierte sich für Religionen, insbesondere jedoch für Okkultismus. Sie hieß Antje, war etwa so groß wie ich und hatte einen Blick, mit dem könnte sie Tote erwecken, so streng guckte sie durch ihre Brille, wirkte dabei aber engelsgleich sanft. Wir chatteten ab und zu und sie erzählte mir von ihren Problemen, die sie mit diversen Männern hatte; sie lebte, kurz nachdem ich sie kennenlernte, bei einem szenebekannten Satanisten.

Das teuflische Paar trafen wir dann auch gemeinsam, als Bea und ich im Rahmen des „Blüthenrausch-Sommerfestes" einen Stand mit Lederartikeln vom Lederfritz betreuten. Tabea versuchte, die mittelalterlichen Devotionalien an den schwarzen Mann oder die gotische Frau zu bringen, während ich damit beschäftigt war, den fleischfressenden Grufties leckere Würstchen und Steaks zu grillen. Der Typ nannte sich Damien und war ein Riese, zwar schon ein bisschen betagt, so mit Bürgerbauch und lichtem Haar, aber trotz allem eindrucksvoll in der Erscheinung. Er sah ein bisschen wie LaVey aus, was höchstwahrscheinlich gewollt war. Auf alle Fälle war er nett, auch wenn er versuchte, besonders „evil" zu wirken. Er war ein guter Kunde, denn er aß meine Steaks scheinbar gern. Antje und ich blinzelten uns ein paarmal vertrauensvoll zu, ich mochte sie und hätte sie gern häufiger getroffen. Die beiden haben auch signalisiert, dass sie an einem gemeinsamen Treff Interesse hätten, aber Frau Kupfer war das mit dem Satanismus zu suspekt. Sie suchte und erfand Ausflüchte.

Diese Grillerei übernahm ich seit geraumer Zeit im Duncker beim Dark Monday. Eigentlich suchte Tabea einen Nebenjob, denn es war klar, dass ihr BAföG nicht ausreichen würde, um unseren Lebensstandard zu halten. Die Miete unserer Wohnung war nicht unerheblich, und nur mit meiner Rente und dem Studentengehalt ging es voraussichtlich nicht. So besorgte ihr Melanie die Stelle als Barfrau an der Cocktailbar im Duncker. Sie musste jeden Montag von 23 bis 3 Uhr Cocktails zum Preis von 6,66 D-Mark mixen. Da zeitgleich eine neue Bedienung am Grill gesucht wurde, bot ich mich an. So hatten wir beide parallel unsere Aufgaben und verdienten ein bisschen Geld, wobei das mit dem Grillen häufig lediglich die Kosten deckte, die ich investierte, denn ich war auf mich allein gestellt und trug das Risiko selbst, konnte allerdings jeglichen Gewinn behalten. Der Job hat mir richtig Spaß gemacht. Ich tat das ein paar Jahre und wurde sogar von einigen anderen Veranstaltern gefragt, ob ich bei deren Partys auch grillen könnte. So kam ich eben auch dazu, beim Blüthenrausch aufzulegen, und zwar Fleisch auf n Grill.

Der Sommer war schön wie immer und brachte die eine oder andere Party mit sich, wir waren zum Beispiel wieder auf der Fuck Parade. Diesmal kam Tabeas Bruder Ulli mit. Zwischen ihm und mir hatte sich mittlerweile eine Freundschaft entwickelt, ich war gern mit ihm unterwegs. Wir fuhren sogar beide nach langem Bitten allein zu einem Punkkonzert im Duncker und auch zu Hause oder bei Tabeas Mama quatschte ich gern mit dem langen Rudeboy.

Besonders lustig war, als wir gemeinsam bei einem Konzert von *Oire Kinder* waren, einer Oi!-Punk-Combo, in der Quadri Schlagzeug trommelte und Wurschtl, sein Skinheadfreund, den Sänger gab, und wir im Anschluss mit Knoifel, dem knuddeligen Punk, ein Tänzchen wagten. Aus den Lautsprecherboxen tönte es freigeistig: „Pillemann, Votze ... Pillemann, Votze ... Pillemann, Votze, Arsch“. Wir drei standen im Kreis und zeigten jeweils auf einen von uns. Knoifel, der pummlige Punk mit dem Stacheliro, war Pillemann, ich als kleiner klapperdürrer Gruftie wurde stets zur Votze gemacht und Ulli, der etwas hagere, aber dafür riesengroße Skinhead, der war der Arsch ...

Was kann es Schöneres geben
Als Pöbel und Gesocks zu sein
Beck's Pistols

Frau Kupfer sagte im Anschluss darüber, dass wir das perfekte Trio infernale gewesen seien.

Bei der Fuck Parade jedenfalls kam es diesjährig zum Gerangel mit der Polizei, die uns begleitete und sicherstellen sollte, dass die Teilnehmer KEINE Musik anmachen würden! Die Fuck Parade war genau wie die Love Parade als Demonstration angemeldet, folglich musste die öffentliche Hand auch für die Sicherheit und die anschließende Bereinigung aufkommen. Und weil es möglicherweise einigen hohen Herren zu unwahrscheinlich erschien, dass man mit Musik seinen Unmut ausdrücken könnte, stellte man fest, dass die Fuck Parade keine Demonstration sei, sondern eine Veranstaltung. Der Veranstalter müsste zur Kasse gebeten werden. Da aber die Veranstalter bzw. Aufrufenden zur Fuck Parade darauf beharrten, dass es sich um eine politische Demonstration handelte, wurde ihnen zur Auflage gemacht, keine Musik zu spielen oder nur von einem Wagen in geringer Lautstärke.

Fuck Parade ohne Musik? Das wäre ja wie Oktoberfest ohne Bier und Blasmusik …

Natürlich ertönte hier und da mal ein vorwitziges Tönchen aus einem zufällig mitgebrachten Getthoblaster, und siehe da, im Eilschritt erschienen auch schon die Hüter der Ordnung. Aber gerade da, wo diese dann auftauchten, wurde es bedenklich still, um von einem anderen Orte herüberzutröten ... Wum wum wumm" … irgendwelche Hardcore-Gabbersounds. Die Bullen mussten bei voller Hitze mit ganzer Uniform und behelmt zum nächsten Tatort eilen. „Hop hop hop, Schweine im Galopp" skandierten die belustigten Fuck-Parade-Demonstranten. Ulli und ich stellten uns frech neben die aufgereihten Polizisten und machten einige wunderschöne Erinnerungsfotos vom Platz vor der Volksbühne. Währenddessen erklommen einige Aktionisten das Dach der Volksbühne und machten von dort aus Musik und tanzten auf dem Dach. Unten hielten Gabberfans ein Transparent in die Höhe, auf dem zu lesen stand: „Fuck Nazis, hate the Commerce and live the Underground!" Also wenn das keine politische Botschaft mit Demonstrationscharakter war! So was sah ich auf der Love Parade nie. Aber stimmt, auf der Love Parade saß ja mal Guido Westerwelle als politischer Botschafter auf einem Wagen. Das war das definitive Ende der Spaßkultur.

Tabea und ich suchten ein paar Tage Entspannung bei meinen Eltern an der Ostseeküste und im Binnenland von Meck-Pomm. Meine Eltern zeigten uns irgendeine neugebaute Brücke und wir streiften am Ufer rum, alles wirkte familiär harmonisch. Als mein Vater, der neben mir stand, im Wasser ein paar Fische an der Oberfläche schwimmen sah und mir diese zeigte, indem er mit dem Finger dahin wies, kam Freya neugierig von hinten angelaufen, um zu sehen, was es da gab. Sie war aber zu schnell, um bremsen zu können, und stürzte kopfüber in den See. Ich war entsetzt, versuchte sie herauszufischen, was mir erst mit der Hilfe meines Vaters gelang. Jetzt kam aber Frau Kupfer auf den Plan. Diese fragte gar nicht erst, was geschah, sie schrie mich gleich an, warum ich den armen Hund ins Wasser gestoßen hätte. Unglaublich! Die schien mir alles zuzutrauen!

Da sie häufig über Zahnschmerzen klagte, entschied sie sich, ihren Weisheitszahn ziehen zu lassen. Dass dieser Tag einmal welthistorische Bedeutung haben würde, war uns beiden natürlich nicht klar, als ich ihr morgens zum letzten Mal ihre Glatze rasierte, denn sie wollte mit Beginn ihres Studiums wieder Haare auf dem Kopf haben, und sie dann zum Zahnarzt in Berlin-Mitte fuhr. Alles erschien normal, nach vielleicht einer oder anderthalb Stunden stieg sie halb betäubt ins Auto und wir fuhren zurück nach Köpenick. Da sie Kopf- bzw. Wundschmerzen hatte, ließen wir unterwegs das Autoradio aus. Ich glaube, es war so 14.30 Uhr oder knapp 15.00 Uhr, als das Telefon klingelte und unsere Doggenfreundin Dani am Telefon in heller Aufregung etwas vom 3. Weltkrieg erzählte. Hysterisch forderte sie uns auf, den Fernseher einzuschalten. Ich schaltete RTL an, dort saß ein Moderator und kommentierte Livebilder aus New York. Wir wurden Augenzeugen, als das World Trade Center in sich zusammenstürzte. Grauenvolle Bilder gingen um die Welt, mit Tränen in den Augen sahen wir Menschen sterben an diesem 11. September 2001.

Nur einen Tag später erschien alles in einem anderen Licht. Die Supermacht Amerika hatte natürlich die Täter sofort ausgemacht und in ihnen arabische Terroristen erkannt. Der Oberheld George W. Bush forderte einen Kreuzzug gegen das Böse und versprach ihn auch gleich. Dass damit das Öl einiger arabischer Staaten gemeint war, war auch sofort klar. Amerika hatte nun endlich den lang gesuchten Grund, um den eigenen politischen und wirtschaftlichen Weltherrschaftsanspruch zu artikulieren. Der Angriff auf Afghanistan war nur der erste Schritt einer langen Kette, die folgen würde ...

Tabea und ich fotografierten immer mehr, sie war dabei meine Muse und zugleich mein Modell ... Unsere schönsten Bilder hatten S/M-lastigen Inhalt. Vielleicht drückten wir so geheime Fantasien und Wünsche aus ....

Im Oktober wollte ich dann eine Fotosession mit zwei Frauen, die gemeinsam auf einem Bild posieren würden, fotografieren. Ich erklärte Tabea, was ich vorhatte, und wir überlegten zu zweit, wer als Partnerin in Frage kommen würde. Die Antwort war schnell gefunden. Ich hatte ihr nach langer Zeit endlich Diana vorstellen dürfen, nachdem wir diese zufällig mit Bobby, ihrem weißen Schäferhund in Kreuzberg auf der Straße getroffen hatten. Diana besuchte uns daraufhin einmal und Tabea fand sie im Anschluss unerwartet nett. Bevor sie Diana kennenlernte, war dies jedoch völlig anders. Da sie wusste, welches Verhältnis mich mit Diana verband, stand für sie felsenfest, dass sie diese Frau niemals treffen wolle.

Gemeinsam mit Freddy, Dianas damaligem Freund, besuchten wir eine Gothicparty im Kit Kat Club. Diese Party war im ersten Augenblick für Bea ein rotes Tuch, doch nachdem ich einforderte, dort hinzugehen, kam sie mit. Wir trafen uns also mit Freddy und Diana, um die Party zu besuchen. Als diese sich dann als absolut harmlose Gruftdisco entpuppte, bei der währenddessen lediglich ein langweiliger Billigpornofilm gezeigt wurde, entspannte sich Bea wieder.

So lernte sie Diana kennen, Freddy kannte sie lange schon von ungezählten Discobesuchen.

So kostete die Entscheidung, Diana als Model mit Tabea auf einem Foto zu zeigen, keine große Überwindung mehr.

Wir fuhren zu viert nach Reinsberg bei Berlin. Dort im Schlosspark suchten wir ungestörte, fotografisch interessante Plätze. Nach ein paar Stunden, als es zum Fotografieren schon zu dunkel wurde und ich heftig fror, fuhren wir zurück nach Berlin.

Aufgrund der positiven Reaktionen einiger reale und einiger virtueller Bekannter hatte ich mir fest vorgenommen, eine eigene Homepage mit meinen Fotografien ins Internet zu stellen. Wochenlang saßen Ulli und ich am Rechner und scannten und programmierten ein entsprechendes Internetportal. Ich wollte es ursprünglich zu meinem 32. Geburtstag geschafft haben, aber der Arbeitsaufwand war immens und ich musste noch eine Weile warten, bis mir der notwendige Webspace freigeschaltet wurde. Ab jetzt konnte man unter der Adresse www.schwarze-kunst.de.vu meine erste eigene Homepage aufrufen. Ich veröffentlichte ab jetzt alles unter dem Pseudonym *Yoran Nesh*, eine Modifikation meines realen Namens.

Voller Stolz las ich die ersten Einträge und Glückwünsche in meinem Gästebuch. Mit dem dann einsetzenden Erfolg hatte ich jedoch nicht gerechnet. Gleich mehrere Internet-Magazine, vornehmlich aus dem BDSM-Bereich, boten mir an, auf deren Seiten als Künstler des Monats oder in ähnlichen Rubriken vorgestellt zu werden. Selbst Tabea, die anfänglich mehr als skeptisch war, begann dies als Erfolg zu sehen.

Sie selbst hatte seit Ende Oktober das Studium der Humanmedizin an der Humboldtuniversität aufgenommen. Dieses Studium erwies sich allerdings in zunehmendem Maße als schwierig, es raubte viel Zeit, und so war Tabea mehr oder weniger damit ausgefüllt, zu studieren und Montagnacht im Duncker Cocktails zu mixen. Nebenbei hielt sie allerdings noch unsere Wohnung sauber, kümmerte sich ausgiebig um die beiden Hunde und war mir eine liebende Partnerin.

Von Tabea hatte ich Eintrittskarten für meine absolute Lieblingskünstlerin *Nina Hagen* zum Geburtstag geschenkt bekommen. Bei uns in der Nähe, in Köpenick-Altstadt, gab sie mit ihrem Programm „Indische Nacht“ eine Vorstellung. Das Konzert war völlig anders als alles, was ich von *Nina Hagen* erwartet hätte. Sie stand barfuß im Sari auf der kleinen Bühne und sang ausschließlich traditionelle indische Lieder, begleitet wurde sie dabei von orginal indischen Musikern. Im Hintergrund lief ein Film, in dem Nina in ihrem indischen Ashram beim Meditieren zu sehen war. Alles war absolut authentisch. Nichts erinnerte an die „Mutter des Punk“, es war trotzdem einfach schön, ein grandioser Abend! Ich hörte danach wochenlang die dazugehörige CD.

Wieder überfiel uns der Winter. Kurz vor Weihnachten fragte ich Anne, eine Bekannte, ob ich sie ebenfalls fotografieren könne; sie hatte eine üppige Oberweite und ich wollte diese bondagiert ablichten. Anne willigte ein und ich fotografierte ihr anschließend noch ein paar Fotos, die sie ihrem Schatz zum Weihnachtsfest schenken wollte.

Die Weihnachtszeit stand in dem Jahr erstmals ganz unter dem Eindruck eines Kinofilms, der in aller Munde war. Nicht nur innerhalb der Gothic- und Mittelalterszene war man sich einig, dass *Der Herr der Ringe* der größte Film aller Zeiten sein würde. Tabea und ich wurden frühzeitig von Ulli darauf aufmerksam gemacht, der war nämlich schon seit einigen Jahren Tolkien-Fan und fieberte nun dem ersten Teil des Films entgegen. In Erwartung eines unterhaltsamen Fantasy-Movies begaben wir uns deshalb in unser Stammkino nach Treptow. Nach über drei Stunden verließen wir es, völlig gefangen von den Bildern und den Illusionen, die dieses großartige Kunstwerk projizierte. Es war unglaublich gemein, zu wissen, dass man ein ganzes Jahr auf den zweiten Teil warten musste. Und dann würde man noch immer nicht wissen, wie alles endete ...

Ich liebte vom ersten Moment an Golum und zischelte nun in einem fort Tabea „Mein Schaaatz“ zu.

Als „mein Schatz“ irgendwann Anfang des nächsten Jahres an ihrer Cocktailbar ihrem Job nachging und ich auf sie wartete, erschienen Freddy und Diana im Duncker. Wir begrüßten uns und jeder trank ein wenig. Freddy tanzte hin und wieder, während ich mit Diana angeregt erzählte.

Ich wusste seit dem gemeinsamen Fotoshooting im Oktober von Tabea, dass diese heimlich an Diana dachte. Sie hatte sich sozusagen in Diana verguckt. Während ich mit ihr schlief, stellte sie sich häufig amouröse Situationen mit Diana vor. Diese wiederum gestand mir Gleiches, während wir miteinander redeten, sie schwärmte von Bea und ihre glänzenden Augen verrieten Begierde. Ich ging hinter die Bar zu Tabea und nahm sie in den Arm; ich fragte, ob sie Lust hätte, die beiden mit nach Hause zu nehmen? Tabea schmiegte sich an mich, ihr verklärter Blick verriet ein „Ja“. Als ich wieder bei Diana war und wir das anheimelnde Gespräch fortsetzten, einigten wir uns darauf, dass Freddy und Diana nach Beas Dienstzeit mit zu uns kämen ...

In unserer Wohnung schnappten sich die beiden Frauen Freya und Wally, um mit ihnen kurz Gassi zu gehen. Als sie wieder hoch kamen, funkelten ihre Augen aufgeregt und ihr verwischter Lippenstift verriet ein kleines Geheimnis.

Aus diesen heimlichen Küssen wurde ein offenes Liebesspiel ... Zu viert verloren wir uns in Leidenschaft und hemmungsloser Lust. Erst als Freddy meinen Körper zu intensiv berührte, zog ich mich unter den vorwurfsvollen Blicken der Mädchen zurück.

Nur kurze Zeit später überreichte mir Ragnar, der ebenfalls im Duncker jobbte, ein paar Eintrittskarten für eine neu eröffnete Fetisch-Gothic-Disco, das Darkside. Ragnar legte dort zukünftig als DJ auf und vergab nun Freikarten an Leute, die er kannte und von denen er wusste, dass diese mit Fetisch oder S/M zu tun hatten.

Zunächst scheute Tabea wieder davor, dort hinzugehen, aber als sie verinnerlichte, dass Ragnar, also immerhin ihr Exfreund, dort auflegen würde und dessen neue Liaison Sandra ebenfalls dorthin gehen würde, stimmte sie zu.

Sandra war ebenfalls Barkraft im Duncker, sie schien ursprünglich nichts mit Grufties zu tun zu haben, denn sie wirkte immer etwas distanziert, war aber irgendwie nett. Sie und Tabea wurden mehr als nur Kolleginnen, da Sandra gern mit Tabea über Ragnar tuschelte.

Der Darkside-Club erwies sich als überaus atmosphärischer Ort. Er war in einem Gewölbe unter der Erde und bot in mehreren Räumen Möglichkeiten der Entspannung, sei es bei S/M-lastigem Sex, purer Erotik oder einfach nur beim Drink an der Bar. Wer tanzen wollte, konnte dies auf einer kleinen Tanzfläche zu den darkigen Klängen, die Ragnar auflegte, tun. Wir hatten Sandra abgeholt und erkundeten nun mit ihr gemeinsam den Club, bereitwillig vom einfühlsamen Personal geführt. Alles wirkte so anders, als vor allem Frau Kupfer es von einem Sex-Club erwartet hätte, so dass wir spontan bis zum Schluss blieben. An der Tür schenkte man uns wiederum Freikarten und lud uns ein, noch einmal deren Gäste zu sein. Das alles mit einer unglaublich sensiblen, zurückhaltenden und dabei liebevollen Art, dass selbst Bea nickte und versprach, ein zweites Mal den Club zu besuchen. Ich war so begeistert vom Ambiente und den netten Leuten, dass ich das Gefühl hatte, eine neue Club-Heimat gefunden zu haben.

Also fuhren Tabea und ich wieder mit Sandra und einer ihrer Freundinnen dorthin. Diese Freundin flirtete mit Sandra, mit Tabea und mit mir und dann wieder mit Ragnar. Alles erschien ohne Grenzen in dem Club. Tabea jedoch zeigte ihr Interesse für die S/M-Spielgeräte, ich band sie daraufhin an einer Sprossenwand fest und borgte mir an der Bar eine Reitgerte. Mit dieser schlug ich erst sanft, dann immer schwungvoller auf ihren Po. Ein paar Angestellte des Darkside beobachteten dies aus gewisser Distanz, ohne dabei unsere Intimsphäre zu verletzen. Tabea geriet in eine Art Trancezustand, ich fing sie auf und sie schwebte seelisch im freien Raum, während ihr Körper lustvoll zitternd am Boden lag.

Wieder verabschiedeten sich die Betreiber des Darkside am Schluss sehr einfühlsam und boten uns an, auch beim nächsten Besuch Gäste des Hauses zu sein. Blinzelnd sagten wir erneut zu.

All diese neuen Eindrücke umschwirrten uns wie Fledermäuse den Kirchturm, alles erschien neu, verwirrend, lockend schön und doch gefährlich. Tabea reagierte deshalb immer wieder gleich. Nach dem Verlassen des Clubs, genau wie nach dem Erlebnis mit Diana und Freddy, konnte sie nur noch davon reden, darüber nachdenken, sich mit Stolz im Spiegel die blau-roten Striemen der Peitsche betrachten ... umso mehr diese jedoch verblassten, um so mehr verblassten auch ihre Erinnerungen.. Ihre schönen Gedanken wichen moralischen Bedenken. Nach zwei Wochen etwa wollte sie partout nicht mehr darüber nachdenken, geschweige denn diese Art Ausschweifungen wiederholen. Sie gab mir die Schuld an diesem scheinbaren moralischen Versagen, sie verurteilte mich für meine Art zu leben, für meine hedonistischen Lebensprinzipien, die ich auf sie übertragen würde. Sie beteuerte immer wieder, sie sei nicht so. Anfänglich irritierte mich das erheblich und ich getraute mich nicht, wieder davon zu sprechen, denn ich wollte nicht der Verführer für jemand anderen sein. Merkwürdigerweise kam sie aber nach vielleicht fünf oder sechs Wochen beim gemeinsamen Sex wieder auf diese oder ähnliche Fantasien zu sprechen und nach weiteren ein oder zwei Wochen fragte Frau Kupfer ganz offen, wann wir denn mal wieder ins Darkside gehen würden oder ob wir vielleicht mal wieder bei Diana anrufen wollten. Das setzte sich über Monate hinweg fort ... und raubte mir die Nerven und manchmal die Lust auf diese eigentlich so schönen Abenteuer.

Am Karfreitag hatte ich meine erste offizielle Vernissage. Ich hatte von den beiden sehr netten Betreiberinnen des Buchshops Lustwandel die Adresse einer Galerie bekommen, da die zwei der Auffassung waren, dass meine Fotografien ausgestellt gehörten. Ich hatte ihnen die Adresse meiner Homepage mitgeteilt, da ich in ihrem Buchladen in der Raumerstraße nach Bildbänden aus dem Dark-Erotik-Bereich gesucht hatte und wir somit in ein Gespräch über Fetischfotografie gekommen waren.

Ich suchte in der Kastanienallee die Galerie Engler & Pieper, dort stellte ich mich und meine Arbeit vor. Die beiden jungen Männer waren in meinem Alter und ehemalige Schulfreunde. Der eine wirkte kühl, unnahbar und betrachte mich und meine Arbeit mit sachlicher Distanz. Der andere, Pieper, hingegen wirkte zappelig, euphorisch begeistert und immer ein wenig mit den Gedanken schon einen nächsten Schritt weiter. Pieper überzeugte seinen Geschäftsfreund Engler, eine Ausstellung mit meinen Arbeiten durchzuführen. Das Datum der Ausstellungseröffnung wurde auf Ostern festgesetzt.

Ich zog etwa 20 meiner besten Werke auf A-1-Format hoch, gestaltete deren Oberflächen teilweise mit destruktiven Stilelementen und setzte mein bestes Bild in den Rahmen eines antiquarischen Spiegels, dieser war etwa 1,40 Meter hoch und ca. 60 cm breit. Dies Bild sollte den zentralen Schwerpunkt der Ausstellung bilden. Es war aus der ersten Session von Tabea damals auf dem Friedhof im Wedding.

Während der Vernissage liefen zwei Kurzfilme, die ich im Laufe der Zeit gedreht hatte. Ich lud meine Freunde und Bekannten ein, sogar meine und Tabeas Eltern kamen. Selbst Damien, der große Satanist, kam als Grußbotschafter aus seiner Hölle, er brachte das Liebesblut und deren Freundin mit. Bevor ich mich jedoch noch ein wenig mit ihnen unterhalten konnte, mussten sie schon wieder weiterziehen. Antje sah ich entschieden zu selten. Sie könnte irgendwann mal für mich Modell stehen, dachte ich bei mir. Aber darüber würde ich im Chat mit ihr reden können.

Bei genau der Betätigung lernte ich noch ein weiteres Mädchen kennen, sie kam aus Frankfurt am Main und nannte sich ronja_666, sah aus wie ein Gruftie, stritt aber energisch ab, etwas mit Satanismus zu tun zu haben. Mit ronja, wie ich sie kurzerhand nannte, chattete ich ausgiebig über das Thema S/M. Sie hatte meine Homepage besucht und sich offensichtlich dabei in ein Bild von Tabea verliebt.

Zur Demo am 1. Mai 2002 kam Tabea nicht mit, sie ließ mich allein gehen. Ich traf aber Quadri vor Ort und so trottelten wir, unserem revolutionären Geist freien Lauf lassend, mit der Kolonne der protestierenden Staatsfeinde mit. Wir waren einigermaßen weit gekommen, als beim Kotti in der Adalbert-, Ecke O-Straße plötzlich alles hielt. Ich glaube, es wurde irgendwo eine Abschlusskundgebung gehalten, auf der man den 20.000 Demonstranten Mut zum Weitermachen zusprach, wie das halt so ist auf revolutionären Demos. Aus lauter Freude über das Nichts-Hören und -Sehen warf irgendwer eine Bierflasche über die Köpfe der Leute hinweg. Diese flog auch über die Köpfe der Bullen hinweg, an einem Wasserwerfer oder Räumpanzer vorbei ins Nichts oder besser auf das Kreuzberger Straßenpflaster. Die Flasche war noch nicht ganz gelandet, da flog aus den Reihen der Polizei eine Tränengasgranate einer Frau vielleicht zwei Meter neben Quadri und mir direkt an den Kopf. Es entstand augenblicklich eine weiße zischende Qualmwolke und diese löste eine Panik aus; alles drehte sich auf der Stelle um, denn niemand wollte die nächste Granate an den Kopf bekommen, und im Gas liegen und zertrampelt werden wollte auch keiner. Was aus der armen Frau geworden ist, weiß ich nicht, ich wurde wie Quadri auch mit dem Strom der Flüchtenden mitgerissen. Wir suchten in einem türkischem Imbiss Schutz. Der Betreiber öffnete seine Hintertür und so konnten wir im rasenden Tempo zum Notausgang heraus auf die Skalitzer Straße gelangen. Quadri hatte ich verloren. Ich wartete kurz, um zu hören, in welche Richtung sich der Krawall entwickeln würde. Als es sich entspannt zu haben schien, bog ich wieder in die Adalbertstraße ein und versuchte zu erfahren, wo die Bullen gerade wüteten.

Ich entdeckte ein Grundstück, das mit einem Eisenzaun an die Adalbertstraße angrenzte. Hinter dem Zaun würde ich bestimmt erst einmal in relativer Sicherheit sein, dachte ich mir und kletterte rüber. Das hatte ich aber scheinbar nicht allein gedacht, denn auf dem Grundstück befanden sich bereits einige Autonome, Straßenkids, Ökos und John mit zwei Mädchen. Ich lachte und wir begrüßten uns. Auf meine Frage, was er bei einer Demo zu suchen hätte, antwortete er, dass die Freundin seiner Freundin zu Besuch sei und diese gern mal auf einer Mai-Demo gucken wollte, was so abging. John sah nicht glücklich aus, seine Freundin, die er an der Hand hielt, auch nicht. Lediglich die Besucherin stand an dem Zaun und beschimpfte die Polizei mit unflätigen Ausdrücken. Sie war augenscheinlich wie John und dessen Freundin eine edle Gothicdiva, schien aber mit der Art, wie sich eher Punks artikulierten, auch keine Schwierigkeit zu haben. John und Freundin zogen sich weiter in den Hintergrund des Grundstücks zurück und bettelten die Frau an, sie möge ihnen folgen, als zu befürchten war, dass das Epizentrum der Randale gleich vor dem Grundstück ankommen würde. Und wirklich, es krachte wieder lauter und die ersten Gruppen vermummter Straßenkämpfer rannten am Zaun vorbei, hinter ihnen der BGS. Hier und da standen diese in kleinen Gruppen und trieben einzelne Leute oder Grüppchen von einer Straßenseite zur anderen. Sobald sie mit der Verfolgung aufhörten, warfen die Gehetzten Steine oder Flaschen auf gepanzerte Autos der Polizei. Ein hübsch anzuschauendes Spielchen. Wenn ein Wurf gelungen war, applaudierten wir Zaungäste euphorisch, wurde ein Demonstrant verfolgt, gefangen und abgeführt, dann pfiffen wir wütend.

Als dann jedoch einige der Anhänger des schwarzen Blocks über den Zaun zu uns flüchteten, um dann von dort aus Steine auf die Straße zu werfen, drehte sich das Blatt schnell. Urplötzlich kamen etwa 10 oder 12 Polizisten auf den Zaun zugerannt. Alles lief schreiend auf den Hinterhof, um dort auf Mülltonnen und dann über den nächsten Zaun zu kommen. Ich hatte das wohl zu spät realisiert, jedenfalls schoss mir in den Kopf: „Weglaufen geht nicht mehr, also hock dich hin, Jörn." Ich tauchte ab und hoffte, dass die Bullen, wenn sie über den Zaun blicken würden, mich nicht sehen konnten, da der Zaun gut mit Hecke bewachsen war. Als ich unten kauerte, blitzte es in meinem Kopf und ich überlegte, was sein würde, wenn sie doch über den Zaun springen würden. Dann, so schlussfolgerte ich, würden sie unweigerlich auf mich raufspringen, da sie mich ja nicht sehen konnten. Das zu riskieren erschien mir zu gewagt, ich schnellte hoch. Fatal Error!!! Ich erschien genau in dem Moment im Blickfeld eines Polizisten, als er den Zaun erreichte. Er erschrak genauso wie ich. Bevor ich aber noch irgendeine Reaktion ausführen konnte, hatte man mich am Hinterkopf an meinem Zopf gepackt und mit einem Ruck über den Zaun gezogen. Ich war so überrascht, dass ich nicht einmal irgendeinen Schmerz spürte. Ich lag auf dem Bürgersteig, über mir gebeugt zig grüne Uniformen mit weißen Helmen, aus denen mich viele wütende Augenpaare anguckten ...

Dann sagte eine kommandierende weibliche Stimme: „Den brauchen wir nicht, der ist harmlos ..." Ich wurde an meinen Klamotten hochgezerrt und hingestellt, dankbar blickte ich in die Augen meiner Retterin, einer blonden Polizistin, die kühl durch mich hindurch sah. Man stieß mich in Richtung Kotti und forderte mich nachhaltig auf, mich zu verpissen. Also trollte ich mich, zumal nicht allzu weit in dieser Richtung mein Auto stand und meine revolutionäre Stimmung spontan aufgelöst war.

Als ich in die Straße, in der mein Auto geparkt war, einbog, sah ich in etwa 30 Meter Entfernung zwei Bullen stehen. Sie standen martialisch da und bewachten den Bürgersteig, damit auch ja kein autonomer Maifestspieler sein anarchistisches Gedankengut außerhalb der Kampfarena Kreuzberg verbreiten konnte. Als ich sie passieren wollte, griff der Kleinere von beiden zu und versuchte, sich seiner Langeweile zu entledigen, indem er mich grundlos an eine Häuserwand stieß. Ich versuchte, still weiterzugehen, aber ich flog ein zweites Mal an die Hauswand. Hätte ich nicht meinen Arm schützend hochgehoben, hätte er mir meine Stirn an die Wand geknallt. Er fauchte mich dabei an, ob ich ihn etwa anmachen wollte?! Eine blödere Ausrede, um eine Schlägerei zu provozieren, kannte ich nur aus der Grundschule, deshalb stieß ich den bekloppten Satz „Ich mache Beamte im Dienst nie an" hervor. Warum ich das so sagte, weiß ich nicht, es kam einfach so aus meinem Mund, aber der Bulle guckte irritiert und fragte blöd: „Waaas???" Den Augenblick seiner Verwirrung nutzte ich, um mich aus seinem Griff zu lösen und einen guten Meter Distanz zwischen uns zu schaffen. Als er wieder zugreifen wollte, zog ihn kurz sein Kollege am Ärmel. Dieser schien bis dahin aufgepasst zu haben, dass niemand zusah, was da im Schatten geschah. Nun kam aber eine Gruppe Zivilisten die Straße entlang. Da ich meine Hände angehoben hatte, um meine Friedlichkeit zu zeigen, gab es keinen sichtbaren Grund, mich am Weitergehen zu hindern. Außerdem war ich kurz davor, um Hilfe zu rufen, das schien der Größere der beiden Bullen zu wissen. Ich konnte weiterlaufen und erreichte eine Minute später schnell atmend mein Auto.

★

Zum Wave-Gotik-Treffen in diesem Jahr fuhren wir zwar, aber wieder auf dieselbe Art wie im Jahr zuvor. Wir gaben uns also wieder als das Aushilfspersonal von Ruby und Quadri aus. Demzufolge konnten wir auch wieder am selben Platz zelten bzw. parken, denn wir schliefen natürlich wieder im Auto. Tabea verzog jedoch ihr Gesicht, als sie sah, dass wir auch wieder dieselben Nachbarn hatten. Denn ich hatte im Vorjahr grinsend zugeschaut, wie die Gothiclady von nebenan in einem Moment, in dem sie sich unbeobachtet fühlte, sich vor mein Auto hockte, um ins Gras zu pissen. Dann benutzte sie meine getönten Scheiben als Spiegel und rückte ihr Dekolleté offenherzig zurecht, während ich im Auto saß und ihr somit auf die Titten guckte. Sie dachte wohl, wir würden noch schlafen. Als ich kichernd und flüsternd Tabea davon erzählte, wurde diese jedoch heftig eifersüchtig.

Wir saßen bei Ruby und Quadri im Kerzenstand, da standen plötzlich ronja und ihr Freund vor uns. Wir setzten uns auf Decken auf die

Wiese vor dem Stand und erzählten, während auf einem Laufsteg, der von der Mittelalterbühne in Richtung Publikum führte, zwei wilde Black Metaller zu den Klängen einer Dudelsackcombo headbangten. Dies ergab ein etwas skurriles Bild. Augenscheinlich hatten sie zu tief ins Methorn geguckt oder waren zu lange an der Sonne. Als dann auch der erste der beiden Helden vom Steg flog, lachte das gesamte schwarze Volk, das sich mit uns auf der Wiese sonnte.

Ronja flirtete ununterbrochen mit Tabea. Diese schien beide, ronja, aber auch Matthias, sehr nett zu finden, denn wir vereinbarten schnell, dass sie uns in Berlin besuchen mögen. Matthias war noch kleiner als ich und ebenfalls von zarter Gestalt. Er studierte Philosophie und es war ein Vergnügen, mit ihm über Nietzsche und Co zu reden. Die beiden hatten zwar Karten für das gesamte WGT, blieben aber bis auf die Nächte ausschließlich bei uns im heidnischen Dorf.

Kurze Zeit nach dem WGT besuchten uns dann auch die beiden. Wir hatten im Vorfeld so viel über S/M geredet, dass es natürlich klar war, dass wir gemeinschaftlich ins Darkside gehen würden. Matthias befestigte seine ronja, die ebenfall wie Frau Kupfer masochistisch war, an der Sprossenwand. Dann zog er ihren Rock hinab und schob ihr Lackoberteil hoch. Ronjas Po war sichtbar, als er damit begann, sie auszupeitschen. Nach einer Weile drehte er sich aber zu mir um und bot mir mit einer Handbewegung an, dass ich nun seine Freundin weiter auspeitschen solle. Ich verständigte mich kurz mit Tabea, da diese lächelte und zustimmend nickte, verrichtete ich nun mein Werk an ronjas knallrotem Arsch. Nach einer Weile übergab ich aber die Peitsche zurück an ronjas Herrn. Dieser vervollständigte das Gesamtkunstwerk endgültig, bis ronja an ihre Grenze zum Fliegen angekommen war.

Im Darkside wurden wir vier gefragt, ob wir das, was wir da getrieben hatten, nicht als Performance im offiziellen Programm vorführen wollten. Wir lachten und versprachen, einfach so wiederzukommen.

Sandra aus dem Duncker fragte mich, ob ich sie auch fotografieren könnte. Sie hätte gern Bilder mit einer anderen Frau und könnte sich vorstellen, mit Tabea auf einem Bild in erotischen Situationen zu sehen zu sein. So wie sie dabei grinste, erahnte ich allerdings, dass es um mehr als um ein paar harmlose Aktfotos gehen würde. Zunächst ging es tatsächlich um eine Fotostrecke, bei der ich Sandra bei uns im Erpetal in verschiedenen Posen ablichtete. Währenddessen tobten Freya und Wally um uns herum. Sie liebten die freie Natur des Landschaftsschutzgebietes. Urplötzlich jedoch knickte Freya mit dem Fuß um und kam humpelnd zu Tabea, sie jaulte leise. Bea tröstete das große Hundekalb und wir gingen heim.

Zu Hause setzten wir das Fotoshooting fort. Jetzt kam allerdings Tabea mit aufs Bild. Ich ließ die Mädchen in verschiedenen Positionen miteinander „spielen", ließ sie sich ein Eis teilen, bis sie sich irgendwann küssten und in die Arme nahmen …

Am nächsten Tag humpelte Freya heftig. Da es auch am folgenden Tag nicht besser wurde, konsultierten wir den Tierarzt. Dieser vermutete einen Sehnenriss im hinteren rechten Lauf, man empfahl uns, beide Hinterläufe zu röntgen. Dazu mussten wir einen Tierarzt in Pankow aufsuchen. Dieser stellte dann die endgültige Diagnose, Freya hatte eine schwerwiegende Arthrose in beiden hinteren Beinen. Die OP-Kosten wurden mit Nachbehandlungen auf mindestens 2.000 Euro veranschlagt. Ich erschrak, denn so viel Geld hatten wir nicht und ich konnte mir auch nicht vorstellen, diese Summe auftreiben zu können. Für nur einen kurzen Moment stellte ich mir die Frage, ob wir die Dogge einschläfern müssten ... Ich wusste keinen anderen Ausweg. Eine Dogge mit zwei kaputten Hinterbeinen kann weder laufen noch Treppen steigen, wir wohnten aber im dritten Stock. Es wäre Quälerei, sie nicht zu operieren, woher aber die notwendige Kohle nehmen?

Zu Hause bat Tabea mich dann um ein Gespräch, ich wusste, sie hing an der Dogge, mehr als an Wally, diese erschien ihr zu ungestüm. Freya hingegen mit ihrer sanften Art hatte ganz und gar das Herz von Frau Kupfer erobert. Tabea eröffnete mir dann, dass sie heimlich hinter meinem Rücken ein kleines Konto angespart hatte. Ich war erstaunt und erfreut gleichermaßen, bedeutete es doch, dass wir die Hälfte der Summe bereits zusammen hatten und somit, dass das bereits gerissene Kreuzband unverzüglich operiert werden konnte.

Andererseits wurde mir schlagartig klar, dass Frau Kupfer mich bereits zum zweiten Mal in einer sehr wichtigen Angelegenheit hintergangen hatte, denn sie gab zu, dass sie das Geld gespart hatte, um sich vielleicht eines Tages ohne finanzielle Schwierigkeiten von mir trennen zu können. Ich stand wiederholt vor der Frage, wer diese Frau sei oder mit wem ich da eigentlich zusammenlebte. Denn wir hatten monatlich Schwierigkeiten, unseren gemeinsamen Lebensunterhalt zu bestreiten, wir brauchten jeden Cent.

Wir verkauften auf dem Dark Market, einem Flohmarkt für Schwarze, unsere halbe LP/CD-Sammlung, Tabea einen Großteil ihrer alten Gruftiekleider und Schmuck. Wir versuchten mit aller Macht, das gesamte Geld zur Heilung von Freya zusammenzubekommen. Tabea verfiel leider dabei in Panik, sie wollte auf der Stelle aus unserer Wohnung ausziehen, lief durch Friedrichshagen und suchte nach einer neuen Bleibe, dabei war es ihr egal, ob die Wohnungen, die man ihr anbot, mit Ofenheizung waren oder Schimmel an den Wänden hatten. Hauptsache, wir würden Geld sparen und der Hund müsste von nun an keine Treppen mehr steigen. Solange ich über die zu hohen Stufen in der Bölschestraße geklagt hatte, war Tabea taub für Umzugsideen. Tabea verlangte von mir, dass ich bedingungslos einverstanden sei, das war ich aber nicht! Es kam zum Streit, ich beschwichtigte sie und forderte sie auf, Ruhe zu bewahren, keine voreiligen Entschlüsse zu treffen, die wir im Nachhinein bereuen könnten. Geklärt wurde das Ganze dann dadurch, dass Danni und Bernd uns anboten, in einem Bungalow, der auf deren Grundstück stand, für die Zeit wohnen zu können, die Freya bräuchte, um nach der ersten OP wieder zu genesen und laufen zu lernen. Das schaffte uns erst einmal ein Zeitfenster, in dem wir dann in Ruhe nach einer adäquaten Wohnung im Erdgeschoss suchen konnten. Ich war zwar absolut unzufrieden, überhaupt aus meinen gewohnten vier Wänden ausziehen zu müssen, aber ich willigte ein. Wir zogen Mitte August für ca. 5 Wochen in den Bungalow, ohne Internet, Telefon und vor allem ohne meine geliebte Badewanne.

Freyas OP verlief ohne große Schwierigkeiten, sie erholte sich zusehends. Tabea half ihr beim Fortbewegen und kümmerte sich liebevoll um das Schmusevieh. Frau Kupfer fand das Leben in dem Bungalow überhaupt klasse. Sie zog jeden Morgen mit den Hunden los, um sich ein paar Stunden am Müggelsee zu sonnen, denn das Grundstück lag direkt an einem Waldrand, an dem der Müggelsee angrenzte. Zum See waren es 5 Minuten, in den Wald kam man über die hintere Gartentür. Ich langweilte mich eher so ohne mein Internet. Ich spielte mit Bea Schach oder las.

Während wir die Sommersonne genossen, stand zuerst Dresden, dann der halbe Osten unter Wasser. Im TV sahen wir erschreckende Bilder, wie man sie ansonsten nur aus der Dritten Welt kannte.

Ich hatte noch einige kleine Ausstellungen und fotografierte mehrere Shootings. So entstanden eine Reihe dark-erotischer Aufnahmen, die ich im Nachhinein auf meiner Homepage veröffentlichte.

Im September bekam ich den ersten Auftrag von „Culture on the Road“. Bea und ich waren geraume Zeit zuvor gefragt worden, ob wir an einem Projekt interessiert seien, bei dem es um die Aufklärung subkultureller Lebensarten an Schulen gehen würde. Man erklärte uns, dass wir innerhalb eines Teams für den Bereich GOTHIC zuständig sein würden. Wir hätten SchülerInnen der 8. – 10. Klassen innerhalb eines Projekttages über alles, was mit Gothic oder Gruftiesein zu tun hatte, aufzuklären. Die Subkultur wäre Mittelpunkt unseres Vortrages, sekundär ginge es aber auch um Gewaltprävention und darum, Alternativen zu rechten Jugendkulturen aufzuzeigen. Ein sehr interessantes Projekt, dachte ich und stimmte mit Frau Kupfer gemeinsam zu. Wir würden diese Vorträge nicht in Berlin halten, vielmehr im gesamten Land, vornehmlich aber in Gebieten, in denen rechte Jugendgruppen das Ortsbild prägen. „

Culture on the Road“ war ein Projekt des Archiv der Jugendkulturen e.V. in Berlin, die Koordinatorin hieß Silke und war ein Jahr älter als ich, eine nette sozialpädagogisch anmutende Frau. Kurz bevor ich den ersten Einsatz bekam, entschied sich Frau Kupfer, ihren Studiengang zu wechseln, und studierte von da ab Tiermedizin. Sie war mit den Vorbereitungen für das neue Semester voll beschäftigt, deshalb bat sie mich, allein zu fahren. Da ich ein paar Tage zuvor erfahren hatte, dass sich Diana von Freddy getrennt hatte und dieser nun völlig am Boden zerstört war, fragte ich ihn, ob er Lust hätte, mich zu begleiten. Er sagte zu, denn ein paar Tage raus aus Berlin konnten nur gut sein für seine beschwerte Seele. Ich machte das telefonisch mit Silke klar.

Der „Culture-Alltag" läuft ungefähr so ab: Wir treffen uns am frühen Morgen zum Schulbeginn mit den Kids in der Schulaula oder einem ähnlich großen Raum. Dort stellen wir uns als gesamtes Team vor. Wir haben HipHop-Teams mit DJs und Rappern, TänzerInnen und SprayerInnen, aber auch Techno-DJs, SkateboarderInnen, eine Frau für Heavy Metal sowie eine ganze Schar politischer Bildner, die zwischendurch mit den Kids politische Fragen in Bezug auf Subkulturen klären. Ich stelle mich dabei dann als der Referent für Gothic und Punk vor. Nach der kurzen Einleitung begeben sich alle Gruppen in Seminarräume und der Unterricht beginnt. Zumeist sind volle acht Stunden eingeplant. Meine Gruppen sind in den meisten Fällen im Verhältnis zu HipHop oder Techno eher klein, was Vorteile, selten auch mal Nachteile hat. Der größte Vorteil ist, dass ich damit viel persönlicher mit den Jugendlichen reden kann. Es entstehen mitunter recht nahe Bindungen innerhalb der Projektzeit. Nachteil ist lediglich, dass ich den Kurs allein leite und damit teilweise die acht Stunden durchweg reden muss, am Abend dann klinge ich wie eine Krähe, die um Hilfe ruft.

Mit Freddy ging die Reise nach Jena. Wir waren innerhalb von zwei Tagen an zwei verschiedenen Schulen, schliefen in einem Hotel und verbrachten den Nachmittag an einem Skateplatz bei den Kollegen und sahen denen beim Skaten zu.

Nur ca. zwei oder drei Wochen später, bei meinem zweiten Einsatz, der uns nach Gotha, meiner alten Lehrausbildungsstadt, führte, kam dann doch Frau Kupfer mit, um sich anzusehen, was ihr Kerl da so trieb. Ich zeigte ihr Gotha und wir genossen die Hotelunterbringung. Tabea war stolz auf mich, dass ich diese durchaus verantwortungsvolle Aufgabe meisterte. Bei den ersten Touren von *Culture on the Road* kam Klaus Farin mit, der Autor des Buches, in dem Bea und ich Interviews gaben. Klaus hatte unsere Adressen an Silke weitergegeben.

Im Prinzip war ich ihm dafür durchaus dankbar, denn so kam ich zu meinem bis dato sinnvollsten und erfüllendsten Job. Ich bin wirklich gern mit dem Culture-Team unterwegs, der Job ist einfach toll. Schon mit 13 oder 14 hatte ich mir vorgestellt, eine Arbeit zu tätigen, bei der es um Subkulturen gehen würde. Eine späte Erfüllung ...

Mittlerweile war ich auf zig *Culture*-Fahrten im gesamten Bundesgebiet, selbst bis ins Saarland reisten wir. In meinen Erinnerungen habe ich unzählige schöne, lustige, aber auch tragische Gespräche mit jungen Menschen über deren Leben geführt. Dabei spielte keine Rolle, ob diese nun „schwarz" waren oder nicht.

Nicht alles im Leben ist eben schön, das gilt sowohl für das Leben einiger Kids, mit denen ich sprach, als auch für mein ganz eigenes. Als ich im Spätherbst meinen Nierenstein zu Tage förderte, dachte ich, ich müsste sterben ... Ich hatte tagelang heftige Schmerzen. Zunächst im Nierenbereich, später dann im gesamten Bauchraum. Die letzten Tage spürte ich einen harten schmerzenden Druck im Darmbereich, ich konnte kaum sitzen. Als ich dann eines Abends unter Schmerzen auf dem Klo saß, um zu pinkeln, gab es ein lautes Geräusch. Ein extremer Schmerz durchfuhr mich, dann sah ich etwas Dunkles ins Klo fliegen. Mir wurde schwarz vor Augen und ich fiel kopfüber vom Klo. Ich schrie nach Tabea, denn ich blutete aus dem Schwanz und konnte mich vor Schmerz nicht rühren. Tabea sah mich kurz an, dann fischte sie den fiesen Stein aus der Kloschüssel. Das Scheißteil war fast so groß wie ein Olivenkern und sah dem auch irgendwie ähnlich. Ich betete tausend Götter an dafür, dass ich ihn endlich nach so vielen Jahren, ungezählten Stunden des Schmerzes, los war.

Frau Kupfer und ich suchten nun gemeinsam nach einer neuen Wohnung, die unseren Ansprüchen gerecht würde, dabei aber noch bezahlbar wäre und vor allem im Erdgeschoß liegen würde. Nach relativ kurzer Zeit und durch einen kleinen Zufall bot uns ein Bauherr eine Wohnung innerhalb eines Hauses an, das er gerade sanieren ließ. Die Wohnung war der Wohnung in der Bölschestraße verdammt ähnlich, selbe Größe, selber Schnitt, nur seitenverkehrt. Als der Mann uns dann noch den Mietpreis nannte, sagten wir begeistert zu. Wir unterschrieben den Mietvertrag ab Februar 2003, so lange hatten wir also noch Zeit, in der Bölschestraße alles für den Umzug vorzubereiten.

Seit geraumer Zeit äußerte Bea allerdings den Wunsch, eine Katze haben zu wollen. Ich war davon mittlerweile genervt, denn erstens fand ich Katzenhaltung nur akzeptabel, wenn diese auch die Möglichkeit hätten, außerhalb der Wohnung herumzuwildern. Katzen sind schließlich nicht in dem Maße domestiziert wie Hunde. Zweitens fand ich das Beschaffen einer Katze vor dem anstehenden Umzug für unnötig, denn Katzen, so sagt man, reagieren empfindlich auf Ortswechsel. Tabea forderte aber ihre Katze! Ich schlug mit der Faust auf den Tisch und lehnte dies kategorisch ab, dann lenkte ich doch ein und sagte, nur wenn es sich dabei um eine Nacktkatze handeln würde. Denn ich hatte damals bei Barbara und Gunter zwei Nacktkatzen gesehen und mich sofort für deren diabolisches Aussehen begeistert. Tabea nickte zustimmend, Hauptsache Katze, wird sie gedacht haben. Im Internet fand ich die Telefonnummer einer Züchterin bei Hamburg, ich rief an und eine Stimme mit russischem Dialekt erklärte, dass sie nur eine ausgewachsene Katze abzugeben hätte. Dieses Tier wäre aber an Hunde gewöhnt und sehr zahm. Das passte zu uns, also fuhren wir in den Ort, der namentlich klingt, als würde *Dieter Bohlens* Urologe da wohnen.

Die Katze, die man uns brachte, war blausilber gefärbt. Sie schnurrte und kuschelte sich gleich an. Wir gaben der Frau die geforderten 300 Euro und brachten den Stubentiger, der aussah wie das Produkt einer Liebesnacht zwischen Golum und Catwoman, zum Auto.

Seitdem hatten wir eine Nacktkatze, sie hieß Isis bei uns, da uns ihr alter Name Cindy nicht wirklich gefiel. Isis war genial, sie hatte eine Haut wie Pfirsiche und war sehr verschmust, nur hatte sie in der ersten Zeit Probleme mit dem Aufsuchen ihres Klos, also pisste sie ungehemmt in mein Bett, während ich darin lag ... Ich wusste doch, warum ich keine Katze in meiner Nähe haben wollte.

Silvester besuchten uns wieder ronja und Matthias. In der Nacht boten uns die beiden an, mit ihnen XTC zu konsumieren. Sie waren häufig in Goadiscos unterwegs und nahmen XTC als Gelegenheitsdroge. Nach einigem Überlegen sagten Bea und ich zu, Matthias zerteilte die Pillen und wir schluckten das Zeug. Merkwürdigerweise beobachten Tabea und ich, wie die beiden tatsächlich unruhig wurden, später dann euphorisch, nur wir beide, wir sahen uns gelangweilt an und zuckten ratlos mit den Schultern.

Mit uns alten Grufties sei echt nix los, durften wir uns dann von den zwei Frankfurtern anhören, „Ihr seid viel zu vergruftet". Wir lachten, ja kann sein, wir waren zu lange nicht mehr in der Sonne oder unsere CDs hinterließen Folgeschäden.

★

Am 15. Februar 2003 zogen wir in die neue Wohnung im Fürstenwalder Damm.

Wir hatten all unsere Freunde und Verwandten aktiviert, und diesmal wurde der Umzug auch nicht durch mich zum Chaos. Quadri und Bernd hatten jeweils ihre Pritschenwagen vorgefahren, und so war alles schnell verladen. Mein Vater und Axel werkelten in der neuen Wohnung ein kleines Hochbett, und am Abend konnten wir die erste Nacht dort verbringen. Leider wurde ich nach zwei oder drei Tagen sehr krank. Tabea brachte mich mit Lungenentzündung ins Krankenhaus nach Buch, während sie allein mit ihrem Bruder die Aufgabe hatte, die Bölschestraße mit ihren schwarzen und violetten Wänden zu renovieren. Sie schaffte alles zum Termin. Jetzt jedoch machten sich in der neuen Wohnung die ersten Mängel bemerkbar. Die Sanierung des alten Hauses, das unter Denkmalschutz stand, schien unsachgemäß ausgeführt. Die Fenster zogen kalte Luft, so dass es schwierig wurde, die Wohnung zu heizen, ohne Energie zu verschwenden. Überall entdeckten wir neuen Pfusch. Nach ein paar Monaten minderten wir mit Hilfe meiner Rechtsanwältin die Miete.

Tabea beschäftigte sich intensiv mit ihrem Studium, sie war häufig in der Uni oder saß stundenlang am Schreibtisch, während in Bagdad die Uni, die Schulen, die Wohnhäuser und überhaupt alles von den großzügigen Amerikanern, die die westliche Demokratie per Flugzeug mitbrachten, bombardiert wurde. Im TV lief *The Return of the Golfkrieg 2* und man konnte mit der Chipstüte in der Hand einen echten Krieg begucken. Kommentiert vom irakischen Verteidigungsminister, der Herrn Bush zum Trotz fröhlich dreinschaute und behauptete, dass die heilige Allianz der selbstberufenen Kreuzritter sich in ihre Uniformen pissen würden, weil die irakische Elitearmee so tapfer sei ... Ich fragte mich, wer mehr Drogen gefressen hatte, der Whiskey-George oder dieser Wüstenfüchs?!

Freya wurde zum zweiten Mal operiert, die Heilung schritt voran, alles erschien äußerlich betrachtet in gewisser Harmonie bei uns ...

„Aber AIDS hast du nicht, oder?"
Frau, nachdem ich mich auszog

Ich langweilte mich allerdings zum größten Teil, deshalb chattete ich in einem BDSM-Chat, las dort ungezählte Forumsbeiträge und schrieb selbst einige. S/M wurde zu einem zentralen Beschäftigungsfeld. Ich lernte eine 44-jährige Hausfrau kennen, zu deren sexuellen Vorlieben Latexanzüge und Gasmasken zählten. Wir trafen uns einmal, scheinbar hatte sie sich dabei in mich verguckt, denn sie stellte mir ab da längere Zeit nach. Meldete sich über die Galerie Engler & Pieper, um angeblich Bilder von mir zu kaufen. So stand sie eines Tages vor der Tür. Tabea ließ sie eintreten und bot ihr einen Kaffee an. Sie stellte sich als Fremde vor und wir sprachen über die Bilder; als sie merkte, dass ich sie mit den Bildern fortschicken würde, fragte sie offiziell nach, ob sie eine Fotosession mit mir vereinbaren könne. Sie bat Tabea um deren Einverständnis, dieses Shooting ohne sie machen zu können, schob ihre angebliche Schamhaftigkeit vor. Damit hatte sie Zeit und Raum gewonnen, um mich auf einer intimen Ebene treffen zu können. Ich fuhr zu ihr, machte die Fotos. Sie erzählte, ihr Ehemann sei kurz verreist, und näherte sich mir anzüglich. Ihr Schäferhund guckte mich durchdringend an, als sie unter der Gasmaske vor Erregung stöhnte.

Auf ihrem großem runden Küchentisch empfing sie meine Finger, zunächst einen, dann zwei, als meine ganze Hand in der Frau steckte, schien sie orgiastisch zu kollabieren, sie zuckte und schrie kurz auf, dann fiel sie rückwärts auf den Küchentisch und streckte buchstäblich alle Viere von sich ... Der Hund guckte mich sehr fragend an. Sein Blick fragte: „Ist sie tot?" Ich sah in ihre verdrehten weißen Augen unter der Gasmaske. Ich zweifelte langsam und zog vorsichtig meine Hand aus dem Körper. Ich schluckte, denn sie atmete nicht mehr. Mir wurden die Knie weich und ich dachte an Polizei, ihren Mann und an Tabea ... Der Hund fletschte die Zähne! Urplötzlich bäumte sich jedoch ihr Körper auf und sie saß, mit einem Griff riss sie sich die Gasmaske vom Kopf und grinste mich verschwitzt und weltentrückt an. Das Hündchen wedelte mit dem Schwanz ...

Später schrieb sie in dem Forum, das ich häufig frequentierte, dass sie sich umbringen würde, wenn ich nicht ihr Dominus werden wollte. Ich verbot ihr jeglichen Kontakt zu mir. Die Frau war etwas psychopathisch. Das schien ihr Ehemann auch gedacht zu haben, denn dieser hatte sich längst von ihr getrennt, als sie die Bilder, die angeblich für ihn waren, von mir machen ließ. Dies offenbarte sie mir allerdings erst einige Zeit später.

Ich lernte einige Frauen kennen, deren Einstellungen zu ihrer persönlichen Moral fragwürdig erschienen. Eine junge Ärztin, äußerlich unscheinbar, mit zwei Kleinkindern, fand es moralisch vertretbar, sich analer Lust hinzugeben, während ihr eigentlicher Geschlechtsbereich nur ihrem Mann vorbehalten war. Dass sie ihn nur anal betrügen würde, war somit nur ein kleinerer Betrug.

Ich schwor mir, nie wieder fremdzugehen. Deshalb suchte ich Rat, zu welcher Psychotherapie ich müsste, um meine offensichtliche Promiskuität verlieren zu können.

Nach Leipzig fuhr ich erstmalig seit dem Bestehen des WGT nicht. Freya mit ihren frischen OP-Wunden hätte nicht im Auto schlafen können, denn so sehr das Übernachten im Kangoo auch möglich ist, eng ist es natürlich trotzdem. Ich denke, dass Tabea auch gar nicht mehr wollte, ihr war das alles zuviel, sie veränderte sich ...

Es gab nur noch ihr Tiermedizinstudium, für das sie lebte. Jede von mir angestrebte Fotosession musste bis auf Weiteres verschoben werden, und ohne Bea, so war unsere Abmachung, wurden keine anderen Frauen fotografiert.

Meine Unzufriedenheit wuchs paradoxerweise mit dem Respekt, den ich vor ihr hatte, denn ich erkannte in ihr eine zielstrebige, erfolgsorientierte Frau, die auf dem Weg in ein neues Leben, ihr neues Leben, zu sein schien.

Ich flüchtete mich immer mehr in meinen Chat und die damit verbundenen Gedankenwelten.

Irgendwann fragte jemand nach einem kleinen Chattertreffen in Berlin. Ich schlug ein neu eröffnetes Café am Müggelsee vor. Dort trafen Tabea und ich dann einige mir bekannte Personen zum abendlichen Plausch bei Wein und Bier. Da dieses allererste ct, an dem wir teilnahmen, sich doch als unterhaltsamer Abend herausstellte, nahmen wir die Einladung zu einem ct in einem eigentlichen Schwulenclub an. Wir verabredeten uns an einem Abend bei den „Bösen Buben", an dem die auch für heterosexuelle Paare geöffnet hatten.

Der Abend an sich verlief wie viele cts auch, man saß in der Runde und redete über Leute aus dem Chat oder über S/M im Allgemeinen. Einige, die sich kannten, vertieften sich natürlich auch in persönliche Gespräche. Tabea kam mit einem schnauzbärtigen Mann ins Gespräch, der rote Pumps, einen Lackrock, Strümpfe und eine Damenbluse trug. Er war beruflich im Bereich der Chemie tätig und akademisch gebildet, Bea befragte ihn hinsichtlich ihres Studiums. Da mich das langweilte, beobachtete ich, wie sich die dominanten Herrn darüber zu profilieren versuchten, wer die längere oder teuere Peitsche hätte oder wessen Sklavin submissiver sei. Natürlich wurde auch darüber debattiert, was denn nun S/M sei und was noch nicht …

Ich setzte ich mich in einen anderen Raum abseits in einen Sessel und rauchte meine Zigarre, während sich ein paar Männer um die Gunst einer Domina bemühten. Diese ließ die Diva heraushängen und verteilte hier und da Küsschen oder Ohrfeigen. Plötzlich kam jedoch ein Mann, der eigentlich wie der Prototyp einer Lederschwuchtel aussah, stellte sich vor die Dame, zwängte deren Beine auseinander, um sie etwa 2 Meter vor meinen Augen zu ficken. Die eben noch so Erhabene ließ sich das kichernd gefallen und nun stellten sich alle anderen Männer, die zuvor um ihre Gunst warben, auch hinten an, bis sie an der Reihe sein würden, um diese Frau zu vögeln. Ich schmunzelte vor mich hin, ein sehr skurriles Bild!

I give in again and again I give in
That's how my love goes
I give in I'll say it again I give in
Depeche Mode

Erstmalig besuchten wir zusammen den Christopher Street Day. Ich war mit Melanie ein- oder zweimal dort gewesen und hatte mich prächtig amüsiert. Da Tabea das für eine schwule Love Parade hielt, hatte sie nie Bock, dort hinzugehen. Diesmal konnte ich sie jedoch überreden. Wir ließen uns zwischen den hunderttausenden Partytunten hin- und hertreiben, trafen ein paar bekannte Grufties und genossen die Sonne im Tiergarten. Dabei fielen uns zwei Schwuchteln auf, die lauthals stritten. Nach einer Weile begann der eine, den anderen zu schlagen, dieser wollte aber keine Prügelei riskieren und flüchtete deshalb auf seinen Pumps in den Tiergarten. Der Aggressivere verfolgte den Ersten und holte ihn ein. Dieser wusste sich nicht besser zu wehren, als einen dicken Knüppel aufzuheben und damit nun auf den Verfolger einzuschlagen. Außer uns hatten dies ein paar Feuerwehrleute belustigt beobachtet. Nun sahen sie sich jedoch gezwungen einzuschreiten, da die beiden bereits am Boden lagen und sich nicht mehr nur an den Haaren zogen, sondern sich zünftig aufs Maul hauten. Ein Polizeiwagen fuhr vor, die Beamten holten die beiden endgültig aus dem Wald und stellten sie an das Auto. Diese ergaben ein traurig lächerliches Bild in ihren zerrissenen Kleidern und der verschmierten Schminke, ihrer Perücken verlustig. Einer keifte den anderen an: „Was glaubst du, was du bist, du Tunte!“ Der andere konterte kreischend: „Tucke!!!“

Lachend fuhren wir zum alternativen CSD nach X-Berg. Dort waren die Schwulen und Lesben zwar nicht mehr so schrill und bunt, es ging weniger extrovertiert zu, dafür aber ehrlicher, und in Bezug auf den käuflichen Imbiss am Straßenrand waren wir endlich im antikommerziellen Bereich ohne Werbestände. Anstelle von Technobeats wurde auf Bongos getrommelt. Hier gehörten wir hin. Obwohl es verdammt egal ist, *wo* man für die Rechte von unterdrückten Menschengruppen eintritt, Hauptsache, man tut es!

Der Sommer war drückend heiß, wir nahmen uns vor, mit Diana und Franck zusammen zur Ostsee zu fahren. Diana hatte Freddy für Franck verlassen, nachdem sich vor etwas längerer Zeit Yvette von ihm getrennt hatte. Wir wollten zusammen irgendeinen Urlaub verbringen, nicht nur ein Picknick im Erpetal, wie wir dies bereits getan hatten.

Meine Gefühle für Tabea wechselten ständig, ich erzählte hier und da, dass ich sie nicht lieben würde, andererseits entdeckte ich fast täglich, wie liebenswert sie war. Sie konnte zum einen sehr egozentrisch sein, kümmerte sich aber um alles, was unser gemeinsames Leben im organisatorischen Bereich betraf. Es erschien wie eine Hierarchie, zuerst ihr Studium, dann schienen ihre Tiere zu kommen, dann unser Wohnbereich und dessen Reinhaltung, am Ende dann sah ich mich mit meinen Interessen bei ihr. Sie beeindruckte mich mit ihrer Dynamik, verletzte mich aber mit ihrer aufkommenden Unnahbarkeit bzw. ihrer Ignoranz.

Zeit für uns beide gab es nicht mehr, wollten wir abends relaxen, stand unsere ehemalige Nachbarin mit einer Flasche Wein vor der Tür, und so zogen sich die beiden Frauen zum Plausch zurück. Die Nachbarin bekam für Geld eine Massage und ich saß allein vor dem PC. Vielleicht dachte Tabea auch, ich würde es lieben, vor dem PC zu hocken und zu chatten, aber eigentlich war mir der Spaß daran längst verloren gegangen, ich vermisste Tabea, obwohl sie im selben Zimmer saß.

Da ich ein paar Jahre zuvor unnötigerweise einmal unsafen Sex mit irgendeinem Gruftiemädchen hatte, hatte ich mir eine langwierige Geschlechtskrankheit zugezogen; nichts Drastisches, nur ein paar Warzen. Diese verursachten aber hin und wieder kleine Hautrisse an meinen paar Zentimetern männlichen Stolzes. Deshalb ließ ich mir eines Tages meine Vorhaut mitsamt den Dingern operativ entfernen. Als ich da so örtlich betäubt auf der OP-Trage lag und der Dinge harrte, die da kommen sollten, traten zwei Chirurgen ein und begannen ihre Kunst, schnipp schnapp und ab ... Nadel, Faden zick, zack ... Währenddessen erzählten sie sich haarsträubende Dinge über ihre letzten OPs an diversen Genitalien der Berliner Bevölkerung. Mir wurde angst und bange!

Der Eingriff dauerte keine halbe Stunde und verlief komplikationslos. Erst in den nächsten Tagen zeigten sich die wahren Schwierigkeiten. Jedes Mal kurz vor dem Erwachen reckte sich meine Morgenerektion fröhlich der Morgensonne entgegen ... Leider war genau dies das Drama auf Erden, denn mit einem frisch genähten Schwanz zu erigieren, war eine Höllenqual! Ich sprang allmorgendlich laut schreiend aus dem Bett und versuchte einen wilden Tanz auf den kühlenden Fliesen im Bad, dabei warf ich mir kaltes Wasser an alle möglichen Körperstellen. Erschöpft schlich ich zurück zu meinem Bett, um mich und die verwarzte Gothiclady zu verwünschen!

Als ich nach zehn Tagen zum Fädenziehen kommen sollte, nahm das Drama seinen tragischen Höhepunkt. So ein Aushilfsdoktor wollte routiniert an den Fädchen ziehen und riss dabei ein riesiges Stück blutig-eitrige Kruste von meinem königlichen Zepter. Ich schrie auf, der Arzt auch, denn er zeigte auf meinen armen geschundenen Schwanz und stotterte: „Das mach ich nicht weiter, da sollen sich andere drum kümmern!" Das Problem war nämlich, dass die Vorhaut nicht angewachsen war, sondern mein trauriger Zauberstab nackt und fleischig an mir herabhing. Mir wurde schwarz vor Augen und ich wollte sofort sterben! Seitdem bin ich irgendwie geheilt von Sex ohne Kondom, jedenfalls wenn ich die Frau noch nicht lange kenne ...

Ich hatte noch eine weitere Ausstellung in einem S/M-Club, dem 2nd Face. Dort trafen wir auf Yane, eine Domina, die aus Spaß kleine Subbies ärgerte und gruselige Foltermethoden androhte, sollte sie einmal eine in ihre Finger bekommen. Yane war die ungekrönte Rhetorikkönigin. Warum Bea mit ihr mitging, weiß ich nicht, wir hatten abgemacht, dass ich Tabea nicht an Yane „ausborgen" würde, egal, wie sehr diese auch bitten möge. Während wir jedoch mit ihr und einer weiteren Chatbekanntschaft am Tisch saßen, standen Yane und Tabea plötzlich auf. Yane verband Tabea die Augen und zog sie mit, Tabea ging eindeutig freiwillig mit. Ich folgte dann mit der Begleitung von Yane. Wir wurden Zeuge, wie Yane Tabea quälte, eigentlich mehr psychisch als physisch, aber Tabea weinte echte Tränen. Ich zeigte Yane, dass sie das Spiel canceln möge, denn ich hatte kein gutes Gefühl dabei. Im Auto schrie Tabea hysterisch und weinte, sie gab mir die Schuld, sagte aber nicht konkret an was. Lange dachte ich über diese Situation nach, ich fand keine Erklärung ...

Meine Großmutter verstarb und Tabeas Mutter wurde 50. An manchen Tagen lebt man wie jeder Bürger auch, ob du ein Gruftie bist, spielt bei solchen Dingen keine Rolle. Dein soziales Leben hat dieselben Hoch- und Tiefphasen, wie sie jeder Mensch im Laufe seines Lebens durchmachte, da nimmt dein Schicksal keine Rücksicht, nur weil du ein alternativer Mensch bist, der in Schwarz herumläuft und Musik hört, bei der die Hunde zu jaulen beginnen.

Es war spät abends Anfang Oktober und Tabea kam vom Nachtspaziergang mit den Hunden heim, dann sagte sie zu mir: „Jörn, wir müssen reden." Ihr zweiter Satz war: „Es ist aus ..."

Ewig lieg ich hier und warte Deiner ... Deiner, Deiner
Jagt die Engel fort und schließt die Türen
Annabells Garden

Es war aus. Tabea hatte sich, während ich in der Vorwoche im Krankenhaus lag, in einen anderen Mann verliebt. Sie hatte ihn während ihres Praktikums auf einem Biokinderbauernhof bei Erkner kennengelernt. Verwirrend war für mich dabei die Tatsache, dass Bea mir noch wenige Tage, bevor sie sich trennte, intensive Liebesbekundungen entgegenbrachte.

★

Eine Welt, die vielleicht so gar nicht mehr oder nie wirklich existiert hatte, stürzte über mir zusammen.

Wie in Trance eröffnete ich eine Vernissage meiner Fotoarbeiten im Darkside. Die Gäste und Glückwünsche nahm ich nicht wahr, ich war einfach bodenlos geworden. Und doch war diese Trennung anders als die von Manon damals, sie tat weniger im Herzen weh, wie sie vielmehr meine Zukunftsvisionen und die Fähigkeit zu vertrauen zerstörte. Ich hätte ewig mit Tabea leben können, wir waren wie aus einer Quelle, unsere Geister waren sich sehr ähnlich. Wir hatten einfach denselben Blick auf die Dinge.

Tabea zog innerhalb eines Monats aus, ließ mich zurück in einer Wohnung, die ich allein gar nicht bezahlen konnte. Ich suchte mein Seelenheil in der nächsten Frau und fickte eine Zeit lang die kleine Barkraft des 2nd Face, die so tiefe, schöne Augen hatte, wie ich sie nie zuvor sah.

Ich lud eine Bekannte aus dem Chat ein, bei mir zu wohnen, ich brauchte Mitbewohner. Und so meldete sich, nachdem die Sklavin zugesagt hatte, eine Domina aus Stuttgart. Da ich drei Zimmer hatte, einigten wir uns, es zeitweise so zu versuchen.

Die Sklavin hieß Jessica, wir hatten ein paarmal miteinander gespielt, was aber mehr oder weniger entgleiste. Sie war eine mehrfach missbrauchte, ewig beim Psychologen sitzende Alkoholikerin. Ihre psychischen Probleme überschatteten alles, was sie anstellte. Jessica war ein hoffnungsloser Fall. Ich dachte mehr als einmal, es wäre besser für sie, wenn sie sich wirklich umbringen würde und nicht immer nur davon redete.

Die Domina nannte sich Lady Rosetta und war Ende 20, klein und etwas mondän, aber sie wusste wirklich streng zu gucken. Sie wollte in Berlin Ausbildungskurse für ambitionierte Hausfrauen in Sachen S/M geben.

Ich ging ins Darkside und fragte einen mir bekannten Mitarbeiter, ob er eventuell einen Job für mich im Darkside oder einem ähnlichem Rahmen wüsste. Ich schlug DJ vor, denn das hatte ich mehrfach gemacht. Chris guckte mich an und fragte, ob ich Lust auf Performance hätte. Er stellte mich einer jungen Frau vor, sagte: „Das ist Isabell" und verschwand. Da standen wir nun ...

Isabell war 24, saß da einsam auf dem Barhocker, was allein schon unbegreiflich war, denn Isabell sah heiß aus und in einem Club wie dem Darkside sollte so eine Frau nicht ohne Begleitung sein müssen. Wir redeten ein wenig und sie sagte, sie würde gern an einer Performance teilhaben. Auf meine Frage, wie sie sich so eine Vorführung denn vorstelle, wusste sie nichts zu sagen. Es blieb also nichts weiter übrig, als es auszuprobieren. Ich nahm sie mit in einen der Spielräume und wir spielten miteinander, als wären wir jahrelang ein Paar. Zuschauer bestätigten uns im Nachhinein die Authentizität. Isabell gab mir ihre Telefonnummer und wir „übten“ von da ab, was uns Spaß machte. Sie schlief bei mir oder ich bei ihr im Studentenheim.

Die Einzige, die unter meinen nächtlichen Ausflügen litt, war Wally, denn als Tabea auszog, nahm sie die Dogge mit, bot mir aber im Gegenzug an, ihre kleine Bulldogge zu behalten. Da ich wusste, dass Bea Wally nie so ins Herz geschlossen hatte, wie sie Freya liebte, willigte ich ein. Seitdem lebte das kleine Schweinchen bei mir, und das, wo gerade ich immer auf besonders große Hunde stand. Wally entschädigte mich mit ihrer bedingungslosen Liebe aber täglich für all die Dinge, die mein menschliches Dasein so mit sich brachte.

In der Zwischenzeit übernahm ich im Duncker Tabeas Posten. Sie hatte jede zweite Woche die Kasse und Garderobe gemacht, immer im Wechsel mit der Cocktailbar. Jetzt, da sie in Rahnsdorf lebte, und seitdem sie mit diesem Technofreak zusammen war, wollte sie nichts mehr mit der schwarzen Szene zu tun haben, sie brach alle Brücken und Kontakte ab. So saß ich also nun an ihrer Stelle an der Kasse und öffnete die Tür zum Duncker für Tanzwütige.

Eines Nachts kam der kleine Florian mit einer ziemlich großen Frau im Schlepptau in den Duncker. Ihn kannte ich nur von ein- oder zweimal Sehen, er war eine unbedeutende Chatbekanntschaft. Die Frau, die sich als Jennifer vorstellte, kannte ich gar nicht, sie wirkte hübsch, und ich beglückwünschte innerlich den Kleinen für seinen Fang, denn man sah, dass er sich um ihre Gunst bemühte. Gegen Morgen erschien mir aber, dass sie wenig Interesse an ihm zu hegen pflegte, denn sie wich ihm aus und suchte das Gespräch mehr mit mir als mit ihm. Ich bot an, sie auf meinem Nachhauseweg mit dem Auto mitzunehmen, da sie erzählte, dass sie in Karlshorst wohne, das war meine halbe Strecke. Sie sagte sofort zu, um Florian loszuwerden. Im Auto redeten wir weiter über S/M, denn das war schon die gesamte Nacht Thema. Jennifer hatte nach eigenen Angaben keine Erfahrungen damit, wollte aber einmal ihre Neugierde stillen.

Ich bot ihr einfach an, mit zu mir zu kommen. Sie hatte Urlaub und ihr Kind, von dem sie sprach, war gerade beim leiblichen Vater. Jennifer war gespannt und stimmte zu. In meiner Wohnung sah ich sie mir genauer an. Ich hatte eine Abneigung gegen Frauen, die größer waren als ich, aber diese hier war irgendwie anders; wir redeten toll miteinander und ich spürte, wie mein Herz schneller schlug, Augenblick um Augenblick. Ich verliebte mich in sie, ich konnte mich nicht erwehren, ich fand diese Frau hinreißend. Ich wollte wissen, wie sie im Bett sei, und bot ihr sanft an, ein bisschen „Einsteiger-S/M" mit ihr zu betreiben. Wir küssten uns mehr als alles andere ...

Jennifer blieb 36 Stunden bei mir. Als ich sie nach Hause fuhr, versprach sie, am nächsten Tag mit ihrem Sohn vorbeizukommen. Als ich am selben Abend Jessica in meiner Küche begegnete, sah diese mich an, lächelte sanft und sagte: „Du bist verliebt ..." Sie hatte es mir angesehen. Urplötzlich war dieselbe Welt, die eben noch trist wirkte, wieder schön.

Als Jennifer am nächsten Tag kam, brachte sie ihren Sohn Kai mit, er war 3 Jahre, sprach noch wie ein Kleinkind und war super süß. Ich spielte und lachte mit ihm, aß Gummibärchen und trug ihn glücklich durch mein Zimmer, dabei blinzelte ich Jennifer zu, die mit glänzenden Augen zu uns hinüber sah. Am Wochenende schlief ich bei ihr, lernte ihre Art zu leben kennen, und wir verliebten uns stündlich weiter.

Ich cancelte die Performanceübungen mit Isabell ... Ich rief meine Eltern an und überschlug mich vor Aufregung mit der Stimme; sie wollten jedoch noch nicht viel davon hören, meine Mutter hatte den Verlust von Tabea an meiner Seite nicht so schnell verwunden. Meine Schwester lud mich dafür mit Jennifer und dem Kleinen für das Nikolauswochenende ein. Alles wirkte wie ein Märchen. Kai war zwar frech, aber man konnte ihn spielerisch erziehen. Jennifer wirkte nahezu perfekt.

Natürlich wollte ich auch Heiligabend bei meiner neuen kleinen Familie sein, ich war aufgeregt, erfreut, sah mich am Ziel meiner Träume ...

Jennifer lag im Bett, sie machte keine Anzeichen aufzustehen. Ich war es schon gewohnt, dass sie gern lange schlief und der Kleine dann ohne mütterliche Aufsicht in der Wohnung herumsprang. Meist guckte er immerzu dasselbe Video: *„Rudolf das Rentier"*. Aber heute war doch Weihnachten, wir hatten viel zu tun. Jennifer hatte eine Ente gekauft, die sie schmoren wollte, wir wollten noch einen Weihnachtsbaum holen und die Geschenke sollten noch verpackt werden.

Jennifer starrte anteilnahmslos zur Decke. Ich war verwirrt, als ich sah, dass sie weinte, ich wusste, dass sie wohl an ihre toten Eltern denken würde. Ich war hilflos. Ich liebte sie bereits, wollte aber auch, dass wir mit dem Kleinen Weihnachten feierten; dazu gehörte aber, dass wir uns unseren Aufgaben widmen würden. Um halb 12 Uhr weinte sie, dass sie eine unfähige Mutter sei und dies Weihnachten genau wie jedes andere beschissen sein würde. Jetzt war ich erschrocken, ich liebte doch Weihnachten ... Wie gern wäre ich mit ihr und Kai zu meinen Eltern gefahren, ihr und dem Kind ein schönes Fest zu machen. Meine Mutter mag das aber nicht, wenn sie Leute nicht lange genug kennt, diese dann an solchen Festen in ihrer Nähe zu haben, sie hätte dies nicht gewollt.

Ich schnappte mir Kai, zog ihn an und wir fuhren los. 12 Uhr mittags kauften wir nen Baum. Als wir damit zu Jennifer kamen, war diese etwas entspannter. Als ich dann sagte, die Ente würde ich eh lieber zu Abend essen, als dass es sie zwanghaft mittags geben müsse, erhellte sich ihr Gesicht, sie begann die Ente vorzubereiten. Gegen Abend dann nach dem Essen und der Bescherung, die für ein Kleinkind das Schönste am Tag ist, nahm sie mich dankbar in den Arm. Dies Weihnachten schien gerettet.

Ich fuhr am nächsten Tag allein nach Grimmen, der Tag zuvor lag mir schwer auf der Seele, mit einem Mal sah ich einige Dinge, die Jennifer tat, mit kritischen Augen. Ich stellte fest, dass sie in Bezug auf die Erziehung von Kindern andere Maßstäbe hatte, als ich es gewohnt war. Auch die andauernde Unordnung in ihrer Wohnung wurde mir zuviel. Meine Gefühle für Jennifer bekamen den ersten Stoß.

Zwischen Weihnachten und Neujahr wurde ich heftig krank, Jennifer musste mich nach Buch fahren. Sie erschrak, hatte sie doch schon zu viele kostbare nahe Menschen in ihrem Leben verloren.

Jennifer war 25, ihre Mutter war gestorben, als sie 12 war, zehn Jahre später starb der Vater, eine wichtige Tante war ebenfalls längst tot. Sie war eine von vier Halb- und Stiefschwestern, die Jüngste, alle anderen waren schon älter als ich. Jennifer hatte keine Omas oder sonst irgendwen, Jennifer hatte nur noch sich ... und ihren Sohn! Sie war Telefonistin bei der Telekom und nebenbei dort in der Gewerkschaft tätig. Sie war deutlich größer als ich, hatte eine normale Figur mit einer großen Oberweite, die nach einer Brustverkleinerung unterschiedliche Formen angenommen hatte. Ihre Haare waren schwarz gefärbt. Da sie dünne Haare hatte, ließ sie sich künstliche Haarsträhnen einsetzen, auch ihre Fingernägel waren künstlich, da sie die natürlichen abgeknabbert hatte.

Wir dachten bereits über eine gemeinsame Wohnung nach, da ich auf Dauer nachts nicht ohne Sauerstoff schlafen konnte, sie aber selbstverständlich beim Kleinen sein musste. Ohne den jeweils anderen wollten wir aber auch nicht mehr schlafen. Jennifer zeigte schnell ihre heftige Eifersucht, die sie Verlustangst nannte und auf den Verlust ihrer Eltern zurückführte. Während ich im Krankenhaus lag, hatte sie mit Jessica entschieden, dass diese die Wohnungen tauschen würden. Als ich aus dem Krankenhaus herauskam, wurden die ersten Sachen aus ihrer Wohnung in meine gefahren. Ich hatte überhaupt keine Möglichkeit zur Erholung oder Selbstfindung, sogar meine intravenöse Heimtherapie erledigte ich im „Vorbeigehen". Alles ereignete sich auf der Überholspur der Zeit. Wenn ich bisher schnell gelebt hatte, dann war es ab jetzt das Turboleben ...

Mitte Januar 2004 zog sie zu mir, Kai bekam das hintere Zimmer. Wie wir das mit unseren Möbeln machen wollten, war zunächst noch unklar, ihre Küchenmöbel baute uns ihr Nachbar Micha auf. Aber ihre IKEA-Wohnzimmermöbel passten nicht zu meinem schwarzen Einrichtungsstil.

Bei all den dadurch entstehenden Querelen und Missverständnissen hatten wir so oft extremen Streit, dass wir unsere Gefühle füreinander innerhalb kürzester Zeit verloren. Alles, was sie tat, tat sie im Prinzip nicht gut genug für meine Bemessensgrenze. Ich kritisierte sie deshalb, sie jedoch wollte sich nicht von einem Mann kritisieren lassen, ob zu Recht oder zu Unrecht war dabei egal, sie fiel in Hysterie oder benutzte Wörter oder ganze Redewendungen, die so heftig beleidigend waren, dass es dafür keine Entschuldigungen geben konnte. Sie tat das vorsätzlich, wie sie selbst sagte, um zu verletzen. Das Zusammenleben wurde zur täglichen Hölle, das absolut Einzige, was uns immer wieder versöhnte, war die gemeinsame Sorge um Kai und unser Sex, der so heftig wurde, dass wir dabei fast den Verstand verloren.

Unsere Dispute gingen so weit, dass sie mir nach vier Monaten, die wir gerade mal zusammen waren, eine Ohrfeige versetzte, weil ich sie für „wahnsinnig" hielt und dies offen sagte, nachdem sie morgens um 6 Uhr nach meinem Dunckerdienst einen Streit vom Zaum brach, weil ich Wally zuerst begrüßt hatte.

Ich beendete auf der Stelle die Beziehung. Jennifer war erschüttert. Es gab viele Gründe zu gehen, es gab genauso viele, es weiter zu versuchen. Mit der Hoffnung im Herzen, dass alles besser werden würde, forderte ich von ihr, dass sie, wollte sie die Beziehung retten, zum Psychologen gehen müsse. Jennifer ging hin, sie veränderte sich und sechs Wochen lang sah alles besser aus. Leider hatte sich meine Familie auf Grund der Ohrfeige und diverser Beleidigungen längst mit Jennifer und damit auch mit Kai überworfen. Sie konnten sie nicht mehr mit wohlwollendem Blick betrachten. Jennifer wurde demzufolge nicht mit zur Jugendweihe meines Neffen eingeladen. Sie sah dies als grobe Beleidigung und Ablehnung ihrer Person und forderte von mir, als loyalem Partner, mich zu ihr zu bekennen und selbst nicht zur Jugendweihe zu fahren. Aber erstens, was konnte mein Neffe dafür, dass wir erwachsenen Leute uns nicht vernünftig einigen konnten, und zweitens ließ ich mir ungern die Pistole auf die Brust setzen mit der Entscheidung: deine Familie oder ich! Da ich mir über 30 Jahre der Liebe und Hilfe meiner Familie sicher sein konnte, Jennifer aber erst ein paar Monate kannte, war meine Entscheidung folglich klar, mich zu meiner Familie zu bekennen.

Jennifer wurde täglich wütender, ausfälliger, fordernder. Eines Samstags beim Frühstückstisch kam es zum Eklat. Ich schimpfte mit Kai, Jennifer, die verschlafen hatte und dies mir zuschob, mischte sich ein, dann kam es zum kurzen Wortgefecht. Plötzlich holte sie aus und schlug wieder zu ... Ich sah es allerdings und zog meinen Kopf zurück, sie streifte nur mein Gesicht, traf aber die Teekanne, deren heißer Inhalt sich nun über den kleinen Kai ergoss. Er schrie, Jennifer und ich rissen ihn hoch, zerrten seine Sachen von seinem Leib und duschten ihn kühl ab. Ich nahm mein Fahrrad und raste zur Apotheke, um Brandsalbe zu kaufen. Jennifer zitterte hysterisch, der Kleine hatte glücklicherweise nicht sehr viel abbekommen, nur ein kleiner roter Fleck auf seiner Brust zeugte davon. Allerdings sagte er immerzu, ich hätte ihm heißen Tee über den Leib gegossen. Da Jennifer keine Anstalten machte, ihn darüber aufzuklären, dass es ihr passiert sei, forderte ich, die Polizei einzuschalten. Jennifer erschrak, sie hatte Angst, dass man ihr das Kind wegnehmen könne, also ließ ich sie meine Mutter und im Anschluss ihren Kumpel Micha anrufen. Micha konnte sie dann auch gleich sagen, dass sie demnächst kräftige Männer zum Auszug benötigen würde, denn jetzt war die Beziehung zu Jennifer endgültig nach nur sechs Monaten gescheitert. Sie war die kürzeste, wirklich echte Liebe meines Lebens. Was mit so viel Hoffnung begann, endete tragisch, nachdem es nur noch Schmerz war, was wir fühlten, wenn wir uns sahen. Schmerz, weder Hass noch Wut, einfach nur Enttäuschung, bei der es keinen Schuldigen gab, wir waren beide Opfer unserer Schicksale.

Jennifer zog 14 Tage später aus, ich hatte monatelang eine Art Trauma, regelrechte Angst vor Streitereien mit hysterischen Menschen.

Und doch liebte ich sie … als sie ihre Geige auspackte, nachts nach vollzogenem Umzug, diese ansetzte und nach Jahren erstmals wieder spielte. Sie hatte seit dem Tod ihrer Mutter nicht mehr gespielt, in dieser Nacht nun spielte sie für mich. Ich liebte sie, als ich, Kai auf dem Schoß haltend, sie weinend am Grab ihrer Eltern beobachtete. Niemals wurde mir so bewusst, was es bedeutete, seine Eltern zu haben, was es bedeutete, Eltern zu vermissen … Welchen Schmerz es bedeutete, keine Eltern mehr zu haben, konnte ich nur im Ansatz ahnen … Jennifer wird für immer in meinem Herzen bleiben, und immer wird sie dort meine Liebe begleiten.

★

Um eine für mich spürbare Grenze zu empfinden, ging ich noch in selbiger Nacht aus und kam mit Bella nach Hause. Ich musste einfach mit einer anderen Frau ficken, um Jennifer aus mir herauszubekommen. Ich musste mir nicht nur einen, ich musste mir in der Zeit zwei Menschen aus dem Herz reißen, die ich eigentlich liebte, mit denen ich aber nicht mehr zusammenleben konnte.

Das mit dem Vergessen war gar nicht so einfach, ich lud mir eine Frau nach der nächsten ein, hatte mir zwischenzeitlich ein Profil bei der Gothic-Singlebörse im Internet eingerichtet. Aber Jennifer wohnte seit ihrem Auszug nur 100 Meter weiter weg auf der anderen Straßenseite. Und wir beide konnten uns nicht so einfach ziehen lassen, deshalb schlief ich häufig in ihrer Wohnung, bis wir uns ein paar Tage später wieder fast zerfleischten ... das ging wochenlang so.

Zum Blüthenrausch-Sommerfest besuchte mich Liliana aus Rostock. Sie war zarte 19, aber auch zuckersüß und eine Frohnatur, obwohl sie angekündigt hatte, schüchtern und still zu sein. Ich holte sie vom Bahnhof Lichtenberg ab, schon auf dem Bahnsteig fiel mir auf, dass sie sehr niedlich aussah. Wir kamen uns schnell näher und in der ersten Nacht trieben wir all die Dinge, die wir zuvor wochenlang am PC in virtuellen Räumen erdacht hatten. Am nächsten Tag dann gingen wir in den Kurpark bei mir hinterm Bahnhof. Dort war alljährlich die Aposkalypse, ein Skinheadfestival, auf dem jede Menge Glatzen und Punker herumtanzten. Ich setzte mich regelmäßig dazu und beglotzte die Oi!s.

We will dance most to the Reggae
We will Skins
Judge Dread

Als ich im ersten Jahr, in dem Tabea und ich in Friedrichshagen wohnten, noch nichts von dem Festival wusste, aber aus meinem Fenster heraus plötzlich Horden von Skins und Rudeboys auf der Bölschestraße sah, wurde mir zunächst angst und bange, bis wir die ersten Punks unter den Skinheads sahen.

Mit Lilli jedenfalls setzten wir uns auch dazu, Jennifer kam mit, denn sie rief an, fragte, was ich tun würde. Als sie mitbekam, dass ich weiblichen Besuch hatte, klinkte sie sich ein. Sie kam dann auch abends zum Blüthenrausch mit.

Jennifer flüsterte mir zu, dass sie Lilli auch sehr verführerisch fände. Lilli schien dasselbe von Jennifer zu halten. Zu Hause dann zeigten beide Mädchen ihr Interesse füreinander offen. Dass Jennifer Lust auf Bi-Spiele hatte, wusste ich seit Langem, von Lilli ahnte ich es ebenfalls.

Jennifer war dann später mit Jessica im Darkside, dort begannen sie ein Spiel, das sie auch über einen längeren Zeitraum in der Öffentlichkeit spielten. Jessica war die Zofe von Jennifer. Da diese aber nicht in der Lage war, ihre masochistische Sub zu züchtigen, trug Jennifer mir diese Aufgabe an. Ich hatte ja bereits einige Male Jessica mit einem Ochsenziemer zu dem verholfen, was ihre Seele benötigte. So ging das den ganzen Sommer lang. Ich lebte in meiner Wohnung, Jennifer in ihrer. Bekam sie mit, dass ich Besuch hatte, begann sie mit Telefonterror oder stand vor der Tür, weil sie angeblich ganz dringend etwas aus unserem Keller benötigte.

An anderen Tagen gingen wir zu dritt ins Darkside, ich bestrafte Jessica für diverse Vergehen und diese musste dann Jennifer verwöhnen, am Ende fickten Jennifer und ich.

Die beiden fuhren zu Jessicas Eltern auf einen Bauernhof, Kai nahmen sie mit. Ich fuhr ein paar Tage später dorthin, um Jennifer einzuladen, dann reisten wir beide weiter nach Amsterdam. Dort besuchten wir das Bahnhofsviertel, kauften uns einen Joint für die Nacht und beguckten uns die Nutten. Als eine von denen mir zuwinkte und mich in ihr Etablissement locken wollte, gab ich zu verstehen, dass ich ja nicht könne, ich sei ja nicht allein, sondern hätte eine Frau bei mir. Die Hure lachte und gab uns zu verstehen, dass wir beide willkommen wären. Jede andere Frau wäre jetzt erbost, nicht so Jennifer, die ansonsten die Königin der Eifersucht war, sie begann ernsthaft, nach Geld zu suchen. Jennifer wollte mit mir in den Puff gehen ...

Es war aber glücklicherweise nicht genug Geld für solche Ausschweifungen vorhanden. Außerdem hatte ich ja vor Jahren festgestellt, dass dies nicht meine Form der sexuellen Befreiung sein kann. Wir setzten uns also in mein Auto, fuhren raus, kifften den halben Joint und lachten uns die Lunge aus dem Hals. Dann vögelten wir uns das benebelte Gehirn wie die Tiere aus dem Kopf.

Zu Hause in Berlin verstritten wir uns natürlich bei der nächstbesten Situation so heftig, dass wir uns schworen, niemals wieder ein Wort miteinander zu reden. Wir waren zwei Irre!

Zwischenzeitlich hatte ich einen zunehmenden SMS-Kontakt zu Antje aufgebaut. Damien hatte mir während des Osterfestes bei der Klosterruine in Chorin erzählt, dass er von ihr verlassen worden sei, als ich ihn dort auf dem Mittelaltermarkt traf. Antjes SMS hatten einen verlockenden Unterton … Das Liebesblut pochte an meinem Herz.

Ich besuchte sie eines Abends in ihrer Lichtenberger Wohnung. Wir küssten uns und kamen uns intensiv näher … Als ich sie gegen Morgen mit neuer Hoffnung im Herzen verließ, wurde mir bewusst, ich musste endlich irgendetwas gegen mein promiskuitives Verhalten tun. Ich hatte bereits über psychologische Unterstützung nachgedacht, während ich mit Frau Kupfer zusammen war, diese jedoch sah mich mit fragendem Blick an. Für sie, die sich als „nicht betrogene" Frau sah, stand die Notwendigkeit einer solchen Therapie selbstverständlich nicht zur Debatte.

Ich entschloss mich, eine Verhaltenstherapie zu beantragen, denn ich wollte nicht wieder eine Frau, die sich entschloss, mich im Leben begleiten zu wollen, mit meiner Untreue gefährden. Ich suchte den Weg in ein glückliches, harmonisches Liebesleben.

Von nun an besuchte ich Antje fast täglich, jedes Mal, wenn ich dann nach Hause fuhr, wuchs die Sehnsucht, mit dieser Frau vereint zu sein. Auch ihre SMS verrieten, dass sie gern die Stelle als Frau in meinem Leben einnehmen wollte. Silvester dann schlief sie erstmalig in meiner Wohnung … Seitdem fühlten wir uns als Paar.

Meine Therapie sollte Tage später beginnen.

Das letzte Kapitel ist schnell erzählt … Antje und ich verliebten uns heftig, so heftig, dass es Antje schwerfiel, meine Wohnung zu verlassen, um zur Uni zu gehen oder ähnliche wichtige Sachen ihres Lebens zu unternehmen. Wir waren zu zweit eine sehr lange Zeit zunehmend glücklich, auch wenn es hin und wieder zu einigen Streitereien kam. Wir beschlossen, dass sie zu mir ziehen müsse, damit das ewige zwischen zwei Wohnungen Pendeln aufhören konnte.

Als Paar lachten, liebten, stritten und vor allem bekochten wir uns. Hin und wieder besuchten wir verschiedene Veranstaltungen. So zum Beispiel das *Dead-can-Dance*-Konzert in der Philharmonie. Ich hatte *Dead can Dance* nie gesehen, da sie seit zehn Jahren getrennt waren, und bei deren Abschluss-Tour 1996 hatte ich nicht das Geld für die Karte. Jetzt hatte ich zwei Karten erstanden. Antje wollte zunächst gar nicht mit, da sie *Dead can Dance* auf „Platte“ nicht so beeindruckend fand, ich bettelte so lange, bis sie doch mitkam. Ich wusste, es würde ihr gefallen, denn Antje spielte selbst mal klassische Musik als Flötistin in einem Orchester. Und richtig, auch sie war nach kurzer Zeit gefangen von der hypnotischen Atmosphäre, die *Lisa Gerarrd* und *Brendan Perry* entstehen ließen. *Lisa Gerarrd* war in ein gelbes Gewand gewickelt und wirkte irgendwie weltentrückt … Zwischenzeitlich führte jemand sie von der Bühne, als drohe sie zu zerbrechen. Das ganze Konzert ging über zwei Stunden und war gigantisch … Ich wusste noch mehr, als ich es jemals zuvor fühlte, die Frau ist nicht aus dieser Welt. Sie war göttlich, jedenfalls eine überirdische Erscheinung. Ihre Stimme stand wie ein himmlischer Flügelschlag über uns, ihren Jüngern. Am Ende bedankte sie sich für ihr „amazing ordiance“ … Zu danken hatten wir, jedenfalls fühlte ich tiefen Dank für dieses tiefe schöne Gefühl, das diese Nacht hinterließ.

Am 2. April 2005 verbarschelte sich der Polenpaul. Der Weg dahin war beschwerlich und jeder konnte es sehen. Im TV wurde gezeigt, wie der alte Mann auf eine päpstliche Sackkarre gehoben und ans Fenster gerollt wurde. Er hob seinen Arm, um die jubelnden Massen zu segnen. Dabei sah sein Gesicht aus, als wollte er um Hilfe rufen, er nuschelte irgendwas, zu dem die katholischen Massen begeistert zuzustimmen schienen. Ich war mir sicher, dass es eine Bitte gewesen war, ihn zu erschießen, denn das, was da gezeigt wurde, war allen

Ernstes eine Menschenrechtsverletzung! Statt den Papa in ein schickes Kloster zu bringen und ihn würdevoll zu seinem Gott auf den heiligen Büßerpfad gehen zu lassen, missbrauchte man ihn für diese Medienshow. Man sah sehr deutlich, dass er nicht gehen konnte, und auch das Winken seines Arms war wohl eher künstlich erzeugt als vom Geist des Vaters beflügelt. Der Menge schien das egal, sie liebte den senilen Greis. Dementsprechend waren dann auch das Geheule und Gejammer, als der gute Opa Karol tot war.

Seine Verabschiedung war der Tag schlechthin. Es versammelten sich alle, aber auch wirklich alle … wenn man mal großzügig die Chinesen und die russische Regierung übersah. Es war tatsächlich jede Scheißregierung dieser Welt da, der Bush, der Blair, Berlusconi, Schröder mit seiner Gabi, die Merkel vorsorglich auch schon mal … Es waren alle Kardinäle, Bischöfe und Vertreter jeder Religion oder irgendeiner kleinen Sekte da. Und etwa 3,5 Millionen Christen als Fußvolk und Jubelgarde. Halb Polen musste leer gewesen sein an diesem Tag. *Heftig, ein Schelm, wer da Böses denkt …* Aber immerhin, Nostradamus hatte ja versprochen, dass dies der letzte Lump im Vatikan wäre.

Weit gefehlt, nix da. Die Terroristen haben's verschlafen, sind halt alles Schläfer, kein Flugzeug stürzte sich auf die ewige Stadt, keine verwegene Guerillatruppe wagte eine Aktion, nicht mal ein muslimischer Selbstmordattentäter hat sich verlaufen, selbst Greenpeace war nicht auf den Petersdom geklettert, um ein Protestplakat anzubringen. Wahrscheinlich gab's nicht mal ne Klopperei um die besten Plätze in der letzten Reihe. Alles ganz friedlich. Na ja, schade wäre es ja gewesen, zumindest um Kofi Anahn von der UNO, und der gute Nelson Mandela muss ja auch nicht mit George Bush an einem Tag sterben.

Ich hör' schon den Knall in meinen Ohren,
Und um 12 Uhr mittags sind wir plötzlich führungslos
Zusammen-Rottung

Doch es kam noch dicker. Nur ein paar lausige Tage später war ich dann Papst ... Ein Alptraum wurde wahr!

Kurz nachdem also der alte Papst eingesargt wurde, wählten die sich nen neuen. Die Häuptlinge in ihren roten Mäntelchen kokelten so lange am Ofen in der guten Stube des Vatikans, bis der Qualm die gewünschte Farbe hatte … Dann brüllten alle „ademus Papam" oder so und auf dem Balkon erschien erwartungsgemäß der olle Ratzinger mit seinem fiesen Grinsen. Er hob die Hand zum Sieg verdächtig steif und lachte diabolisch dabei. Mir lief es kalt den Rücken runter, der erklärte Kommunistenhasser und Schwulenfeind war da, wohin er schon immer wollte. Einen Tag später schrieb *BILD*: „Wir sind Papst", und meinte damit alle Deutschen, ergo auch mich … ich bin also Papst wider Willen!

Das einzig Gute daran ist nur, dass der Ratzinger, der sich jetzt Benedikt nennt, um nicht erkannt zu werden, und im Winter ne Weihnachtsmannmütze trägt, nicht allein Papst ist, er muss sich den Job mit 80 Millionen Deutschen teilen. Ob *BILD* das so wollte? Ich werde jedenfalls mal meine Gehaltsforderung beim Vatikan einreichen …

Was mich erschütterte, war nebenbei bemerkt, dass sie erst kurze Zeit zuvor um den alten Papst getrauert hatten, aber diesen mit dem gleichen enthusiastischen Gejubel empfingen wie scheinbar jeden, der da oben auf der Basilika den Chef macht. Völlig egal scheinbar, Hauptsache, er kann *urbi et orbi* sagen …

In Leipzig saßen Antje und ich die ganzen fünf Tage im heidnischen Dorf und trafen die üblichen Verdächtigen, um mit denen dasselbe wie all die Jahre zuvor zu besprechen und dabei Hanfmetflaschen im Stundentakt zu leeren. Ruby war da, Quadri und Ulli, der Loi, der Merker, der Faun mit Weib im Schlepptau, und Wally schnarchte vergnügt im Kerzenstand. Klingt alles, als wäre alles beim Alten …

Der Sommer kam und ging, Antje lud mich für ein paar Tage auf die Burg Stargard ein und wir verbrachten unseren Urlaub dort in gewohnter, aber schöner Zweisamkeit. Wir begannen ganz allmählich hier und da über das Thema „Hochzeit" zu reden und ließen uns sogar O-Ringe als Verlobungsringe beim Goldschmied anfertigen, der kleine Ring, das „O" sozusagen, war dabei aus Gold. Ein O-Ring oder besser der Ring der „O" ist ein Fingerring, der als Symbol der S/M-Szene verstanden wird. Trägt Mann (oder Frau) ihn rechts, so zeigt es an, dass der oder die Trägerin sich als MasochistIn bzw. als devot versteht. Dominante Menschen bzw. Sadisten tragen ihn üblicherweise an ihrer linken Hand. Das Ganze beruht auf der „Geschichte der O“, einem Kultroman der S/M-Fetischszene. Merkwürdigerweise hat sich diese Art des O-Rings allerdings nur im deutschen Sprachgebiet durchgesetzt. International gibt es für BDSMler ein anderes Symbol, das einer Triskele ähnelt.

Ich trage also den Ring (der O) an meiner linken Hand, weil ich der aktive Part innerhalb einer S/M-lastigen Spiel- und Liebesaktion bin.

Antje und ich wuchsen zusammen. Es gab nach wie vor schwierige Situationen innerhalb unserer Liebe, aber wir glaubten an uns und strahlten uns glücklich an.

„Nimm deinen Hund an die Leine oder kannst du nicht lesen?! Ach, du bist ja auch so ’ne Zecke, die können nicht lesen … Soll ich meinen Hund losmachen, der zerfleischt deinen!“ Hundebesitzer

Beim 25-jährigen Jubiläum von Live-Aid spielten die größten Rockbands und Stars der Welt an mehreren Orten zeitgleich. In London, Berlin, Rom, Philadelphia, Tokio, überall auf der Welt traten sie auf, die Rockgrößen dieser Zeit, sogar in Moskau war ein Live8-Gig. In Paris spielten unter anderen *The Cure*. Ich wäre sehr gern hingefahren, aber zuvor hieß es, sie treten in London auf, und somit war nicht wirklich klar, ob die Reise Sinn gemacht hätte. Betrübt sah ich das Konzert nur per Internet. Wünschte so sehr, *The Cure* zu sehen und dann …?

Im August spielten meine guten alten Heroen dann halt doch noch. Das Besondere dabei war, ich hätte fast mit dem Fahrrad hinfahren können, denn das Konzert war in Berlin in der Wuhlheide. Nie zuvor war *Robert Smith* so dicht an meinem Zuhause wie da. Ich hätte ihn gern zum Tee nach dem Konzert eingeladen oder auch ein paar Bier gekauft und in den Kühlschrank gestellt.

Leider ging es mir miserabel und ich nahm das Taxi … nobel, nobel. Aber mein Atem war nicht geeignet, um das Fahrrad hervorzuholen. Ich brauchte bestimmt ne halbe Stunde oder länger, um von der Straße bis in die Konzertarena der Wuhlheide zu gelangen. Ich kämpfte mich aber tapfer Meter um Meter zu *Robert*, und ich schaffte es.

Als Entschädigung sah ich das geilste *Cure*-Konzert seit dem legendären Leipzig-Gig 1990, den ich mir in all den Jahren bestimmt tausendmal auf meiner Kassette angehört hatte. Ich mag ja an sich die Konzertarena mit ihrer amphibischen Form, aber *The Cure* dort sehen zu können, hätte ich mir nicht träumen lassen. Wieder ging es gute drei Stunden und am Ende versprach der Meister, der extra noch einmal allein auf die Bühne gekommen war, um sich vor seinem treuen Publikum zu verbeugen, dass er und seine *Cure* im nächsten Jahr wieder kämen … „See you next Year in Berlin …" Ich war den Tränen nah, ich wusste, ich war immer noch richtig hier, hier unter all den alten *Cure*-Fans, unter ein paar tausend Grufties, inmitten meiner Freunde, die ich dort fast alle sah: Richel, Quadri, Jürgen, Pierre … Björn, der offensichtlich erkannte, dass es mir schlecht ging und mir beim Treppensteigen behilflich war. Ich war zu Hause! *Cure* sehen und sterben.

Ich starb aber nicht, ich ließ mir damit Zeit bis zum Dezember.

Bis dahin sahen wir, man glaubt es kaum, die eine oder andere Fernsehsendung, während wir vergnügt unsere leckeren Liebesmahlzeiten verschlangen. Das Liebesblut war begeisterte TV-Konsumentin, also glotzten wir in die Glotze. Wir sahen eine ganze Menge bekloppter Sachen, aber ich sag mal so, Platz 3 in der Rangliste der peinlichsten Geschichten war diese Michaela von „German's next Topmodel", Platz 2 belegt immerhin Günter Netzer in seinem güldenen Jackett, sozusagen als Lichtgestalt des Fußballs. Aber das Highlight der deutschen Fernsehunterhaltung 2005 war der Bundeskanzler Schrödi, der nach der verlorenen Wahl die Merkel samt dem Stoiber zum Schweigen brachte, indem er sich weigerte, das Wahlergebnis anzuerkennen. Tja, „Shit happens", da hatte sich der Machtkanzler wohl verrechnet. Ich hätte ja gewollt, dass der Gerhard der König von Deutschland bliebe, aber stattdessen bekam dieses Land, was es verdiente: Angela die Erste! Und mit ihr die Volksverarmung im großen Stil, nicht so halbe Sachen wie bei den rot-grünen Totalversagern.

Am Nikolausmorgen erwachte ich mit einem Gurgeln im Hals, es fühlte sich warm an und schmeckte nach … Blut …

Als ich das Licht der Nachttischlampe anschaltete, stürzte sich ein Strom dunklen Blutes aus meinem Mund dem vorgehaltenen Taschentuch entgegen. Das Tuch war schnell überfüllt, ein zweites auch … ich war geschockt und gefasst zugleich.

Eine Ader in meiner Lunge war geplatzt, Rohrbruch sozusagen, nur halt an ungünstiger Stelle, denn innerhalb der Lunge lässt sich nicht eben mal ein Pflaster draufkleben. Da ich im Oktober, nach zehn Jahren, die Klinik gewechselt hatte, musste ich also wohl oder übel ein paar Tage „Urlaub" in Heckeshorn buchen. Sprichwörtlich „last Minute"!

Die Leute in der renommierten Lungenfachklinik in Zehlendorf waren aber Profis genug, um so einen Zwischenfall sanieren zu können. Dieses Mal jedenfalls noch …

Ich kam also pünktlich genug raus, um mit Antje das Jul-Fest zu feiern, da wir beide Weihnachten bei unseren Familien verbringen wollten. Wir machten uns einen wunderschönen Abend. Antje hatte eine perfekte Gans gebraten und wir legten uns gegenseitig ein paar Geschenke unter unseren Tannenbaum, den Antje ebenfalls geschmückt hatte. Selbst die kleine Wally bekam ein kleines Paket, wir fühlten uns wie eine kleine Familie. Ich glaubte, das wäre das Glück, welches ich so lange gesucht hatte. Antje hatte in meinen Augen einen heiligen Schein, jedenfalls erschien mir das Liebesblut engelsgleich. Und dies lag nicht allein am Met! Vielleicht eher daran, dass sie mir einen Stern geschenkt hatte, man kann ihn bei gutem Wetter und mit Brille sehen. Er funkelt da oben und passt auf mich auf. Sie hat veranlasst, dass der schöne Lichtfleck BABALON heißt, und das wissen jetzt sogar die Piloten der NASA! Das schönste Geschenk aller Zeiten! Mein eigener Stern …

Als ich bei meinen Eltern und meiner Schwester war, unterhielten wir uns deshalb offen darüber, wie es wäre, wenn ich diese Frau heiraten würde, meine Familie lächelte zustimmend.

Silvester dann besuchten wir am späten Nachmittag Beethovens 9. Symphonie im Konzerthaus am Gendarmenmarkt. Das war ein wirklich musikalisch-kultureller Höhepunkt. „Freude schöner Götterfunken …"

Zu Hause ließen wir uns Wasser in die Badewanne, entzündeten Kerzen und Räucherstäbchen dabei und zelebrierten einen perfekten Abend. Ich hätte noch etwas zu erledigen, sagte ich zu Antje, kurz bevor ich in die Wanne stieg. Ich huschte aus dem Badezimmer und kam mit einem Strauß tiefroter Rosen in der Hand wieder. Antje sah mich mit großen Augen an. Dann kniete ich mich vor die Badewanne und fragte sie, ob sie meine Frau werden wollte. Mit Tränen in den Augen sagte sie lächelnd „Ja“.

Einen Tag später, also Neujahr 2006, begann ich mit diesem Buch. Ich ahnte ja nicht, was ich damit auslöste.

Das Ganze wurde zu einer der dramatischsten Geschichten in meinem Leben, denn Antje zerbrach innerlich an dem Inhalt. Über Wochen und Monate hinweg stritten wir und entfernten uns voneinander. Mein Herz fühlte sich wie zerschnitten an, ihres wie zertreten.

Darüber hinweg half uns auch nicht das Anschaffen eines weiteren Hundebabys, es wurde nur noch schlimmer, denn so hatten wir kaum Zeit für uns. Alle Kraft wurde in die Aufzucht der kleinen Bulldogge gesteckt. Antje hat so viel Kraft darin gelassen, es half nichts, irgendwann brachte ich den jungen Rüden zurück zum Züchter.

Auch die zeitweilige Einstellung des Schreibens änderte nichts, genauso wenig wie vier Wochen Fußball-Weltmeisterschaftstrubel in Deutschland, bei dem eine ganze Nation sich neu lieben lernte, während zur selben Zeit ihre neuerliche Verarmung beschlossen wurde. Antje und ich schafften es nicht, uns neu zu begegnen, der Riss, den all diese Buchseiten in unserer Beziehung hinterließen, wurde unüberwindlich.

Ich versuchte es mit einer Beziehungspause, fuhr allein zum WGT nach Leipzig, trennte mich dann im Sommer für ein paar Wochen von ihr, um sie dann doch zu bitten, zu bleiben. Ich konnte es nicht ertragen, sie aus meinem Leben scheiden zu sehen … Aber auch dies schaffte es nicht, uns aus einer tiefen Krise wieder hinauf auf den weiteren Weg einer schönen Liebe zu bringen.

Berichten will ich noch von einem weiteren Konzert, das ich mir ansah, da es für mich sehr wichtig war. Ich sah nach 15 Jahren (!)

erstmalig *Current93*. Sie spielten niemals in meiner Nähe in all den Jahren und das Geld, um bis nach Lissabon oder Brüssel zu fliegen, um eine Band zu sehen, hatte ich nie, ist auch nicht mein Stil … das ist nicht wirklich Punkrock-like.

Urplötzlich jedoch wurde erzählt, *Current93* würden in Berlin auftreten. Antje bestellte mir eine von den allerletzten acht Karten übers Internet. Sie kam sogar pünktlich an. Ich ging also an einem Montag im Mai zur Volksbühne. Es spielten zwei Acts zuvor, ein Mann mit einem ekstatischen Gesang vergewaltigte seine Akustikgitarre, aber dies war ein sehr genüsslicher Akt! Dann trat eine Frau auf, die sich als Mrs. Tibet herausstellte, sie wurde von einer Frau am Piano begleitet. Endlich war es so weit und *David Tibet* kam auf die Bühne. Nach vielleicht zwei Stunden und jeder Menge mir geläufiger alter und jüngerer Stücke war dann auch dieses Ereignis vorbei.

Das Konzert selbst ist schwierig zu beschreiben, es ist nicht fassbar, genauso wenig wie *David Tibet* selbst, der wie ein Derwisch mit nackten Füßen über die Bretter der Volksbühne jagte und zeitweise kurz vor einem Herzinfarkt zu sein schien. Er erschien mir, als wäre er ein süd-französischer Hafenmusikant mit zwei Flaschen Rotwein und ner Prise Rattengift intus. Am Ende setzte er sich auf den Bühnenrand und erzählte auf Englisch, dass er seit 25 Jahren mit dem Kopf an Mauern rennen würde, aber jetzt hier und heute wisse, er rennt nicht allein gegen diese Mauern …

Nach dem Konzert überlegte ich kurz, ich hatte jetzt faktisch alle Bands gesehen, die ich jemals sehen wollte, mal von den *Sex Pistols* abgesehen, was ja auch nicht mehr möglich war. Irgendwie hatte ich das Gefühl, als gäbe es keine Herausforderungen mehr. Wer will *The Cure*, *Current93*, *Dead can Dance*, *Sisters*, *Nick Cave* oder *In The Nursery*, *In Slaugther Natives*, *Mother Destruction*, *Dies Natalis* oder *die Ärzte*, *Nina Hagen* und *Phillip Boa* das Wasser reichen? Wird es jemals wieder einen neuen Stern am Horizont geben? Ich weiß es nicht … obwohl ich selbst noch genug kreative Projekte für ein ganzes Leben in meinem Kopf hätte.

Ich habe hier längst nicht alle Konzerte, nicht alle Joints, nicht jeden Kuss, nicht einmal jede Frau, mit der ich eine Nacht in leidenschaftlicher Begegnung verbracht habe, aufgeführt. Nicht jeder Krankenhausaufenthalt, nicht jede Auseinandersetzung mit Nazis oder irgendwelchen stupiden Spießern, es ist nur ein Einblick, den ich vermitteln wollte. Einen Einblick, um dem geneigtem Leser zu zeigen, wie so ein Leben als Gruftie verlaufen kann oder was es heißt, mit so einem Scheiß wie einer ständig verschleimten Lunge leben zu müssen …

Und wenn er nicht gestorben ist, so stirbt er noch heute!

Revolution stand auf unseren Fahnen
Revolution stand uns im Gesicht
Revolution, weniger wollten wir nicht!
die Ärzte

PHOTOGRAPHIE BY YORAN NESH

Carpe Diem

Oder: Was bleibt übrig
(Hintergrundsound: Deathindustrial / Die Sonne Satans)

Was bleibt abschließend zu sagen? Ich bin 37, springe seit über 20 Jahren als Gruftie durchs Leben und habe Spaß dabei ... obwohl es manchmal so schwer ist, Spaß zu haben. Sollte ich einmal wirklich einen Grabstein benötigen, so wollte ich, dass man draufschreibt: „Ich war hier nie zu Haus." Diese Welt, so wie sie ist, ist nicht meine Welt, nicht, wie ich mir eine Welt erträume! In meiner Welt hätten nicht alle schwarze Klamotten an und toupierte Haare, nein, im Gegenteil: Meine Traumwelt hätte Grufties, Gothics oder Endzeitromantiker nicht nötig, nicht mal Punks. Dafür gäbe es aber auch keine Rassisten, Nationalisten, religiöse Fundamentalisten, keine Bushs, keinen Papst, keine Kapitalisten, Kinderschänder, Tierquäler, keine Kreuzritter, keine Soldaten, nicht einen Krieg und nicht mal ne kleine Hungersnot. Es gäbe wohl keine Menschen ... Alle sollten besser sterben, „pling" und weg!

Was der Mensch noch lernen muss,
dass der vielleicht der Dümmste ist
Quetschtenpaua

Übrig blieben die Tiere und Pflanzen, und die allein könnten endlich wieder zurückkommen, dahin, wo sie einst lebten, in unsere Einkaufsstraßen, die betonierten Parkplätze, die grauen Industrieviertel, die stinkenden Häuserkomplexe. Pflanzen würden die Werbeschilder überwuchern und oben von den Schornsteinen zwitscherten frech die Vögel. Wale könnten auftauchen, ohne Angst vor Harpunen oder Ölteppichen haben zu müssen, und Robbenbabies könnten sich sonnen, während sie auf dem Eis liegen, Elefanten trügen stolz ihre Stoßzähne und Leoparden ihr schönes Fell. Nicht einmal der Urwald würde gerodet und Atomkraftwerke würden langsam verstauben.

Bleibt die Frage, bin ich unglücklich, will ich den Tod? Den von allen oder nur meinen?

Die Antwort ist klar, ich bin nicht unglücklich ... Ich bin sogar ein sehr glücklicher Mensch. Ich lache gern und liebe intensiv, ich lebe mit all meiner Kraft aus vollem Herzen. Ich bin so oft sehr dankbar, dass ich das alles erleben konnte, selbstverständlich war das nicht!

Eigentlich müssten auf meinem Grabstein auch all die Menschen stehen, die mir Kraft gegeben haben im Leben, aber dann wäre es wohl kein Grabstein mehr, sondern eine Stele mit den Namen all der Frauen und Mädchen, in dessen Armen ich einschlief, deren Münder mich küssten und deren Schöße meine Tempel waren ... als kleiner Gruß an die schönsten Töchter Babalons.

Ich lebe so gern, dass ich Angst vor dem Sterben habe ... Angst davor, irgendwann in einem Krankenhaus einsam unter irgendeiner scheiß Neonröhre zu verrecken; der Zivi meldet dann dem Stationsarzt: „Der Gruftie aus Zimmer 5 ist tot ..."

Da ich mir aber damit noch Zeit lassen will, werde ich einfach noch weiter leben, um vielleicht irgendwann den zweiten Teil dieser Biografie zu schreiben; ich denke, in 37 Jahren sollte es so weit sein dürfen, dann bin ich immerhin über 70! Möglicherweise zweifeln einige Mediziner an dieser Stelle des Buches, aber immerhin zweifelte damals der gute Doktor auch daran, dass ich überhaupt 3 Jahre alt werden könnte.

Einige Leser mögen sich fragen, was denn aus der einen oder anderen Person geworden sei, die hier in meiner Geschichte aufgetaucht ist ...

Mein Vater ist nach wie vor ein brummeliger Zeitgenosse, er arbeitet in einem Baumarkt und wird bald Rentner. Meine Mutter ist liebevoll wie eh und je, arbeitet in einem Getränkehandel, nachdem sie mit ihrem Schreibwarenladen in Insolvenz ging. Meine Schwester hat ein Fachschulstudium absolviert, ist nun Heilerzieherin. Sie lebt mit Axel und meinem Neffen Felix immer noch glücklich in Grimmen.

Das Drehchen lebt mit Mann und Kindern in Hamburg. Manon ist angeblich nach Südamerika ausgewandert und Melanie hat sich mit einem Hundeauslaufservice selbständig gemacht. Sie ist mir noch heute eine Freundin, genau wie Christian, ihr „kleiner" Bruder.

Tabea studiert noch Tiermedizin und wird sicher mal eine Praxis eröffnen. Ich bin sicher, eines Tages heiratet sie einen Professor und wird glücklich. Jennifer lebt mit Mann und Kai in Karow im eigenen kleinen Häuschen, und Ruby liebt noch immer Quadri.

Quadri hat sich ein Domizil nördlich von Berlin mit Freunden ausgebaut und wohnt dort allein. Ørlög legt noch immer im Duncker auf. Richel fährt immer noch LKW im ganzen Land. Hier und da sieht man sich auf irgendeiner Gothparty. Zausi scheint nach Niedersachsen verzogen zu sein und der Flöter ist irgendwo im Alkohol verloren gegangen. Ein Los, was Bex wohl auch ereilen könnte. Uwe hat wohl gerade Tim Frau und Kind ausgespannt und lebt in Berlin, aber wo weiß ich nicht einmal. Ob Freak-Frank noch lebt, weiß man nie, auch wenn er alle vier Jahre aus der Unterwelt auftaucht. Ein paar Menschen aus meinem Bekanntenkreis sind bereits tot. Erst kürzlich starb Mustafa an seiner Mukoviszidose; ich glaube, er war nicht mal 30 ...

On the other side
I'll see you again
Silke Bischoff

Dass ich auch diese Scheißkrankheit mit mir herumschleppe, das habe ich mir nicht ausgesucht, das war wohl Schicksal. Im Prinzip ist es mir sogar egal, sie hat mich zu dem gemacht, was ich bin. Wie mein Leben verlaufen wäre ohne dieses ewige Husten, Röcheln, Schnaufen und den zähen, mein Lachen erstickenden Eiter, weiß niemand, das ist spekulativ. So wurde ich schon in meiner Kindheit als Außenseiter betrachtet. Später, als ich den Anschluss an meine eigene Generation, meinen Freundeskreis verlor, erkannte ich, auf welchen Fassaden diese

Gesellschaft aufgebaut ist. Ich entschied mich bewusst, mich von der Gesellschaft zu lösen, nicht deren Idealen hinterherzulaufen. In der Gemeinschaft der Schwarzen fühlte ich mich wohler, sie erschien mir ehrlicher, zumindest aber sensibler. Wir waren eine Gemeinschaft von Außenseitern, jeder wusste nur zu gut, was es hieß, „Opfer" zu sein, deshalb spielte sich niemand als der große Boss auf. Die sozialen Strukturen innerhalb der schwarzen Cliquen waren nicht hierarchisch.

Ich liebe diese Möglichkeit, ein einigermaßen wildes Leben führen zu können, dabei aber nicht rücksichtslos gegenüber der Außenwelt zu sein, sondern diese als Außenstehender mit distanziertem Blick zu beobachten, kritisieren zu können und sich somit bewusst der Gesellschaft zu verweigern. Andererseits bin ich mir als Gruftie, Gothic oder wie man das nennen mag, durchaus bewusst, Teil der Gesellschaft zu sein, mit ihr verbunden zu bleiben. Ich muss ja weiterhin tagtäglich in dieser bundesdeutschen Realität mit all der dazugehörigen Freiheit und Demokratie, mit Privatfernsehen und Supermarktschnäppchenpreisatmosphäre leben. Ich kann mich ja nicht davor verstecken, auch nicht auf dem Mittelaltermarkt.

Der wesentliche Unterschied ist der, dass wir nicht den gesellschaftlichen Zwängen ausgeliefert sind. Ich verzichte gern auf eine lebenslängliche Kariere im Job, auf Jugendwahn im Solarstudio, auf Kaufzwang im Shoppingcenter oder den Geschwindigkeitsrekord mit dem kreditbezahlten Sportcoupé. Alles allein, um sich zu profilieren, auf Kosten von anderen oder der eigenen Lebenszeit und Gesundheit.

Punk ist keine Religion
Punk ist seinen eigenen Weg zu gehen
Normahl

Schwarz zu sein heißt für mich, über andere Wege nachzudenken, neue, weniger komplizierte, da durch Moral verlogene Wege zu gehen. Ich suche neue Gesellschaftsformen, auf jeden Fall aber meinen eigenen Lebensentwurf und freiere Beziehungsmodelle. Ich will über notwendige Veränderungen nachdenken und entspannt versuchen, danach zu leben. Ich bin Hedonist, neugieriger Genießer. Ich bin lebenshungrig, auch wenn ich zeitweise täglich über den Freitod nachgedacht habe.

Ich will über mich bestimmen können, auch darüber, wann und wie ich sterben will. Dabei will ich aber zuerst so gelebt haben, wie ich es wollte ... Deshalb gebe ich mir Mühe, dass es so bleibt.

Man könnte dagegen in den Raum stellen, dass dies auch ohne schwarze Kleidung, ausrasierte Haare, Tattoos und Piercings, ohne WGT und Mera-Luna-Festival, ohne Met und Hanf möglich sei. Sicherlich ist es das auch, aber mir macht mein Leben genau so mehr Spaß. Ich bin ein kleiner schwarzer Gruftie und dies bin ich höllisch gern! Ob das noch in den nächsten Jahren, bis zum bitteren Ende, so sein wird, weiß ich nicht. Ich könnte mir allerdings zurzeit nichts Besseres vorstellen, als als Gothic bzw. Darkpunk durchs Leben zu schlendern. Es gibt einfach keine schönere Alternative für mich. Ich bin der kleine Tod in Springerstiefeln, le petit mort ...

Das ist alles, was ich will
Selbst wenn ich nur ein Schwindler bin,
Der auf der Bühne steht
die Ärzte

Das Buch der Gedanken

Wenn ich ein Buch schriebe, welches all meine Gedanken umfasst
Gäbe es ein Buch
So lang wie mein Leben und so schwer wie mein Herz

Wenn ich ein Buch schriebe, welches all meine Gedanken umfasst
Und Du wolltest es lesen
Bräuchtest Du die Zeit meines Lebens.
Willst Du es verstehen, brauchst Du die Zeit ...
So lange es die Menschheit gibt.

Wenn ich ein Buch schriebe, welches all meine Gedanken umfasst
Und Du hättest es verstanden,
Dann hättest Du Dich mit Gott vereinigt.
Denn alle Gedanken eines Menschen sind göttlich,
Welcher sie jedoch denkt, ist nur ein Mensch
Und damit nur ein Versuch seiner Ideen.

Wenn ich ein Buch schriebe, welches all meine Gedanken umfasst
Und ich würde es verkünden,
Gäbe es einen heiligen Krieg
Und die Menschen würden millionenfach sterben,
Die Liebe würde sich wie eine Seuche ausbreiten
Und als einzige Erinnerung bliebe dieses Buch.

Yoran Nesh

Spurensuche im All
FLYER SOZIOTOPE
TOPOGRAPHIE EINER MEDIENGATTUNG
Jörg Ueberall
Swing Kids
Klaus Farin
Zwischenwelten
Russlanddeutsche Jugendliche in der Bundesrepublik
SKINH
A Way

JUGENDKULTUREN
ZWISCHEN
KOMMERZ & POLITIK
Klaus Farin
Hanfreport
EET ART
SPIELPLATZ
BEKLEBEN
VERBOTEN!

Artificial Trib
Jugendliche Stammeskulturen
in Deutschland
Archiv der Jugendkulturen (Hrsg.):
Reaktionäre Rebellen.
Rechtsextreme Musik in Deutschland
GENERATION SEX?
PROJEKTGRUPPE SEXWARE

STELAND
Elke Nolteernsting
HEAVY METAL
Die Suche nach der Bestie
PUNK
AUCH IM OSTE
TRÄGT MAN WES
Archiv der Jugendkulturen (Hrsg.):
Der Amoklauf von
50 Jahre BRAV
Hrsg.: Archiv der Jugendkultu
UCH DER
ERUNGEN
BÖHSEN ONKELZ
REICHSRU
Stefan Michael Bar
FLUCHtpunkt
Neonazi
EINE JUGEND ZWISCHEN
JUGEND
MEDIEN
POPKULTUR
EIN SAMMELALBUM
Klaus Farin
Ingo Weidenkaff
Jugendkulturen in Thü

CULTURE ON THE ROAD

Culture on the Road ist ein variables Programm von Informationsveranstaltungen und praktischen Workshops für einen oder mehrere Projekttage. Es kann bundesweit in Schulen, Ausbildungsstätten und Jugendhäusern durchgeführt werden.

Die zwei wesentlichen Komponenten sind:

1. Politisches Wissen im Jugendalltag: sachlich und informativ
Aufklärung über Gruppierungen und Organisationen von Jugendlichen, die in ihren Lebenseinstellungen und politischen Positionen rassistische und gewaltbereite Züge aufweisen – bis hin zu ausdrücklich rechtsextremen Jugendorganisationen. Zwar scheint die Zeit der großen Umzüge von neonazistischen Verbänden, wie man sie in den neunziger Jahren erleben musste, vorbei zu sein. Jedoch lässt sich heute ein breiter Mainstream von rechtsextremen Haltungen beobachten. Er ist über die Grenzen bestimmter Gruppierungen hinaus wirksam und leistet gewaltsamen Exzessen Vorschub.

2. Jugendkulturen im Austausch: spannend und kreativ
Lebensnahes Kennenlernen einer Vielfalt von Jugendkulturen, die von toleranten Haltungen und einem gewaltfreien Selbstverständnis getragen sind. Szeneangehörige von HipHop, Dancehall-Reggae, Skateboarding, Slam Poetry, Techno, Gothic, Punk und anderen Stilrichtungen stellen „ihre Szene" vor. Sie berichten über die Entstehungsgeschichte und präsentieren die wesentlichen Inhalte aus Musik, Text und Lebenshaltung. In praktischen Workshops können sich die TeilnehmerInnen selbst in DJing, Skaten, Breakdance, Graffiti-Sprühen, Slam-Poetry-Schreiben versuchen.

Die Begegnung mit toleranten Jugendkulturen vermittelt Weltoffenheit und eine anti-rassistische Haltung. In den Regionen, in denen eine flächendeckende Dominanz von rechtsextremen Jugendstilen herrscht, stellen sie eine erfahrungsreiche Alternative dar.

Das Team von Culture on the Road besteht aus Fachleuten zu Politik, Rechtsextremismus und Jugendkulturen sowie aus Szeneangehörigen. Sie sind direkte Ansprechpersonen und können zu alternativen Identifikationsfiguren werden. Es wird in interaktiven Referaten, Informationsrunden, Rollenspielen und praktischen Workshops gearbeitet.

Interessierte PädagogInnen können mit dem Archiv der Jugendkulturen e.V. Kontakt aufnehmen. Gemeinsam stimmen wir das Culture on the Road-Programm auf Ihre Bedürfnisse ab.

Und so erreichen Sie uns:
Fidicinstraße 3
10965 Berlin
Fon: 030/694 29 34
Fax: 030/691 30 16
archiv@jugendkulturen.de
www.culture-on-the-road.de

André Pilz:

Bataillon d'Amour

Eine Geschichte von Liebe und Gewalt
2007, Hardcover, 323 Seiten, 18 Euro,
ISBN 978-3-86546-046-2

Das schockierende Porträt einer jungen Kolumbianerin, die in Deutschland zur Prostitution gezwungen wird, wird nicht weniger Kontroversen auslösen als das Erstlingswerk des jungen Autors, „No llores, mi querida – Weine nicht, mein Schatz". Auch dieses Mal geht André Pilz an Grenzen, geht dorthin, wo es wehtut, und schont weder seine Figuren noch seine Leser. Mit seinem unverkennbaren Stil zieht uns „der deutsche Irvine Welsh" auch in „Bataillon d'Amour" in seinen Bann, erzählt abermals eine Geschichte, die brutal, kompromisslos und zugleich zärtlich-poetisch ist.

„Trotz des flüssigen Stils ist ‚Bataillon d'Amour' alles andere als ein leichtes Buch. Phasenweise ist es ein Höllentrip." *Riverside Magazin*

André Pilz:

No llores, mi querida –
Weine nicht, mein Schatz

Ein Skinhead-Roman
2005, Hardcover, 240 Seiten, 18 Euro,
ISBN 978-3-86546-031-8

„Gewalt ist die einzige Form von Achtung, die wir von Euch erzwingen können. Gewalt ist in Eurem Spiel nicht erlaubt, jedenfalls nicht die, die die Leute beim Einkaufen oder Spaß haben stören könnte. Aber wir, wir lieben sie. Nur die Gewalt auf der Straße und im Stadion schafft es, uns für kurze Zeit über Euch zu stellen. In dem Moment, wo es knallt, da spüren wir Eure Angst. Vor uns, den Glatzköpfen."

„Ein Buch, das bewegt. – Lesenswert!" *Radio Fritz*

„... ungemein kraftvoll, vermag starke Emotionen zu wecken." *Kultur nach sechs, ORF*

„Ein Buch wie ein Punksong – hart und kompromisslos." *Riverside Magazin*

In jeder guten Buchhandlung oder unter www.jugendkulturen.